不公正的世界

丹尼·多林　著

高连兴　译

新华出版社

图书在版编目（CIP）数据

不公正的世界 /（英）多林著；高连兴译
北京：新华出版社，2014.3
书名原文：Injustice
ISBN 978-7-5166-0913 -2
Ⅰ.①不… Ⅱ.①多… ②高… Ⅲ.①公正—研究—西方国家
Ⅳ.①D081
中国版本图书馆CIP数据核字（2014）第041792号

著作权合同登记号：01-2013-6868

不公正的世界

作　　者：丹尼·多林

出　版　人：张百新　　　　　　　责任编辑：张　程
封面设计：燕清创意　　　　　　　责任印制：廖成华

出版发行：新华出版社
地　　址：北京石景山区京原路8号　　邮　　编：100040
网　　址：http：//www.xinhuapub.com　http：//press.xinhuanet.com
经　　销：新华书店
购书热线：010-63077122　　　　　中国新闻书店购书热线：010-63072012

照　　排：新华出版社照排中心
印　　刷：北京新魏印刷厂

成品尺寸：170mm×240mm
印　　张：18.75　　　　　　　　　字　　数：260千字
版　　次：2014年3月第一版　　　　印　　次：2014年3月第一次印刷

书　　号：ISBN 978-7-5166-0913-2
定　　价：36.00元

图书如有印装问题，请与出版社联系调换：010-63077101

目　录

1

导 言

　　虽然很少有人认同不公平，但我们确实生活在一个不公正的世界里。在世界最富有的国家里，由于资源匮乏而分配不公导致的不公平现象变得越来越少，它正在逐渐被一种广泛存在的观念所取代，正是这种观念助长了不公平。这种观念常常被认为是自然的，且由来已久，但实际上，它们大多为现代的产物。昨天还是公平合理的事，明天就会被认为不公平。现如今，改变，从不公平的角度理解，意味着告诉人们——通常是那些有权力的人，他们认为公平的事实际上在很多方面是不公平的。

　　本书的目的是对不公正进行重新定义。虽然没有人会支持不公正，但如果不是支持不公这种观念的广泛传播，它就不会以现在这种形式长久的存在。即使我们拥有充足的资源，但多数人仍认为我们贫穷，这还是不公正。

　　不公正的五大宗旨：精英主义有效，排斥是必然，歧视是自然规律，贪婪是好事，绝望不可避免。由于对这五大核心观点的大肆宣扬，人们反对的呼声越来越高，其中还包括"很多人应该是失败者"的观点，因此大部分鼓吹不公正的人开始谨慎措辞。那些推崇这些观点的人几乎是遍布于所有富裕国家的当权者。尽管很多有权势的人或许想让生活状况得到些许改善，但他们并不相信现代社会疾病是可以治疗的，甚至不相信有些不公正的现象可以大大得到缓解。相反地，他们认为只有少数儿童能够接受完整的教育，他们当中只有少数人能够承担管理的责任，而其他人只能被领导。他们认为即使我们再富有也永远是穷人。他们还一直认为大部分人本来或许是天生的就不如他们。很多这样的小群体认为他们的朋友贪婪、他们自身贪婪是对其他人提供帮助，就像全人类需要帮助一样；他们深信与不抱有希望的人争论是极不明智的。这就是他们

不公正的世界

支持不平等信仰的观念。

本书例举大量事实证明这些观点是没有根据的。事实还表明那些最终获得权利的人是如何轻信并支持这些观点，以及如何为那些从不平等谋利的人提供虚假理由。

1.1 支持不公正的观念

在富裕的国家，尤其是经济发展尤为不均衡的富裕国家[1]，新五大核心观念造就、支持了社会不平等。这些观念虽有旧貌，但早已换新颜。尽管这些观念一直备受公众谴责，大部分人也声称不支持这种观念，但少数人对这些观念的接纳以及多数人对反对这种观点表现出的不情愿，都是不平等长期、广泛存在的主要原因。本书对很多支持不平等观念的论点加以汇总并进行纠正，提出要减少社会不平等，重要的是不仅要表明不支持这种观点，而且还要积极地反对。然而，如果不平等在你的内心根深蒂固，那么仅仅说你摒弃这些观念的标签（精英主义、排斥、歧视、贪婪和绝望）是不足以减少不公平现象的。如果你认为每个名词的观点本身是正确的，那你也一定会认为不公平是正确的。

时下，维护不公平的观念名目众多，形式各异[2]，但大致可分为五种观念：精英主义有效，排斥是必然，歧视是自然规律，贪婪是好事，绝望不可避免。每种观念又会产生一系列受害群体——问题少年、受排斥的人、被抛弃的人、负债的人及抑郁症患者。那些持有这些观念的人发现很难改变现状。而他们，实际上，是在鼓吹持续不平等待遇，并辩称受害群体一直大量存在，其数据如表格1。

表格1：在富裕国家受到各种不公平待遇的比率

比例	调查对象	问题表现	受到的不公平待遇	%	年份
1/7	儿童	问题儿童	在学校测验期间被认为是能力有限或愚笨	13	2006
1/6	民众	受排斥	至少有两方面受到社会规范的排斥	16	1999/2001
1/5	成年人	负债	承认在经济方面生活困难（如被问及）	21	1984—2004

比例	调查对象	问题表现	受到的不公平待遇	%	年份
1/4	家庭	被抛弃	私家车已成为必需品，但没有车	26	2006/2007
1/3	家庭成员	患有抑郁	家庭成员患有抑郁症或慢性焦虑症	33	2000
1/2	公民	被剥夺公民权	在最近一次的美国总统选举中，成年人没有投票或无法投票。	46	2008

注解及参考资料：儿童数据来自经济合作与发展组织（OECD）对爱尔兰的问卷调查，即13%的儿童被认为能力有限或愚笨，比例几乎达到1/8，但英国的比例是1/6；1/7这个比例是按地理分布取的平均值（见本书3.1节）。以下四行来自英国贫困（4.1节）、社会（5.1节）和财富（6.1节）研究报告以及同年进行的心理疾病比率（7.1节）调查报告。最后一行的数据是：用1.31亿2008年15岁以上、参与美国总统选举投票的公民除以2.43亿18岁以上的非美国居民（www.census.gov）。

这就是我们这个时代表里不一的体现，学者名流经常说反对精英主义，实际上却在鼓吹；政府说要减少社会排斥，实际上却在制造排斥；游行运动假意不抱有偏见，实际却助长怨恨；人们对贪婪习以为常，学术规范却为此言辞闪烁；很多专家声称最优秀的人最有希望是一种本身就会觉得绝望的生活。他们虽不明示，却暗指那些表示对此提出异议的人们不面对现实。

因为那些当权者不断鼓吹精英主义、排斥、歧视、贪婪和绝望，社会不平等不仅不会减少，而且还必将被称为"务实"政治学。唯有在最不平等的富裕国家，那些当权者可以毫不隐讳地表示，由不公平维持的不平等现象还算过得去。还有些富裕国家，多数赞同不平等的人言辞显得颇为谨慎，不过如本书所例，当权者在很多国家一直发挥作用，那里生存机遇比几十年前更加不公平。然而，那些支持不平等的人久而久之受到越来越多的反对和抨击，社会运动正积蓄力量对他们的观点提出质疑。

因为不公平的五种观念广泛存在于当权者中间，这些观念又通过他们的权力蔓延扩散。比如，很多投资、管理教育机构的人鼓励教师将这些观念作为真理去传授。这些观念被政府所宣扬，其社会保障部门总是给贫困的人贴上贫困、没出息、道德败坏和作奸犯科的标签；还得到了媒体的支持，许多上班族工不抵薪，大城市的男商人（或少数女商人）被奉为超级英雄，外地人为在城市谋得一席之地想要找份工作，却被视为乞丐……类似的报道相当普遍；同时也得到政界的支持，其口号是没有贪婪就没有发展，没有发展就没有出路[3]；还被各行各业所支持，其相关发言人说我们必须要不断消费、大力消费；很多药厂正在大规模生产药物以治疗人们由此产生的绝望心理——在富有国家甚至全世界范围内，心理疾病和抑郁症的治疗是医药公司和职业诊所领域发展最快的行业[4]。因此，从各方面讲，教育机构、政府、媒体、政党及各行各业是推进不公平的关键因素。

1.2 社会不公正的五大表现

本书主要介绍关于富裕国家的不公正，但所涉及的话题实际更为广泛。如果要用一个词去形容当今人类社会的本质，"不公正"是最合适不过了。在过去的几十年里，纵观世界各大洲与社会各界，不公正现象普遍存在。第2章是总结，综述富裕国家在近期和目前不公正现象的总体程度及范围，第3—7章，从教育领域入手，考察受每个不平等观念影响的主要领域。

"精英主义有效"

作为当下不公正观念的主体，这种观点源于之前人们经历的"镀金时代"——一个跟今天一样不平等的时代，即从1865年美国内战结束到1914年的欧洲以及20世纪20年代的美国[5]。第3章阐述了一些像艾尔弗雷德·诺贝尔创立的精英奖，在评选的时候首先要进行智力（IQ）测试，因为只有通过测试，富有的国家才能均分到足够大的收益，并且那些收益最大的人需要证明自己新建立起来的等级制度是合理的。诺贝尔奖首次颁发于1901年，正值第一个财富大集中"镀金时代"的中期，当时如果不存在"天生的"精英人士则是件令人不可思议的事。

一些国际机构，如经济发展与合作组织（OECD），提供的统计数字表明，他们将继续维护精英主义作为评定是否有天赋的这一传统做法（见第43页，图表2，和第3章精英主义起源问题的探讨），但与那些19世纪90年代首次使用社会统计学的机构相比，这些机构对"贫困是产生更加贫困的主要原因"这一言论的意图更加含糊其词。这种含糊其词说明近年来，反对精英主义的运动取得了进步，因为精英主义鼓吹者们开始懂得把他们评判人类能力的观点以巧妙的方式加以隐藏。虽然精英主义鼓吹者的观点代表很多当权者的不平等观念，但是他们却被OECD这样的机构所接纳。那些在今天注定要成为贫民的人被认为是儿童"智力发展有限"（见3.1节）——令人吃惊的是，在最富有的国家出生的1/7的儿童在今天被贴上了这个标签。大约在70年前的英国，威廉·贝弗里奇将"愚昧无知"称为五大社会丑恶之一，但随着愚昧无知在富有国家的淡出，并被广泛存在的精英主义取而代之，并且，20世纪40年代智力一般的儿童在今天却被认为是"智力有限"。

"排斥是必然"

精英主义最可怕的后果是为人们受到社会排斥的遭遇提供理论依据。第4章阐述的是在100多年前最富有的国家，人们制定了一套所谓的科学理论，以此为社会不平等进行辩护。近代排斥主义源自1895年的一份学术论文，当时第一次用数据证明英格兰与威尔士地区贫民的地理分布，说明贫民化实际是一种自然现象。这一学术论文的创作时间不是巧合——是第一次在市场经济体系下产生巨大财富的时间。随后，不断为巨额财富分配不公的封建理由加以更正，并为多数人生活拮据的原因寻找借口就成为了一种必然。新提出的理由在19世纪90年代至20世纪30年代成为主导观念，但在之后的30年里却遭到反对，当时贝弗里奇形容封建社会的丑恶是"极度贫困"，这使得激增的个人债务得以削减，之后在20世纪60年代末出现社会排斥后，这一理由再次占主导地位。按照我们目前的了解，人们由于生活拮据而受到排斥始于20世纪60年代。在此之前，要想真正的富有，就要有土地。贫困，对多数人来说，是普遍现象。今天，富有国家1/6的家庭再次由于贫困而被社会所排斥，他们在贫困统计项目里至少有两方面是贫困的。那些富人的财产使得这些家庭贫困。

"歧视是自然规律"

精英主义和排斥主义的原因还有很多，其中最主要的是歧视。随着精英主义和不平等观念的增长，越来越多的人被社会排斥，或者用财富自我排斥，那些上流社会的人往往以更加轻蔑与恐惧的态度鄙视其他人，正因为如此，社会差距日益拉大。那些社会底层的人也不愿意相信其他人，因此在社会中变得更加不安，以至于更加显得他们无足轻重。种族主义在这种环境下产生了，并且更多形式的种族主义（新的社会达尔文主义）正悄然蔓延。第5章记录了这一

不公正的世界

发展过程，阐述了贫富差距与健康不平等、顽固的观点的广泛认可是如何在19世纪20年代达到鼎盛，而又如何在19世纪70年代初降至低谷，之后又如何在石油危机、通货膨胀和国外干预（战争）灾难性的几十年间再次上升。正如1/7的人被精英主义者认为是"智力有限"、1/6的人由于经济条件被排斥主义认为是"贫穷"一样，由于善待他人如何被接受这种新的歧视所造成的后果（已在重要性和影响力上超过了社会丑恶"懒惰"），即使是在2008年金融危机前，比富有国家1/5比例更高的家庭也只不过是在艰难地维持生活。第5章概述了物质因素，包括每一代人遗传的各种歧视以及这种歧视如何受到遗产继承以及由此造成的巨大社会两极分化的维护。

"贪婪是好事"

精英主义、排斥和歧视的兴起预示着贪婪时代的到来——产生于20世纪80年代，得到广泛认可并且在2008年以前一直没有被真正地质疑过。第6章阐述了目前至少有1/4 的家庭在被考虑能否使用基础设施时受到轻视，只是因为有没有车或会不会开车以及能不能上网。

现如今，在美国，没有车就不能像"正常"人一样生活[11]。而在英国，近一半单亲家庭的孩子没有车[12]。很多人需要车，原因是孩子年龄小、交通不便、离商场远，但他们却没有；而开车旅行不是需要有车的主要原因，汽车主要取决于一个人，就是司机。实际上，目前有足够数量的车让那些所有需要车的人拥有一台。

在人群集中的地方开车就是表现贪婪最简单的例子，汽车每向前挪动几米，行人就闪躲退让，骑自行车的人在中间危险地穿梭摇晃，孩子们贴着排气管走过，谁都无法更快地前进，所有的油门都没有停止工作，这就是在人身自由法则地驱使下，个人贪欲增长既典型又极其现实的一种集中体现。

"绝望不可避免"

毫不奇怪，人们越来越绝望是因为他们生活在条件最优越的富足社会：那里，不平等待遇不受约束，肆意增长；那里，越来越多的人被排斥，或在某种程度上因为排斥而生活得提心吊胆；那里，对"下等阶层"的歧视再次恢复正常；那里，贪婪经常隐含着（如不十分明确）理所当然之意。第7章详细叙述了"绝望"在20世纪90年代是如何快速增长的。增长不仅仅是因为越来越多的人使用处方药，还因为越来越多的人觉得问题远不止这些[13]。甚至儿童也严重受到绝望的影响，北美地区青春期抑郁症在20世纪90年代增长迅速，这当然不是因为医疗的变化而引起的[14]。在英国，绝望达到了这样的程度：据报道，截止到2006年，1/3的家庭至少有一位家庭成员患有抑郁症或慢性焦虑症[15]。正如很多书籍所评论的那样：绿色和平运动和社会抗议新形式是现代社会发展的趋势，绝望是公众性的。在整个欧洲，大部分诸如经济类的畅销书不是商务指南，而是另外一些有关资本主义危机论的读物。截止到 2004年，反全球化读物几乎是欧洲最畅销的商务类或经济类的书籍[16]。美国虽然稍显落后，但2008年，在总统选举中投与众不同的一票、提倡个人主义和企业并购本身就是一种绝望的表现。

第8章将上述论点加以总结并得出结论，21世纪，我们如何自食其果、陷入危机。第3—7章叙述的是每个新不平等观念影响的对象、原因、地点、现象以及时间，而第8章提出面对社会不公平和金融危机时如何能表现得乐观，并主要针对目前发生的变化、我们所了解的情况以及如何让更多的人参与讨论未来的发展进行了探讨。与很多事情不同的是，全世界大部分的年轻人在接受教育，而在比较平等的富有国家，大部分人都在上大学，因此教育方面的增长最为重要。与之前的"镀金时代"末期相比，如今谁受剥削或剥削是什么很难搞清楚，而欺骗当下这么多明智的人更非易事。

1.3 满口袋的花香四溢

一切都与不公正有关。从对19世纪贫穷的刻画描写，到20世纪和平奖的颁发，再到21世纪全球经济分布，不公正是共同特点，其不公正的方式也是屡见不鲜，它们表现在健康不平等的计算和贫富差距的统计上。在富有国家里，按照贝尔曲线来描述儿童的智力能力是合理的（好像这些是很正常的现象）。抑郁症和焦虑症比例的相应上升与如何对待儿童、如何评估儿童以及如何把儿童当作成人看待有着密不可分的关系。将大批成年人描述为下等阶层同样是不公正的，因为这是在将少数人的贪婪当作多数人的某种福利进行鼓励，或是将多数人的苦难视作他们注定失败的真实反映。不公正总是由于得到当权者的支持而持续存在。如今同样如此，但当权者得到的支持从未这么少。

过去关于反对不公正的文章非常少。唯一一篇创作于1785年、描写反对奴隶制度的文章，即使在两个世纪后，也可奉为此类著作的光辉榜样[17]，然

不公正的世界

而它更多的只能被用来回忆，据我们了解，它对以往贵族发表的文章而言没有任何意义；事实上，他们的贡献远比记录和保存起来的价值多得多。奴隶通过奋起反抗和非心甘情愿地接受奴隶制度而使奴隶制度没有获得经济上的繁荣。同样的，那些20世纪在科学界、政治界和商务界的"伟大人物"（现在仍经常被奉为完人），他们的生平一直被反复研究，却没有创作出令人敬佩的传记[18]。他们犯过错、失败过，更重要的是，这一切连同他们的命运一直被不断地展现。每一次的情况都是，由于当时的情况或周围其他人的言行，他们的某一项即将获得的成就被人们记起，现在又几乎被遗忘。认为人类的成就是少数伟人站在巨人肩膀上取得的观点是错误的。根本不存在超常能力的人类这样的事，相信他们存在、相信某些人高人一等是不公平的[19]。

人们仍彼此尊敬。一小部分记载历史的人绝大多数以男性为主，但现在人们开始意识到将微小的影响力当作个人的贡献是多么的不公平也不现实。美国一位学者，艾文·怀利——之前曾详细记录了次级贷如何在美国不能持续——在最近一次的文章中写道，他所做的一切是"采摘别人的花，而只有捆绑花束的丝带才是我自己的"[20]。他还承认就连这种句话也不是自己的。这是一本彼得·古尔德的书（关于医学地理学）扉页上的一句话，他又是引用了二战时期的一本诗集扉页上的一句话，接着又是引用了……最早有记录的版本可追溯至400年前，上面写道："我只不过是精心挑选了一些花朵，我所做的只是用自己的丝带将它们系成一束。"[21] 仅仅是由于印刷术的发明，这句话才第一次被记录了下来。我们只不过是在收集别人的思想成果，并将它们相互结合让它们稍显不同，这在第一次采摘花朵、还没有历史记载的时候就应该有这种想法。

通过多年对各种学术领域的仔细研究，本书对很多他人在相关学术领域的意见和想法进行了汇总，这正是用我自己的观点汇集他人的思想成果，以此呼吁更高程度的社会平等。真正的社会平等既创造又需要比目前广泛认可程度更高的平等[22]。

注解与参考资料

1 富裕国家或富有国家包括欧元年收入最高的人所居住的那些国家，也就是所有欧洲、北美的国家及日本。

2 第2—3页的表格表明富裕国家有多少人最直接受每一种不平等待遇的影

响。关于不平等的分类见沃尔夫·J与艾维纳·德夏里特的《不利因素》，2007年版，牛津，牛津大学出版社，第38页，第39页，第106页与第191页，又引用了阿玛蒂亚·森的分类表；类似的分类表见瓦茨·B、劳埃德·C、莫勒姆·A与克里根·C的《什么是当今社会的丑恶现象？摘要》，2008年版，约克。库朗特利基金会出版（www.jrf.org.uk/publications/what-are-today's-social-evils），这两部作品本打算列举出约10个现代社会丑恶现象，或不平等的根源及不利因素，但有很多可以组成一对，因此最后缩减成了5个（如第2章，第14页的表格2所示）。

3 最近在尼尔·劳森的《一切消费》里毫不掩饰地表现的一个咒语，2009年版，伦敦，企鹅出版社。

4 强行挪用卫生保健经费用以资助军队，这说明一切还不算太糟糕，家庭医生花费大量的时间不是治疗人们身体上的疾病，世界卫生组织（WHO）的每一项评估表明，精神健康状况在导致死亡和抑郁症的主要原因里所占的比重越来越大，尤其是精神病的患病比率几乎完全与富裕国家的收入不平等有关。见WHO类似有关精神病调查，如理查德·威尔金森、凯特·皮克特：《不平等的痛苦：为什么越平等的社会往往发展得越好》，2009年版，伦敦，艾伦巷出版社，第67页。

5 见保罗·克鲁格曼：《一个自由主义者的良知》，2007年版，纽约，诺顿出版社，第18页。上个世纪镀金时代的高度过剩在1922年夏天"了不起的盖茨比"里有所描写。那时金钱流通缓慢，七年后金融危机爆发。当前镀金时代的高度过剩出现在2007年秋天，当时伦敦银行家们凭借奖金一直聚会狂欢至圣诞节。2008年的街头买醉的情形史无前例，见阿迪蒂亚·查克拉博蒂的"如果我有了点钱……"（2007），《卫报》，12月8日。"新镀金时代"一词的来源见拉里·巴特尔斯：《不平等的民主：新镀金时代的政治经济》，2008年版，普林斯顿，新泽西州，普林斯顿大学出版社。

6 卡尔·皮尔森：《为数学理论进化做贡献—II》（1895）。"均匀材质的倾斜变化"，《英国伦敦皇家学会哲学学报，A辑：数学》，第186卷，第343—414页：该文章里可能有第一次按照地区划分的以人类为研究对象的柱状图。

7 关于生存周期，相当一部分人都有过机会在提升社会地位以后又可以降低社会地位，这种情况只有在20世纪60年代出现过，这就是为什么"剥夺周期"一词第一次在20世纪70年代被广泛使用。加上当时的歧视现象，这个词经常用来错误地形容"家庭病理"是贫困代代相传的原因。这只不过是对愈穷则愈穷的这一说法旧曲新弹。"排斥周期"此处指的是表格8里的内容（第4章，第105页）。

8 数据会随时间与国家的不同发生变化。这种特殊比例最适合1999年的英国，因为估算家庭是否贫困的比例至少有两种定义。乔纳森·布拉德肖与芬奇·N的"贫困的重叠"（2003），《社会政策期刊》，第32卷，第4期，第513—525页。

9 统计数据见丹尼·多林、里格比·J、惠勒·B、贝拉斯·D、托马斯·B、凡美·E、戈登·D和勒普顿·R：《1968—2005英国的贫困、财富与环境》，2007年版，布里斯托尔，政策出版社，原理见齐格蒙特·鲍曼：《流动的恐惧》，2006年版，剑桥，政体出版社，简明扼要地描述了不平等的增长带来的贫困差距这一过程。

10 见海特·T：《边界开放：反对移民管制》，2004年版，伦敦，普卢托出版社，第151页的所举例子得出的结论，从一个城市内建在邻居间的Cutteslowe墙，到杜绝国际移民的广泛认可。

11 齐格蒙特·鲍曼：《艺术生活》，剑桥，政体出版社，2008年版，第147页，引用劳森关于消费的观点。

12 见本书第6章，6.1节，以及艾夫纳·奥弗尔：《富裕带来的挑战：1950年以来美国和英国的自制和福祉》，2006年版，牛津，牛津大学出版社，第190—196页。

13 齐格蒙特·鲍曼：《艺术生活》，剑桥，政体出版社，第57页，第120页，第132页。

14 见本书第249页第7章的图表21。还有来自苏格兰的数据及类似结果。

15 CEPMHPG（经济表现中心精神卫生政策组）：《抑郁症报告：抑郁症与焦虑症的新评定》，2006年版，伦敦，伦敦政治经济学院出版。

16 约翰·凯伊：《市场的真相：为什么有些国家富裕，但大多数仍很贫穷》，2004年版（第2版），伦敦，企鹅出版社，第323页。

17 见克拉克森·T的"一篇关于非洲奴隶贸易失策的文章"（2001[1785]），出自G.戴维·史密斯、丹尼·多林和M.肖（编著）的《英国的贫困、不平等与健康：1800—2000一位读者》布里斯托尔，政策出版社，第2—6页。

18 最早对那些所谓名门望族的揭露，见里顿·斯特拉奇：《维多利亚时代名人传》，1918年版，纽约，G.P. Putnam and Sons出版。

19 我们惯于编神话故事却忽略了最基本的道理，所有的发明创造都是研究发现的结果，因为只有先发现才能进行发明创造，而具体是谁先发现的并不重要。我们还很少会提及人们如何受到环境的约束，以及"匹兹堡一个普通的报童比伽利略、亚里士多德、莱昂纳多或那些聪明的只需要一个名字的任何人更了解这个世界"（吉尔伯特教授：《撞上快乐》，2006年版，伦敦，哈伯柯林斯出版社，第213页）。你可以说现在大部分被遗忘了的辛苦劳作的人们，只不过是输在了发明上，他们同样很优秀，但这种说法站不住脚，因为他们当中的每一个人，还有另外的原因。猫王恰恰就是拥有了天时、地利、人和（白人），后来才会如此与众不同。

20　根据www.geog.ubc.ca/~ewyly/acknowledgments.html，　艾文·怀利主页。

21　根据约翰·巴特利特在他的书《名言金句》（1820—1905）（1919年出版，第10版），引文编码9327，这要归因于蒙田（1533—1592）。归因于《面相学》（书籍，3，第12章）（见www.bartleby.com/100/731.58.html）。

22　见科恩·G·A.：《拯救正义与平等》，2008年版，马萨诸塞州，哈佛大学出版社。

2

不公正：不平等的前因与后果

由于笃信不公正理论，社会不平等在富有国家得以持续存在，人们可能吃惊地发现我们赖以生存的社会，很多思想意识形态是错误的。就像那些曾经拥有奴隶种植园的家庭认为这种拥有权在奴隶制时期是很正常的，就像不允许女人参与投票也曾经被认为是"天理"，因此我们这个时代有太多的不公平，然而对于很多人来说，这只不过是正常现象的一部分。比如，仍有人认为应该只有少数几所常春藤联盟大学供那些"大人物"读书学习，比常春藤联盟大学低一等的是有声望的教育机构，再低一点的是不太有声望的教育机构，然后是中级培训机构、普通学历证书，再有可能是连普通学历证书也不如的监狱，这一切是因为人们本身就这么认为的，如此公正几乎希望渺茫。最重要的不是那些遗传差异的思想观念有多深，而是我们现在应该用什么样的交流方式与他们沟通，如何让很多人像精英主义者笃信精英主义一样不看轻自己。

一直有很多关于不公平的书籍，通常先说明该书的来历：已故去的伟大的思想家、令人备受鼓舞的著作。这类书籍既没有远见卓识，也没有独到见解；它是把一大批、大多是最近的作品中探讨的热点问题凑成一本小型的作品，这种现象逐渐被人们接受。这种现象与不公正的本质有关、与新社会弊病的本质有关、与越来越多的不平等的本质有关，与不公正引起的危害有关，这种现象既是不公正的结果，又是不平等增长的原因。

分工越来越精细的工作模式已经很完善，使得工资缩减而且工作枯燥单调。我们还知道这个世界足够每个人的需求，但却不足够每个人的贪婪[2]。这里没有乌托邦，因为我们不再生活在极少数人主张公平的世界里[3]。乌托邦最伟大的愿景是允许极少数人发表意见，同样允许大多数人相信这一天永远不会到来，那时我们真的只能将它作为一个不言而喻的真理：人人都是生来平等的。我们当中的大多数人都说现在坚持这一真理，然而，正如我在后面几章所举的例子，那些权力日益增大的人其实是口是心非，因为这种观点与他们对别人的所作所为互相矛盾。他们经常挂在嘴边的信仰平等与公正只不过是一些陈词滥调，或涉及概念极其有限。

富有国家新的不公平现象有几点共同之处：都涉及日益增多的社会不公平的各个方面；都由于财富过剩；都表明我们一直在用错误的方法解决富有后我们该做什么的问题。在富有国家，我们几乎都要比父母过得更好。从全世界来看，只要我们能够分享过剩的财富，我们都会过得更好[4]。

2.1 改变是必然：有钱了，该做什么？

我们知道我们所拥有的足够满足每个人的需求，因为我们有准确的数据统计有多少人生活在这个星球上，并完全清楚我们的未来将会怎样——联合国（UN）世界人口估计中心预测表明在目前大部分人的有生之年里，人口将会停止增长[5]。不是因为流行疾病或战争，而只是因为现在大部分女人有三个子女，而子女们希望生两个孩子。

由于富有国家的人口越来越少，很多人认为财富的持续增长未必会使人们更加幸福、生活更加健康、知识更加丰富、社会更加自由[6]。我们生活的时代告诉我们历史是一类物种"进化"的发展过程，这与我们的父母所了解的截然不同。比如，我们知道只有在今天才能达到13000年前人类的平均身高，是因为我们最终能够不断补充各种各样的营养（而且供应充足可靠）以满足身体全面生长的需要。当我们第一次耕种、庄稼歉收的时候，饥荒开始了——古人类的骨骼说明了这一点。于是，由于贫困和饥荒及伴随早期工业化，越来越多的人住在工厂车间、贫民窟或到乡下务农，我们的身高变得越来越矮。

1992年有人声称，在现在的希腊和土耳其地区发现的古人类骨骼样本表明，由于现代的营养状况还没有达到远古时期的水平，因此现代希腊和土耳其人仍没有达到原始人类祖先时期的平均身高。男性身高要再次达到"5'10（178cm），女性身高要达到5'6（168 cm）"[7]。当开始推行农业的时候，人类平均身高分别下降了7英寸和5英寸[8]。然而，截止到2004年，希

不公正的世界

腊和土耳其地区居民的平均身高已经有所增长；虽然女性身高仍比13000年前的平均值落后1英寸[9]，但希腊男性的身高最终达到了我们祖先身高的平均值[10]。

我们应该乐观对待未来发生的变化，因为今天我们所居住的环境与上一代人完全不同。在富有国家，人类平均身高只有在最近才得以迅猛增长，并恢复到了人类骨骼进化的水平。甚至在30年前，大部分的中产阶级还比较矮小；而30年前的上流社会也是如此，由于疾病，他们失去了全世界最富有国家10%的婴儿[11]，那些90%上流社会幸存下来的婴儿，并没有像今天比较贫困的人在更平等的富有国家里一样得到很好的喂养和照顾，从而满足身体生长的需要。

如果你在1910年或是在1960年描写不公平，那么你就是在两个截然不同的历史时期内进行创作。现在创作，将是人类历史上第一次有全世界很大一部分人会阅读你的作品的创作。现在，全世界每6个儿童中有5个儿童接受了读书和写字的教育，而他们的父母中只有一小部分人才能达到这种程度；大部分的儿童很可能已经会使用互联网[12]。全世界每年有1亿青少年在大学里学习[13]。虽然教育在如何分配的问题上可能仍然最不公平，但接受大学教育权利的人越来越多。这不仅比过去多得多，还比所有那些上过大学的人要多。

追求大学学历是一件很不了起的事；它由本身就存在问题的教育权力机构对学校进行排名与评价，届时人们会为了追求学校的称号而学习，为了追求学校的品牌而学习，而不是真正意义地求学。因为这样的学校很少，如今早已毕业的大学生们几乎都成为了为数不多的精英人士的一分子，做着管理的工作，并因此生活富裕。因为现在的大学毕业生非常多，只有一小部分以作出其他牺牲为代价才能够变得富有。

表格2：不公平，社会丑恶、政治标签、哲学理论与公众问题综述

2010 不公平	1942 过去的社会丑恶	1983 政治标签	2007 哲学理论表述	2008 公众
精英主义	无知	6.不同的技能与能力	4.对感观、想象力的运用及思维构成威胁 5.对经历与自由表达情感构成威胁	3.不被重视、缺乏宽容、同情心与尊重问题 4.青少年、家庭破裂和教育不当问题

2010 不公平	1942 过去的社会丑恶	1983 政治标签	2007 哲学理论表述	2008 公众
排斥	贫困	1.上班族剥削	3.对个人品质构成威胁 9.对旅游、休闲以及周末度假构成威胁	1.由于个人主义、消费主义导致社交活动减少 2.滥用酒精与吸毒，既是起因也是后果 5.不平等与贫困对富足社会的损害
歧视	失业（性别歧视和种族歧视）	3. 失业 5.女性的经济从属地位	6.对实际应用（可以作出贡献）构成威胁7.对亲缘关系、归属感和互相尊重构成威胁	7.暴力与犯罪，儿童虐待和剥削 8.根深蒂固的性别不平等 9.由很多宗教信仰或类似信仰产生的偏见 10.对社会变革与移民的态度问题
贪婪	污秽	2.少数人的财富遗产继承	10.对拥有管理某人的条件构成威胁（拥有权力） 8.对其他事物构成威胁，缺乏关怀，定会适得其反	6.由大财团、冷漠、缺乏民主导致的一系列问题 12.环境问题、利己主义、思想狭隘
绝望	疾病	4.老年人疾病及老龄化问题	1.对生活构成威胁 2.对身体健康构成威胁	11.健康问题，尤其缺乏对老年人的照顾

参考资料：第一列：本书所阐述。第二列：过去的社会丑恶，括号内是威廉·贝弗里奇的著名观点和大众流行说法。第三列：社会主义政治标签（科克·肖特，W.P.和科特·雷尔，A[1983]《迈向一个新的社会主义》，诺丁汉，发言人出版，第11、12页）。第四列：哲学家的哲学理论表述（沃尔夫，J.和de-沙利特，A[2007]《缺点》，牛津，牛津大学出版，第38—39页）。最重要的表述是：1，2，3，4，7和10，见106和109页，其他表述11—14，见198页，脚注9。第五列：民众表述，摘自报纸（麦凯，N[2008]"我们现代社会的十大弊端"，4月20日《星期日先驱报》）和智囊团计划以及问卷调查（沃茨，B[2008]《如今的社会丑恶是什么？网络咨询结果》，约克，约瑟夫·朗特里基金会出版，第6页）。根据原版编号。

不公正的世界

表格2展示了本书所阐述的2010年不公平现象的分类，以及与1942年的分类有何种联系，同时展示了1983年、2007年和2008年想要修正这种不公平现象的各种方法。表格2还可以插入2009年统计的与社会不平等密切相关的10个主要社会问题，内容可稍加拓展，当时曾在一家报纸上[14]刊登过，标题是"不平等：万恶之源"。旧社会弊端有：教育缺失（无知），缺钱（索取），缺少工作机会（失业），缺乏安逸（贫困）以及缺乏健康（疾病）。新的不公平现象产生于过多的：教育（精英主义），金钱（排斥），鄙视（歧视），财富（贪婪）和焦虑（绝望）。

不公平的五种形式在其他关于担忧和危机问题的统计里都有所涉及。简单来说，每一个新的不公正形式在十几年里，可谓是一次比一次甚嚣尘上（分别在20世纪50年代、60年代、70年代、80年代和90年代），并且由于旧社会弊端的残余，物质方面已深受影响。忍受、接受（甚至提倡）新的不公平是如今富有国家社会不公平的核心问题。贫穷国家受旧社会丑恶的影响仍感到困惑不解，不仅是因为它们还处于发展阶段并希望将它们的问题变成富有国家的问题，而且还因为由富有国家所特有的精英主义、排斥、歧视、贪婪和绝望的副作用导致了多数贫穷国家日益增多的无知、索取、失业、贫困和疾病。

2.2 不公正使社会弊端死灰复燃

"精英主义有效"

本来想要通过推行人们广泛认可的精英主义来消除十分落后的教育制度，没想到竟然助长了新的不公平。这种现象已存在好多年了，其方式是向人们提供更多额外的教育资源，而他们的父母本身受到的教育就够多的了——在英国，这一现象是通过提供语法学校、接着是第六形式学院、成立新学校或扩大学校规模以及设置众多的研究生学位实现的。所有这些额外的教育资源是按照中等教育概论向所有人提供的，然后向大部分人提供综合教育。那些在过去已经获得教育优势的家庭中的人，通过在精心挑选的有名的教育机构里积累越来越多学历，从而获得更大的优势。1942年，只有一小部分人拥有大学学历，没有正规文凭也是很平常的。现在，虽然没有正规文凭或少数有正规的年轻人有很多，但拥有一堆学校和大学文凭的人也不少。随意挑选两个年轻人，他们的学历水平与过去任何程度相比，都可能有很大差异。

儿童大规模地在快到二十几岁的时候仍可以接受教育标志着富有国家不再认为文盲是正常现象。这种普及学校教育的运动在整个镀金时代、金融危机和大萧条时期发展壮大，并在第二次世界大战期间取得成果，这对儿童尤其是女孩儿来说是一个胜利，她们被认为可以接受中学教育了。然而，几乎在战争刚刚结束、冷战初期（反共产主义白热化时期），由于女人表示她们也可以做男人的工作使得男人感到面临威胁，同时，穷人表示只要接受教育，他们也能够读书写字使得那些有钱人也感到面临威胁，因此，精英主义开始蔓延。它比以前的阶级、宗教、"种族"和性别障碍之危害更甚，因为它宣称，精英人士应该去统治管理并应得到不同的回报，因为他们大部分人能够统治管理是由于拥有先进的知识和技能，而不是因为某些封建传统（因为他们的父辈也是精英人士）。精英主义为不平等提供了新的理由。

20世纪50年代以前，根本就不需要讨论什么精英主义。女性很少上大学，女孩通常比男孩先退学。有人经常说女孩是不同的品种——事实上，每个人与那些允许谈论人类"品种"的少数人都不同[15]。然而，如表格2所示，由于所谓的技能和能力存在差异而造成的薪酬上的差异已被认为是一种新的社会丑恶。在此后的25年里，当代的哲学家们把"对人们能够运用想象力或能够表达情感构成威胁"列为"缺点"，很可能被冠以相同的标题。这说明提高我们的需求是可以多么地迅速，甚至达到了把放弃运用想象力和表达情感的机会作为新社会丑恶的程度。有很多糟糕的工作中都有这些缺点[16]。然而，当接受调查访问的时候[17]，公众很少谈论这一点，更多的是同情心与尊重减少的问题，以及由于教育不当出现的青少年问题，结果导致某些人被认为是低等，更算不上是什么"精英人士"了。在更加不平等的富有国家，随着20世纪50年代精英主义思想的兴起，人们因为接受教育程度的不同而逐渐在社会地位上受到歧视。

精英主义思想，不仅决定着儿童的命运，而且使每件事都受到影响，它在上流社会中被认为是合理的或是可以接受的。

"排斥是必然"

随着精英主义迅猛增长，社会排斥开始蔓延。又如表格2所述，社会排斥

不公正的世界

是不公平的一种新的形式，产生于旧社会丑恶大清除运动——"贫困"：饥饿，需要衣服和其他生活必需品，需要御寒和其他基本生活需要。20世纪60年代，与大规模的贫困大清除运动同时进行的充分就业、养老以及更完善的社会福利保障计划，无意之中形成了新的排斥主义，比如排斥"不会像我们一样的"人；这对20世纪70年代新兴的种族主义来说是极为明显的[18]。

截止到20世纪80年代，新的不公平形式包含了"上班族剥削"。上班族基本上都能够达到温饱，虽然失业的人最困苦，但是由于上班族的工资总是处于最低水平，很多由于工作待遇不好的家庭，也逐渐脱离了正常的社会形态，比如没有年假，或上学前经常不吃早餐。被正常的社会规范所排斥是在20世纪60年代，首次由彼得·汤森德给贫困下定义的时候被正式提出。

随着收入不平等的增加，因为挣得太小而受到排斥的人和能够承受自我排斥的人也有所增长。那些编写2006年不公平现象的人明白了这种排斥是如何对人们的身心健康构成威胁的，包括人们能够拥有健康的身体和人们能够游玩、休闲和度假的条件（表格2，第4列）。公众认为社会排斥是由个人主义和消费主义造成的，从而导致了毒品与酗酒等其他社会腐化问题（表格2，第5列）。放眼富有国家的大环境，消费主义已愈演愈烈，越来越多的人为了跟上形势而不得不借债，于是变得愈加贫困。

富有国家的富裕阶层本身希望脱离正常社会规范，从而导致消费水准日益增高，不仅因为这些人购买能力大，同时也因为他们提高了期望值。反过来，这又导致了希望在别处能所增长，包括出现了贫困这一最基本的旧社会危害，因为当贫穷国家为了满足富有国家追求财富的欲望变得一贫如洗，贫穷国家的农民就变得更贫穷了。现在很多人认为世界大规模的两极化经济发展直接导致了贫困[19]，而贫困的一部分原因是少数国家有意识地与两极化的世界经济脱离，试图以此消除贫困[20]。

"歧视是自然规律"

歧视的发展就像铸造模具，以精英主义者的谎言为基础，产生于排斥主义时期[21]。由于不平等自上次镀金时代以后呈下降之势，20世纪30年代对歧视的争论由一开始偏激到后来赞同认可，认为"它是文明社会的标志，目的在于消除这种占用他们资源的不平等，不是因为个体差异，而是因为其组织机构"[22]。这种议论所未预见到的是，40年后，不平等的趋势在70年代再次上升，为后来可能成为新的镀金时代创造了条件，之前的论调可能会被推翻，某些人可能开始宣扬说教，不平等只不过是个人能力差异的表现；如果不平等现象持续增加，那也只不过更加说明那些差异是天生的。

截止到20世纪90年代，歧视已达到顶峰，以至于需要那些反对精英主义的人不断地解释，人类不是生来就存在差异的。相反的，与其他特种不同，人类生来是具有可塑性的，婴儿刚出生的时候他们的"定向神经通路"[23]非常少；后来逐渐能够（必须）适应他们的生存环境。那些有天生特性的人，不大能适应环境的迅速发展和变化，他们发现自己总处在过去的（人类）历史进程中。"我们变得适应能力更强。我继承的不是某种特殊能力！"那些出生在资源匮乏和野蛮时代的人就像可塑性极强的婴儿，他们能够很快地学会自私，尽可能地索取——如果这是他们从他人行为中学的东西。婴儿出生在体制健全、物质丰富的时代或家庭，长大后会变得协作与无私；而出生在自由市场经济与物质丰富的时代，我们通常学会的只是不断地索取，现在需求也就越多。

相同的可塑性使得婴儿在几年内学会数千种语言的一种语言，大多数是两种或两种以上语言，还可以使他们适应自己所处的数千种不同文化环境的其中之一，那里的遗民遗风得到新生一代的极力保护，他们迅速地、从根本上学着适应周围的环境。因为我们在出生的时候，定向的神经通路非常少，在接受养育的过程中都会有反应，无论这种养育是粗鲁野蛮的还是温柔体贴的。当接受的养育温柔体贴，长大后也会懂得关爱他人，这将是一种更可贵的品质。关爱越多，越能度过艰难，所以用最适合的态度关爱有困难的人，接受教育并发展，包括基因以外的进化，文化的发展。

人类社会能够在极短时间内使集体行为发生改变，这是个不争的事实，这说明我们的命运与基因无关。我们可以在几代人的时间里，从思想封建或互助协作，发展成为争强好胜或崇尚极权。在我们有生之年，从目睹了说服人们去打仗，到不抵制征兵，再到游行示威、为别人的权利大唱赞歌。歧视随着人们的追捧鼓吹和教授抵制而起起落落。歧视是在焦虑不安的环境下孕育发展起来的，很容易受到鼓吹煽动，而抵制消灭还需要几年的时间。歧视有一种现象是，当多数人被轻视、被奴役、被当作穷人或只是"普通人"的时候，少数人认为并非自己的举止贪婪，只不过是因为他们与众不同而得到更高的回报，他们比那些被他们歧视的人值得受到人们的敬仰与崇拜。

不公正的世界

"贪婪是个好东西"

如果不减少环境的影响，我们的命运有时受到基因摆布。贪婪一直被解释为对进化发展有益的另一种形式的副作用，就像我们原始社会的祖先想要通过摄取足够的肉和糖来储存热量，这在当时是有益的，而"洞穴生火"在其他历史时期的意义也是如此，反映了当时想要了解周围人想法的一种强烈愿望。遗憾的是，这些倾心于他人的物质和行为的特点，在资源匮乏时期是有益的，却在资源丰富的地方和资源丰富时导致了贪婪。一心对他人的生活琐事念念不忘使得我们在小群体里得以生存，但如今当我们"拼命地"关注明星、暴殄天物、模仿肥皂剧的时候，一切都乱套了[24]。同样的，我们被认为是用基因拼命地获得认知地位而再次陷入困境。对身份地位的轻视所产生的危害，很有可能是在进化中形成的，因为这种轻视让我们为即将失去的地位而担忧，而地位在古代阶层等级里是至关重要的。如果一个村庄与世隔绝，以父系或母系作为统治制度，每个人各司其职、安分守己，那么地位的特征就会得以保持而不受破坏。村外的生活困苦不堪，但却让我们切身明白了，为什么我们所有人要行为公正、要减少地位等级越来越重要的观念，否则我们很容易走向极端化[25]。从生物学角度来看，我们凭借可塑性设计、安排了种族与乡村生活。

当封建制度结束，在城市生活与陌生人的新世界里，我们对轻视的敏感和对排斥的恐惧导致了，少数人试图成为"大人物"，而多数人觉得被抛弃，就好像他们被置于村外接受死亡一样。反过来有些观点认为这些特征，是出现人类以前、群居的哺乳动物普遍存在的等级制度[26]。然而，鉴于我们最近想到的这些事实，以及目前为止所了解的生物进化理论和其本身种种迹象表明，所有的一切远非基因的原因。对基因的研究探索是文明社会的产物。发展社会文明不仅仅是对工作、探索和研究的一种回报，还是通过设立安息日以保证人们的休息时间，以防聚敛财富；这些发明创造与洞穴生火和乡村生活一样古老。相反的，在很多社会文明还没理解高利贷的意义时——即从他人债务中获取利息，早期的城市生活就被视为一种罪过。

人们长期以来一直在创造自己的历史，尽管不断地哀痛惋惜世事身不由己[27]。但是历史是由人类共同创造的——我们共同疯狂地购物、疯狂地追肥皂剧。通过看电视和上网获得的关注激发着人们对地位的向往。广告宣传让我们充满了贪欲，引诱着我们获取更多。广告上说，如果你工作越努力，获得的就越多，但是由于不公平的奖励分配，贪婪将人们划分成不同的阶层。富人在贪婪的社会里并没有生活得更好，因为在20世纪80年代，很多人再次认为贪婪是好东西[28]。我们几乎忘了"贪婪是个好东西"这句话号召人们对它应该是个好东西这一称颂进行抵制！甚至好莱坞也参与了抵制，去创造不同的历史、讲述不同的故事、拥有一个不同的未来。贪婪的人不会获得幸福，但他们却能通过降低每个人的满足感而给他人增加痛苦。

贪婪的再次兴起是消除贫困取得的意想不到的胜利。贪婪与贫困已共存了几个世纪，但富有国家一直致力于大规模消除物质上的匮乏，却没有对贪婪进行最基本的考核与平衡。人们变得越来越贪婪不只是因为少数人可能有意识地贪婪，还有一小部分人总是受到辱骂要求把工作做得更好，于是开始敛财。贪婪得以增长是因为条件允许；为了消除贫困而一直没有控制贪婪。我们开采石油供汽车行驶，因此不用再居住在到处是马粪的街上，我们制造塑料用来包装食物，以此让其保鲜。我们大规模地生产鸡肉和冰箱，以便我们的饮食更健康，但也因此贪婪地每天都吃肉。我们引领大肆消费，取消周末及其他节日，宣扬盘剥是善举，于是乎发现个人想要更多汽车、更多鸡肉、更多冰箱的欲望无休无止。最后，不只是任何人的家里，那些能买得起更多房子的人的家里（可能还没有居住）需要有更多的冰箱、更多的汽车、更多的鸡肉，这些被视为成功的标志。最后我们陷入一片沉默与绝望[29]。

"绝望不可避免"

"绝望"是五种新式不平等的最后一个不公平现象，是旧社会丑恶普遍存在的生理疾病的一种演变。富有国家的卫生服务机构目前拥有这方面的有效治疗方法并对很多生理疾病加以遏制。然而，虽然很多生理疾病经过精心护理后得以康复，但是富有国家最不平等的心理疾病（包括富贵病）在富有国家蔓延开来[30]。在英国，长期患病（并伴有背痛）最容易引发抑郁症[31]，而抑郁症的临床治疗在青少年中间一直增长迅速。有数据表明企业追求利润与加强竞争模式共同对这一增长产生了影响，并且导致了全世界健康不平等趋势增长，原因是经济发展不平等的地方，人均寿命都有所下降[32]。绝望更普遍的症状还与富有国家的人口有关，因为精英主义得以加强，排斥得以增长，歧视受到鼓吹，贪婪得以扩张。这是对未来的绝望，一种自始至终被认为是20世纪90年代末，经济发展最繁荣的时期而感到绝望，一种自始至终为在那个时代结束以后带来的更加繁荣而感到绝望。

2.3 路在何方？

看书时预想到有一种结局是令人厌烦的，我们只想期待另外一种完全不同的结局。满足期待是令生活美好的一部分。所以你应该了解本书最终的观点是承认问题才是解决的方法。

精英主义

如果我们在内心深处思考那些决策者是如何让其他人学会掩饰精英人士的自命不凡，那么再多的肯定性意见的行动计划、再多的优良教育、再多的钱购买课本和电脑、再多的多样化的课程或改善教育的方法，都不会使我们的教育得到改善。无论在什么地方，有多少人——他们能够决定怎么对待其他人，坚信他们自己以及他们的后代比大多数人多那么一点点先天优势，我们都不应该期望被称为"当代问题少年"儿童的数量会有任何减少[33]。如果你认为在某种程度上更多的是受教育和环境的影响，而且是某种与生俱来的特质使你与众不同（不只是有一些癖好），那么你也是这一问题的部分。当然，由于教育、环境、个人气质的差异，不同的人，当他们成年时，确实能适应不同的工作，并且需要接受不同的训练。然而，即使认识到了这一点，我们也无法为目前所承受的教育差异的程度作出解释，如果受正常生活排斥的人越来越少，我们可以很容易地大幅度减少儿童在教育方面的差异。

排斥

社会排斥不会因为税收减免、儿童津贴以及地区基金——其中大部分可以增值的一揽子计划的推出而消失。在不太平等的发达国家，只要我们愿意容忍收入和健康的日益不平等，就会存在大量的穷人。然而，准备接受这一事实并非易事。我们了解是因为它还没有发生。但把它至少分成两个群体却很容易：一个是你认为或许值得多拥有一些，一个是不值得拥有。

出生在贫困环境的婴儿总是在"值得多拥有一些"群体里显得很重要，除非他们出生在法国到英国或墨西哥到美国的货车箱里（见5.2节）。当一个孤零零的孱弱年轻女子，居无定所、四处偷窃、注射毒品以此逃避现实，几乎会被列入"不值得拥有"群体范畴，在多数情况下，就是这样的一些女人在当时的境遇下生下婴儿，而这些婴儿将面临更悲惨的生活境遇，当他们的死亡原因在法庭上被揭露后会遭到最强烈的抗议。然而，在我们容忍所有人贫困的同时，理解儿童贫困不会消失远没有那么简单，否则我们现在早就消除儿童贫困了。

不是钱的问题，而是观念的问题。消除贫困并不昂贵，因为当你贫穷的时候一点点钱会用很久。贫穷，按照社会排斥的定义，是一个相对量；人们贫穷是因为他们无法承担参与上流社会的行为规范，这些行为规范之所以变得负担不起是因为境况比较好的人一直可以过得更好。比如，税收得以减免的时候这种情况就发生了，因为税收是从富有到贫穷再分配的根源。代价最高的是维护一小部分极其富有的人，他们能够最大限度地把自己排除在上流社会规范之外，并且这正是我们要设法办到的，虽然对其他人来说成本巨大。我们这样做，只是我们始终坚信这些人是富人中的富人。我们不再笃信于此是在20世纪20年代大奢靡时期，即最后一个镀金时代末期，我们开始宣扬我们所拥有的一切是更加公平的，并将这种宣扬进行了近40年。

然而1968年至1978年之间，贫困远没有被消除，但人们至少还能体谅彼此的忧虑和生活，这是之前很多代人没有经历过的。在美国、英国和少数几个类似的富有国家，我们在接下来的30年做得却恰恰相反，允许富人每年得到的比他们曾经获得的还要多[34]。在考虑足以改变这种不公平增长的原因之前，我们有必要了解这段历史。

歧视

本书的这一观点并不是最终建议如何停止歧视；这不是一本乌托邦的书，声称"上山左转，记下'接受组织机构种族主义'，然后攀登'减少性别差异'的山谷，接着沿着'同性恋的权利'的河岸，去寻找'天堂'山"。我要表现的是我们之前对某一特定群体的歧视，即那些不会成为"我们其中一员"的人，是如何扩大成更大"和我们不一样"的群体，而"我们"又再次缩减成一小部分胜利者的群体，并将胜利解释为他们加倍努力工作和别人注定失败。歧视的普遍存在尤其对贫困产生影响，它冷漠地认为，如果人们不能想方设法摆脱贫困那一定是他们自己的问题。最后，连有钱人也不得不相信其他人一定

不公正的世界

是有什么问题，为了让他们相信将一大笔钱留给自己的子女而不去做更有意义的事是很公平合理的。从历史角度讲，大部分人只继承了很少的一部分财产，因为父母留给他们的很少。为了以平常心去看待遗产继承，我们必需表现得像贵族一样。勾勒一张通往乌托邦的地图，树立这样的信念，合理地继承集体遗产是可以实现的。

你爱你的子女，并不顾一切地想要分担他们的艰难困苦，但从总的说来，如果你很富有并让子女们继承遗产，你的世界并没有更加安全。财富是衡量不平等的标准，世界上大部分的财富是靠遗产继承和高利盘剥积累起来的，而不是通过努力工作[35]。这就是那些继承它的人一直没有获得的财富，这就是大部分由那些留遗产的人不公平获得的财富。那一小部分最初通过所有者自己的辛勤劳动积累起来的财富，在世界财富比重里微乎其微。大部分的财富是这样形成的，比如在美国，以前的农场流落成家庭，或者因为地处伦敦，他们的房屋从父母一辈开始就得到升值，而伦敦的银行家们发现了赚钱的新方法，一度间接带动了那里的房价增长。听信银行家的谎言去间接积累财富是不可靠的。

贪婪

从歧视、富人的角度来看，继承一大笔财富是公平的，他们认为他们的子女有特别的权利拥有更多，因为这是他们的某种"义务"去高人一等、去继承家里的财产。在本书中，我认为，那些努力工作、承担风险、辛苦赚钱却只是想把财富留给家人的人，他们的财富对子女是个谎言。在不久前，只有一小部分人相信这个财富的谎言。如今就不同了，这种观点是如何在中产阶级和申请废除遗产税法案的很多穷人（尤其在美国）中得以宣扬，不是他们或许中了彩票，而是因为他们哑忍了这一谎言，相信努力工作并承担一点点风险就可以变得富有。

恐惧随着财富不平等的增长而增长，造成了歧视的增长，决定要和谁结婚，共同承担多少忧虑，谁在富有的时候夭折。然而，虽然你想说，今天的儿童，如果能得到整个社会更多的帮助，即便没有可继承的遗产也会过得更好，但即使是在现在看似比较平等的国家里，越是富有，儿童的夭折率通常越高[36]，通常有人对此表示怀疑。在过去，反对遗产继承、让普通民众可以买大房子并在全世界进行大面积的土地改革很容易。不似20世纪40年代，很多富有国家的人在今天被告知他们已经很富有，他们的房子值一大笔钱，或者他们相信自己可以通过继承遗产获得更多的财富。如果你以比较平等的国家为例——日本，欧洲西部和北部的大部分国家，甚至加拿大——这些国家比较平等是因为它们特殊的历史环境是那些不太平等的国家所不能轻易重演的[37]。他们说无法重演战后发生在日本的土地再分配，或者大部分国家存在更强烈的信任与归属感；但是，为什么不能呢？土地再分配最主要的是土地增值税，我们知道平等的社会才能产生信任。

我们必须不断地强调人类的贪婪没有益处。它不会为他人带来任何价值[38]；它不能提高效率；它不能减少浪费；而实际上，它造成了巨大的浪费。贪婪还会腐化思想，因为那些思想腐化的人一致认为大部分的国家服务设施是由他们通过税收资助的，而税收是避免不了的。即使有可能认为贪婪可以得到控制，正如它曾经受到过控制一样，也必须将贪婪看作一种不公平。约束贪婪、学会存放粮食、宣扬反对盘剥、互助合作是人类光辉历史中最常见的主题。我们上一次这么做是在1929年到1978年之间，整个富有国家从财富不平等中获得利益的时候。然而这个时期，情况有所不同。

贪婪无论在何时受到约束，之后总是有一些外国势力、内部集团和其他手段，使得剥削和霸权主义能够死灰复燃。 这一次，每一片土地都通过各种方法被占有。人们变得不再是有偿劳动；再没有将钱汇往世界各地的计划，并假装还有很多在途资金而不是只在某个地方存储（就像2008年发生的银行系统大崩溃）。这种情况只有当很多人仍目不识丁、对数学一窍不通的时候才会发生。向一个有知识的消费者出售那些不可靠的房屋贷款是不太容易的，刚开始便宜，到后来利息大幅增长。这就是为什么这种贷款只能在最不平等的富有国家出售，因为据威尔金森·李察与皮克特·凯特2009年撰写的《不平等的痛苦》记载，美国和英国的教育状况最差，消费者也不顾一切地铤而走险。下一次受骗上当的人应该会有所减少，然而没有必要有下一次了——另一个繁荣时代也即将走向幻灭。为了避免遗忘和再次上当，如今很多人一再描写、诉说、呐喊、争论甚至抗议另一个未来是有希望的。前不久，我们对反主流文化进行的保护、再利用和共享在贪婪的死灰复燃面前，呈现的是一种更易接受的普通文化。

不公正的世界

绝望

那么最终，什么才是解决绝望的方法？先认识到存在的问题是第一步。当一切似乎都行不通的时候，服药、做焦虑症鉴定、酗酒、精神紧张、午夜深思。先看看现如今富裕国家儿童的精神状态，与不久前的情况进行比较，然后扪心自问这是否就是你们所希望的进步。看一看自我伤害的程度。你或许会为自己感到幸运，为你的朋友或家人感到幸运，为你简单的生活或高度自信感到幸运。但是如果你没有，并且对此不在乎，只说"还不算太差"，"要冷静"，"要坚强"，如果你不回头看看你的生活有什么问题，而只是处理这些问题的表现症状，以此消除忧虑，那么绝望是没有办法解决的。导致绝望的原因有很多方面：焦虑、担忧、不信任、生气，如果自己做得不够好或没有足够的时间去完成而不知该如何是好。你如何学得安心？

你还不得不按照现代的生活标准去过一种不同寻常的平静生活，拥有一群亲密并互相支持的朋友和家人，或是拥有强烈的信念让自己不去担忧，不要总是感觉有压力。有一套标准的常规问题考察富裕国家的人们是否患有抑郁[39]，通过客观的询问与你有关的一些问题，是个非常有趣的测试。

那些与你在同一个地方的人、那些管理国家的人、那些不如你富足的人，无论做什么都能够集中注意力吗？他们也因焦虑而失眠吗？他们也思考在某件事上起重要作用吗？多数人能够对某件事作出决定吗？多数人会感到有压力吗？他们是否经常感到无法克服困难？他们能否享受普通的日常生活？他们能否正视自己的问题？他们是否经常感到不高兴或沮丧？他们会对自己失去信心吗？他们会认为自己没有价值吗？多数人总会对一切都觉得相当幸福？或是没有？

由于绝望是当今时代的一个标志，当然也是一个原因，该调查问卷里的问题虽然措辞准确，但由于版权的原因而无法再版，因为有一家公司想从中获得利益[40]。我也不能再出版这些评分问卷，好让你们测试一下自己是否患有抑郁。拥有绝望测试题的版权是现代社会绝望的另一个原因，我们的前辈们是不应该开这种玩笑的。后人们可能对我们所忍受的一切很难理解。然而，尽管这份测评的结果不一定准确，但如果你对试题非常了解，那么就能判断很多身边的人对生活是感到非常快乐的还是满足的。就是因为我们彼此不了解，所以只能想象周围的人表现得更幸福并且（乍一看）表现得更满足。归根结底，是因为周围的每个人都显得非常快乐，尤其是那些经常上电视并抱以微笑的人，而你就自责不如他们那么容易满足。但你真的对他们感到佩服吗？

在比较不平等的富裕国家里，当被问及有关精神方面的问题时，多数人会说他们没有问题，甚至感觉很好，"从没有像现在这样好"。相反，在那些比较平等的富裕国家，那里人们的寿命更长、社会环境更优越，而大多数人承认并不总是感觉很好，因为他们承受得起[41]。在大部分不平等的国家，认识到自己日益消沉，是出现经济滑坡的标志，这时你希望在物价疯涨时能够获得一点帮助而不是什么"心理治疗"，而你的"心理治疗师"不会为了让你康复而向你提供任何财政上的激励。生活在绝望的地方、绝望的时代，解决的办法就是共同、公开承认绝望。你和周围的人能做的最糟糕的事就是假装一切都很好。这只能使不公平持续下去。

本书没有什么了不起的、一劳永逸的解决"不可能的事"的方法，不能把精英主义、排斥、歧视、贪婪和绝望这些不公平现象作为日益不平等的新化身并为其结束提供方案计划。没有人会提议为了国家之间或是在国家内部取消一切债务、富人同意不再向穷人的生活索取利益而在全世界举行纪念活动。这种情况是绝不可能发生的，至少现在它们还没有发生。然而，很多在前一次镀金时代努力工作的人结束了社会不平等，却又争取到了更多的不平等，所以"不可能的事"之前就发生过。

注解与参考资料

1 米勒·G：《关于公平与效率：过去一年公众收入的私有化》，2000年版，布里斯托尔，政策出版社，第53—57页关于租赁。

2 欧文·克：《超级富豪：英国与美国日益增长的不平等》，2008年版，剑桥，政体出版社；见37—61页关于"我们需要大亨吗？"。

3 沙阿·H与戈斯·S的《民主与公共王国：复兴计划指南》，2007年版，伦敦劳伦斯和威沙特出版公司，第83页。

4 提姆·凯瑟：《追求物欲的代价》，2002年版，马萨诸塞州，麻省理工学院出版社，第110—115页。

5 见2050—2300绘制图，出自Dorling·D、纽曼·M与巴福德·A的《真实的阿特拉斯：我们生活的地图》，2008年版，伦敦，泰晤士&赫德逊出版社，地图7 和地图8。

6 具体详见尼尔·劳森：《一切消费》，2009年版，伦敦，企鹅出版社。

7 杰拉德·戴蒙德:《第三种猩猩的兴衰》(1992)(第2版),伦敦,兰登书屋,第168页。

8 一直以为新石器时代的农业生活在全世界发展的时候,似乎是出于一种需要,而不是随意选择的结果。我们第一次被迫耕种是由于很多人在一个地方仅仅进行狩猎和储存食物,又或者受气候变化的影响不利于狩猎和储存食物。考古学家告诉我们,在我们投身农业以后,我们的身高就缩短了,刚开始是因为农作物产量不高,但到后来,尤其是中国华北平原以外的地区,农业主变成了需要缴税、支付通行费以及承担人口压力的农民,从而导致农作物常常供应不足。见戴维斯·M的"第三世界的起源"(2000),《反对面》,第三十二卷,第一期,第48—89页。

9 现代女性的身高仍比祖先矮1英寸,可能是长期存在的性别歧视在现代生物学的固有体现。

10 2004年11月19日的希腊新闻报道(迪米特里·巴拉斯2007年译)(www.in.gr/news/article.asp? lngEntityID=581606)。

11 多林·D的《英国1905-2005婴儿死亡率与社会进程》(2006),出自E.加勒特、C.加利、N.谢尔顿与R.伍兹(编著)的《婴儿死亡率:一个持续的社会问题》,2006年版,奥尔德肖特·阿什盖特出版社,第213—228页。

12 当这种增长加上对全世界有多少儿童正在日益减少的预测时,用互联网的人日益增加表明大多数人在有生之年是有机会接触到互联网的,其决定因素就是只要硅片生产商认为将制造硅芯片的光盘的直径增加至两倍还可以赢利。为此,他们还研究上网的人数、世界现金流通情况以及预测人口下降数量。目前,只有全球收入不平等是他们一大障碍(据作者与一些制造商顾问间的个人交流。)

13 目前全世界至少有1亿名大学生,而女性大学生的数量在任何时候都不占优势;见多林·D、纽曼·M与巴福德·A的《真实的阿特拉斯:我们生活的地图》,2008年版,伦敦。泰晤士&赫德逊出版社会,示意图221和示意图228,关于高等教育的增长,示意图229,关于年轻人文化素养,以及示意图241和示意图242,关于互联网访问的变革。

14 《卫报》标题新闻报道了《不平等的痛苦:为什么越平等的社会往往发展的越好》的出版,作者理查德·威尔金森凯特·皮克特,2009年版,伦敦,艾伦巷出版。

15 史密斯·R:《人类:历史知识与人性的创造》(2007),曼彻斯特,曼彻斯特大学出版社,第89页。

16 沃尔夫·J与艾维纳·德夏里特的《不利因素》,2007年版,牛津,牛津大学出版社,第7页。

17 瓦茨·B:《什么是当今社会的丑恶现象? 网络咨询的后果》约克,智库朗特利基金会；见第3页，关于互惠、同情心与宽容。

18 里奇·K：《种族》，2005年版，伦敦，基督教知识普及协会；见里奇的布里克巷手册。

19 戈登·D的《全球不平等、死亡与疾病》（2009），《环境与规划A辑》，第四十一卷，第六期，第1271—1272页。

20 阿明·S的《世界贫困，贫穷化和资本积累》（2004），《每月评论》，第55卷，第五期。

21 凯尔西·J：《新西兰的实验：结构调整的世界典范？》，1997年版，奥克兰，奥克兰大学出版社，第256页。

22 理查德·托尼在1931年出版的《平等》（第4版的第57页），引自乔治·V、威尔丁·P：《英国社会和社会福利：走向一个可持续发展的社会》，1999年版，伦敦，麦克米兰出版社，第130页。

23 史蒂芬·彼得·罗素、理查德·路翁亭、卡明·L.J.：《与我们的基因无关：生物学、思想与人性》，1990年版，伦敦，企鹅出版社，第145页。

24 朱利安·巴吉尼：《*Welcome to Everytown: A journey into the English mind*》（2008）（第2版），伦敦，格兰塔出版社，第195页。

25 迈克尔·马默特：《地位综合症：你的社会地位如何直接影响你的健康和预期寿命》，2004年版，伦敦，布鲁斯伯里学术出版公司。

26 理查德·威尔金森的《等级》（2009），丹尼·多林，个人通信。

27 或者说得更准些："男人创造了他们的历史，但并非按照他们所愿；他们不是按照自己的选择创造历史，而是在过去传承下来的、已经存在的基础上创造的。所有逝去的几代人的传统在活人的脑海里简直就是噩梦"（"路易·波拿巴的雾月十八日"，卡尔·马克思，1852' www.marxists. org/archive/marx/works/1852/18th-brumaire/ch01.htm）。

28 这个咒语最初出现在1987年的电影《华尔街》，迈克尔·道格拉斯扮演戈登·盖柯。

29 正如反咒语的一代后来所说："选生活。选工作。选职业。选家庭。选超大电视机，选洗衣机、汽车、镭射音响和电动开罐器。选健康、低胆固醇和牙医保险。选固定利率的抵押贷款。选起步房。挑选朋友。选休闲装和与之相配的旅行箱。在一堆破面料中选一套需要分期付款的三件套西装。选择自己动手，在星期天早上还搞不清楚自己是谁。选择窝在沙发里一连看着无聊透顶、有损于身心健康的电视节目，一连往嘴里塞垃圾食品。选择腐朽地过一生，痛苦地咽下最后一口气，能代替自己的也只不过是几个让人丢脸的自私的混小子。选择未来。选择生活……"摘自1996年根据书改编的电影《猜火车》（www.generationterrorists. com/quotes/trainspotting.html）。

不公正的世界

30 奥利弗·詹姆斯:《自私的资本主义者:富贵病的来由》,2008年版,伦敦,Vermilion 出版社,第1页。

31 丹尼·多林的《客座编辑:真正的心理健康法案》(2007),《公共心理健康》,第六卷,第三期,第6—13页。

32 丹尼·多林、米切尔·R与皮尔斯·J的《全球收入不平等对不同年龄的人的健康影响:观察性研究》(2008),《英国医学杂志》,第335卷,第873—877页。

33 实际上,1/7被贴上标签的人,也就是现在所说的问题少年,即使在这些更平等的富裕国家,情况也确实如此。按同样的标准,英国1/6的儿童以及美国1/4的儿童被认为是问题少年;见本书表格2与表格1。这些教育数据摘自OECD,在第3章探讨过。第2章提到的贫困与排斥的统计数据在第4章详细探讨并提供出处来源。当前债务水平与歧视在第5章有详细介绍。第6章分述了财富、住宅与汽车统计数据。第7章是关于日益增多的精神疾病与普遍存在的绝望的统计数据。

34 丹尼·多林,里格比·J、惠勒·B、贝拉斯·D、托马斯·B、凡美·E、戈登·D和勒普顿·R:《1968—2005英国的贫困、财富与环境》,2007年版,布里斯托尔,政策出版社。

35 那些付出劳动最多的人,拥有的财富却最少。那些最有钱的人需要(以及通常)付出最少的劳动。相比富裕国家富人的生活,贫穷国家的穷人粗线条的生活方式恰恰证明了这一点。

36 萨贝尔·C、丹尼·多林、希斯科克·R的 《收入、财富与寿命的根源:死亡率的个人层面研究》(2007),《至关重要的公共卫生》,第十七卷,第四期,第293—310页。

37 在世界上最富有的25个国家里,美国与英国,占人口1/10的最富有的人的年度收入,与1/10最穷困的人相比,分别被列为第二大和第四大最不平等的国家。按照不平等比率的递减顺序10%:10% 收入比率为:新加坡17.7,美国15.9,葡萄牙15,英国13.8,以色列13.4,澳大利亚12.5,新西兰12.5,意大利11.6,西班牙10.3,希腊10.2,加拿大9.4,爱尔兰9.4,荷兰9.2,法国9.1,瑞士9,比利时8.2,丹麦8.1,朝鲜7.8,斯洛文尼亚7.3,奥地利6.9,德国6.9,瑞典6.2,挪威6.1,芬兰6,以及日本4.5。该统计不包含小国,摘自联合国2009年人类发展报告,统计附件,表格M:http://hdr.undp.org/en/media/HDR_2009_EN_Indicators.pdf。

38 比如,在贪婪不太严重的国家,人们更多的是利用大量的时间做更有意义的事,而不是想方设法去征服贪婪。

39 第一个问题是:"是否无论做什么事情都能够集中精力?" 最后一个问题

是："从各方面考虑，是否感到非常快乐？"

40 肖·M、米切尔·R、丹尼·多林：《健康、环境与社会》，2002年版，哈罗·培生教育出版社，第59页；本书在"知识共享乐园"上公开发表：http://sasi.group.shef.ac.uk/publications/healthplacesociety/ index.html

41 丹尼·多林与巴福德·A的《不平等的假说：论文、对比与综合理论》(2009)，《卫生与环境》，第15卷，第四期，第1166—1169页。

3

"精英主义有效"：教育新差距

如今在世界上较为贫困的地方，那里的人们很有可能是他们家里第一个念过中学的人，而同时还有很多孩子连小学都还没有念过，更别说富有国家所坚持的基础教育了。大学教育就更罕见了。与此相反的，富裕国家擅长于长期并不断完善中小学义务教育，从而使大学的升学率不断提高。尽管如此，大部分富裕国家的年轻人所受教育程度似乎并不高，并且未能达到官方标准。本章收集各种事例说明当能力受到限制、当需要所谓的更有天赋和才干的人，而不需教育的情况下，人们是如何日益觉得特殊群体"不适合"接受高等教育的。

富裕国家积累起来的财富，有很大一部分投入在教育上，而年轻人受到什么样的教育、学到什么样的知识，却没有什么成就感。然而，教育制度现在更关心的是学生的成绩如何，因此人们按照所谓的能力，在孩子很小的时候，把他们划分成不同的群体，并想方设法培养他们达到"合适的"目标，这种现象变得越来越普遍。其影响是积累性的，最终导致青少年变得更加焦虑。虽然英国抛弃了之前的文法学校体系，但学校之间与学校内部仍对儿童群体进行划分。这种现象在美国也很明显，但在英国却要隐蔽得多。父母们一直居无定所，就是为了能让孩子进入公立学校，他们可能假装有宗教信仰，为的是能够进入宗教学校，他们只是比2007年多拿了点民办教育费。由于资源主要集中在少数人手上，多数人的认知能力却在暗中受到非议。

本章节里，汇集的大量事实表明，人们是如何通过对少数人的敬仰来夸大先天性差异的说法，使其持续存在并发展壮大。这种态度的严重程度因富有国家的不同而异，但在20世纪50年代得以增强（在随后的60、70年代暂时得以扭转）。在20世纪50年代，像英国这样的国家，政府倡导将儿童分成不同类型已达到狂热程度，文法学校的孩子，每人的费用支出远远高于非统招现代中等学校。这种种族隔离政策在越是不平等的富有国家，越是受到极力推崇。越来越多的平等国家，以及不平等国家较为平等的地方（如英国的苏格兰和威尔士），早在20世纪50年代精英主义潮流高涨的时候就大力反对。

在教育上推崇的精英主义可视为一种新形式的不平等，因为直到今天，就连富裕国家里的儿童接受教育的时间也不是很长。现在，所有的人都有被冠以"能力不够"的危险，虽然有向他们教授知识的资源，虽然被告知还达不到了解这个世界需要他们做什么的程度。那些地位高的人也有过这种经历。

在以考试占主导地位的教育体系里，所有人都因面临某种困难而失败。这里举一个例子，大学里的教授都善于使用精英主义者惯用的辞令，我对此非常熟悉，他们跟别人说这个世界是复杂的，唯有他们才能够熟悉或理解；他们会让你略知一二，他们说，你听着就好，但不被期望去理解；他们声称这需要在学术界沉浸好几年；复杂的语言和概念是最主要的，通俗易懂在他们看来是"片面肤浅"。[1]

有的时候，对于世界如何发展这种复杂的事你别无选择，复杂的事常常是混乱不堪。教授们经常说这个世界的某个领域太复杂，他们描述不清楚，原因是他们自己不能用清晰的方式去描述。人们因为精英主义迫使那些受敬仰的人假装很了不起而认为如此普遍的复杂性是学术界存在的证明，但如果你与学者交流的时候，幸好大部分人，在一定程度上意识到这纯粹是一种虚伪。他们，就像《绿野仙踪》一样，意识到他们是多么的无聊。

人们显然在能力上是平等的。然而，如果花时间去观察，你就会发现有些人，尤其在政治界、名流圈（现在是一种工作领域）或商务界，看起来真的以为自己有某种特殊的天赋，认为对别人来说自己就是个天才，别人都应该为他们的才能感到庆幸并给予他们相应的奖励。这些人与那些被说成自己实际上生性愚蠢、难以胜任、只会唯命是从的人一样，深受精英主义之害，虽然他们得在学校度过十年的时间。在精英主义条件下，教育不关注学问，而是更多地研究种族隔离、进行所谓的去糟粕、取精华并且授予少数人极高的地位。

无知，这一旧的社会丑恶现象，对穷人的伤害尤甚，因为他们不会读书不会写字，因此更容易受到摆步，他们很难组织工会，也不知道发生了什么事（尤其是有广播以前）。新社会不平等现象精英主义与旧社会丑恶现象无知最明显的区别是，精英主义对人们造成的损害是从社会的最高层到最低层的，而并非仅仅是穷人的灾难。上层社会的人受到影响，是因为不太富裕和贫困的人，他们的能力受到公开指责，使得最终能够改善富人生活的人变得越来越少。比如，如果更多的人接受良好的教育，成为医学研究人员，那么就可以减少富人因病而亡的痛苦，甚至能够治愈，延长他们的寿命。如果很多人在学校不接受良好的教育，因为富人认为他们缺少的是劳动力和仆役，那么治愈疾病的方法可能不会被很快发现。

英国的教育体系一直被称为"学习劳动"。然而，仍然是最贫穷的人受精英主义影响最深，令人感到羞辱的是有人说他们的能力已接近文盲，他们有问题是因为他们的身份，他们贫穷是因为他们能力不够而无法胜任做任何工作。

3.1 "新问题少年"：1/7深受精英主义影响的儿童

虽然没有人正式地将1/7的儿童称为"问题少年"，但他们或许就是这样被认为的，因为这就是认为儿童"最没有能力"的现代社会标签而产生的污名效应。一个世纪以前，少年违法行为是一种强迫症，并被认为会导致犯罪；教育是解决这一问题的良药。然而，并不是因为教育缺失而导致了青少年犯罪，至少不是因为缺少那种令人精神麻木、机械的教育方式；而是因为教育通常必不可少。如今，金钱是用来购买毒品的，而不是食物，因为需求的本质发生了变化，但像"少年犯"这种旧标签仍在大众媒体上出现，而且还产生了一种新的、最贴切的称呼方式"少年犯罪行为"。

教育供给的增加，一直处于不平等分配的状态，从而导致了新精英主义的兴起。山上曾经有座古堡，穷人负责看管，后来这座古堡被分成了几个部分，分别坐落在山上和山下，并按照某些所谓的成绩将其规划得井然有序。如今人们把它规划得更加井然有序——所有人根据电话号码和分数，考核通过率、信用等级、邮政编码以及会员卡划分社会地位与职业，而不单单是依据头衔与姓氏。

对所有人在富裕社会的地位做评估是最近才有的事。第二次世界大战以前，即使在最富有的国家，给所有儿童在中小学就学期间以及中小学毕业后（在大学期间）的成绩与表现评分简直是一种奢侈，只有旧文法学校和大学才能负担的起。当时，大部分的孩子在毕业后只能获得一个毕业证以此证明他们入过学。当战后，富裕国家风行全民九年义务教育的时候，这种教育制度发生了改变，纵然有人提出警告说那些大部分认为所有人都可以接受教育的人，并不认为那些允许上中学的儿童，他们的潜在能力是一样的。

根据"能力"评价儿童

决策者们认为不同群体的儿童之所以存在很大差异，其主要依据是来自教育经济学家。半个世纪以前，富有国家创建了一个俱乐部，经济合作与发展组织（OECD），一个有效发挥作用的、目前经济学家占主导地位的富有国家俱乐部。正是由于像OECD这种俱乐部里的经济学家势力的增长以及由此宣扬的精英主义思想导致了精英主义的发展壮大。该俱乐部公布的图表1所用的数据（如下）表明，如今在特别富有的国家（荷兰）生活的儿童有1/7没有知识或者知识极其有限。[2]

我们过去常常认为孩子的命运靠机遇，甚至或许从他们出生那天起，就对他们的未来产生影响。OECD老曲新唱，认为今天的儿童（荷兰地区）可以根据他们所谓的天赋与发展前景把他们分成七种不同类型的群体：

OECD的教育赋

编者按（年龄41岁半）[3]

周一出生的孩子知识有限，
周二出生的孩子不上大学，
周三出生的孩子头脑简单，
周四的出生孩子旅程漫长，
周五出生的孩子付诸行动，
周六出生的孩子能言善辩，
而在安息日出生的孩子，
洞察力敏锐，因此最出色。

然而，OECD的经济学家与作者们并没有像教育赋里讲得那么难听。他们通过公布的信息表示，实际上，现在1/7的儿童是在15岁的时候被贴上了失败的标签。

根据OECD统计的数据，如果我们按照一周七天把儿童划分成七组不同类型的群体，从排名最低的开始，那么第一组是周日出生的孩子（图表1，11%+

不公正的世界

2%=13%）。他们是已经通过测试，发现他们，至多，拥有"非常有限的知识"。周二出生的孩子（21%）被认为只获得了"一点点充足的知识"刚好勉强度日。周三和周四出生的孩子（27%）被认为是能理解"简单的概念"。周五和周六出生的孩子（26%）被认为是掌握所谓的"有效的知识"，足以能够运用科学的证据去实践，甚至还可能将这些证据汇总并加以整合。剩下的儿童（11%+2%=13%），又是1/7，研究人员发现他们的能力不仅限于此，他们能够运用"优秀的探究能力"将知识有效地结合起来，遇事拥有"敏锐的洞察力"。尽管这些孩子似乎是按照那些测验设计者的想法发展的，他们认为测验设计得很恰当，但也并不是所有的孩子都能那么了不起。根据测验者所说，孩子们通常不会真的成为"伟大的思想家"。只有1/7周日出生的孩子（100%÷7÷7=2%）才被认为是真正的有天赋。只有这种1/7里的1/7的孩子，才会（注定）明确地、不懈地去验证"先进的科学思想与理论"、将能够表现出一种运用科学认识"去支持维护关乎个人、社会经济或世界格局的建议与决策"的意愿。[4] 这意味着，这样的孩子以及少数像他们一样的孩子，注定会成为未来的领导人。

图表1表明了按顺时针方向从"无"到"优秀"，荷兰地区的儿童在每种能力类型里所占的比率。你可能没有意识到，荷兰这个地方，有60%以上的儿童只受过简单的、勉强足够的、有限的教育，甚至根本没有接受过有效的教育（根据OECD的统计）。

图表1：根据经济合作与发展组织2006年统计的荷兰儿童能力划分百分比

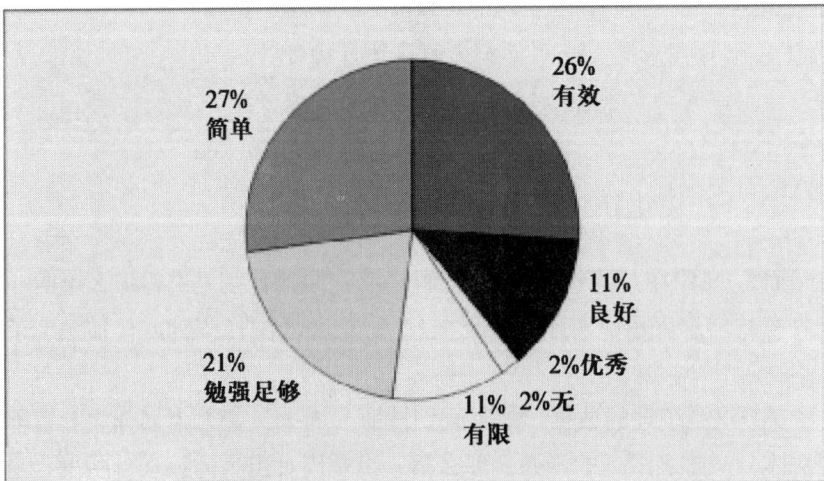

注解："无"代表在能够测试的范围内没有知识。"有限"代表具备非常有限的知识。"勉强足够"代表，按评估人员的标准，几乎不具备足够的知识。"简单"代表只能理解简单的概念。"有效"不太准确。"良好"又开始好转；只有"优秀"的学生，据说，是那种有"敏锐的洞察力"思维的人。

参考资料：OECD，2007年，《国际学生评估计划（PISA），OECD的PISA关于15岁学生学习技能的最新研究报告》，巴黎，OECD出版，摘自第20页表格1的数据。

将结果修改成贝尔曲线

OECD，一个经济学家的组织（注意不是老师），现在向各国说明他们的儿童教育是好是坏、程度如何。这些经济学家表示荷兰是最接近儿童知识分配比率1：1：2：2：1的国家，即所说的有限的、勉强足够的、简单的、有效的以及优秀的知识，并且达到的OECD国际测试水平分别为1，2，3，4，5。这不是荷兰儿童的实际情况，也不是任何组织机构对他们的看法，除了OECD以外；这也不是大多数父母眼中孩子的情况；甚至也不是他们的老师、学校督导员或政府部门评估的那样；而是那些实施这种大规模的官方国际比较的人对荷兰儿童，以及世界上所有较富裕国家的儿童逐渐形成的看法。大规模的国际比较可说是最重要的研究，但不应该用来宣扬精英主义思想。

对于这种不真实的报告，你可能会惊奇地发现，荷兰比起其他国家的状况还算好。在50多个接受调查测试的国家里，只有一半的国家比上一次（2006年）有明显提高。在英国，更多的儿童被划分在了最倒霉的1，2，3等级——"有限的"、"勉强足够"和"简单"。在美国，所有周一和周二出生的孩子被认为能力有限，周日出生的孩子只有一半是"良好"——只占荷兰"良好"比率的一半。

难道世界上最富有的国家真的只把不到1/7的孩子（13%）培养成才，再把那些成才的1/7的孩子加以培养，并达到让他们表现出有很大发展前途的水平吗？难道只有2%的孩子，如OECD所定义的，能够"运用科学知识和寻求理论来支持拥护关乎个人、社会经济或世界格局的建议与决策？"在芬兰和新西兰，这种"天才链"据说达到4%，英国和澳大利亚是3%，德国和荷兰是2%，美国和瑞典是1%，葡萄牙和意大利几乎为0。这些是按照教育经济学家的说法，有远大发展前途的孩子。这些孩子一直接受技术方面的培训，从而能

不公正的世界

够按照令那些在所谓的"正统经济思想"下运作考试的考官们满意的方式解答考试问题。这个比率非常低，因为设定国际测试以便测试结果分布成一个"贝尔曲线"。这是一段截取（国际范围内的、故意的）的两端平滑的钟形曲线，这样1.3%的人被认为是天才，而5.2%的人被认为是无知。

工程学竞争取代合作

经济学家们是想利用国际比较测试的结果声称"争夺生源的学校越多，就越能取得好成绩。" 很多像在OECD这样的组织里工作的人觉得他们有义务提出国家之间、学校之间以及学生之间相互竞争是有好处的观点，并有义务去尽可能地鼓励竞争。

按照这种想法，科学教育，一般包括科技、工程学、数学以及（未公开的）经济学，[5]在所有教育里是最重要的。支持这样的科学教育，其在各方面进行的宣扬和等级划分，被视为是为了支持、维护以如何有效改善人类自身、科学技术与世界格局为重心的建议与决策，从而精心设计一个十全十美的世界。这种理想的世界是一个得益于激烈竞争、以竞争力为评估标准的乌托邦式的世界，它幻想通过提高少数人的能力来改善多数人的美好生活。

虽然OECD的表格与其他有类似功能的表格，明确表示是对处于表格底部的研究对象有益，并且是为了帮助那些在表格底部的人摆脱困境，但他们的目标却罕有实现。在用于这种表格做统计的大部分地区，教育差异一直没有缩小。部分原因是因为他们暗示大部分人想要真正有能力的希望是多么的渺小；"把能力留给2%优秀的人"正是隐含了这种讯息，因为，除非你属于优秀的1/7，否则你就别希望有机会成功，这里的成功意味着领导。即使评估标准提高了，级别1的孩子被级别2的孩子所取代，级别2被级别3所取代，以此类推，用于做评判标准的知识也相应改变了，变得比以前更复杂了。如果我们接受了这个想法，我们永远也摆脱不了贝尔曲线。

这种贝尔曲线思想（第43页，图表2）认为纵观整个发达国家，按照技能把孩子们划分成尾端一小部分真正有天赋的年轻人，和一群无知、或者知识有限、或者几乎没有能力、只有简单认知的年轻人。并不是由此就认为，鉴于缺乏真正有天赋的儿童，那么当那些孩子成为年轻上班族的时候，他们能够决定自己的价值，并自然而然会赢得高经济收入。相反地，能力较差的孩子如此之多，他们需要经过一番说服才去工作。这些儿童群体，代表着绝大多数，不适合做任何有意义的工作，也不适合指使别人去做枯燥乏味、吃苦受累的工作的人。这种观点随之很快转变成足够低的金钱奖励就能迫使他们劳动。最好是让他们一直做着单调乏味的工作，人们承认，比起现在，这种想法在过去一直存在，而且毫不隐讳。但是那些在周五和周六出生的孩子，具备有效的知识，但不太完善，他们该怎么办呢？让他们去做待遇稍微好一点的工作，让他们赚取不十分有损颜面的中等水平的工资，以希望他们处于那些其他几天出生的孩子和周日出生的孩子之间、一个半山腰的位置上。让他们有足够的钱偶尔休息休息，一年一次大假、供养几台车，以及足够帮助子女购房按揭（中产阶级渴望获得巨额贷款许可）。

先天还是后天，还是两者都不需要？

但是当然（你可能会认为）有些孩子就是天生不如其他孩子，或者也是由于他们小时候的成长环境造成的？通常情况下，这些孩子是由于婴儿在子宫里缺氧，或是在出生的时候缺乏婴儿期所需的基本营养。这种贫苦的环境发生在世界上很多贫穷家庭儿童生活的早期。但是这种身体上的损害，主要是绝对贫困引起的，大部分是可预防和制止的，现在很少在北美、富裕的东亚或西欧地区发生。这种严重不计后果的做法，对于有突出表现的孩子来说是非常明显的。最近有一群欧洲儿童受到了这种对待，他们是罗马尼亚孤儿院里的婴儿，他们几乎没有人际交流、半饥不饱并只限于在他们的床上活动。他们的命运已到了无可挽救的地步。经医学扫描发现，他们大脑的某一部分在他们出生的头几年期间没有得到完全开发，现在人们经常把他们的经历作为一个有力的证据来证明培育对发展至关重要。[6]

在早于罗马尼亚孤儿院两代人的时期，德国与奥地利之间普遍存在的一种说法是不同方式的培育会对以后的行为造成不同的影响。你可以对孩子做很糟糕的事，但是却不能忽略孩子。战争时期的大屠杀使得人们为了国际团结而创建的许多组织机构值得永远纪念。我们现在显然是遗忘了当初经济合作代替竞争的思想是从何而来的。被研究最多的一个个小团体是那些从20世纪30年代中期一直到第二次世界结束执掌德国的人。为了了解OECD的标题为何仍使用"合作"这个词，当考虑到大屠杀之后，我们在长期的重建工作中都做了什么的时候，回顾一下纳粹（以及他们的精英与优生学思想）是很有必要。

不公正的世界

那些长大后成为纳粹党骨干的人，他们童年时期的成长经历一直被人们所细心研究与重现。经研究发现，这些人在童年的时候，通常是在管教极其严格并且往往很残酷的环境下成长起来的。他们并不是生来就是纳粹——国家社会环境与家庭环境同时异常扭曲才使得他们如此。有人发现，与之相反方向的扭曲是典型的家庭环境，那种在同一时期、同一环境下长大的德国和奥地利的孩子，也是罕有，却转而去营救纳粹政权下的犹太人。他们的国家社会环境是完全相同的，他们的家庭环境也是围绕着高标准，但却是对他人关怀备至的标准；他们的家庭很少管教严格并且据我们了解，从不严厉。它"实际上，是与纳粹党人完全相反的成长经历"。[7]研究进一步深入，很多救援者发现他们除了伸出援手别无选择，这是他们从小就得到的灌输。"如果他们不能保护他人的生命，他们就无法继续生存下去"。[8]

20世纪40年代的整个欧洲，救援者少得可怜，很多被列为迫害对象的犹太人被杀。欧洲大陆的人们[9]至今不承认大部分人参与杀戮的事实，并被称为是"种族"问题当前沉默的部分原因；它仍然"令人难堪"。[10]然而，战争中产生了加强国际间合作的渴望。

一种特殊的知识

OECD，作为一个后来受到广泛谴责的富有国家的俱乐部，并没有保护特权、助长成见以及鼓励等级。它在成立之初被称为欧洲经济合作组织（OEEC），执行管理美国与加拿大对饱受战争蹂躏的欧洲进行援助的行动。这一初衷在20世纪50年代发生了改变，1961年将其更名为经济发展与合作组织（OECD）。它的职能逐渐转向所谓的提高效率、研磨市场体系，扩大自由贸易和鼓励竞争（更多的是合作）。截止到2008年，OECD，至少在一本教科书上，被描述为"最富有国家的愚鲁智囊团，不假思索践踏人类尊严"。 它的过去事迹，因为没有价值而被世人抛弃，并导致了"全球自由市场"。[11]该组织对自己的未来却有另一番描述，"展望未来，以紧密编织OECD经济体为目的开拓一个后工业化时代，使之成为更加繁荣并日趋以知识为基础的世界经济"。[12]

OECD所指的知识基础是一种特殊的知识，来自评价人类、看待世界过程中的一种特定方式，这种方式，从21世纪初开始，逐渐主宰着那些富有国家要职官员的思想。自20世纪70年代以来，如果你没有用这种特定方式去思考过，你绝不可能被指派到像OECD这样的组织机构里去工作，也绝不可能在一个不平等的富裕国家的任何政府部门里高升，甚至在企业里也不太可能有太大发展。这种特定的思维方式认为金钱可以带来尊严，认为儿童的能力存在巨大差异，认为他们自己的教育考核人员知道他们出的一系列考试题的正确答案，包括那些考试题的正确答案显然没有获得国际上的一致认可。[13] 设计一组问题和一套评分标准，使接受考核的对象按照贝尔曲线分布并不难。但是要想这么做，你需要在脑海中构建一个与此相同的世界。这不是通过调查研究就能证明的。

构建和测量智商

调查研究显示自从我们一直试图测量"智商"以来，就发现它一直在以惊人的速度增长。[14] 几乎我们进行智商测量的所有国家都是这样。[15]这说明在1900年，每一个用今天的标准测量智商的孩子似乎都是低能、"智力迟钝"（过去使用的术语名词）、一个"活机器人"。[16] 我们用这种方法测量的智商，似乎比我们父母的智商都要高出很多，你以为他们会惊叹他们的孩子是多么的聪明（但他们没有）。[17] 实际上，这说明在过去一百年的富裕国家里，我们在科学思想方面接受了良好的教育，而科学思想在智商测验里的分数很高。我们大多数人是在小家庭的环境下成长起来的，因此备受关注。我们衣食无忧。虽然教育方式得到全面改善，但我们仍被期望更有竞争力，并且在那些智商测试规定的特定任务里表现得更加出色。

如果我们的祖父母被他们的测验（用现在的评分标准）评为"低能"，他们可能都无法互助生存。虽然现在的年轻人一直在接受培训，学习抽象思维以及通过实践解决理论问题（鉴于上大学的人如此之多，如果他们无法做到这一点，那会令人十分惊讶），还有其他事情他们不能做，但他们的祖父母却可以做。他们的祖父母生活可以没有中央空调和供暖系统，很多人种植自给自足的食物，而他们的子女们通常不知道怎么修补东西、不知道如何做更多实践性的工作。我们的祖父母可能一般没有太多的"睿智"，但他们接触不到会令头脑迟钝之类的精神污染，比如全部灌输一些误导信息的电视广告。研究发现告诉我们，智商反映的只是环境，对于所谓的聪明，它只占很小的一部分。尽管如此，"睿智"，思维里可塑性最高的一小部分，在最近几代人的时间里已经变得相当普遍，有人错误地认为，在仅仅一代人里分配的"睿智"，既非常重要又不公平。

3.2 智商主义：精神主义发展壮大的理论基础

人们需要用一种新的思维方式，一种理论去描述一个世界，在这个世界里注定只有少数人才有领导他人的能力，在这个世界里可以根据能力等级对所有人进行差遣。这种新的思维方式已被称为"智商主义"，这种思想信奉智商（IQ）的有效性，信奉用一些看上去极其相似的贝尔曲线对儿童能力加以表述的相关儿童智力测试，如图表2所示。作为有商数的智慧思维是形成于战争时期并在20世纪50年代得到大力推广，当时很多青少年都接受了智力测试。在英国，几乎所有11岁的孩子都接受过测试（"11 plus"升学考试），里面有类似的"智力"测验，以此决定他们会被分配到哪所初中。虽然现在不再这么明目张胆地对儿童进行排序分类，但是由此引发的歧视大多数人的这种思想却已成为一些人的主流思想，而这些人正决定着当下富有经济体的如何运作。而且，正如我们不再仅凭一次测试就粗暴地对孩子进行等级划分一样，教育经济学家们现在也十分谨慎，不再把他们公布的数据绘制成表——这对贝尔曲线里的人来说，未来可不容乐观。此处引用的数据在OECD的调研报告里没有用直方图表示。

如果儿童在智商方面的能力，即智商，有一定的上限，并且这个上限是沿着贝尔曲线分布的，那么将每个儿童归为某一等级，以此表明某些国家的儿童或许没有完全达到他们可以达到的水平会很公平合理。但是所有国家真正有能力的儿童不超过4%就是事实吗？[18]

图表令人怀疑

在人类的能力受到极大限制的情况下，不同的国家几乎都可以绘制出诸如图表2那种相同的曲线。该数据摘自OECD2007年报告里的"主要发现"，其中包括了6个图表。

图表2：儿童能力情况分布，根据OECD2006年报告（%）

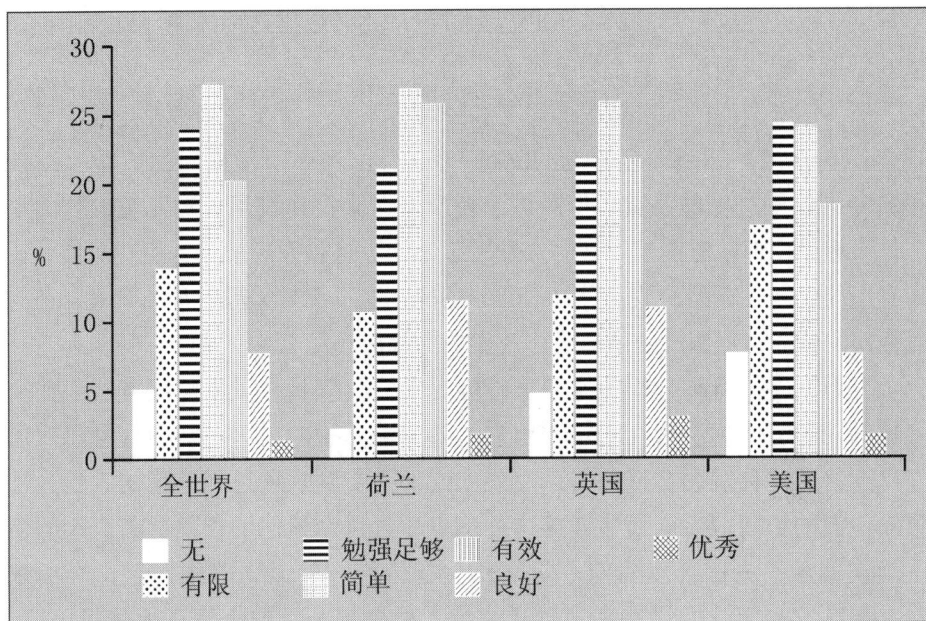

参考资料：OECD《国际学生评估计划（PISA），OECD的PISA关于15岁学生学习技能的最新研究报告》（2007年版）里提供的数据巴黎，OECD出版，摘自第20页表格1。

　　所有图表并不是简单地绘制一个贝尔曲线。图表2表明了OECD的经济学家对成员国的能力分配，尤其是在这三个国家里，是如何认为的。OECD的经济学家可能自己也不愿意绘制这种图表，因为他们知道人们理所当然地会对此表示怀疑。然而，要想猜测其意图，远非那么容易。要想猜测其意图可以通过，如果实在感到无聊，查阅技术规范、找出隐藏的事实，即那些在校准测试成绩后（在公布数据以前对分数进行调整），公布数据的人，"假称学生是多元正态分布里的样本"。[19]鉴于这种假设，几乎是无论学生怎么"表现"，图表2里的曲线都是钟形的。这个数据是专门为这个曲线而设定的。

　　以贝尔曲线的形状来说，顶端的位置空间太小。贝尔曲线的分布表明，充其量，如果一定要提升大多数人的能力，那么绝大多数人（即使有提高）仍会停留在"有限"或勉强"足够"，或只能够理解"简单的知识"的水平上。能力受到这样的束缚表明即使不断接受教育，很多人还是会由少数人，精英人

不公正的世界

士，"优秀的人"来管理约束。如果不是这样，如果真正有能力的孩子不是微乎其微，那么用这种形式对孩子的行为进行描述并根据这种描述（以及由此带来的后果）提供对策方案是极其不公平的。

那些信奉智商的人对智商的思考和描写还不到一百年。智商并不是一个旧观念，它首次是用德语名称 Intelligenz-Quotient 于1912年提出的，源自此前1905年在法国进行的测试，但测试最初没有对限度作设想。对儿童的智力潜能作设想是由那些有测试癖好的人发展起来的。这种设想就是智商受身体，比如身高的限制。不同的孩子会有不同的身高，这不仅与父母的身高有关，还与对他们的营养、经历及健康造成广泛影响的社会环境有关。

智力能力按身高分配的这种思想被提出，仅仅是在贝尔曲线首次用数字表述的几年时间里。现在不难看出它是如何被设想的、为何智商这种思想和它可遗传的这种观念会得到繁荣发展。大部分受到这种思想熏陶的人也会被告知他们的智商很高。那些宣扬这种思想的人认为他们的智商更高。人们喜欢阿谀奉承——这会让我们有安全感、有价值。然而，悲剧的是，全面地看，智商这种观念并没有真正地让每个人感到安全，或者真正地获得价值。罪大恶极的大屠杀就是在智商主义（及相关信仰）下进行的。但是随着这些罪恶成为回忆，随着早期的精神主义的历史被遗忘，随着文盲这种旧式的社会丑恶在富裕国家得到极大改善，智商主义，作为不公平的思想根源，又再次发展起来了。

那些在教育领域取得进步而获得认可的人认为思维就像身高，正如唱歌就像体重。你可以独自思考，但你最好学习与他人一起思考。教育不是自我发展，而几乎全部是"……外部的总结归纳"。[20] 没有真正的"无知者"；他们只是没有得到充分发挥。儿童的能力不是有限、不是勉强能够、也不是简单。我们偶尔都会做傻事，特别是睡眠不足或觉得焦虑时而"没去思考"。

如果你把唱歌比喻成教育，我们一般都能唱歌，或者不唱或者唱得好，或者唱得糟糕。评价歌唱得好坏完全取决于特定的文化，其评价的标准也会因时间与环境而发生很大变化。在某一段时间和环境下努力练习唱歌，如果你正常发挥，人们都会说你唱得好。可以对唱歌进行评比、划分等级，以此表明有些人唱得确实难听，而其他人唱得很优美，但事实是唱歌的这种能力在文化艺术和倾听者的耳朵里与在表演的声带里是一样的。有些人几乎可以愚蠢到认为人类在唱歌方面的缺点是按照贝尔曲线划分的。[21] 综上所述，虽然我们都做过傻事，歌唱贝尔曲线的思想却没有流行起来。我们并不是想被称赞自己特别聪明一样，要炫耀我们多么善于在淋浴的时候引吭高歌。我们都会唱歌，我们都会做傻事，我们都很聪明，我们可以不受限制地去学习。

学习不受限制

只有在最近人们才开始不断声称富有国家的所有孩子能够不受限制地学习。同样的说法在他们的父母甚至祖父母的时候是错误的。同样的说法对于几乎全世界1/10、2亿名5岁儿童来说也是错误的。这些儿童是真正的"失败者"，他们由于缺碘或缺铁，或者导致大脑及身体发育不良，以及/或者在很小的时候受到了外界不当刺激而无法开发最基本的认知功能。[22]儿童需要得到良好的哺育与照顾，既要学习善于思考，又要有能够善于思考的强健体魄，就像他们能够好好唱歌一样。但只有他们无时不刻地接受良好的哺育与关爱，才不会造成与此相关的身体上的缺陷。如果你在一个没有歌声的环境里长大，那么你也不可能唱歌。如果你成长的环境里，唱歌是一种普遍现象，那么你也很可能投身其中。

我们现在做的很多事情是我们的祖先从未做过的。他们不开车，不用电脑工作；很少有人拉小提琴，几乎没有人踢足球，那么我们为什么要说小提琴家或足球运动员有天赋？那些打字技能赶不上手写速度的人，与打字速度更快的人相比，在找性伴侣方面不太擅长，人们在这种环境下并没有缓慢发展。我们学习所有知识；我们虽不是天生为了学习，但我们却生来就有学习的灵活性。我们在测试里的成绩几乎是我们生长环境的全部反应，而不是我们大脑结构的差异性。[23]然而，误解仍广泛存在，认为能力，尤其是特殊能力是天生的，认为它们是自我发展，而且分配得很不均衡，只有少数人是真正的天才，并一直被赋予一种天赋，而且有潜力展示他们自身的那种天赋，因此就有了名词"有天赋的"。

对于天才存在的误解产生于天才是上帝赐予的这种思想，每个人最初有自己的特殊天赋，速度、艺术或饮酒（指希腊酒神狄俄尼索斯）。这种误解易于解释远古时期镇压不了的农奴，或者少数几个在一百年前提高地位的穷小子。但那之后，设想人才的偏态分布重新被塑成了贝尔曲线的形状。智商测试的结果是通过设计被制成了贝尔曲线图形，但是却欺骗人们（结果原来是）说曲线是自然形成的。[24]给一个国家的人口做一项智商测试，该测试没有经过专门设

不公正的世界

计，大部分人在测试里的成绩既不是很糟糕也不是很好，而他们的成绩却形成了"贝尔曲线"分布图。测试需要经过设计并对所得结果进行校准。贝尔曲线，作为一种人口综合描述，开始流行起来，因为更多的人需要在随后的十几年里得到提升以填补之前没有大量存在的社会职能：引擎操作员、教师、考官。如今，教育工作者在探讨再次改变已认知的能力曲线的形状，让绝大多数人的成绩向右倾斜，将其归为"成功"，因为大家看上去似乎能力相当。人们最近在争论是否存在特别有天赋的儿童，其结论很清楚"认为某些儿童有与生俱来的才华而进行分类是歧视……是不公平……是多余……（以及）是不平等……"。[25]它助长了社会不公，使得社会不平等依然存在。

天才、人才与丑小鸭

虽然现在几乎大多数人营养充足、富有国家越来越多的儿童在婴儿期能够得到更好的哺育，而不至于由于营养不良对大脑产生的影响而使身体上的认知能力有缺陷，虽然我们现在有钱，足够负担得起几乎所有能学而我们的父母及祖父母学不了的知识，我们避免让所有孩子重蹈父母及祖父母的覆辙，但却在他们很小的时候就告诉他们达不到"班级优秀学生"的水平，永远也达不到。我们通过各种方法这样做，包括在学校给孩子安排座位，如果小学老师按照英国教育标准署的规定，一般会根据孩子的能力给座位排序。在家里，所有的孩子都是特别的，但在家庭这个保护层外，他们很快就被划分成各种等级，大人们会告诉他们，唱歌是为了要成为天才，以此表明他们是唯一获得成功的那一小部分人，大人们还会告诉他们，学习是为了努力工作而不是为了休息，更重要的是，如果他们想要做得很好就需要"有天赋"。

如今普遍认为儿童需要"有天赋"，需要成为周日出生的能力良好的"5等"儿童。他们需要"颇具天赋"才能达到"6等"的1/7里的1/7的人，而要想在这个基础上更上一层楼还很困难。大部分人被告知，即使他们努力工作，顶多能提高一或两个等级而已、顶多被认为知识结构简单而不是"无知"而已、或具备有效的知识、是团队里的一分子，而不是个"笨蛋"而已（如果工作表现特别突出的话）。渴望获得更高层次的生活被认为是想入非非。人们探讨不存在大量的能力有限的儿童论被精英人士描绘成错误的幻想。大部分人这么说的时候显得很轻松，但他们的某些想法我已进行汇总，并会在后面几个部分里大量举例加以证实；偶尔也有少数人能公开表达他们真实的想法："中产阶级的孩子更有天赋"，前任学校校长如是说，"这一点我们必须得承认"。[26]这种公开的不满不是少数几个没有威信的前任学校督导员或一些独行其事的人的孤立的想法，而是，揭示了那些政府管理人员所普遍认为的任命有这种想法的人做学校督导员。只是精英政客们不至于傻到告诉那些选民他们认为大部分人能力极其有限而已。

你可能会认为OECD教育学家们的所作所为是想让社会通过新的贝尔曲线研究成果从不平等的教育体系中脱离出来，成为一个更加平等的世界。然而，这种设想的能力并没有在整个富有国家、均匀的、从左偏态到钟形到右偏态分布，并逐渐改变形状。在荷兰、芬兰、日本以及加拿大这样的国家，人们决定教给孩子更多能让他们更出色的知识。在这些国家，很少向孩子们展示他们存在先天性的差异。在其他国家，比如英国、葡萄牙和美国，越是让他们学习很少的知识，他们就越讨论来自"不同的血统"的话题。[27]每个国家在精英教育体系规模方面的地位也是在随着时间的变化而变化。

一个国家的不同群体如何在不同时期受到不同的对待，可以通过智商测试结果的变化监测到。这一结果为了表明通过测试儿童接受了什么样的教育。因此，你出生的年代确定智商很重要。智力测验就是研究先天性的问题。以刚出生就分开的双胞胎为例，你会发现他们仅仅是由于外表相似，就会在学校里受到同样的待遇、接触同样的环境，以这种方式说明他们在今后几乎所有的智商测验里表现得是多么相似。如果两个人都长得高大、英俊，比如，他们很有可能会更自信，会受到老师更多的关注，会得到养父母更多的赞扬，会得到同龄人更多的宽容；他们会在学校表现得更出色。这种效应本身就足以解释在同卵双胞胎方面的研究发现，他们在出生时就被分开，但通常在同一个国家长大，并且遵循着类似的生活轨迹。生活轨迹也趋于类似是因为双胞胎成长的时间跨度完全相同。[28]

过关斩将

在美国，白人与黑人的"智商"差异从20世纪40年代至70年代起开始下降，但在21世纪初期，又回升到了40年代不平等时期的水平。这次抛弃了精英主义，退回到了社会地位和黑人剥削如何与发生改变的美国白人相抗衡的时代。[29]从20世纪40年代到70年代，美国黑人逐渐赢得了更多的社会地位，赢得了允许融入更多已成为正常经济预期的权利；工资也变得些许均等。之后，

不公正的世界

从 70 年代开始，工资差距拉大；种族隔离又再次增加；民权的胜利演变成年轻黑人的大批监禁。没有任何一个国家像美国这样关押这么多自己的人民。1940 年，美国监狱关押的犯人比现在少 10 倍，现在关押的两百万犯人里有 70% 是黑人。[30] 美国关押率的大幅增长以及由于经常遭到监禁而对此习以为常，或许是任何一个富有国家精英主义发展壮大最明显的结果。

认为少数人有特殊的才能导致了认为其他人特别没有才能。如果你轻视别人，你可以眼睁睁地看着，或至少通过他们在公共考试里对各种选择题的回答，让他们在你面前变得更加愚蠢。从 20 世纪 70 年代开始，美国穷人，尤其是美国黑人穷人，越来越受到轻视。事实上只有几个人被允许唱歌。[31] 从较小的范围来看，富裕国家的很多地方都发生过类似情况，收入不平等增长的那些富有国家也发生过这种类似情况，而且随着精英主义的普及而发展壮大。

精英主义是自我实现的预测。如果你认为只有少数孩子具有特殊才能，那么你就对这些孩子进行集中资源利用，而他们因此就显得优秀。他们一定会通过测试，因此测试就是为了让一定数量的人通过而设计的，而你挑选的孩子会一直被挑选并教授如何通过考试。年轻人在学习得到赞扬后会表现得更加积极，而因此通过学习变得更聪明。他们被轻视时就会变得消极，而学习兴趣也会因此降低，所以他们测试的成绩就不理想。人类，尤其是儿童，渴望获得认可与尊重。告诉孩子他们在班里的排名较低等于是在告诉他们没有赢得尊重。孩子对接受什么样的知识不是特别有辨识能力。如果你训练他们如何在智商测试里好好表现，那么他们就会做得很好。可是，几乎每个人都希望与别人融洽相处、都希望得到赞扬，不希望被排在后面、不希望像排在后面的人一样被当作累赘。

新西兰有一条叫拉凯亚的河，河面上横跨着一座设计新颖的吊桥。桥身上有一段公告，标明了这座桥的历史和一处在大桥建成之前就有的涉水浅滩。河面很宽而且河水湍急，河水是从南阿尔卑斯山倾泻于此。公告上还说在大桥建设之前，毛利人会结成几个小队过河，每个小队拿着一个长长的杆子横放在水面上，这样最弱小的人就不会被河水卷走。这个公告是由将毛利人赶走的人写的，他们知道如何建造一座从河水底部支撑的铁桥，但却不理解为什么一群人会带着一根长杆过河。事实上，它不是为了保护弱者，而是为了保护整个队伍。任何一个想要独自蹚过水流湍急、流着冰川水的河的人都是冒着极大风险的。如果你与其他人一起抓住长长的横杆，你的风险就会低很多。"各尽所能，按需分配"这种概念是一种体现环境与时代的概念，当所有人因此而受益时就会对此有更好的理解。当拿着长杆蹚过冰冷的河水的时候，你需要尽可能多地让抓住长杆的人与你一起配合。

所有的孩子都与众不同。他们长大成人，具备不同的嗜好、特质（通常被误认为是天赋或天资），即是自己所独有的，也是他们生长的社会环境所独有的。有些人最终会被认为是伟大的歌唱家，其他人，如果唱歌在他们的成长环境里很普遍，那么最终会在唱诗班里唱歌。有些嗜好与身体特征有关——比如：个子高的人在过河的时候，杆子可能会抓得更稳。由于当时的条件，与基因特点没有任何关系，长大成人几乎是没有什么问题，但未必就能长得特别高大，而且未必长大后就能去考虑在拉凯亚河面上建吊桥的事。几乎每一个有建造大桥想法的大人都是在小时候看过别人建造大桥，没有人在一开始的时候就有"独一无二"的想法。或者，换句话说，每一个微小的变化，从最初的树干桥，到最新式的大桥设计，都是"独一无二"的，因为这都是我们自己的想法。我们都不是有超能力的人。我们不像有天赋的神，我们有时也犯糊涂。我们持杆过河，对别人的力量充满信心。与几个人不团结在一起、抬一个人过河相比，这种方式更安全。如果，从眼前来看，你认为自己应该被大家抬着而不应该下水，或者你被灌输一种思想、注定要抬着比你级别高的人过河，那么所有人都要承担更大的溺水的风险。

3.3 种族隔离教育：从车库收容所到温室培养

在有吊桥以前，很多人在过河的时候溺水而亡。也有很多人在建造大桥的过程中死去。第一次建桥的时候，消耗了大量的体力劳动去开采矿石、挖煤煅铁、构建桥梁，再将一切用铆钉固定。起初，几乎一切，甚至连每一个铆钉的构造，都是靠手工完成的，就像亚当·斯密理想的大头针工厂一样，最初把工作流程尽可能地分成若干个小环节，然后把铆钉圆头这个专门的工作指派给专门的人，男人、女人或者童工。

第一次建大头针工厂的时候，他们最初主要雇用男人——他们不需要接受过多的教育，学习如何用钳子把热铆钉的头压得更圆。甚至让那些给男人送晚饭的女人接受过多的教育，学习如何给工人做饭，因为第一次在工厂工作的人

不公正的世界

用餐是限量供应的。但是在工厂负责的班长就需要接受一点儿教育，学习如何填写台账和下订单。而一个工程师就需要接受更多的教育，学习考虑需要多少个铆钉才能使大桥建得安全。如果你现在就置身于横跨拉凯亚峡谷的大桥，你会发现无论是谁，做决定都非常谨慎——旧桥上还会有很多铆钉。很多铆钉就意味着很多制作铆钉的人。如果食物合理供应，那么制作铆钉的人和他的妻子会生很多的孩子——未来的铆钉小产生者，他们是住在生产铆钉城镇的人，几乎都无法自给自足，因此出现了很多嗷嗷待哺的小生命，没有足够的时间、没有足够的人力去培育大多年龄尚小的孩子——那些，终究，注定去制作更多的铆钉用于建造更多大桥的人。但是财富过剩却以递增之势积累，而剩余的一小部分用来建学校，尤其是在产生大部分剩余的国家，比如英国。

最佳教育年龄

渐渐的，人们需要多花一点点时间去寻找人生目标，去获得成功、去含辛茹苦地孕育生命。女人获得了一点点的权力，试图多说几句"不"，每个人生六个孩子而不是八个。1850年以前，在英国这样的国家，大多数孩子都会在某种学校上学念书，通常是主日学校（星期日对儿童进行基督教育的场所）。截止到19世纪70年代，所有儿童到10岁的时候应该上学正式成为法律；这个年龄在70年代以前逐年提高，此后出现了一个停滞期。截止到20世纪70年代，英国的女性平均有两个孩子，都得益于药物的作用和获得颇有意义的自由（一个世纪以前人们被关押起来学习避孕套的知识）。教育平等提升，文盲逐渐被消除，随着（生育率下降）接受教育的孩子越来越少，人们越发觉得所有人应该接受更多的教育。但是这种提高平等的趋势在20世纪70年代的时候就结束了，就像50年代精英主义在后期得到迅猛发展一样。如图表3后半部分所示，就目前的大学升学率来说，由于认为我们不是所有人天生具备相同的潜能，剥夺希望与机会在争论智商和智力"潜能"问题那里得以维系。然而，主要是最近几年，如数据表里显示的最后那几年，那些精英人士的争论遗漏了至少一个不平等的富有国家离校年龄的部分——所有在英国、现在应该接受教育一直到18岁的人，虽然到时候，如果没有进入"高阶班"的话，是否所有人都能被认为是可教育的，以及是否所有人都能在学校里受到尊重，还需要进行一番斗争。

精英主义的增长或许能够认可将离校年龄提高至18岁，但这不等于过了

18岁以后，他们会提供更多的教育。相对于近年来离校年龄的激增，大学升学率迅速增长，在20世纪60年代末达到顶峰，现在开始下降，而且在最近的十几年时间里下降的最快，如图表3所示。

图表3：英国，1876—2013年，离校年龄（年）与大学升学率（%）

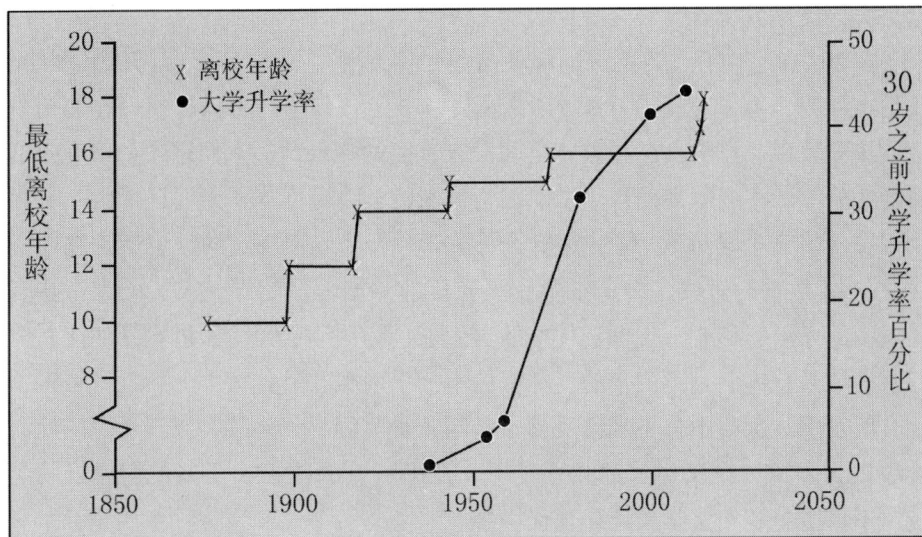

参考资料：BBC新闻"离校年龄定为18岁"（2007），报告，1月12日；米克尔.J的 "16岁辍学将面临处罚"（2007），《卫报》，3月23日；尼古拉·蒂明斯：《五巨头：福利国家的生卒年》（2001）（新版）， 伦敦，哈伯柯林斯出版社，第2页，第73页，第198页和第200页；关于最新的官方评估，见英国网站高等教育基金委员会关于当地扩招：www.hefce.ac.uk/Widen/polar/。

只要离校年龄有进一步的上升，就需要强制增加大学升学率，因为所有人都要接受高等教育，就如同现在的学生，他们的祖父母们都拥有初中教育程度一样。综合类大学可能有别于现在的大学，因为综合类大学是重点大学。这种事在现如今可能很难想象，但不难想象上辈子的初中义务教育升学率，而且还为此制定了一项福利制度。首次制定这种福利制度的国家是新西兰。

发展与配给制度

所有的峡谷，即使在世界的最南端拉凯亚河谷那么远的地方，最终都修建了吊桥。公路得到修建，农业得以进一步机械化。食物得以储存、冷却、运往国外；欧洲需要糊口的人得以维持生计；从欧洲借出去的钱回来了（带"利息"的）；仅仅在地球的另一端第一次进行智商测试的十几年时间里，铆钉生产得以自动化。所有富有国家的儿童要求在14岁以前接受小学教育也最终得以全面实施（见图表3）。这种需求扩展至所有富裕国家的初中义务教育，无论是女孩还是男孩。

在20世纪50年代的英国，即使战争已经结束，养育孩子却仍依靠配给。就是在那时，智商测试首次被用来决定、"限定"孩子们可以在什么样的初中学校接受教育。虽然食品与教育之间没有直接的联系，但人们意图如何安排这两者的分配却在战争期间产生了。因为未来的教育分配——到时已成为一种稀缺资源（研究生导师），是根据孩子们在某一天的成绩决定的，也就是在他们快过11岁生日的时候，带上纸笔、坐在桌前参加考试的那一天。因为有些有此意图的人没有私心，想保证优秀的学生最"聪明"而无论家世背景如何，但考试的结果总体上是不公平的。类似的不公平现象在其他大部分新近富裕国家也有所发生。这些不公平现象受到了抵制，被美国的"种族"以及英国的社会阶级视为隔离，在又经过的几十年里，几乎所有的孩子去了离他们最近的学校，不再区分是文法学校还是现代中学。

几乎所有的孩子到离家最近的中学上学、到与邻居的孩子相同的中学上学，这种现象在20世纪70年代以前几乎在任何国家都不会发生。当所有当地的孩子在同一社区公立学校上学时，它被称为"综合类"学校，因为学校必须为所有孩子提供综合教育。除综合类学校以外，还有两个主要学校可供选择，大部分孩子被接受考试"不合格"的学生的学校录取（在英国称为"现代中学"），和只有少数人可以去接受考试"合格"的学生的学校（"文法学校"）。在该教育体系变革以前，3/4的孩子都会到接受"不合格"学生的学校上学，即那些现代中学。英国，1965年初中龄的孩子有8%在综合类学校上学，1966年是12%，1970年是40%，1973年是50%，1977年达到80%，1981年达到83%。[32]

在撒切尔夫人执政的保守党政府下，1979年对还在运作的剩余315所文法学校进行筛选，最终1/3以上、130所学校到1982年的时候成为综合类大学。[33]然而，保守党在1979年又推出了"公助学额"计划，凭借此计划他们开始资助一小部分由私立学校挑选的精英儿童。因此，就在分裂的国家教育似乎要结束的时候，国家本身又助长了这种分裂的增长，这是私立学校录取率在英国十几年来的第一次显著增长。

1979年，英国的大小事件接连不断，第一次对世界其他国家产生直接影响。在加利福尼亚，罗纳德·里根1975年以前担任该州州长（后来在1980年成为美国总统），私立学校的入学率经过几年的下降后第一次迅速增长。在1975年至1982年间只有7年的时间里，加州儿童私立学校的入学比率从8.5%上升到了11.6%。[34] 当时，由于罗纳德·里根在离任前没有妥善资助学校里最贫困的学生，国家按照1976年加州最高法院的规定将各类公立学校的资金减少到了接近低保学校的水平。法律规定，在当地财产税不同水平的地区不按照统一标准资助公立学校是违反宪法的。在立法之前，加州富裕地区的公立学校能够获得比贫困地区的公立学校更好的资助，就如同以前英国废除所有可供选择的文法学校一样，富裕家庭的父母——他们的孩子更有可能就读于这种学校，因为已经意识到国家对他们的子女教育的资助比多数人要高很多。无论是在英国还是在美国，选择家庭支付的数量显著增长才能实现教育更大程度的平等，这样他们的子女就不会被迫接受与其他人一样的教育和与那些人一样的资源。

在英国，私立学校名额增长的时候，文法学校的名额在减少；在美国，私立学校名额的快速增长，却均分了加州公立教育资源。在英国，私立学校的扩张主要集中在最富裕的城市及其郊区，比如伦敦、牛津和布里斯托尔——不是因为当地学校不好，而是因为那里高收入的家庭很多。美国的教育不平等已在20世纪70年代降至历史最低点，正如收入不平等所经历的一样。这种局面随着抵制臭名昭著的[35]1971年、1976年和1977年的加州庭审案件《祭司塞拉诺的诗句》得以好转。同样的，1973年以前，英国有半数的小学生在非选择性中学上学：当收入不平等缩小的时候，教育不平等再一次快速下降。这几年至关重要，全世界以及当地学校与学校之间都在为富人与穷人平等的问题进行斗争。国际上，同样是在动荡的1973年（在10月赎罪日战争期间），控制原油供应的较贫穷的国家联合起来大肆提高油价。国际上的财富不平等降至有记录以来的最低水平；全世界的卫生不平等几年后达到最低。[36]英国和美国的这种卫生和财富不平等提前几年，约在20世纪70年代初的时候降至本国最低水平。[37] 这是富裕国家的人们最美好的时期，他们的生活状况从未有过如此改善。工资水平从未如此之高，就连美国的最低工资在后来也成为了历史最高水平。[38]

在最后的十几年里，人们还没有失业，社会不稳定还没有增长，人们享受着平等、或者平均、或者超越平均的美好时光，但如果你是富人，20世纪70年代初期则是个令人不安的时期。通胀水平增高；如果你手头宽裕，且有足够的存款，那么这些存款就要贬值。人们逐渐意识到拥有如此多的相对财富、就读于不同的学校将不再像以前一样缓解对子女的不良影响。当政治家们说他们要通过让英国所有的儿童接受教育来消除文盲这一社会丑恶现象的时候，或者说他们要在美国创建一个"伟大社会"的时候，他们没有提及这会减少某些孩子的明显优点。黑人孩子的平等权利、贫困孩子的公平竞争环境——这些都有可能被当作激化种族竞争的种种威胁，其结果是按照比例，越来越少的人才能获得成功。

这是你应得的？

OECD 在 2009 年透露（通过其常规统计刊物），英国将学校教育经费的一部分（23%）转移，用于一小部分接受私立学校教育的孩子（7%），转移的比例要比所有其他富裕国家都要多。这种不平等程度远远低于 30 年前。

多数人不难了解他们并不很特别。即使是富有的人，如果他们没有妄想症的话，在内心深处也明白他们并不很特别；多数人知道他们是被某些人所称的"幸运精子俱乐部"里的一员，轮流出生在合适的家庭，或许纯属侥幸，或许既幸运又有点残酷。然而，如果你对自己评价不高，你就不能在获胜者越来越少的竞赛中继续赢得比赛。只有那些有严重自恋倾向的人才坚信他们会变得富有，因为他们更有能力。那些把这种倾向与优生学思想相联系的人认为他们的子女很可能会继承他们所谓的智慧，并且无论面临何种环境都会表现得很优秀。其他人，富人的绝大多数，那些不自以为是的人，当平等初现端倪的时候，他们有自己的选择。他们可以与大众站在一起，将他们的子女送到当地的学校，让他们的相对财富随着通胀而缩减，并加入到缩减的队伍，或者他们负隅顽抗，承担子女被种族隔离的代价，寻求更好的方法来维护他们的优势，而非让他们的存款受通胀肆虐的影响，由于立场相同，为有影响力的政客投票并提供竞选经费，并鼓励其他人也为他们投票。他们向右翼派政党竞选活动（见章节 5.1）捐助经费、利用其他人的恐慌来鼓励其他人投票。他们在很多投票人中游说左翼派民主党，无论在美国还是在英国，一直混乱不堪。右翼派政党的对手太弱，竞选经费过低，因此右翼派政党在 1979 年的英国和 1980 年的美国最终获得了胜利。

虽然不像 20 世纪 40 年代的战地救援人员那样稀有，但 70 年代有效的理想主义者少之又少，尽管某些国家的这些理想主义者要比其他国家多一些。在瑞典、挪威和芬兰，左翼派理想主义者在竞选中获胜，但日本、德国、奥地利、丹麦、比利时、荷兰、法国、佛朗哥之后的西班牙、加拿大、某种程度上的希腊（将军政权曾被推翻）、瑞士以及爱尔兰的社会团体仍团结一致。那些最感到恐慌、最有影响力的富人在美国最多，但英国、澳大利亚、新西兰、葡萄牙与新加坡也不少。就是这些国家的政党与富有的理想主义者发展得最好。在这些国家里，尤其与其他国家相比，多数有钱和在其他方面有优势的人都指望着依附他们。他们为右翼派政党捐助竞选经费，帮助他们东山再起。他们助捐是因为害怕平等的程度日益提高；不是因为他们相信多数人由于变得更加平等而从他们的行动中受益，而是因为他们认为鼓吹不平等会实现更大的利益。他们用这种方式引发了新一轮的精英主义。

右翼派政党掌权造成的其中一个结果就是对工会的打击。由于工会的势力被削弱，左翼政党不得不寻找其他经费来源。目睹了由于资助政党而得到的权力，富人们被说服去资助以前的左翼派和中间派政党并对他们施加影响，尤其是更多的为富人的利益考虑，因为他们知道右翼派政党不会在整个90年代继续获胜。富人们将钱花在这些方面，他们的资助自20世纪60年代初期以来始终在发挥着作用。[39]事后来看，很难了解美国的民主党以及后来的英国新工党是如何如此相似的彻底依赖少数富翁和企业的资助。一旦富人们对力图用金钱支配政治的行为习以为常，并因此不定期地接受政治上的名誉，那么仅仅要求限制右翼派的赞助经费就没有必要了。在那些少数极不平等的国家，"这是你应得的"这种自私的咒语被反复宣讲，这其中的意义，在20世纪70年代以来涌现的越来越多的精英人士的眼里，被看作出钱做"善事"的某个人、被看作帮助动物或穷人的某些慈善机构，被看作同样做"善事"的政治党派，而非改变现状、减少不平等。不平等可以通过政治成为一种普遍现象。

为捍卫平等，值得一战

美国南部各州奴隶制的结束使得人们对平等产生了恐惧。起初，这种恐惧转变成为在政治上对民主党的支持，以及至少一直持续到20世纪60年代的对民权的镇压，包括要求能够与邻居的孩子就读于同一所学校的权利。20世纪40年代的南非，贫穷的白人倍感威胁，他们为政治提供大力支持，从而引发了种族隔离，因为其他非洲以前的殖民地开始向白人统治者索要自由；再次的，种族隔离制度从学校开始。[40]当纳尔逊·曼德拉在1963年接受审判的时候，有可能面临着被判死刑的危险，他在做法庭陈述时声明，为了捍卫平等，值得为孩子争取接受平等教育的权利并告诉他们非洲和欧洲是平等的并应受到平等的关注。当时南非政府在每个欧洲儿童的教育开支是每个非洲儿童的12倍。纳尔逊·曼德拉在1990年被释放。那一年，美国，像芝加哥那样的内城区学校的孩子获得的公立中学教育开支是北部较富裕的郊区的孩子的一半，不到最精英的私立学校的12倍。截止到2003年，内城区几乎90%的儿童是黑人或西班牙人，美国公立学校开支的不平等翻了四番。如果私立学校也考虑增加开支，不平等会进一步增长并且增长会一直持续到2006年，因为私立学校的学费极速上涨，而学校的学额数量增长却非常缓慢。[41]

私立学校入学率自20世纪70年代以后，在美国和英国这样的国家增长缓慢且平稳。增长缓慢是因为只有少数人才能承担得起日趋走高的学费，以及有些人能够忍受将他们的子女进行种族隔离。增长平稳是因为，虽然开车路过他们本该去的学校、把孩子送到更远的学校上学，成本高而且不方便，但父母的担忧增多。20世纪70年代以来，家庭与家庭之间收入不平等的增长往往伴随着国家许可使用私人教育的增加，而收入不平等在那些国家已经开始加大。收入不平等的增长使人们对儿童的未来更加担忧，因为人们越是在薪水低的国家越容易被认为是个失败者。

如同反殖民主义和废除奴隶制滋生了不可预见的新的不平等，美国黑人子女和欧洲工薪阶层子女在20世纪60年代获得的民权胜利滋生了新的不平等精英主义的增长、滋生了教育种族隔离、为日益被视为与众不同的儿童创建各种学校，而他们本该在相同的环境里接受教育。到2002年的时候，美国很多内城区的公立学校开设了新的军国主义课程，一门令人不安的课程，富裕国家的一本权威杂志《哈珀斯》如是说。这些学校能容忍的闹剧还不止这一个；向老师行纳粹式的敬礼；那些有特殊能力的儿童被指定为"优秀员工"，并且，根据芝加哥一个教授"死记硬背课程"的学校的校长说，其目的是把孩子培养成自觉纳税的机器，一个"永远不会入门盗窃"的人。[42] 在2009年，美国总统巴拉克·奥巴马曾提名一直负责制定芝加哥教育政策的阿恩·邓肯负责制定全国教育政策。他可能已从现在的备受谴责中吸取了教训，或者可能会在全国积极宣扬，把"学校从公共投资变成私有财产，担负起市场需求的责任，而非民主社会的需求与价值的责任"。[43]

在英国，被排在日益拥挤的精英教育架构底层的儿童，虽没有被严格要求死记硬背，但反而被交给了"福利库"，他们在课堂上保持安静，不需要老师耗费什么精力，因为可以理解的是，老师对他们不抱有什么希望。这些儿童和青少年在16—19岁的时候需要通过参加补考才能继续他们的学业，但他们并没有接受教育。精英人士的思想广泛蔓延，他们认为如果只有少数儿童有天赋，而多数孩子的未来注定平庸，那么给多数孩子提供艺术、音乐、语言、历史甚至是体育方面的教育可能是一种浪费，而这对有能力的少数孩子来说每一项教育都是最基本的。

不是说20世纪70年代我们在倒退，而是，因为以前也经常发生，平等每前进两大步，就又会后退一步。美国南方奴隶制度的正式结束目睹了种族隔离制度的正式建立，一种远没有奴隶制度严重的不平等，却逐渐被认为与奴隶制度同样重要。就像整个非洲实现了结束直接殖民统治一样，相比之下的国内殖民主义更是微不足道。当英国公立中学之间的种族隔离在20世纪70年代期间被废除的时候，私营部门、新隔离的"独立"办学形式却在东南部地区繁荣发展起来。因此，每当战胜一个巨大的不平等的时候，就会原地出现更多微小的不平等，又要依次被消灭，就像奴隶制度之后的隔离制度，就像南非殖民主义之后的种族隔离，就像最近的英国学校重组被废除（基于智商主义者的新思想）之后有可能产生的精英主义。每一件曾经被认为是很平常的事到头来都令人厌恶反感：推行奴隶制度、认为非洲人不能自治、推行分离但极不平等的生活。分离生活很难去评判，从强迫黑人妇女坐在公共汽车的后面到告诉孩子他们只能在贫民窟学校上学。细细想来，分离生活并不太令人接受。

到2007年的时候，英国的某些地方有望摒弃把儿童当作反复测试的产品的这一做法，但英国的办学体系已成为一种学校争夺经费与生源的市场体系。开设的57个各类公立学校认识到了这一点，正如私立学校的扩招一样，他们的新生率提高到了7%，而这些学校的孩子们有1/4达到了高级文凭考试的水平，获得了"高等"学府一半以上的学额。[44] 余下几乎所有的精英学额都留给了得到良好资助的57所各类公立学校里的孩子，或者留给了国内那些在其他方面有优势的孩子。精英人才系统号称是精英管理的社会，但在这种系统里，人们几乎不是论功行赏，也不考虑我们都是生来平等。在比较平等的社会，大量的"……研究向有各种背景的孩子展示了综合办学形式的教育价值与社会化价值"。[45]

3.4 个人崇拜：超能力的谎言

每一种不平等对应着人类的每个弱点。与精英主义正对应的弱点，鉴于其在20世纪50年代的巅峰地位，是沙文主义。这是一种典型的带有歧视性质的思想，它信奉人类的优势与生俱来，尤其信奉少数的精英团体。要想了解沙文主义对于精英主义有何影响，你只需看看那些最优秀的人，教育领域的最高荣誉当属诺贝尔奖（虽然不是所有诺贝尔奖都与教育有关，这是必须的）。截止到2008年年末，在将近有800名诺贝尔奖得主里，其中只有35位是女性，竟有4%之低！总体上，授予男性和女性一起从事的医学工作的奖项要比其他任何一门独立学科的行业多。在医学领域，团队合作通常是隶属关系更是司空见惯，因此屈指可数的女性被纳入医疗奖得主里。物理学奖的得主的比率比较低，但获奖人数与医学相当，而被授予诺贝尔物理学奖的女性只有2名。而化学奖还稍令人满意，文学奖比较对女性有利，获奖的女性几乎占了所有颁奖数量的1/10。但考虑到如今女作者的数量，真的就是每10个男作者中就只有一个伟大的女作者吗？和平奖同样被看作以女性居多的领域——在过去几年里获得和平奖的20个组织机构里，女性甚至很有可能占大多数，但真正折桂的人占少数。诺贝尔奖实在是一个男人主宰的世界，如图表4所示。

图表4：男性与女性诺贝尔（与经济学）奖得主，按学科分类，1901—2008（+2009）

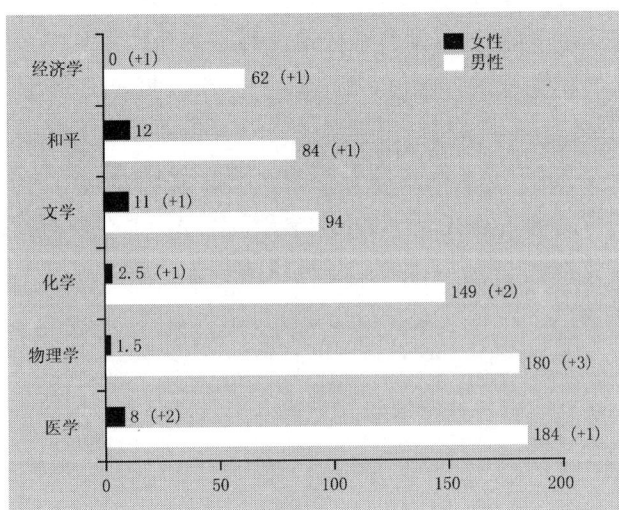

注解：居里夫人既属物理学又属化学；约翰·巴丁和弗雷德·桑格尔只被统计了一次。括号里表示的是2009年5位女性获奖者和8位男性获奖者。此处包含的经济学奖是瑞典中央银行授予的特别奖项（见第69页）。

参考资料：http: //nobelprize.org/index.html

我们知道世界上大多数人在接受国际考试的测试时，被定义为在某方面"笨拙"或"迟钝"，能力"有限"或只有"简单"的能力（见前述第43页图表2"世界"柱形统计图）。人们不太了解的是那些没有被定义为"笨拙"的人不得不通过提高他们的社会地位来过着自欺欺人的生活。位于上流社会，他们被奉为神话般具有超能力的人，那些有如此天赋、才能或潜力的人还需要特殊的培养，一种预留教育。在这种设置的教育体系里，他们被安排在另一个金字塔里，或诸如此类，直到有零星几个人被认可并受到嘉奖。在我们这一代人之前，这种精英教育一直是为男人预留的。在极少数情况下，女人被认为有贡献力，她们最初在某件事中通常是被忽略的那一部分，就像在臭名昭著的为研究DNA双螺旋结构携带哪一种基因作出贡献的罗莎琳·富兰克林事件。当诺贝尔奖被授予詹姆士·沃森和弗朗西斯·克里克的时候，罗莎琳对此并不予以承认。[46]

"人们不得不与黑人员工打交道"

科学领域的诺贝尔奖是将人奉为神明的最佳途径，它是我们普遍有愚蠢倾向的生来平等最好的证明。在詹姆士·沃森晚年的时候，他向媒体公布了一系列惊人的言论，比如说，据称，他希望每个人都平等，但是"……不得不与黑人员工打交道的人们发现事实并非如此"。[47]这不是诺贝尔获奖者之间的一次性案例。在沃森由于发现双螺旋结构而被授予诺贝尔奖的时候，一位早年的物理学得主，威廉·肖克利鼓动给被认为智商低下的女孩注射一种用药后会使人亢奋的绝育胶囊，以此避免他们生育。[48]如果不是如此出名，并在知名媒体上报道，弗朗西斯·克里克对名字古怪的"正优生学"的支持令他备受争议，也在2003年的时候被详细记录下来。[49]

詹姆士·沃森的工作主要是在剑桥大学进行的，威廉·肖克利最终在加州的斯坦福大学工作。或许我们不该奇怪，有科学领域背景、在剑桥或斯坦福这种地方闭门接受教育的人应该持有这种观点：很多与他们不一样的人是劣等的。为什么有些人就应该在显微镜下做试验，或者为什么研究 X 射线的人应该了解人类？当然，你或许想，那些在社会科学、艺术或人文科学领域被授予诺贝尔奖的人可能更开明一些，因此才会在这些领域出现学者，但是或许只是因为在这些领域没有这样的奖项，所以人们不会崇拜在这种领域没有获得奖项又自以为是的人。[50]

告诉某人他们在某件事上很有能力，比如通过一项测试或者获得一个奖项，这很容易使他们以为所做的其他事情更有可能是有道理的，比如让女人绝育。幸运的是，至少为了这个实验能让人们继续受到追捧，一门社会科学后来被区别对待，结果才得以真相大白。1969 年，瑞典的中央银行创建了经济学领域的一种特殊的奖项。在随后的 40 多年里，直到 2008 年，所有 60 多个奖项，有些是联合奖，无一例外的，颁发给了男人（虽然在 2009 年，有一个奖项颁发给了第一位女性埃利诺，见第 74 页）。

或许只有男人才能成为合格的经济学家，又或许事实应该是这样，作为一个合格的经济学家，他能够特别理解金钱运作的社会，去揭露关于个人进行暗中资源分配的真相。或许只有特定的几个人能够窥见这种真相，并透露我们其余人当中少数有能力的人，透露给几乎理解不了的民众。或者，我们也许已经有了互相赠予奖品的一群人，如果他们适合。有证据表明，后者是事实，那些人不比别人能干多少，也不比别人蠢多少，而且大量存在。[51] 表格 3 显示了，到 2008 年，接受少数女性的学科和那些几乎不接受，或根本不接受（就经济学而言）女性的学科被认为是实现了伟大成就。

并不是仅仅通过几个获奖者叙述如何对待黑人员工，我们了解到他们有弱点。当你开始研究的时候，你发现优秀的经济学家经常是，像小孩子一样隔着一段距离互相争吵。[52] 鉴于过去几年，他们的理论通常看起来并不十分了不起，似乎不太适用于当今世界，或者他们只是与思路有关的符合逻辑的一个步骤，即总的来说，无论想法多么美好，只有一个人是做不了太复杂的工作的。

表格3：诺贝尔奖皮尔森拟合优度测验，按性别与学科划分，1901—2008

		医学	物理学	化学	文学	和平	经济学	总计
观察值 （O）	男性	184	180	149	94	84	62	753
	女性	8	1.5	2.5	11	12	0	35
	合计	192	181.5	151.5	105	96	62	788
期望值 （E）	男性	183.5	173.4	144.8	100.3	91.7	59.2	753
	女性	8.5	8.1	6.7	4.7	4.3	2.8	35
	合计	192	181.5	151.5	105	96	62	788
（O−E）	男性	0.5	6.6	4.2	−6.3	−7.7	2.8	0.0
	女性	−0.5	−6.6	−4.2	6.3	7.7	−2.8	0.0
	合计	0.0	0.0	0.0	0.0	0.0	0.0	0.0
（O−E） 2/E	男性	0.0015	0.2482	0.1235	0.4001	0.6524	0.1280	1.55
	女性	0.0327	5.3407	2.6579	8.6087	14.0354	2.7538	33.43
	合计	0.03	5.59	2.78	9.01	14.69	2.88	34.98

参考资料：2009年颁发的诺贝尔奖在分配比率与以往极其不同，此处没有将其包含在内。数据来源及2009年的分配比率见图表4。从这种苛责的统计来看，在过去100年里，运用这种简单的拟合优度测验获得诺贝尔奖的女性甚少，因为在三种学科分类里，有望获得诺贝尔奖的女性不超过5个。每一个期望值除以平方差得出的合计数是34.98。自由度等于性别减1与学科减1的积，即（2−1）*（6−1）=5。自由度是5，值为20.515，统计学的表示为p=0.001。这是一个像细胞一样微小的近似测定。然而性别与学科似乎不是完全独立的（文学与和平大于平均，物理学和经济学低于平均，而医学奖的颁发处于平均水平）。具体测验见注解59。

考试之后还有考试

精英主义在教育上的某些不良成果体现在那些认为是精英的人的身上。纽约城，这个世界两大金融中心之一，居住着世界上最富有的人。截止到2008年，多数有钱人每年每个孩子在贵族托儿所的学前名额约花费25000美元。[53]有人认为这种学前教育使得每年进行的考试似乎很有成果。在这种托儿所入托的孩子比其他孩子更有可能最终成为常春藤大学的学生，那些大学支付最高的薪水，能够聘用最多的诺贝尔奖得主。这样做就意味着这些孩子会展现出无与伦比的智慧吗？（小布什既上过耶鲁大学也上过哈佛大学。）或者他们会显得稍

不公正的世界

有点宠溺（但哄骗）对自己的教育没有什么选择权，不断被灌输自己是多么的有天赋并相信那些给自己灌输这一切的人的美国青少年吗？

考试之后还有考试，贵族学校之后还有贵族学校，接着是贵族大学，无时不刻不在说你是特别的。要想有出路就有击败。鉴于这种类型的教育，很难不去相信你是特别的，很难不去开始看不起"普通人"，很难去理解你并不是那么聪明。最初的25000美元首付后，随之而来的或许是超级富有家庭在每个孩子身上高达百万美元的"投资"，作为他们在学校以及贵族大学的开支。学费、名牌服装、高档轿车、金钱与信用卡在社会上持续存在，使得比一般商品的费用更多的速度循环增长。精英教育趋于成为一种昂贵的教育。

美国在过去25年里继收入与卫生的不平等增长之后，紧跟着是教育成果的不平等增长。[54]富裕家庭的孩子的成绩似乎更好，教育的不平等主要体现的是他们这种明显的优势，而不是贫穷家庭日益增多的文盲。然而，富裕家庭的孩子越来越擅长的是通过考试，不一定是学习。同样的，在英国，大概仅从25年前开始，大部分的贵族私立寄宿学校让有条件的年轻女士和先生通过考试。在此之前，如果他们没有成为学者，那么通过（英国）校友关系网在伦敦找工作，或者在部队里获得高级职位还很平常，而且女孩们也仅仅是嫁得好就可以。由于穷人允许接受综合性中等教育，这与被送进现代中学渺茫的未来相比，是一种机会，使得那些非常富有的人被迫"苦读"。他们没有因此而变得更加聪明或更加睿智，只不过是每年在辅导老师布置作业的帮助下，更有能力在一个特别的日子通过一项特别的考试。

给大学里高级班的学生上课的老师目睹了精英主义的发展成果。这些孩子一直接受填鸭式的教育足可以拿到许多A，但他们比其他人聪明不了多少。让年轻人假装拥有无论是他们还是任何人都拥有不了的超常智力是个悲剧。为了证明他们的处境地位，他们不得不忍气吞声并反复宣讲只有少数人有特殊的能力、那些少数人很难在社会上流阶层里找到的谎言。药丸由于生活在对社会地位的很多设想与认知都是理所当然的一种环境里而变甜。人们向私立学校支付高昂的学费以确保这种环境，并能够获得在名牌大学较高的分数和名次。最有名的名牌大学协同他们的常春藤与象牙塔，也提供了舒适的避风港，但仍然相信你是与众不同的。还有其他原因让你待在这里吗，你可能会问。

"智商基因"

近年来，在更不平等的富裕国家，比如英国和美国，变得更为普遍，精英人士之间认为出生在工人阶级或黑人家庭的孩子只是在天赋上不如那些出生在上流社会和白人家庭的孩子。[55] 有这种想法的人不是特别的有创造力；他们只不过是有点大胆和公开地回应这种普遍的说法，如果谨慎一点，也不过是通过他们出生或（在少数情况下）加入的阶级。他们经常私下里认为由于某些"……社会文化和遗传因素复杂的相互作用"，不同阶级背景的孩子在学校里往往表现得更好或者更差。[56] 或许提到"复杂"和"社会文化"这些词听起来微不足道，而一旦"遗传因素"出现在引文里，所有的微不足道就消失了。"遗传因素"可以用来对女人天生就不如男人、黑人本来就不如白人有能力这种争论进行辩护。你在论点中巧妙地运用了"遗传因素"，你就越界了。

我们在学习成绩受遗传因素影响方面的依据是星座或出生月份，比基因更有可能影响思维能力。[57] 相比之下，在哪个国家和世纪出生、如何被养育、上学花费了多少钱才是最重要的。星座对于说明你在某一年的几月份出生而由此身体发育如何、何时开始上学没有太大关系。你是否在周一出生无关紧要；重要的只是你是否是魔蝎座；而"智商基因"却不存在。可悲的是，就是像智商基因或类似这种思想造成了老师被要求在富人的世界里去鉴定特别"有天赋和才能"的孩子。[58] 我们与生俱来就具备不同的"品质"，蓝色眼睛或棕色眼睛，尖下巴或没有下巴，但这些不能说明上流社会有更优秀的基因，就像安息日出生的孩子不会更有可能生得漂亮无忧、美好天真一样。

人们高高在上不一定就危险，只要受推崇的那些人会因此感到困窘不安。研究者发现不同的孩子长大后能力出现差异只不过是因为对天赋有不同的幻想。有些孩子长大后更能够成为在危难中帮助别人的人，最著名的就是那些在欧洲近代史中少数帮助救援、庇护在被占欧洲的犹太人的人。值得重申的是当调查救助者身份背景的时候，普遍发现他们的父母在他们小时候对他们的要求非常严格，以至于严格到他们该如何看待别人，他们的父母并没有认为他们的能力有限，也没有对他们说别人的能力有限。如果你认为别人生来就低人一等，那么不平等就会永远与你相伴。现在的类似于那些求助者幼年时的教育方式比20世纪二三十年代的更为普遍。如今欣然服从命令并为国家去奋斗的年轻人比那时要少得多。然而，对人们加以训练服从命令还是有可能的。进步是必然的。但那些一直接受他人是平等的并值得尊重的这种教育的人去做与此不相符的事就比较困难了。而且让那些长大后认为自身优越的人相信不存在不公平竞争的环境也是很困难的。

3.5 20世纪50年代：从愚昧无知到傲慢自大

女性目前与之前受到的待遇明确表明了人们任意对别人进行歧视是对先天差异主观臆断的结果。性别角色的发展也突出表明了这个过程更是不可避免。图表5表明假设你在1950年获得诺贝尔奖，如果你希望能够更快体现鼓励女性接受中学、大学或更高水平的教育，你可能会觉得（乐观上的）到本世纪末，奖项的1/4或者一半应该由女性获得。然而，到20世纪50年代末，你可能会吃惊地发现，十几年里没有一个奖项被授予女性。如果你能活到2009年9月，你可能会沮丧地发现再没有达到20世纪40年代8%的记录——虽然在2009年之前，有35名女性获得诺贝尔奖，而这也没达到总数的5%。

图表5：1901—2008年每十年女性诺贝尔奖得主（%）

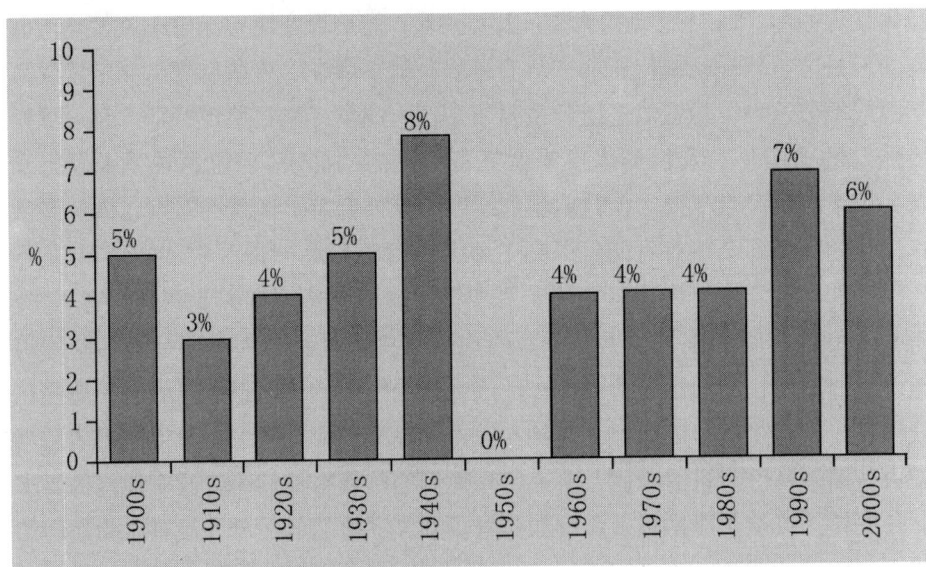

参考资料：http://nobelprize.org/index.html； 注意：自20世纪50年代开始，所有女性所获的奖项一直在文学与和平领域，只有少数人在医学领域。注意：2009年与2010年没有包含在内。见第74页关于2009年不同寻常的历史。

20世纪50年代没有给女性颁发诺贝尔奖并非偶然；这简直是件极不可能的事。[59] 这也并非是因为有什么阴谋；那样就太显眼了。评定委员会的阴谋应该保证在这十几年里至少象征性地挑选一个女性获得奖项。在此之前的每个十年都给女性颁发奖项，因为在"热门职位"里任职的女性甚少，所以这次就没有女性获奖。给女性颁奖是因为那些获得奖项并获得最初提名的人反映了她们生活的时代。这个奖项开始受到重视，不仅因为奖项的金钱价值，还因为奖项带来的荣誉与获奖时传递的信息。当然了，20世纪50年代女性也有过提名。和平奖包括在1951年被提名的教育家玛丽亚·蒙台梭利、同时在1953年和1955年被提名的计划生育先导者玛格丽特·桑格和从事残疾与能力方面工作、在1954年被提名的海伦·凯勒。

如我所写的，在网上能查寻的信息就只有到1955年的和平奖提名，这说明虽然有几名女性被提名，比如那三名女性，但是越来越受到极力推荐的却是男性，尤其是反社会主义者，提名大量涌向议会各种成员组织的代表，他们似乎最能影响评审委员会对和平奖的评定。其他委员会由于时代的原因似乎所受的影响更为严重：温斯顿·丘吉尔是1953年和平奖得主，1954年是欧内斯特·海明威，1958年是鲍里斯·帕斯捷尔纳克。

我们几乎忘了第二次世界大战一结束，新的冷战就开始了。在富裕国家，这是一场对想象内部存在敌人、对社会主义及其他们的支持者的战争。我们同样的几乎忘了为了维护社会安全、教育、房地产、就业和卫生保健，在20世纪40年代的大部分时期和50年代初期采取的重大行动，反而促使人们重新渴望成为精英人士。这两者结合起来了。最终，大声向全世界宣告各种平等优点的是共产主义者。1947年到1966之间，没有一位女性获得过国际奖项的最高荣誉，是因为那时的社会变更，不是因为缺少成就。

当1917年俄国的大革命没有被外敌入侵所征服并造成内部瓦解，也没有快速变革回市场竞争的时候，人们第一次对社会主义产生了恐惧。在有可能组建社会的其他方式变得明朗之前，一切都危如累卵，如何实现更加平等没有明确的方向，因为宣扬上流社会的人最有能力而去争辩社会不平等也没有必要。虽然在镀金时代人们就开始争论不平等是与生俱来的问题，社会主义的追随者却在现实中给那些争论不同的人——由于不同的能力注定有不同的命运的人，增加了巨大的动力。据说在1922年（根据沃尔特·李普曼，一个经常被引用的早期提倡者）如果人们认为这些"能力"测试能够像智力一样进行测量，并

不公正的世界

且揭示人们注定有某种能力，那么一切就会有一千倍的改善，如果测试的人和他们的测试都"沉入海底不留一丝痕迹"的话，[60] 竞争对手消失；测试确定被当作提示注定的能力。测试开始在富裕国家教育领域无孔不入。

面对富裕国家的穷人赢得了更多的平等，测试作为维护特权的一部分，开始无孔不入，部分原因是认为贫穷国家、社会主义国家和赢得独立的前殖民地国家对其构成威胁。个人的才华过去、现在也不存在潜在的不平等，这一点是很清楚的，由此可见，赞颂某些儿童是有潜力的天才完全是基于种族主义的歧视。[61] 但是要想理解这种恐惧导致了种族主义的复兴和膨胀，必须理解那些在第二次世界大战后一直处于社会上层的人对自己的身份地位受到削弱的感觉。

从智商主义到成绩排名表

第二次世界大战以后，全世界的测试行业呈现报复性增长。在此之前，进行大规模的测试和对 11 岁或 15 岁的儿童进行评定并没有遗留太多的问题。只是自从"二战"以后，还是让大部分的孩子在 15 岁的时候上学，而且只是在富裕国家。对儿童进行大规模测试是富有的征兆。这是富有无意中造就的产物，被视为不够聪明、不够科学，是个错误。如今的孩子，他们的父母被教导努力保证自己不是科学盲，他们的祖父母被教导努力保证自己不是文盲。未来的孩子和祖父母同样会面临这种难题，但不一定会像今天的孩子由于我们对测试的痴迷而受贝尔曲线的束缚。

如前文所述，所谓表现能力的贝尔曲线在第二次世界大战后很快成为一种模式在像英国这样的国家被恶意使用。儿童在 11 岁的时候接受测试，通过未来学校的"选择"，按照测试成绩让别人对自己将来的角色进行分配。这个测试从法国的原始测试发展到本世纪初用了 40 年时间。又花了 40 年的时间从大部分少年儿童的生活中逐渐消除，从而在 20 世纪 80 年代的时候，多数人去了和邻居相同的学校，而且不再由一项测试来决定他们未来的命运。对多数人来说，这是教育领域的一种种族主义、一种制度化的无知的结束。少数人还会选择精英学校，但直到 80 年代末，这个比例才有所下降。

这种趋势在 80 年代期间又转向了精英主义。继续以英国为例，在英国 80 年代早期，精英中学（文法学校）的数量在 1982 年的时候被削减到了最低，不到 200 所，[62] 但是作出大削减的保守党政府却制定了种族隔离教育。与 40 年代的计划相比：在每个大城镇为那些被认为是有能力的人设立一个精英文法学校、为那些不太有能力的人设立几所现代中学，这些计划还加微妙。 新计划是要在教育领域创建一个市场、一条经济曲线、一条按质量区分的供应链，以此满足按想象分配教育的需求，从那些被认为是需求最少的人，到那些声称他们的需求应受到最多关注的人。现在每一个孩子都在接受教育[63]，但受教育的方式却有很大差异。最愚蠢的做法是推行公助学额来补贴孩子在私立学校的学费，他们的父母固执己见，但家庭经济条件相对贫乏。更微妙的是推行学校排名。

直到20世纪90年代，排名表才在全英国和类似国家推行。这些表格为公立学校的学额提供了市场，父母们贷款买房以此能够选择更多的公立学校。业主所有权在80年代初期达到顶峰的时候，教育领域的空间市场竞争不会以这种方式轻易运作。于是，当越来越多的年轻人将收入投在房产上的时候，空间教育歧视开始盛行。美国也是如此，但更主要体现在大学里提供的私人设施。其结果是，从1980年到本世纪之交，"……监狱公共支出的增长是教育公共支出的6倍，许多州已经达到了监狱公共支出尽可能与高等教育一样高的水平"。[64] 这种变化导致了各州很多居民区的囚犯比大学生还多，比如加州。美国人忍受着这一切，因为他们一直被教导要乐观。很少有人会看着刚出生的男婴对他说他将来可能到30岁的时候至少蹲过一次监狱。很多人都是希望看着他上大学。如果他们住的地方有少数人上大学，那么他们就会希望、就会梦想他们的孩子将成为少数几个上大学的人。这种简单化的梦想导致英国少数地区的很多父母还继续坚持选择公立学校的教育形式，那里有几百对夫妇在近几年仍然以投票方式公开选择公立学校，当地的多数人相信他们的孩子位于住在附近的所有公立学校孩子的某种能力排名的前5名。

要相信自己的孩子位于前5名，就要首先相信有前5名这个事实。在孩子接受的任何一次测试里，都可以认为第5名是成绩最好的。那个第5名的孩子在其他任何相关测试中，似乎比他的同学更有可能排进前5名，但这并不表示真的有前5名在等待接受评定。不同测试间的联系越大，同样的孩子在不同的测试体制下就越有可能被选入前5名。这种情况发生得越多，他们就越可以接受训练从而取得好成绩，他们就越有可能生活在一个严肃对待测试的社会、一个从政府到课堂，默许能力天生不平等的社会。对于人们认为天生的就是遗传的说法的认可，这只不过是一小步。从前5名的位置到接受以为天生的就是遗传的想法是最小的转变。从对诺贝尔奖获得者崇拜，到将所有人群投入监狱，

不公正的世界

我们如何对待别人就表明我们如何看待别人。我们虽不再认为让黑人坐在公交车的后面是可以接受的，但我们却接受让"反应慢"的孩子坐在一起并且坐在教室的后面。智商主义在当前占主导地位，毫无疑问决定着那些不平等的富裕国家教育政策制定者的思想。[65] 认为自己及自己的子女与众不同并且有可能爬到很高的地位是个危险的想法。越向上越陡峭，峰顶的位置就越小，你的梦想就越有可能破灭。从持有这种想法到走向极端，其结果就是美国大部分白人小学生较少的学校，永久驻扎着武装警察。美国较贫穷地区的学校现在一律对学生进行鉴定和排查，就像"刑事司法跟踪"一样[66]（要入狱的人）。这样的做法将导致这些孩子几乎按照预测的那样发展。

从监狱到特权

英国和其他类似国家纷纷仿效北美的刑法与教育政策，远不如你想象中的那样落后。经过十几年的时间，约在本世纪之初，英国儿童囚禁率增加10倍，虽然犯罪行为没有显著增长。[67] 永远无法进入更有竞争力的学校的人日益增长是其原因。大多数成年人入狱的时候几乎还处于童年；他们最大的错误不是犯罪，而是生不逢时：错误的时间、错误的家庭、错误的环境、错的国家。北美地区不是生来就有罪恶，意思就是说他们比世界任何种族群体更有可能犯罪。美国总体的监禁率在全世界非常高以至于与卢旺达大屠杀后的刑事诉讼的监禁率一样高。[68] 美国由于现在这种情况使其本国人民的监禁率比任何国家都高。由于精英主义在美国的稳固程度，人们终于意识到美国梦只不过是一个梦，一个回忆里的梦。精英主义如今将一批年轻的名人培养成了演艺明星、将几百名企业家培养成富翁、筹集项目将几千名年轻人送往常春藤大学，将他们捧得高高在上，却指责成千上万的儿童是犯罪对象。

在教育领域之前被认为是公平的或至少对每一代人是公平的，现在变得不公平，从证明奴隶制度合法，到拒绝给穷人投票、阻止女性争取平等的权利、对残疾人歧视——所有一切都变得令人难以接受。而人们对自由的伸张也遭到抵抗。一开始只是小规模的、最上层权力范围内的抵抗，20世纪50年代对共产主义者的追捕与男权政治说明这样一个事实：权力越大越感觉难以控制。20世纪60年代的整个欧洲，尤其是北美地区，这种感觉开始蔓延。到20世纪70年代，那些普遍认为自己富有的人对自己所见的来自内部的威胁更加感到害怕。他们没有本应属于他们及其子女的足够的优势。贫穷的国家似乎要获得譬如石油及其他物价上涨的更多的权利；穷人的负担越来越重。反抗就产生了。在随后的数十年里，每次增加大学学额时，尤其是那些更有名望的学校，富裕阶层就会间接通过在政治上的利益让自己的子女获得额外的学额。他们这么做并不是通过什么阴谋，而是通过个人以往努力获得的优势，确保他们的子女获得大学学额，其方法在早些年或许根本就没什么必要。但是一旦所有的大学学额都被填满，所有的孩子都去上大学，接下来呢？你会开始考虑为孩子的研究生教育承担费用吗？或许为他们承担博士的费用？还是考虑保持现状、为那些想要增加学费、将更多的人拒之于神圣殿堂之外的那些大学提供支持的政党投票并为他们资助经费更容易些？你甚至开始考虑如果支持增加监狱，去关押别人的子女的时候，该如何维护自己的子女相对优势的地位，而不是像考虑自己子女那样去考虑别人的子女。但是将子女置于显赫的地位会出现重大问题，而且在他们的表现达不到期望的时候最容易发生。

在整个20世纪八九十年代，有钱人不谈论没接替自己事业的子女，因为那会让他们觉得很丢脸。少数人被误导甚至可能以为这种谈论会对他们的基因有不好的影响。他们反而给政客们投票并为他们资助竞选经费，那些政客把暗中限制大学额外录取名额并将穷人拒之门外、减少"精英"大学的学费补贴、终止平权行动计划（又称"积极平权措施"）被纳入议程。这不是阴谋。这只不过是"现实的政治主张"。政府声称他们的政策正在一点点拓宽，而实际上却很狭窄。他们甚至还以为政策通道正在拓宽，因为上大学的整体数量有所提升，而且较贫穷地区的升学率也有所提高。然而，最初，在像英国这样的国家里，几乎所有大学的额外录取学额都被比较富裕家庭的孩子占用了，尤其是而且是更长久的，很多精英大学里的学额。[69]

更愚蠢的是，富裕阶层倾向于反对人们增加税收以资助为了降低其他孩子入学门槛的教育改革。他们自己的子女会因此而感谢他们吗？在那几年，偶尔你可能听到过年轻人说他们对父母把他们送到私立学校所做的"牺牲"是多么的感激，但经过一段时间，这样的事你可能听得会越来越少，因为很明显能够承担得起这种"牺牲"的几乎不算是一种贫困。愈发明显的是，当你再次开始更加依赖父母的富有或者依赖他们不道德的行为（"企业家式的"，尽他们所能赚更多的钱）的时候，这种"特权"变得不那么值得吹嘘炫耀。

不公正的世界

从竞争力到发展力

在更加不平等的富裕国家，教育歧视在20世纪八九十年代增长，但由于60年代富裕家庭的子女显得对父母不是特别的感激，或者对他们的观点不是特别的尊重，因此再次的，享有特权家庭的孩子并不一定信奉他们父母曾憧憬的精英主义。精英主义时代，虽然所有的金钱用于教育上，却没有给人们带来特别的快乐，也没有造就知识渊博的一代富有的年轻人。教育人们"必须用人生的大部分时间为自己争取一席之地，在你脚下的是一群躁动不安的竞争者，但却等待机会取代你"，这近乎于无情。教育人们任何失败都是自己的过错，会让家人难堪，这是在破坏供人们学习的良好环境。教育人们学习是为了保证自己能在社会上有一席之地等于是没受过教育。富裕阶层在这种情况下不会再通过进修深造去学习更多的知识，却开始被迫"刻苦用功"、似乎要去学习、让他们的子女去学习、去证明他们将来更加显赫的社会地位。他们不再由于财富的增加而变得越来越满足，因为他们拥有的一切早已足够满足他们的需求。他们也不再埋头苦干，但却努力维护并增加他们的财富。随着他们的寿命越长，他们越以之前少有的脆弱生活着。丰富的物质财富不能让他们更加快乐，因为你每次只能开一部车、只能睡一张床、只能穿一套衣服。

是该到了适可而止的时候了，此时你不再通过压制别人、否认别人的教育、包容、尊敬、健康与幸福而被迫维护自己的相对优势。不公平始于教育，始于教育权利的否定，始于教育形式的改变，始于教育体质的不健全。在相信不同的孩子有不同的能力的社会、在认为多数人注定要去奋斗、每个人成功的可能性很低的社会，将不存在良好、公平、平等的教育。有时这种设想很明确，比如在2005年英国教育法改革的官方建议中就宣称"我们必须保证每个小学生——有天赋的和有才能的，刻苦学习的或平庸的达到他们能力的极限"。[70] 在英国，认为不同的孩子有不同的能力范围的思想，长久以来一直是社会形态的一个组成部分，无论尽多大的努力、提多好的建议，这种思想仍是主导思想。

英国的政策制定者们通常是伴随着在大英帝国灭亡期间的作家创作的童年故事长大的，在小孩的心中，故事里的人物通常是被描绘成卑微懦弱的小动物形象。《柳林风声》里的鼹鼠和河鼠由于自身能力有限，需要待在他们的生活环境里面；《纳尼亚传奇》里的各种人物也是如此；威胁要破坏"夏尔"和《指环王》虚拟世界（看上去极像欧洲）里的自然法则的正是获得高于现实生活地位的不羁的卑微懦弱的阶层。因此，在多数虚幻的有等级社会的童话故事里，等级制度是受到维护的，被说成受到威胁并需要得到巩固。还被说成火车和蒸汽火车头，在它们老掉牙的故事里，还有"不合作"的公共汽车和顺从的（女性）卡车，或者是享有特权的"有名五人"的阴谋，或是从社会底层围捕罪犯的"神秘七人"。但这些是老掉牙的故事，新的故事与之截然不同。

孩子们的故事以及我们向孩子们讲述的故事正在发生变化。它们可能还会有幻想会说话的小动物，以及社会共鸣，但他们明目张胆地对等级的维护越来越少。对于年幼的孩子来说，最典型的故事情节就是关于分享如何使自己更快乐（《彩虹鱼》）。处于劣势的人不断被描绘成最后的胜利者（《哈利·波特》）；等级与权威被描述为邪恶（《黑暗物质三部曲》）。到2007年的时候，儿童读物里的反面形象变成了"不苟言笑、满嘴谎话、穿着灰西装的"银行家形象。[71] 剧情还有可能是哥特式的寄宿学校，牛津大学或虚构的地方，但这些场景里的故事不再相同。随着想象力的不同，以及背景设定不是很鲜明，未来的政策制定者们可能会有不同的看法。

从异议到希望

在美国，"反跟踪运动"已经开始了，主张不根据"能力"将儿童划分等级、不让"迟钝的"孩子坐在教室后排。现在出现了只是最近才宣扬的美国传统自私价值观的颠覆性漫画。甚至连儿童学前读物《彩虹鱼》也被改编成了26集的动画片，从2000年开始在家庭影院频道播放（引起很多人对社会主义颠覆的控诉！）。随着反文化的增长，还出现了很多正规的叛乱。在英国，号召不要根据能力对学校里的学生划分等级变得越来越明确，号召不要让有天赋和才能的穷孩子受到被明显排在学校成绩后面的影响，而最终走上犯罪道路的说法[72]。2006年，被泄露给媒体的官方隐藏的教育数据显示，总体来说，英国黑人学校的孩子不太可能会被官方认为"有天赋"或"有才能"，其比率是白人学校孩子的5倍。[73] 这种称谓很愚蠢，但愚蠢的想法通常不得不做出愚蠢的行为才能完全被意识到。如果英国的孩子受的教育不是那么恶劣，如果那些被归为"优秀"一类的孩子没有在长大后成为精英人士，那么官方把所谓的有天赋的人当作目标的想法在成为决策之前会被一笑了之。

不公正的世界

在美国，反复对儿童进行的"不让一个孩子落后"政策的测试，包括那些用英语测试（并羞辱）母语是西班牙语的孩子，由于固有的种族主义而备受谴责。这种测试的结果使大多数人丧失信心，使少数人变得傲慢自大，而家庭与学校每日的相互影响更加剧了这种可悲的后果。我们也是最近才了解到还有另外一种办法可以产生良好后果，只要孩子们有获得成功的信心。

我们确信自己能够成功的时候会促使着我们努力学习。当我们感觉愉悦和充满自信时，我们的大脑从多巴胺的释放中受益，产生一种有奖赏效应的化学物质，有助于我们的记忆力、注意力以及解决问题的能力。我们还受益于能够改善情绪的血清素，以及受益于能够帮助我们有最佳表现的肾上腺素。当我们感到恐惧、无助和紧张时，我们的身体会被大量的荷尔蒙皮质醇所充斥，从而使我们的思想与记忆力受到抑制。所以，不平等，在社会上与学校里，对我们的大脑、学习与教育成果有直接的影响。[74]

这种思想逐渐渗透到政策里，但只是通过那些不受管制、赞成不平等的人的渗透，或者，被经常称赞的竞争。就在两年前，探讨儿童能力有局限性的教育法案颁布之后，在英国政府的2007年《儿童计划》里，建议废除儿童群体设定（隐藏在第69页的计划）。到处都存在分歧。越是上层的等级机构，这种分歧隐藏得就越多。但它确实存在。

英国一位重要政府顾问，乔纳森·阿戴尔·特纳最近被要求或者解决毒品问题或者解决养老问题。他说他的看法是毒品应该被合法化——结果他收到一笔养老金，然后要去解决气候变化的问题！[75] 他出身于银行业，是英国政府近年来最重要的顾问。银行业已成为最有名望的职业，因此有人认为他可以无所不知，比如毒品、养老、气候。然而，正如阿戴尔声称的，即使在银行家的帮助下，也很难对人们进行判断并以免把这些岗位留给那些滥竽充数的人。

一部分精英主义能够得以持续是因为人们不太可能获得高职位，或者如果他们对自己及自己的能力评价不够高，会觉得没有什么发展。但精英主义无法持续是因为我们容忍这种傲慢，并甘愿接受这种思想：现实只存在少数有伟大思想的人，只有少数人应该追求显赫的权位，从而能够建议、领导与宣讲。我们很少质疑为什么会有如此少的高权职位、如此少的法官、如此少的部长和其他领导者。但是，如果你担任每一个高层职位，做两份工作，每一个拿一半的工资，你就会做很多事来减少特权。当你挣得与别人差不多时，你就很难在别人面前摆架子。

社会丑恶现象"无知"是富裕国家里很少有人接受最基础教育造成的旧时的不平等现象。精英主义不公平得以蔓延表现在如今的产量过度，一种过剩，表现在那些已经有资历的人能够获得很多莫名的任职资格。这导致了其他人在很多生活方面被贴上能力不足的标签，从而为日益增长的不平等寻找借口。

但是还存在希望。2005年的时候，拉里·萨默斯，经济学家以及后来哈佛大学的校长，曾说学术职务上存在性别差异，很有可能是由于先天资质存在差异，也就是女人就是在能力上不如男人。[76] 他被迫在1年内辞职。那些身居要职的我们的精英阶层，与过去出现过失相比，现在更容易招致人们的谴责。解决精英主义教育问题所需要的是不信奉超能力的谎话，不去敬畏受追捧的人。我们需要争论的是我们都应该接受更多的教育，而不应把资源集中在少数人身上。在最初，建议让所有的孩子拥有教育的权利，以及后来要求所有人接受教育的年龄应该一直到20岁是很困难的。在人们实现这些目标之前，所有这些提议都被认为是不可能办到的，并且是没有根据的。

如果我们要结束这种精英主义，我们就需要普及高等教育。富裕国家的大学必须在发展前景和办学形式上更加全面，必须教学广泛，而非仅限于几个过时的学科，必须对各年龄求学的人开放。我们还可以要求在如今"速成"教育市场环境下的慢速学习：在以后的生活中还能获得更多的权利去学习，不需要专门地记录在曾经数量多、时间短的资格证书上的学分。

从婴儿到战斗

某一天，在不久的将来，当富裕国家的所有儿童与青少年按照法律规定有权接受教育直到21岁的时候，很有可能会出现一份通告，宣称人类历史上第一次，地球的人口数量开始下降，不是由于流行疾病、饥荒或瘟疫，而仅仅是由于我们过去与现在的所作所为。到那时，人们还会争论他们将接受什么样的教育，谁将获得更多的教育权利，但我们不会再把6/7的孩子归类为不合格，不会单纯让6/7合格的孩子给比他们有"天才"的人担当陪衬。也不可能像在20世纪的时候那样允许少数人凌驾于其他人之上。

在发达国家以外，儿童由于数量减少而变得更加珍贵。几乎所有的孩子都会义务完成初中教育。世界会稍微变得平等一些，不仅是因为无法获得更多的平等，还因为绝大多数因日益不平等而失利不再被人们认为无知和冷漠。但21世纪也不会是乌托邦。还会存在诺贝尔奖，女性获奖者还是会远远不到男

不公正的世界

性的一半；还会存在男性至上主义和种族主义、歧视、偏见与傲慢，但程度会减轻，而且不那么被容忍。变化来得突然而且让人意想不到。从1900年至2008年，只有12名女性在科学领域被授于诺贝尔奖。但是正如我在本文中所纠正的那样，2009年有3位女性，一位来自香港，被授予诺贝尔科学奖，获奖的还有一位来自印度的男性科学家；来自德国的女作家获得文学奖，在这种大变革的环境下，至少最应值得关注的是奥巴马由于还有待完成的政绩而被授予和平奖。 在2009年10月的一个星期内，颁奖委员会就提高了一个世纪的获奖可预测性。图表5，用21世纪第一个十年的时间完成了从中等水平到超出预期的变化：2009年的一个星期里就产生了十年才出现一次的女性诺贝尔奖得主， 这是有史以来最高的比例，女性获奖人数占当年所有奖项的1/3。接着是，2009年10月12日，周一，似乎是要证实时代真的在改变，经济委员会，有史以来第一次，把他们的奖项颁发给了一个女人，埃莉诺·奥斯特罗姆。

人们将来会获得各种各样的奖牌，这本身无可厚非。在更多的奖牌上签章、印制更多的证书不难。富裕国家里的很多小学生每年能收到数以百计的奖品，告诉他们在各项成绩中"做得好"。不难看出，我们的学校变得对孩子多鼓励，少测试。这些是何时开始出现的？虽然会聚在联合国里的人没有在离校年龄、成功、失败、奖品或不平等方面提出任何主张，但他们却坚定不移地在这些方面做预测。会有那么一年，人类每天都在减少，时间大约是2052年。[77]发生这种现象仅仅是因为我们已经知道如何孕育更少的孩子，而非由于某位精英人士的号召采取什么公众行动，而是通过数以亿计的个人的以及非常私人的决定，主要通过长久以来被认为是愚蠢的群体：女人的决定。人类的人口增长受数以亿计最贫穷并且只受过低等教育的女性影响一直在缩减，而非任何精英群体。这些女性认为她们有自主权。即使是在中国，国家推行强制措施之前，生育率就一直在迅速下降。[78]

通过学习我们变得更有能力，而且我们集体学习。那就是我们如何控制人口数量。通过一起学习，我们就会理解如果在某种特殊逻辑的测试里把成绩保持在统一水平是人类的重要特点，那么我们几乎所有人都会有这样的特点，就像我们几乎所有人都有双眼视觉和对生拇指。[79]作为人类最重要的是协作，而不是擅长和处理数据有关的测试。不存在什么可以供精英人士用来证实精英主义的重要遗传差异。太阳每天照常升起，土壤因地而异，人类的某些群体会变得比其他群体更适合研究九宫格游戏。我们都是人，但没有超能力的人。如果我们在一起而不被地位、等级或教室分开，我们会工作、生活得更好。所有这一切我们仍在学习。

每个孩子都有非潜在的能力、资格或才能。我们可以不受限制地学习，可以随时接受良好的教育，而不是被隔离。富裕国家未来将与接受统一的综合性高等教育做斗争。全世界未来将与争取能力平等的权利做斗争。这些斗争将会受到精英主义的反抗。

注解与参考资料

1 关于为何越多却越不复杂的详细解释，见大卫·戈登关于儿童贫困方面的著作；比如："儿童贫困经济学理论的缺乏不是因为这个问题本身很复杂。实际上，儿童贫困经济学非常简单，完全是再分配的问题——也就是把成年人充足的资源重新分配给儿童，那就不会产生儿童贫困；而把成年人不充足的资源重新分配给儿童，则儿童贫困不可避免。"（大卫·戈登的《儿童、政策与社会公平》[2008]，出自格雷·G，伯查特·T与戈登·D（编著）的《社会公正与公共政策：寻求多元化社会的公平》，布里斯托尔，政策出版社，第157—179页，在第166页）。

2 OECD（经济合作与发展组织）：《国际学生评估计划（PISA），OECD的PISA关于15岁学生学习技能的最新研究报告》（2007），巴黎，OECD出版，第20页。

3 出处同上；OECD：《2006年PISA技术报告：OECD的PISA关于15岁学生学习技能的最新研究报告》（2009），巴黎，OECD。

4 与此相关的所有描述，见OECD：《OECD的PISA关于15岁学生学习技能的最新研究报告》（2007），巴黎，OECD出版，第14页与第7页。

5 因为英国在2009年的时候，各个大学为科学、技术、工程和数学专业的学生"增加"了10000个录取名额，但大学的附属细则里却说他们还可以增加更多的商务和经济学专业的名额。这一附属细则似乎一直没有公开。由于那一年人们强烈要求增加录取名额，而学生的升学比率也略有增长，这些"增加的录取名额"，实际上，正是被削减掉的学习机会。

6 葛哈德·苏：《爱是怎么一回事》，2004年版，霍夫，布鲁纳–路特雷奇出版社，第127页。

7 格洛弗·J：《人类：20世纪的道德史》，2000年版，伦敦，兰登书屋、皮米里科出版社，第38页；又参照Samuel & Pearl Oliner的著作还有艾米利·古斯的著作。

8 齐格蒙特·鲍曼：《艺术生活》，2008年版，剑桥，政体出版社，第97页。

不公正的世界

9 英国的海峡岛在第二次世界期间被德国占领，岛上的通敌行为直到今天才被人们所了解。同样的，据说英国、美国及苏联的最高统帅没有过度关注欧洲的大屠杀，这也只不过是个谎言罢了。

10 大卫·古登堡：《种族的威胁：种族新自由主义的反思》，2009年版，牛津，布莱克威尔出版社，第155页。

11 鲍尔·S.J：《教育辩论》，2008年版，布里斯托尔，政策出版社，第33页；参照其他人在2002年5月发表在网站上的OECD的描述。作为数据的提供者，OECD当然有某些方面的用途，并且一定会有很多支持者，但你一定要慎重对待这些数据里所做的假设，因为它"规定"了这些用途是有条件的。

12 OECD："OECD的历史"，2009年版（www.oecd.org/document/63/0,3343，en_2649_201185_1876671_1_1_1_1，00.html）。

13 比如："除了二氧化碳排放以外，所有可能影响全球气温变化的因素有哪些？"OECD的考官举例出了一道他们设置的会得高分的"比较难回答的问题"，但他们没有给出相应的答案，虽然他们一定会把答案提供给评分的人（见OECE：OECD的PISA关于15岁学生学习技能的最新研究报告，巴黎，OECD出版，第17页）。

14 时间是至少在一个世纪以前，见塔德纳姆·R.D的"第一次与第二次世界大战期间的智商"（1948），《美国心理学家》，第3卷，第54—56页；以及詹姆斯·罗伯特·弗林的评论"美国人的平均智商：1932—1978年的大幅增长"（1984），《心理学公报》，第95卷，第29—51页。

15 詹姆斯·罗伯特·弗林的"智商在14个国家的大幅增长"，《心理学公报》，第101卷，第171—191页。

16 低于当前平均水平的两个标准差，根据心理学协会（2003年版，第229页）在詹姆斯·罗伯特·弗林的《智商为何物？超越弗林效应》里的报告，2007年版，剑桥，剑桥大学出版社。

17 理查德·威尔金森的"智商"（2009），丹尼·多林，约克，个人通信。

18 达到6级水平（天才级别）的国家是新西兰，最高比率为4%（OECD：《PISA［2007］，OECD的PISA15岁儿童学习技能最新研究报告》，巴黎。OECD出版，第20页），不言而喻，鉴于这种国际分布比率，即使在最理想的环境下，我们也不应期望富有国家5%以上的儿童达到过6级水平。如果有超越的可能，那么（考官很可能认为）这种可能早就出现。有人认为大多数孩子只要通过昂贵的私人寄宿学校的超前培养就能轻松获得高分，这种观点根本站不住脚。其结果是孩子一般都能通过考试，从而自认为将来应处于领导地位。

19 注意：技术报告是在问卷调三年后公布的（OECD：《PISA2006年技术报告，关于PISA15岁儿童学习技能的最新研究报告》，巴黎，OECD出版，第145页）。

20 怀特·J：《孩子的心灵》，2002年版，伦敦，劳特利奇·法尔默出版社，第76页。

21 在网络上很容易能找到这样的例子，但还远不能就此改变看法，类似于"是现代社会使音乐成为一种专业——让它成为一种个人爱好、一种竞争的手段、一种群体划分的依据、一种文化制度（未发现）……在以前小规模的社会形态下（撒哈拉以南的非洲任何一个现代大都市以及任何能让孩子们参与集体音乐活动的地方），每个人都能频繁地、自发地并且是全身心地接触到音乐"（艾伦·迪萨纳亚克的《尼安德塔人的歌声：音乐、语言、思想与形体的起源》的评论 [2005]，作者史蒂文·米森，出自《进化心理学》第3卷，第375—380页，在第379页）。

22 乔利·R的"儿童的早期发展：全球的挑战"（2007），《柳叶刀》，第369卷，第9555期，1月6日，第1—78页，在第8页。

23 天生智力这种思想认为人的大脑有时很奇特，使得一些在某方面善长的人经常在其他方面会做得更好，这其中的关联不受群体行为的巨大影响。詹姆斯·弗林最近指出（在与克兰西·布莱尔讨论的时候）："唯一能够防止群体行为脱离这种关联的就是大脑结构：人类的大脑结构错综复杂，除非提高所有的认知能力，否则仅仅提高一项认知能力是不可能的。正如布莱尔得意的表示，大脑可没那么简单"（詹姆斯·罗伯特的"向超载智商G的理论努力" [2006]，《行为与大脑科学》，第29卷，第2期，第132—134页，在第132页）。

24 卡明·LJ的"有关智商测试的一些历史事实"（1981），出自S.雷比（编著）：《智商：心灵的战斗》，伦敦，Pan Books公司出版，第90—97页。

25 豪·M.J.A、戴唯森·J.W与斯洛博达·J.A的"天赋：事实还是神话？"（1999），出自史蒂芬·J.塞西与温迪·M.威廉姆斯（编著）：《先天—后天的争论：阅读精选》，牛津，布莱克威尔出版社，第258—290页，在第279页。

26 克拉克·L："前任校长说中产阶级的孩子更有天赋……我们必须承认这一点"（2009），《每日邮报》，5月13日。

27 理查德·威尔金森与凯特·皮克特的《不平等的痛苦：为什么越平等的社会往往发展得越好》，2009年版，伦敦，艾伦巷出版社；见第8章，第177—179页，种族的教育与评论。

28 有些人认为双胞胎大脑结构的基因具有相似性，因此他们可能与班上的其他同学略有不同，这种差异会因环境的影响而扩大。虽然这种说法没有依据，但却有大量的事实表明老师以及对孩子有主要影响的人在对待孩子的时候会根据他们的外表而略有不同。当然我们知道双胞胎看上去非常相像，你可能认为这一点显而易见，但那些研究双胞胎的人却明显忽略了这一点。不在一起生活的双胞胎，外表相似可能非常重要。这是本书中少数几个我认为是我自己的观点之一。我这么设想几乎就是错误的！对于遗传因素不予以否定，但只靠外表传递的遗传信息是微不足道的，这种观点或许最有道理，见詹姆斯·弗林可开放获取的文献：2006年12月剑桥大学三一学院的演讲报告： www.psychometrics.sps.cam.ac.uk/page/109/ beyond-the-flynn-effect.htm；全文出自詹姆斯·罗伯特·弗林的《智商为何物？超越弗林效应》，2007年版，剑桥，剑桥大学出版社。

29 马尔科姆·格拉德威尔的"关于种族，智商没有说的事"（2007），《纽约客》，12月17日。

30 大卫·古登堡：《种族的威胁：种族新自由主义的反思》，2009年版，牛津，布莱克威尔出版社，第6页。美国监狱人口在1939年达到顶峰，之后在1968年降至最低，当时的关押率远远低于现在的10倍；见沃格尔·R.D的"沉默的细胞：美国监狱的大规模关押与法律镇压"（2004），《每月评论》，第56卷，第1期。

31 无论是事实还是比喻，娱乐与体育是允许美国黑人参与的两种活动领域。罗纳德·里根的大选促成了政治与娱乐的融合，同时产生了低成本电影，少数美国黑人也能在政坛上获得个一官半职。奥巴马总统自己也没有完全脱离精英主义。他小的时候就在檀香山最有名的私立学校上学。见拉里·埃里奥特的"英国的奥巴马需要精英教育"（2008），《独立报》，11月27日。

32 鲍尔·S.J：《教育辩论》，2008年版，布里斯托尔，政策出版社，第70页。

33 尼古拉·蒂明斯：《五巨头：福利国家的生卒年》（2001）（新版），伦敦，哈伯柯林斯出版社，第380页。

34 唐斯·T.A与格林斯坦·S.M的"进入教育市场：私营教育机构如何受公立学校政策的影响？"（2002），《经济研究简报》，第54卷，第4期，第341—371页，在第349页。

35 出处同上，第342页。

36 丹尼·多林、肖·M和戴维·史密斯·G的"艾滋病引发的全球预期寿命不平等"（2006），《英国医学杂志》，第332卷，第7542期，第662—664页，在第664页，图表4。

37 丹尼·多林的"阶级联盟"，《续刊：工党政治期刊》，第14卷，第1期，第8—19页。

38 乔治·S：《劫持美国：宗教与世俗权力如何改变美国人的思想》，2008年版，剑桥，政体出版社，第213页。

39 美国在野共和党2008年以前的支出一直多于民主党，并且在收入增加的那几年里更高。在1952年战后开支降至最低的时候，这两个政党的支出水平才持平。见拉里·巴特尔斯：《不平等的民主：新镀金时代的政治经济》，2008年版，普林斯顿，新泽西州，普林斯顿大学出版社，第119页。

40 大卫·古登堡：《种族的威胁：种族新自由主义的反思》，2009年版，牛津，布莱克威尔出版社，第70页。

41 佩雷尔曼·M的"教育私有化"（2006），《每月评论》，第57卷，第10期。

42 欧文·克：《超级富豪：英国与美国日益增长的不平等》，2008年版，剑桥，政体出版社，第158页；引自乔纳森·考泽尔在《哈珀斯》杂志上发表的文章，2005年9月，第48—49页，又引自一位中小学校长的言论，他称学生是他创造出的"机器人"。

43 见吉鲁·H.A与索特曼·K的"奥巴马背叛公众教育？阿恩·邓肯与学校教育的企业化"（2008），Truthout （www.truthout.org/121708R）。

44 汤姆林森·S的"学会竞争"（2007），《续刊：社会民主杂志》，第15卷，nos 2/3，第117—122页，在第120页。这57种学校包括各类专科学校，"培根"、"院校"以及其他很多各种部门。

45 大卫·古登堡：《种族的威胁：种族新自由主义的反思》，2009年版，牛津，布莱克威尔出版社，第78页。

46 肖恩·斯通的"沃森、克里克和谁？"（2003），《网络周刊：哈佛医学社区新闻》，4月7日。

47 "实验室阻碍了DNA领头人沃森"，2007年10月19日，BBC新闻网：http://news.bbc.co.uk/2/hi/science/nature/7052416.stm

48 迈克尔·康奈利：《致命的误会：控制世界人口的斗争》，2008年版，剑桥，马萨诸塞，剑桥大学出版社，第272页；肖克利的诺贝尔奖授予了他，另外两个人因为发明晶体管而获奖，晶体管对早期的计算机信息处理至关重要。

49 "弗朗西斯·克里克的首秀颇受争议"，见www. wellcome.ac.uk/News/Media-office/Press-releases/2003/WTD002850.htm

50 不仅仅是因为奖项数量不多，还有可能是出于人道上的理解与接纳，对学术期刊的威望与社会科学、艺术和人文科学部门进行的调整安排，远不如其他学术领域的等级繁多。当然不能因此一概而论。唯一在世的获得两项诺贝尔奖的弗雷德·桑格尔，虽然生活得相当封闭，但显然是个很有博爱的生物化学家。同样的，莱纳斯·鲍林可能不仅仅是作为化学家获得了两项诺贝尔奖。有一点不同就是他是唯一一个在图表4里（本书）被统计了两次的人。

51 后自闭经济学网与异端经济学家学会已指出传统的经济学是多么的荒谬可笑。传统经济学家编纂的经济学科的"字典"，里面约90%的"伟大经济学家"来自美国常春藤8所联盟大学的男性。正如把那些孤独症患者与立志成为经济学家的人联系在一起有点不公平一样，让"疯子"（通常是极其理智的人）去反复强调大家一再反驳的、只有疯子和传统经济学家才相信的可以永远持续增长的观点也是不太公平的；甚至连乔·斯蒂格利茨这样的诺贝尔奖获得者现在也开始对传统教授的经济学进行抨击。以上详细内容见莫莉斯科特·卡托的《绿色经济学：理论、政策与实践介绍》，伦敦，地球瞭望出版社，第25页和第31页。

不公正的世界

52 肯尼斯·罗格夫的"一封给斯蒂格·利茨的公开信"（2002），国际货币基金组织（又见约翰·凯伊：《市场的真相：为什么有些国家富裕，但大多数仍很贫穷》，2004年版（第2版），伦敦，企鹅出版社，第381页，参照经济学家们的互相诽谤。

53 欧文·克：《超级富翁：英国与美国不平等的增长》，2008年版，剑桥，政体出版社，第157页。

54 梅尔·S.E的"1970—1990经济不平等的增长如何影响儿童受教育程度？"（2001），《美国社会学杂志》，第107卷，第1期，第1—32页。

55 英国1997年的时候，戈登·马歇尔，后来的国家经济与社会研究委员会负责人，与他的同事们认为有可能："出生在工人阶级家庭的孩子仅仅是在天赋方面不如那些出生在上流阶层家庭的孩子"，记录在斯图亚特·怀特：《平等》，2007年版，剑桥，政体出版社，第66页。当面抵毁或许有点残忍，但现在大家经常认为上流社会拥有更优秀的基因这个谎言只不过是无知胆小的人的一种宣扬，他们认为那些能够堂堂正正拥有特殊遗传基因正是他们所不具备的。面对他们宣扬的天生优越感日益遭到人们直言不讳的反对，那些一直被认为比别人有优势的人出于自我保护经常躲到自给自足的社会泡沫里去。在如此舒适的泡沫里，他们更容易相信出生在工人阶级家庭的孩子仅仅是在天赋方面不如那些出生在上流阶层家庭的孩子的这种说法。

56 "……不同阶级背景的孩子在学校里往往表现得更好或者更差 – 原因是，有人可能认为是社会文化和遗传因素复杂的相互作用的结果"（约翰·哥德索普与杰克逊·M的"以教育为基础的英才管理：其实现的障碍"（2007），《经济变革、生活质量与社会凝聚力》，第六框架网络［www.equalsoc.org/uploaded_files/ regu-lar/goldthorpe_jackson.pdf］，p S3）。

57 见上述注解28。

58 鉴定有潜力的"牛剑料"是一种旧称，在其成为一种制度以前，英国曾尝试过。不同的人是因为不同的思维"材质"造成，这种思想在20世纪20年代与30年代的优生学时代得到广泛拥护，当时那些鼓吹智商遗传的人写道"……大量的事实明确表明 – 比如塞尔西斯或达尔文 – 智力是由家族传承的"（威尔士·H.G，赫胥黎与威尔士·G.P：《生命之科学》，1931年版，伦敦，Cassell and Company Limited出版社，第823页）。这种家庭的后代现如今没有在知识领域占有优势对自20世纪30年代以来建立起来的、现在又被推翻的优生学及其他诸如"……（依靠那些世界上最富有的人）对生物学与社会学进行愚蠢的比较……洛克菲勒被称为是进化演变下的人类最高形式，甚至连威廉·格雷厄姆·萨姆纳，伟大的'社会达尔文主义者'都对其进行公开谴责"又增添了一项依据，詹姆斯·罗伯特·弗林：《智商为何物？超越弗林效应》，2007年版，剑桥，剑桥大学出版社，第147—148页。

59 自1901年起，每十年里获得诺贝尔奖的女性一直不超过5个人，因此让初学者学习有关概率的统计测试并不适用。然而，在具体进行测试的时候，如果随机进行测试，在1950以前，每年有平均4.9%的奖项颁发给了女性，随后在1948—1962年（包含1962）的15年里，就只能拿到5个奖项，在任何一年，不单单是女性，获得诺贝尔奖的概率是（1—0.049）（15×5）=0.023 或 2.3%（如果所有这些奖项是独立的）。

60 沃尔特·李普曼还是一位早期智商测试的评论家，引自卡明·L.J的"有关智商测试的一些历史事实"（1981），出自S.雷比（编著）：《智商：心灵的战斗》，伦敦，Pan Books公司出版，第90—97页，位于第90页。正如阿尔伯特·爱因斯坦对他的科研成果被用于制造原子弹而感到后悔一样，沃尔特·李普曼也因他的早期文章在报纸舆论方面的影响而感到后悔。

61 豪·M.J.A，戴维森·J.W与斯洛博达·J.A的"与生俱来的才华：现实还是神话？"（1999），出自S.J塞西与W.M威廉姆斯（编著）的《天生与天才的争论：阅读精选》，牛津，布莱克威尔出版社，第258—290页。

62 尼古拉·蒂明斯：《五巨头：福利国家的生卒年》（2001）（新版），伦敦，哈伯柯林斯出版社，第380页。注意：还有几家技术学校，但它们从未得到关注，因此此处未再进一步涉及，只是提到它们很早就持有这种思想。

63 在1981年教育法颁布以前，还有相当一部分人被认为不能接受教育的。新颁布的教育法规定任何人不得被安置在仓库式（车库式）的收容所里，所有人都有接受某种教育的权利。

64 理查德·威尔金森、凯特·皮克特：《不平等的痛苦：为什么越平等的社会往往发展得越好》，2009年版，伦敦，艾伦巷出版社，第238页。

65 大卫·吉尔本与狄波拉·尤黛尔：《教育配给制：政策实践、改革与股权》，2000年版，白金汉宫，开放大学出版社。

66 赫施菲尔德·P.J的"为入狱做准备？美国校规是在定罪"（2008），《理论犯罪学》，第十二卷，第一期，第79—101页，在第79页，第82页。

67 奥尔·D的"实事证明我们不能养太多的孩子"（2008），《独立报》，3月19日。

68 如果那些面临指控的战争罪行成立，卢旺达监禁率的排名几乎接近美国；平民犯罪率的排名，见世界绘图者网站：www.worldmapper.org/posters/world-mapper_map293_ver5.pdf

69 各地区儿童上大学以及不同类型的大学的可能性，见托马斯·B与丹尼·多林：《英国身份：出生到死亡的图集》，2007年版，布里斯托尔，政策出版社，根据研究数据表明，可以绝对地说，几乎所有的额外入学名额都给了已经住在最有"特权"的地区的孩子。在2010年1月，英格兰高等教育拨款委员会出版的研究报告与这一趋势却恰恰相反。见丹尼·多林的"专家意见"（2010），《卫报》，1月28日，第10页。

70 鲍尔·S.J：《教育论》，2008年版，布里斯托尔，政策出版社，第180页，评论及引用摘自2005年关于《更高的标准：为所有人提供更好的学校》的白皮书第20页，第1段，第28段，教育与技能部出版。

71 斯坦顿·A：《口香糖先生与饼干的亿万富翁》，2007年版，伦敦，艾格蒙特出版社，第66页。顺便提一下，人们一直坚信J·K.罗琳，《哈利·波特》的作者，是以托尼·布莱尔为原型进行主要人物的塑造，哈利的命运映射了布莱尔的命运，因此人们在儿童故事的世界里离乌托邦还很遥远。"罗琳是布莱尔的胜利（单亲妈妈成为亿万富翁）与黑暗的反射镜"（凯丽·S的"会编小说的新工党"[2008]，《续刊》，第16卷，第2期，第52—59页，在第58页）。

72 大卫·吉尔本与狄波拉·尤黛尔：《教育配给制：政策实践、改革与股权》，2000年版，白金汉宫，开放大学出版社，第221页。

73 鲍尔·S.J：《教育论》，2008年版，布里斯托尔，政策出版社，第173页，参照《周日独立报》刊登的一篇2006年12月间未发表的教育与技术部报告。

74 理查德·威尔金森和凯特·皮克特《不平等的痛苦：为什么越平等的社会往往发展得越好》，2009年版，伦敦，艾伦巷出版社，第115页。

75 麦卡锡·M的"大问题：该是时候世界忘记大麻在抵制毒品中的作用了吗？"（2008），《独立报》，10月3日。乔纳森·阿戴尔·特纳，又被称为爱琴斯威尔特纳爵士，是一位刚加入保守党的银行家，但在组建了英国社会民主党之后又加入了英国社会民主党，之后又成为工党内阁政府的宠儿。这一切就如同1979年至1997年英国政界的变迁一样，无须改变任何信仰。

76 克里姆·K的"女性智商说明"（2005），《大西洋月刊》，5月18日。尽管拉里受到了谴责，但还是被任命就在这四年内就经济问题向奥巴马献计献策。据报道在2009年4月的时候，他在上班的时候睡着了（http://thinkprogress.org/2009/04/23/summers- sleep/）。他似乎是想用无糖可乐保持清醒。关于建议拉里如何保持清醒以及更精明，见www.huffingtonpost. com/2009/04/23/larry-summers-falls-aslee_n_190659.html

77 现在普遍认为全世界生育率低下已接近人口替换率，根据联合国人口展望（见www.worldmapper.org 关于2050年展望与技术报告）。生育率下降的主要原因不是由于人们一直使用避孕产品：虽然避孕产品一直在被大量使用，但还不足以造成这种结果。当女性能够足以克服精英主义、被允许学习知识并增强个人能力、有更多的自主性的时候，生育率会由此下降。因此，我们有时忽略了这一点"全世界几乎一半的人口……所居住的国家生育率接近或低于人口替代率"（摩根·S.P 与泰勒·M.G 的 "21世纪之交的低生育率" [2006]，《社会学年鉴》，第32卷，第1期，第375—399页，在第375页）。由于生育率在经济大滑坡时期下降得更快，我们或许连现在还没有认识到这一点。本文给出2052年这个时间说明在21世纪中叶以后，全世界的人口将停止增长，或许时间还会提前，但拖后似乎不太可能。

78 中国仅仅在此前推行的计划生育政策后的十年里，生育率就从6.4下降到了2.7：迈克尔·康奈利：《致命的误会：控制世界人口的斗争》，2008年版，剑桥，马萨诸赛：哈佛大学出版社，第570页。

79 理查德·威尔金森的 "等级" (2009)，丹尼·多林，约克，个人通信。

4

"排斥是必然"：社会排斥的加剧

正如"二战"后过剩资源在富裕国家最初被用来消除无知一样，随着时间的推移，更多投入在教育上以支持精英主义，因此很多战后国家最初将过剩资源投入在消除旧的社会丑恶现象贫困、贫穷、资源缺乏。最初用额外的资源增加个人消费和社会保障金来消除贫困，但当人们消除贫困以后，公共资金、再分配与国家重心通过支持日益增长的排斥转移到了其他领域。富人的税率下降，穷人的福利却紧随通货膨胀（或更少）。富裕阶层的收入不计入普通工薪，反过来发现他们的收入比那些依靠福利待遇的人增长得更快。随着富裕国家社会保障制度的推行以及税收资金，对收入分配进行初始缩减（减少收入差）被一些选择成为最不平等的国家迅速取消。社会保障高支出对社会参与程度高的阶层来说无关紧要，但对收入不平等的低层人们来说很重要。因此，相对的，在很多国家，比如日本和爱尔兰，很少有人会说自己贫穷并需要贷款才能维持生计，然而英国和美国仅仅是由于不平等的增加，其相对贫困率在最近十几年里迅猛增长。[1] 主要由不平等造成的贫困，以一种新形式的排斥出现：生活、理解与关怀他人的排斥。这并非表现在人们生活赤贫，而是表现在广泛延伸的统一的社会规范，因为额外收入的很大一部分回报给了最富裕的国家，额外收入较多的一部分又留给其次最富裕的国家，以此类推。20世纪初期贫困的消除，加上那些精英人士认为越穷越没有地位的谎言，使得之前很多富裕国家在反对家庭与社会资源不平等的斗争中取得胜利的群体争论减弱。渐渐地，收入不平等的日益扩大导致越来越多的人被排斥在社会规范之外，扩大并加剧了深受新式贫困其害的社会等级分化：新贫、负责，被排斥。

在英国这样的国家，目前至少有1/6的家庭是新贫困群体（通过各种方法统计）。然而，这些家庭与那些快速脱离战后贫困的家庭有很大区别。20世纪末最常见的贫困是令人棘手的债务，既无法避免购置也几乎无法逃避。在等级社会里，距离贫困只有几步之遥，过着平均"温饱"生活的人越来越少。小康的人也有逐渐增多。在小康水平以上、生活富足、可以不受社会规范影响的人几乎越来越少，尽管他们的财富大幅度增长。这种财富基本上来自间接借钱给穷人的利息，而这个利息是多数穷人永远也无法全部还清的。

4.1 负债：1/6深受排斥主义影响的一代人

在小康社会，把一个人或一个家庭定义为贫困有很多方法。所有切实可行的方法都与社会规范和期望有关，但因为能否合理具备的这种期望，受日趋不平等的影响而出现分歧，贫困的定义久而久之越发受到争议。在最不平等的富裕大国，美国，与很多人认为"穷人"就是那些不努力摆脱贫困的人不同，很难把人们定义为贫穷。[2] 同样的，精英主义的持续发展越发赞成穷人贫困源于自身不足这种说法，而且越来越赞成把贫困重新定义为"无法胜任或不愿意努力尝试的群体"。

在某些富裕国家至少有1/6的人生活贫困，这说法源于一种把人们定义为贫困的稳健统计方法在各个国家间的比较，说明如果在三种方法里有两种表现出他们贫穷，那么他们就是贫穷的。[3] 这三种测量方法是：首先，有关人员（主观上）认为自己贫困吗？ 第二，他们所在国家的人们是否普遍认为他们缺乏被列入社会需求的物质（必需品）？ 第三，是否普遍认为他们收入不足（低收入）？贫困的官方定义就是目前单单通过低收入，在欧洲按相对值，在美国按绝对值计算而来的。一个家庭可以有低收入，但不会因此而贫穷，因为就领取养老金的人来说还有积蓄可以利用。同样的，一个家庭的收入可以高于贫困线，但却负担不起多数人认为的基本需求，比如自己和孩子们一年一次的假期，或者圣诞节礼物及生日礼物，这种不会让他们难堪的礼物和聚会。承担不起的家庭很有可能就是支出——（或基本需求）贫困以及很有可能主观上觉得贫困，即使处于官方收入贫困线以上。

在英国，大约有5.6%的住户在三组测量方法中（主观上、按支出、按收入）显得贫困，有些在三种或任何两种测量方法中为16.3%（见图表6）。应该

不公正的世界

明确的是至少有两个贫困项的任何住户、个人或家庭在某些重要方面有可能被排斥在社会规范之外，因此当被问及真正的穷人有多少的时候，5.6%是安全的范围。图表六说明了5.6%在世纪之交的英国是如何构成的。

在其他类似不平等富裕国家，这一比率可能会更高，也可能会更低，并由三种群体的不同组合构成，但情况不会有什么不同。它在各个国家每年都会发生变化，而且随着人口群体的变化而变化，通过税收减免，英国21世纪初期有子女的家庭贫困比率有所下降，但随后由于政策对经济危机的干预而导致贫富差距加大，各群体的贫困比率大幅上升，感觉（主观上）人们可以获得什么（生活必需品变得很难获得），以及他们能够得到什么（较低的实际收入）。

图表6：1999年英国贫困家庭比率（按不同测算方法）

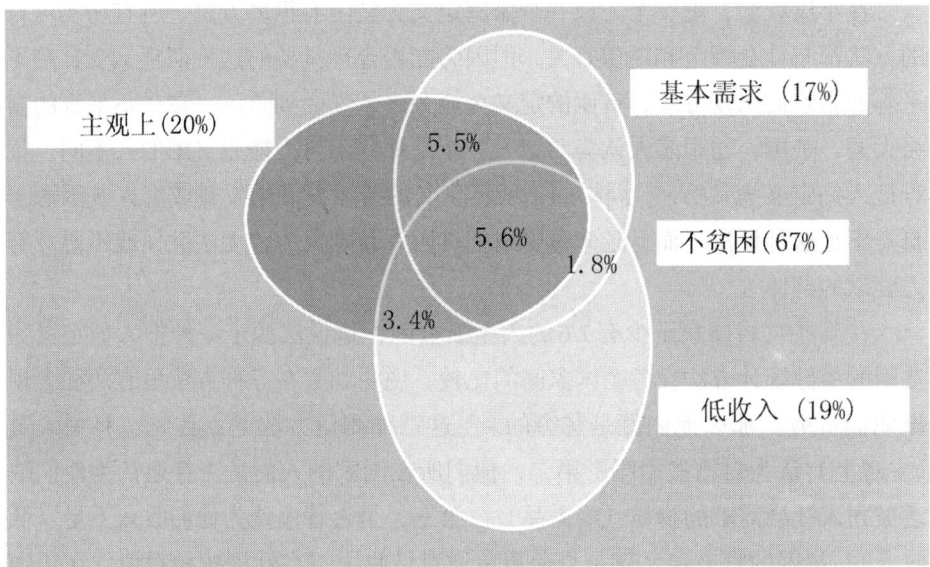

注解：至少有两个测量标准显示为贫困的5.6%，是用百分比标识的区域（5.5%+3.4%+1.8%+5.6%=16.3%，和 67%=100%-16%-6%-4%-7%）。

参考资料：根据图表6提供的数据所绘，出自早期研究：布拉德肖·J和芬奇.N的"贫困的重叠"（2003），《社会学期刊》，第32卷，第4期，第513—525页。

基本需求、焦虑与冲突

在英国，到21世纪初期，有很多住户贫穷，因为他们缺乏社参与会的基本生活需求，而且他们的阶级成员知道他们贫穷（5.5%），他们贫穷是因为他们都属于三个贫困项（5.6%）。当被问及哪些项目属于基本需求，哪些项目属于奢侈品时，贫困线设定的两个重要的基本支出是：首先，每个月能够有一点积蓄（英国是 10 英镑）； 第二，每年有一次能够离家外出旅行的假期。这是英国大多数人认为的其他人，作为一小部分，应该承担得起而大多数人承担不起的两项支出。[4]

社会排斥的不公平，到 21 世纪的时候，在本质上用债务代替了失业、贫困与老龄化问题，如今领养老金的人产生是"贫困"的主要诱因。这是目前一种使多数穷人无法承担的基本生活需求的债务——如果你有需要偿还的债务，你每个月都不能有积蓄，以及每个人几乎人人都能承担得起的假期，除了那些有太多无担保债务的人。由于债务会随着时间的推移而占主导，低收入与低支出之间在基本需求上的联系有所减弱，图表 6 在两个贫困测量项之间的重叠最小。这是因为如果获得贷款许可的话，低收入最初并不妨碍人们获得基本需求。

在不平等程度较高的国家，用贷款支付假期，允许新近收入——贫困者，那些失业、离异或丧偶的人，成为（至少是暂时的）低支出群体。依赖贷款、保持体面而增加基本需求在已成为西欧最不平等的国家之一的英国，其结果是整个西欧债台高筑的信用卡债务，到 2006 年的时候，仅英国市民就持有一半。[5] 这一不可小觑的比例作为资金积累用于旅游度假。人们度假的时间比以前多了，因为在英国，能够度假已成为被社会接纳的标志，就像在之前那个年代能够穿着西装去教堂，以及如果有了孩子后不久就能养得起一部车成为一种社会规范一样。在美国，另外一个重要投资就是一个四口或四口以上之家购买第二台车，其目标同样是为了能在社会上立足，就像有的人目前面临的却不如没有的问题一样。问题不在于买车本身，而在于其代表的意义与使之成可能的重要性。美国的郊区不修建人行道。英国认为努力工作的人应该有假期。托尼·布莱尔对度假非常公开，可与之相提并论的是（爵士）克里夫·里查德，他曾在 1963 年让百万群众齐声歌唱假期，当时大部分人既没有钱度过一次年假也没有选择借钱去度假。[6]

假期目前在富裕国家里最为重要，因为它已成为区分那些糊口、小康、富足或非常富足生活的一个非常明显的标志。"你去哪里度假了？"是现在询问成年人的一个最隐私的问题；不同的答案能把接孩子放学的父母分成不同的群体；不同的答案能把工作同事分成不同的阵营；不同的答案根据就业经历的不

不公正的世界

同分配养老金，因为就业经历决定着养老金的多少，因此决定假期。

工作期间某些特定的休息日、安息日、节假日和禁忌日已构建成保证人类度假的一种文化。放松很重要，但如今的假期并不令人十分满意，与人们生活中的任何重大事件相比，家庭假日在主观幸福方面的实际效应最小。[7] 也许是一直如此，但很相信那些第一次获得年假权利的人通常并不享受那次休假。

在假期成为一种普遍现象时，人们休假主要是因为其他人也休假。假期成为一种期待，因此富裕国家制定的假期，国家与国家间相比，每个国家的假期都非常相似。在日本，多数人一年只休几天假期，但家庭工作周和工作寿命却相当长。与之相反，两周的"暑假"和一周的"寒假"在欧洲已形成标准。再与之相反的，只有美国的假期最少，而且带薪休假也很少。每个人都需要休息，但休息是否要用年假的形式就要根据时间与地点而定了。假期在本世纪初成为欧洲富裕阶层融入社会的一个标志，因为他们是虚拟购物篮里的边缘商品，可有可无，有钱的时候可以购买，而在拮据的时候就不得不抛弃。

维护社会地位

任何社会，即使有一点点过剩，也总会有边缘商品。通过长久以来对边缘商品的行为研究，这种社会阶层不成文的规则才首先被发现。经研究发现，工人需要高质量的衬衫和鞋子（在1759年得到认可）以后，拥有家具、电视、汽车和假期的基本需求才出现，为了有自尊，他们不应住在"棚舍"里（直到1847年才研究发现），而负担邮票的要求也是完全合理的（至少截止到1901年）[8]。织布机和大型制砖厂的大规模生产和英国推行一便士邮资制以及很多国家纷纷仿效以后，机织衬衫、砖瓦连栋房屋、邮票，在不到一辈子的时间里都成为基本需求。仅仅是又过了一辈子的时间，织布机机械化、制砖自动化和（部分的）信件处理系统已使衬衫、砖瓦房和邮票成为所有人都可以享用的生活的一部分，不再是穷人缺乏的边缘商品。渐渐的一种模式产生了。

在"二战"快结束的时候，人们越来越清楚地认识到那些（以男性占主导地位的）社会研究"近代史的重要发现与人类学研究表明男人的经济，一般说来，会淹没在他的社会关系里。人们不采取行动是为了维护他在物质上的个人利益；人们采取行动是为了维护他的社会地位、社会主张和社会资产"。[9] 然而，在1944年远没有认识到的一点是，男人（以及后来女人）在物质上的个人利益，当他们的基本需求得到充分满足时，人们会以一种什么方式采取各种行动来维护他们的社会地位。社会等级排列不会随着物质丰富而消失。对于男人来说，社会地位主要是依靠赚足够的钱保障家庭生活需求得以维护，足以能够承担得起自己穿上高档衬衫，足以感觉他们不是住在棚舍里。男人偶尔有可能会在小事上过度消费，比如为了给心爱的人寄信，经常喝啤酒、最穷的男人和女人喝得酩酊大醉。然而，自20世纪60年代以来，这些时代逐渐在记忆里消失，因为大规模生产之后，随之而来的是大规模的消费。

大规模消费通常都是些小装饰品和小物件的商品，供过于求的衣服，不再是高档的亚麻衬衫，或是更多的、放置不下的鞋子，而不再是只有结实的一双，打扫不过来的有很多房间的房子，还有代替邮票的垃圾邮件。然而，小饰品、琐事和没有价值只是对那些没有过度购买或过度消费的人来说才显得如此。从远古波利尼西亚社会的贝壳易物，到20世纪50年代美国的曲线汽车，我们一直在按照心中最看重的社会地位在购买。

小装饰品的社会地位通常很重要，机械化也未使其减少。大规模生产的小装饰品，比如代替贝壳的珠宝手饰，还有汽车生产线，以及他们的购买、服装与驾驶，很快变得不再意味着高高在上的地位；那需要稀缺。大规模生产的商品很快变成了必需品，之后就变得理所当然。1950年的欧洲，没有车是很正常的；50年后，没有车却成为了贫困的标志。1950年的欧洲，大部分人没有假期；50年后，不休假是贫困的标志（而且现在的假期比二手车更容易消费）。

20世纪50年代以来，大部分的债务增加是靠就业人士偿还的。由于那些债务没有财产作担保（抵押），大部分是靠人们的低收入偿还。如果薪资非常低，单靠工作是无法获得足够的社会地位与尊重的。低收入的人（在欧洲是全国中等工资的3/5）似乎在私营企业里工作最为常见，然后是志愿者组织，国有企业最少。[10] 私营企业工资较高（按计算，而非平均值），因为那些自己管理而且责任比别人多一点的人往往给的工资比较高，这样做就更加印证了越是有价值的人，得到的钱就应该越多。国有企业经理级别的工资比较少，因为责任多一点的时候自律也需要多一点。国有企业缺乏问责制的人只会违法犯罪，正如英国国会国家公务人员的"报销门"丑闻在2008年9月东窗事发后所说的那样。

他们花的这笔开支表明了他们认为在不平等程度上升与增加的时代是可以接受的。这两种极端在志愿者部门兼而有之。理论上，上帝或慈善事务署或许无处不在，但实际上，他/她/他们并没有花政府的钱。在所有机构里，如果你

不公正的世界

发现自己总是位于金字塔的底部，而金字塔却还在继续向上延伸（与古老的坟墓相比，慢慢地看起来更像是上下颠倒过来的防风草），面对其他人如此的唯利是图，保持洁身自好则需要异常的坚韧与顽强，或者靠借一点钱以作补贴。借钱去买别人认为你应该拥有的东西是因为"这是你应得的"，你想去相信你跟他们一样，而不是低人一等。

困窘与同情

如果你一直认为一个有价值的人工资就高，那么当你的收入减少的时候偿清债务以此保持自尊、避免陷入像亚当·斯密这样精明的经济学家所声称的社会地位下降的窘境则尤为重要。[11] 为了维护自己的社会地位，人们举债又负债，不是出于对富裕阶层的嫉妒，而是出于维护自尊的需要。[12]

社会地位下降会使人体产生生理反应，就像当众出丑时类似于头晕恶心的感觉。人类具备适应能力，而且几乎进化去融入、成为社会动物、去感受痛苦，关注并担心自己的行为不被自己的小社会群体所排斥。我们最近已意识到这不仅仅是我们感受到的社会痛苦，而且是当我们善解人意的大脑变得"……自动与嵌入"时通过"镜像神经元"从生理上感受到的其他人的痛苦。[13]

我们现在了解到为何大多数人对其他人的痛苦、社会痛苦以及身体上的痛苦会立即作出反应的生理原因。如果看到有人被击中头部时你会吓得向后退缩，如果看到人受辱，你同样会感受到他们的羞辱。如果社会地位与金钱收益紧密相连，那么人们为了能够在社会上立足就不得不举债并且增加消费。而不把金钱收益视为社会地位的反应则是现代社会的一个异类。成为异类分子是可以的，不去遵守游戏规则、不过多消费、不唯利是图，但却并不容易。如果成为异类分子容易的话，那么早就有很多异类分子了；他们会形成一个新的宗教，而我们也不会再把他们当作异类。为了抵制当代唯物主义，你只能是祖父母收到多少礼物，你就得送其他人（包括孩子）多少礼物，他们买多少衣服，你自己就得有多少衣服，数量足够两个人用的一个衣柜；如果你只是比周围的人消费的少一些并且回报的多一点，那你就不是异类分子。原因是我们比祖父母消费的要多得多才会陷入这样的债务。

对某些人来说，负债的另一种方式是不休假。2001年全球经济高度繁荣，在世界上最富有的城市之一，伦敦，每5个孩子中就有一个孩子没有年度假期，因为他们的父母一天假期也负担不起。[14] 为孩子们选择每年去度假的家长寥寥无几，因为他们视跟团旅游为欺诈，或者认为租用大篷车一个星期是没有必要的奢侈。同样对伦敦单亲家庭的孩子进行的休闲规范的调查表明多数人没有假期，那些44%的单亲家庭负担不起通常认为是必需品的东西，比如家庭保险。如果假期现在被认为是必需品的话，那么家庭保险几乎不算是奢侈。全国只有8%的家庭没有保险。[15] 保险可以代替需要用一辈子积累的物质商品，你可以缺乏物质生活，但不能缺乏社会生活。越是贫困儿童的家庭越有可能被盗，并且在被盗后不是发生火灾就是发生水灾，因为他们经常住在盗窃频发、火灾频发以及廉价住房的地方，因为房屋建在山下，最容易遭受水淹的危险。因此，对他们来说，为了节俭而避免投保并不明智。

虽然少数人因为开公司卖保险而变得非常富有，但并不意味着避免投保是明智的。你开始拥有得越少，实际需要的就越多。如果你没有投保，那么发生投保事故的唯一处理方法可能是获得更大一笔债务。通常令人吃惊的是，这些使得一些家庭陷入了持久负债，而债务增长是贷款增加的产物。这在国际上也是如此，正如和伦敦贫困家庭的情况一样。

贪污与高利贷

正如金钱是从那些在金丝雀码头和曼哈顿从事金融工作默默无闻的贫穷阶级赚取来的一样，只要很多人受到一点点的但程度却很大的剥削，那么同样的，金钱会从国外的贫人赚取。富有国家的评论家，尤其是国家领导人，经常炫耀他们的国家作为援助（或债务注销）一年向贫困国家的人民各方面的捐款约1000亿美金。他们很少提及，对每一个人来说，那些贸易商如何通过贱买贵卖对贫穷国家进行虹吸。一直有估计[16]表明，大型企业负责通过金融信托网络、被提名银行账户以及各种方法将一年万亿美元的大部分资金非法流向富有国家以此避税和简单的错误定价。有这种明显特征的公司主要是石油、日用品和矿业公司。贫穷国家里传统的贪污受贿只占总数的3%。尽管如此，当人们一提到腐败，其形式几乎总是贪污，而不是其他那97%的形式，是人们认为非常富有的西方银行家和商人（还有一小部分女商人）所用的一种腐败形式。这种腐败经过一番精心策划，来自伦敦银行中心那些闪闪发光的金融大厦、纽约以及大批人脉广泛的避免天堂。

在1981年和2001年间，全世界只有1.3%的收入增长用于减少最贫穷的10亿人忍受的每天一美元的贫困。与之相反的，20世纪90年代大部分全球收入增长由世界上最富有的10%的人口占有。[17]

大部分的收入增长是股票和证券价值的增长被人们像那些不道德的银行家一样交易买卖。然而，对于世界上最富裕的阶层来说，其中的回报远远不够，他们一次在向基金投资数百万，由很多私人银行家操控，他们在不太显眼的工作间里工作而不是在摩天大楼里。这就是这些人持有的财富，已逐渐赋予他们一种权利，他们说，去"赚取"更多的财富。最终这些额外资金必需来自某处并且因此被其他人用作贷款"利息"（随着借贷增多）。富有的人越富有，其他人的债务就越多，无论是全世界也好，还是银行家附近的房子也罢。在第6章中，表格6记载了很多美国从1977年到2008年积累的数万亿美元的债务，但为了集中讲述，本章提及得有点多。

确定我们的位置，以及寻找出路，对我们是如何到达现在这一步的会有帮助。富有就能够对别人的劳动和商品提出要求，富有就能够把权利交给下一代，永远有据可依。这种怪异的制度需要同样怪异的理论依据。传统上，富有的君主、寺院里的高僧和美第奇式的银行家（及商人），相信他们应该拥有财富而其他人贫穷是上帝的旨意。随着君主制被推翻、寺庙被夷为平地，很明显，越来越多的家庭可以成为小型的美第奇式的家族。他们按照上帝的旨意所做的一切去证明世界上富人所信奉的理论依据并不太令人信服，虽然我们确实创建了新教。更为现实的是，与为了歌颂贪婪而宣讲虔诚的宗教改革不同，那些觉得有必要为不平等辩解的人都转向了科学（曾被认为是异教，科学现在通常被描述成我们这个时代的新宗教）。更具体一点，那些寻找新的谎言为不平等辩解的人都转向了启蒙运动时期的新政治和经济科学领域，[18] 之后形成了新的自然科学，尤其是生物学，最后形成了新的数学形式。

4.2 遗传主义：助长社会排斥的理论依据

如果富裕国家大多数人认为人类都是平等的，那么在富足的情况下就不可能认为把那么多人排斥在社会规范之外是合理的。如果多数群体把少数群体看作跟他们一样的人而让少数群体过着贫穷的生活，多数人会觉得很反感。多数群体可能会感到震惊，高于他们之上的更小的一部分少数群体可以通过财富自我排斥。仅仅是因为很多富裕阶层的大多数人已被教化（并去相信）只有少数人有特殊的才，其他人显然不配有这种能力，现有的不平等才得以维护。当有足够的人相信不平等是生来就有的甚至少数人相信不平等是有益的时候，不平等的程度是不会减弱的。

遗传差异的理论仅仅在20世纪才开始蔓延。在此之前，人们普遍认为是上帝规定了注定少数人拥有遗传差异，那些受到优待的人，即君主和神父。在那个时代，除了贫困的生活，再没有足够的资源供多数群体赖以生存。只有在19世纪的工业化开始后，收入和财富的不平等开始滋长蔓延的时候，试图证明这些新不平等合理的理论（谎言）才开始广泛传播。根据进化论的观点，把特殊的才能遗传给后代的有地位的大家族很少，并且相反的，余下的劣等同样是异血缘结合的人的数量却相当巨大。[19] 通常这些人，社会残余，开始依赖各种济贫法生存，并被称为"贫民"。在这两种极端之间是新诞生的工业化国家的人，他们被认为是会努力工作却没有思考能力。

不平等的"变化"

制作科学图表是为了给早期的遗传学思想提供支持。重新绘制的图表7意在表明人们认为英国和威尔士地区1891年登记的贫民地理分布遵循着一种自然的繁衍模式，一种结果。这些贫民是被登记的接受所谓的"外来救济"的人，这是一种不强迫接受者进济贫院的最基本的济贫方式。这种济贫方式在人口的0.5%—8.5%的地理区域分布广泛（与一个世纪后要求失业津贴的人的比例变化完全不同）。在原图表上绘制的两个统计曲线的作者，卡尔·皮尔森想让数据尽可能拟合。这些就是二项式和标准项（贝尔曲线）分布的拟合点。曲线拟合的原因是要进一步表明两个地区贫民数量的变化是一种"自然"分布。大约在这个时候，正态分布才第一次用于描述智商分布。世袭思想会认为某些地方会有更多的贫民，因为有更多基因低劣的人在那里聚集并繁衍；其他地区由于当地人通过把贫民赶走或对贫院或饥荒的"废除"而保留了优良的基因，其贫困大概稀少。两种曲线与实际数据的高度拟合从侧面证明在被称为独立群体里（暗指低等的人）确定贫困的数量是个基本的自然过程。当所有的对象被分成632个济贫法工会区并且计算贫民比例的时候，恰恰证明了这一点。该图表公布于1895年。

图表7非常重要，因为它是首次试图用图表表现运用统计学描述人类群体的复制品之一，它向其他人证实了，其结果，根据观察，反映了导致这种分布形态的一个过程，这个过程人们没有这个图表就无法了解但确实存在。人们由

于所谓的人类能力的变化，绘制了数以万计的类似的贝尔曲线。

图表7：1891年英格兰和威尔士地区贫民地理分布

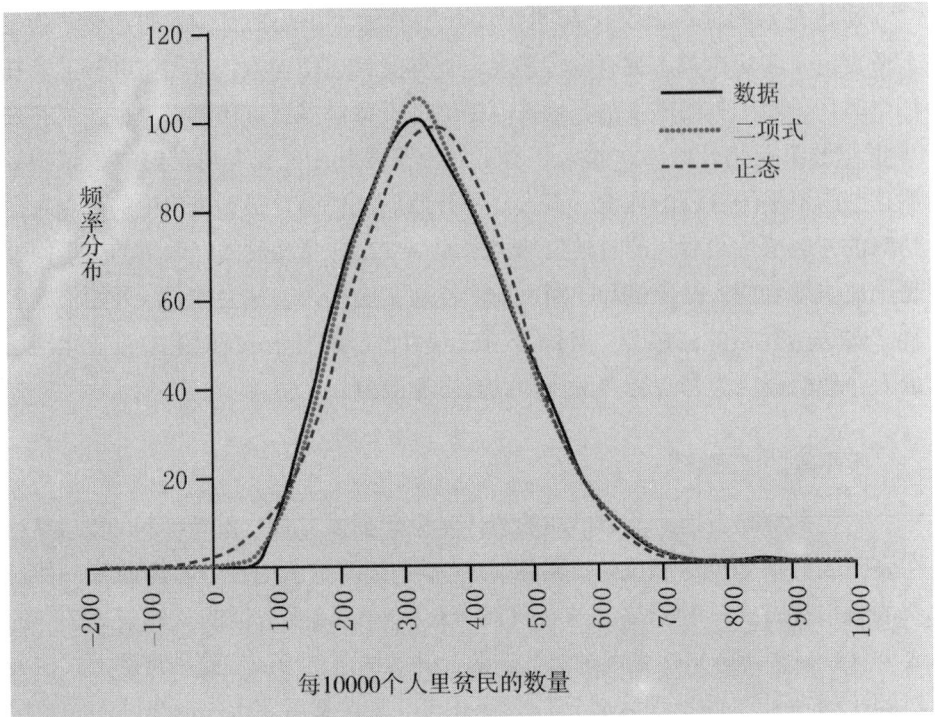

注解：纵轴：济贫法联盟区报告的各比率，或二项式或标准项分布的模拟比率。

参考资料：数据复制在表格4里，见如下96页。图表来自原图（卡尔·皮尔森的（1895年）"数学理论发展贡献-II。匀质材料的倾斜变化"，《英国皇家学会哲学学报，A辑，数学》，第186卷，第343—414页，图表 17，饼图13）

数据曲线最平滑、最接近拟合度的地方是主要实施和加强自然法规没有涵盖的地方。在图表7绘制的时候，用高斯（或拉普拉斯）统计分布用作概率在科学界众所周知，但把它用作生物学标准项还不到十几年的时间。[20] 在此后不久，高斯或拉普拉斯分布就被称为某种"自然"，某种"正态"。就在那时，实际上，它已经用来描述人类。

当它开始对人类能力进行归类的时候，这种逐渐在贝尔曲线里用分布图的方法似乎对计算的人而不是被计算的人更起作用。如今那些喜欢设定测试的人被教授用学生的成绩分布按照贝尔曲线的形状的方法去设定测试。[21]

把测试设定成能够表现各种形状是可能的，比如像每得到一个正确答案，奖金就会加倍的小测试，而问题就会逐渐加大难度。但是如果你想让学生的能力呈正态曲线分布，那么你很容易设定一种能表现这种曲线或者你能想象的任何一种形状的曲线的测验。比如，如果你想表明几乎所有的学生都不懒惰，几乎所有的学生都有才能，那么你就不能在大学里再划分出一个二等学位的班级。还应记住的是随机社会进程，比如根据已销售的彩票数量统计哪个地区的彩票中奖率高，如果中奖的人多那么也将呈现一种正态分布。因此，如果大学等级的划分是个随机的过程，那么我们都会呈现一种正态分布。有趣的是当数据与这种分布非常拟合的时候，这种拟合度不太可能是偶然发生的。这就是图表7的意义。

修改数据

在1891年时候，济贫法工会不提供过多的"救济"很困难。失业，当时的新名词，使不同的地区受到了不同的影响。各地区收成不好；各行业由于19世纪80年代后期的大萧条而受到不同的损失；济贫工会的官员们不想弄得太张扬而尽量减少开支，因此出现异常值就不足为奇；几乎每个地区都有一家济贫院和一些户外救济金（不需要制度化），以便提供给一小部分人。对分布的形状有个人影响的最后面的人几乎是穷人自己，但是正如不是失业的人选择了失业、或者那些携带遗传倾向的人选择失业一样，昨天的穷人几乎不会说他们的遭遇或他们是否变成穷人。

如今，我们一般都会认识到在富裕国家里，失业主要是因为生不逢时，而且我们所有人都有可能失业，虽然我们的具体情况不同，概率也有所不同，[22]但风险在于我们有时会忽略这一点，并回到19世纪的优生学问题，一种根据结果评估绘制（形式既明确又隐含）能力分布的"科学"，图表7是世界上第一个地理分布方面的例子。

正如今天的失业，1891年的穷人，由于很多人在全国流动而确实在他们的曲线分布中起到很小的作用。救济金很少的人往往不会在没有工作的地方住很长时间，因此他们为了工作四处流动。户外救济应该只提供给当地人，以减少这种流动，但是如果存在凭借个人行为帮助曲线形状形成的单一的过程，那就是通过他们积极的干劲，而不是再犯罪。然而，曲线绘制者看重的就是再犯罪。

用图表7的统计曲线几乎证明不了数据拟合度。但对数据和两个曲线的相似度进行测试很有趣。按照特殊的统计分布对类似数据测试有很多方法。最古老的方法被称作皮尔森拟合度测验。[23]以绘制这个图表的同一个人，卡尔·皮尔森的名字命名，所以为了验证他暗中绘制的这些曲线的主张，用他自己的测试非常合适。曲线的相关数据与概率的计算方法都在表格4里。其揭示的内容非常有趣。

卡尔·皮尔森绘制的正态曲线似乎与数据相当拟合。它远离数据太明显，因为它表明低于0%的贫困化地区非常小，因此，其峰值比其他拟合度分布曲线或数据略低。正态曲线从负无穷大延伸到无穷大，说明（如果智商真的是根据这种曲线分布）在我们中间，所有的人既是聪明的人，又是有时智商为负的糊涂的人。负智商率的想法与负贫困率一样愚蠢，所以这种线画在他的图表里很奇怪。然而把数据与耐人寻味的所谓正态分布拟合可不是什么不太现实的问题。耐人寻味的是二项式分布如何正好能与数据拟合。拟合度不仅高，而且是难以置信的高。用概率的话说就是永远不说永远是最明智的，但像图表7里的贫民数据分布确实是遵循二项式分布得来的这种偶然性绝不可能。为什么？因为拟合度太高，高得令人难以置信。

表格4：1891年皮尔森拟合度测算的卡尔·皮尔森贫困数据表

贫民 (P)	正态 (N)	二项式 (B)	数据 (D)	B - D	(B - D)²	(B - D)²/B
- 200	0	0	0			
- 150	0	0	0			
- 100	0	0	0			
- 50	2	0	0			
0	4	1	0	1		
50	10	4	2			
100	19	18	20		1	0.043
150	37	44	47	- 3	9	0.205
200	63	73	73	0	0	0.000
250	83	90	90	0	0	0.000
300	97	105	100	5	25	0.238
350	97	92	90	2	4	0.043
400	83	75	75	0	0	0.000
450	63	55	55	0	0	0.000

贫民 (P)	正态 (N)	二项式 (B)	数据 (D)	B－D	(B－D)²	(B－D)²/B
500	37	36	40	－4	16	0.444
550	21	20	21	－1	1	0.050
600	10	12	11	1	1	0.083
650	4	5	5	1	1	0.143
700	2	1	1			
750	0	1	1	－1		
800	0	0	0			
850	0	0	1			
900	0	0	0			
950	0	0	0			
1,000	0	0	0			
Total	632	632	632			1.25

注解：数据来源见图表7。所有数据和拟合曲线都可在原图表上读取。

纵列：D是有济贫法工会的地区登记的每10000个人中给定的贫民 (P) 人数。 正态 (N) 与二项式 (B) 是卡尔·皮尔森与数据一起绘制在原图表上的两种可能预期分布。产生12种类别的期望值是5或小于5（用两个波形括号标记）的单元格合并 (*)。预期值与观察值的差额 (B－D)、平方、再除以预期值 (B) 并合计。合计数 (1.25) 是小于0.995概率值 (1.735) 开方分布9个自由度（12－2 估计参数和小于自由度1632联盟区给定的固定n）；二项分布图的随机数据的概率小于0.5%；用皮尔森自己测验的拟合度（大于99.5%概率）看上去好得令人难以置信。

皮尔森的拟合优度检验通常用于检验一组数据点的分布是否与所期望的分布曲线，一种统计分布相吻合，以此显得能够声称数据点就是从这种曲线里提取的。它早期被用在研究探索不同菌株的豌豆杂交的遗传结果上。可以断定的是某些豌豆杂交后会导致一定比例的豌豆成为另外三个菌株里其中一个菌株的样本，这恰恰是由于两种菌株杂交的结果。每一组杂交配对会产生一种菌株是偶然的，但经过一段时间后，这些特定的配对杂交的比例结果逐渐变成1：3。给豌豆准确配对需要花很长的时间（大约与给兔子配对的时间差不多），一项测验能够有把握证明，经过对十几个或上百个配对的结果统计，豌豆的子代是按1：3的比例结果分布的。这就是拟合优度检验。

不公正的世界

　　拟合优度检验提供的是一个机率估计值，即如果潜在分布比率是，比方说，1∶30，则可以产生特定结果，但由于这种分布可以是（所谓的）一个双尾检验，因此拟合优度还能够提供一个估计值就是拟合度非常高以至于不真实。如果遗传学家告诉你他们做了1000对豌豆杂交，恰好是一个菌株出产750个豌豆，另一种菌株出产250个豌豆，那么这个概率很有可能是他们在谎报数据，而不是他们真的做了这种实验，结果就是这样。为了确定概率而说谎，皮尔森拟合优度检验，在双尾的情况下，实际上是检验是否诚实。

　　图表7的二项式分布与数据的拟合度非常高以至于如果从分布曲线里提取的另一组数据小于0.5%，那么一种随机拟合的概率就会这么高。通常截取点是2.5%的时候，拟合度的真实性会受到质疑这是因为，在一个双尾测试里，从分布曲线里提取数据的概率达到95%一直被认为是最佳可用水平，这也是从卡尔·皮尔森的那个时候开始的。在表格4（如上）的注解里，详细说明了皮尔森检验数据的例子，而且本可以从二项式分布曲线中获得的拟合度这么高的结果当然是完全可能的（虽然不太真实）。[24]

新兴的宗教

　　我令你感到厌烦吗？如果是的话那真是太好了。对统计学和数学概率着迷的人不一定就是一个全面发展的人（见上述第3.2节），虽然成为一个全面发展的人并对数字和序列异乎寻常的迷恋是有可能的。虽然有可能，但是相当多的一部分人，他们发现研究抽象空间的模式并不难，但发现了解人类却是非常困难的。当读到其他人有关卡尔·皮尔森的描述时，你可能不会想到这些人里面可能就会有卡尔·皮尔森。[25] 有可能是皮尔森对人类的想法使得他，或许是无意识地绘制了那两种曲线，数据的分布曲线，因此，在很多年以前的图表上就非常拟合。有可能是拟合度是真实的，济贫法工会的委员们根据二项式分布曲线按地理位置分配救济金。但是，即使大部分的济贫机构在救济金分配问题上随大流，还是有少数机构比较慷慨，还是有少数机构比较谨慎；如果还有随机变化的因素的话，拟合度不应该与二项式曲线这么吻合。他们也好，皮尔森也罢，或者两者兼而有之，在当时的公众思想观念下本应更艰苦：穷人是祸害并且有过度繁殖的危险。就是在那时，这种思想观念成为一种教条，图表被绘制成拟合度曲线像图表7显示得那么吻合，那么不真实。就是在那时，人们开始相信他们掌握了一个伟大真理，几乎很快会成为一种新兴宗教的支柱，普通的质疑和常规被抛弃了。

就在绘制贫民地理分布曲线图的七年以后，卡尔·皮尔森，逐渐被视为优生学学科的创始人之一，宣称（1902年）他的思想观念将在"此后20年"里盛行并普及。[26] 至少在这一点上他是正确的。到20世纪20年代的时候，优生学几乎成为了一种宗教，它是一种信条，即某些人比其他人更有天赋而其差异深受智慧的遗传形式的影响。这种宗教不仅仅存在于早期的新统计学的爱好者之间。它们的思想对男性数学家、自然科学家以及社会科学家、经济学家尤其有吸引力[27]（见6.2节，主流经济学与优生学如何密切相关）。那些做数字研究容易而对别人施以同情就有点困难的人几乎真的有一种天生受优生学家思想吸引的倾向。男性有可能发现这种沟通困难的比例是女性的4—5倍，[28] 虽然有几名女性在早期优生学运动起重要作用，但愚蠢到底是什么当时还不是很清楚。然而，今天还在为优生学争论的那些少数人里男性的优势令人感兴趣。他们总是这样愚蠢是先天的还是后天的？

了解皮尔森的女性写到皮尔森发现女性难以捉摸。要么认为女性难以捉摸，要么相信优生学的维多利亚时代的男人绝非他一个，但也有少数几个不完全是他们那个时代的产物、提出不同观点的知名人士。比如，并不是所有的女性在早期都用一个声音说话，新兴的女性运动确实抵制了优生学的观点，特别是卡尔·皮尔森的观点，他认为女性最主要的功能就是繁衍"种族"、反对他的观点的女性都是无性的、想与男人一样平等是不可能的、那种女人是"……种族里的一时之误"。[29]

在第一次世界大战爆发的前几年，第一次散播这种谣言，某种"种族"（像英国族、雅利安族或日尔曼族这样神秘的种族）的进步依靠男性的认同与允许"……一种与众不同的特殊天赋……民众几乎总是女性化"。[30] 如果优生学家的思想认为种族完全存在差异，那么两性的差异会由于生物决定论而更大。[31]

不仅是对"二战"大屠杀恐惧的即时反应，而且还是在战争中作为一个民族共同努力的经历，使得人们后来认识到，生育与环境比孩子的测试成绩如何导致优生学后来遭到摒弃更重要。希特勒对优生学的偏好更加速了人们对优生学的摒弃，因此，像所有人都可以在平等的基础上获得统一的卫生服务这种思想形成于现实中[32]，并且形成于人们广泛认可一个国家的所有人民至少在价值上是平等的这种思想的未知的战争时期。似乎，即使是像英国的威廉·贝弗里奇这样平和的优生学家们，由于意识到在战争初期实施的大屠杀，也摒弃了他们的优生学思想的政策建议。因此，在发生大屠杀以后，在反共产主义达到鼎盛时期，优生学还在挣扎。它的方式和目的过于狭隘。因此，由于否定自由，优生学后来与法西斯主义相连，随后其受欢迎程度持续下降。

优生学密码

在1956年苏联侵略匈牙利以前，由于优生学已跟法西斯主义联系在一起，因此不得不秘密进行。当时的优生学思想的支持者日益减少，"优生学密码"[33]这一名词私下在他们自己内部之间被广泛使用。截止到20世纪70年代，人们认识到权力当局提议的智商遗传的科学研究全部声名狼藉。[34]

截止到20世纪80年代初期，少数几个仍招摇过市的优生学家理所当然的成了人们的笑柄。[35] 而且，虽然统计学专业的大学生们学习如何使用皮尔森的测试，但他们对皮尔森的过去以及不可告人的研究目的一无所知。优生学那一段的历史就这样被遗忘了。

在20世纪的下半叶，针对人们为争取更加平等的权利所取得的成绩；以及随着时间的推移，人们对20年代不平等带来的社会灾难的遗忘、30年代的经济大萧条、40年代的道德滑坡和50年代的反社会主义的社会联盟，日益增长的不平等再次强加在人们身上，并试图为社会不平等辩解以使它重见光明。"基因类"思想在死灰复燃后正处于风口浪尖之时，经常受到谴责，与此同时进行的，还有支持所谓的天生种族差异的乏味与叛逆文学，一种明显是"复合愚蠢与仇恨"的文学。[36] 但这种仇恨不是很明显，大权在握并试图维护自己的地位的创作背景却比较微妙。举几个例子。在那些辩解中，他们回想起早期的基因理论和人类社会分配融合的时代。还有手绘的两条拟合优度不真实的曲线以及几本幸存的落满灰尘的1895年时期的旧杂志仍很重要。第一条曲线重要是因为他们在创建遗传主义宗旨的时候暴露了他们的愚蠢行为。他们重要是因为要忘记最大的危险。

当代的遗传学研究完全摒除了基因组成按能力的持续发展决定着人类的社会命运的说法。[37] 与之相反，遗传主义当前的思想是人们不仅确实在先天能力上存在差异，而且我们大部分继承于父母的"才能"（及其他心理差异）也存在很大差异。这种思想再次受到很多人的广泛追捧，他们为本世纪初世界上某些最有权势的政府担当顾问。优生学主义在图表7绘制的110年后东山再起，但改头换面以新的形式出现。现在掩盖在更复杂的生物学外衣下。比如，大卫·米勒，英国左翼新工党政府的名义顾问中间的一位牛津大学的教育者，认为（在一本有关"公平"的书里）"父母与孩子的智商评估之间存在很大关系……机会均等并不是要击败生物学，而是为了确保有相同能力和动机的人获得平等的机会"。[38]

智商与财富不同。财富主要是继承而不是积累。相反的，智商是共同拥有。智商，一种获得知识和运用知识的能力，不是与生俱来的个别属性，而是通过学习塑造的。人们在现代图书馆里能够阅读的书籍也仅仅是一小部分，人们能够获得和运用人类掌握的知识更是微乎其微。我们的一言一行就好像存在着少数知识渊博能够理解整个宇宙的大人物；我们假设我们当中大部分人智商比较低，我们还假设很大一部分人比我们的智商更低。

事实上，大人物与低阶层的人一样犯错误；人们的学习能力不存在明显的先天差异。全民学习绝非易事，这就是为什么某些教育者会很容易用生物遗传限制作证据混淆父母与子女的测试结果的关系。这种混淆是错误的，就好像错误的相信，1891年的贫民统计的地理分布在用特定的方法计算时会呈现的一种曲线有某种特殊意义，却忽视了有可能是出于激动而造成的拟合优度的表述不真实。人类不能被划分成有相似能力和动机的群体；那些注定成为贫民和注定要统治贫民的人中间不存在生物上的区别。[39]

当今那些宣传遗传论的人的地理位置分布与他们热衷展示自己的信仰之间存在一种联系。如今精英学校的遗传论者的数量比例似乎有些失调。在英国，人文科学专业的精英大学坐落在牛津。再举第二个例子，英国经济和社会研究委员会的前负责人，戈登·马歇尔及他的同僚认为有可能"出生在工薪阶层家庭的孩子比上流社会的孩子的能力要差一些"。[40] 说到遗传的"天赋"在起作用的可能性，这些学术专家对在这方面的普遍信仰只不过是在鹦鹉学舌，经常由作为主要作者的来自同一所大学的同僚们反复宣讲。比如，这是第三个例子，另一位来自牛津大学的教授，约翰·戈德索普，声称"有不同阶级背景的孩子往往在学校表现得比较好，也可能比较差——原因是，有人可能认为，社会文化与基因因素复杂的相互作用"。[41]对在像英国这样的国家、牛津这种地方处于事业巅峰的很多当代学术专家的工作进行梳理、列举更多"有人可能认为"的例子会是件很枯燥的事。

而这些只不过是一个小群体里的例子，这三位教授的所有言论已经传到了政府内阁甚至是首相的耳朵里。托尼·布莱尔，他们文学创作时期的英国首相，显然已开始相信他们所宣扬的遗传主义，正如他在演讲中透露的那样。[42]
他不可能在童年的时候就形成这种思想。他的这种思想，是在大学读书期间形
成的，还是后来在政府顾问的影响下而形成的，尚不清楚。而那些政府顾问反
过来又受学术专家们（与那三位教授类似）的影响。清楚的是到20世纪90年
代的时候，遗传学在权力 的圈子里被广泛讨论。如果你想寻找更多的事实依
据，目前有一部文学作品，建议我们应该把行为遗传学理论与公共政策相结
合。[43]与继续寻找事实依据相比，努力了解特定群体和普通大众如何持有这种
观点通常会比较好。

我们应该意识到在像牛津大学这种地方工作、研究人类社会的不利因素。
就是在那里以及类似地方（哈佛和海尔德堡经常被提到）关于社会与人类本质
的误解最容易形成。这是由于社会不稳定并且冷漠，以及所谓的优秀人物社会
的地域与经济发展不匹配而形成的一块肥地。作为误解的重灾区，法国的名牌
大学可谓是榜上有名。这些大学最初没有被列在少数几个城镇的大学名单里，
因为最初列名单的人，皮埃尔·布迪厄就在是巴黎完成的工作。[44] 巴黎有比大
学更重要的东西，而对于牛津、波士顿和海德堡也是如此。

4.3 种族隔离：源自社会，属于社会

与巴黎或海德堡的情况相比，在波士顿或牛津，人们更容易成长并对自己城
市外面的世界一无所知。这是因为美国与英国的社会不平等的程度比法国或德国
的更高。一个国家里保持着高度的不平等导致了出现社会排斥，这种现象即使在
收入不平等没有出现增长的情况下也会发生，仅仅是通过将不平等维持在一个很
高的水平，并且失败感长期存在从而迫使人们消费增加并深陷债务以维护他们的
社会地位。生活在高度不平等的富裕国家里的一个结果是地区间会出现社会两极
分化。从地域上讲，年复一年，你生活的地方发展得一年比一年好。由于新兴社
会排斥增长的影响，孩子在不同学校上学的教育成果的差异变得更加明显；用贷
款的方式在更加昂贵的地段购置房产似乎成为一种比较好的长期"投资"的机
会，因此，在各个方面，在不平等增长的情况下生活贫困、住在远离穷人的地方
的困难变得更加有吸引力，并且对多数人来说，变得更加难以获得。

当社会变得极度不平等，人们不再把穷人看作与富人相同的人（甚至与普
通人相同的人），人们对类似于贫困这样的问题变得少于研究，因为人们不再认

为这是个问题。因此，由于很难询问关于贫困和多数不平等富裕国家（也就是，美国，根据收入不平等）的生活条件的一般化问题，有必要看看比较平等的国家，比如，英国，了解贫困是如何在穷人的实际收入稍微增长的时候（与美国不同）兴起的。在这些国家里，英国由不平等而导致的贫困率一直得到很仔细监控，因此，作为贫困能够在富裕的环境下增长，即使是在经济繁荣时期，同时伴有足够的不平等，应该把英国看作是个普通例子（以及前车之鉴）。在2008年受到经济崩溃影响以及无论基于何种定义，贫困都再次迅猛增长之前的十几年，英国提供了一个社会排斥如何能够迅猛增长的不光彩的课程。社会排斥迅猛增长仅仅是因为富裕阶层比穷人花费的多，而且一直在增长。

贫困调查

英国在经济繁荣期间保持高度的不平等的社会实验，与托尼·布莱尔的1997—2007担任首相的时间不谋而合，使得这种实验的结果得到贫困对比调查的监督，那时那些已经进行的实验快结束了，贫困对比调查正要开始进行。[45]在布莱尔时代，英国成人，无法定期储蓄的比例从25%增长到了27%；无法负担年度假期外出旅行的人数从18%增长到了24%；无法为家庭投保的全国比例攀升到了新的百分点，从8%到9%。然而，这些比例掩盖了这样一种事实：日益增加的社会排斥对特殊群体的影响尤为严重，尤其是布莱尔政府曾表示最先要帮助的：儿童生活贫困的群体。

始于托尼·布莱尔时代，结束于托尼·布莱尔时代的贫困对比调查发现所有生活在无法负担年度假期外出旅行的家庭和亲戚的儿童比例，在1999年至2005年间，从25%增长到了32%，即使大多数穷人的实际收入增加也是如此；他们也不过是在为富裕阶级增长。因此，随着住宅分配变得越来越不平等，全国范围的学龄儿童的比例从8%增长到了15%，而这些学龄儿童不得不与一名成人或10岁以上的兄弟姐妹及异性家庭成员共用一间卧室。如此拥挤的居住环境变得最为严重的恰恰是在伦敦，那里的共用房间增长最为迅速。与整个英国相比，伦敦的穷人要想保持体面更是难上加难，[46]不仅仅是因为伦敦的面积较小，而且还因为伦敦的孩子常常都非常富有。即使是就读于同一间学校的儿童之间，其家庭收入也存在差异，因此生活水平和社会期望也就不尽相同。当因为（作为一个处于青春期的女孩）不愿意承认与哥哥共用一间卧室而为自己的家庭感到羞耻的时候，谁还愿意去喝学校的下午茶？从全国来看，不

不公正的世界

愿承认由于父母没有经济条件承担自己与朋友一起喝下午茶的青少年比例增加了一倍，从4%增长至8%。没有经济条件培养一种爱好或其他休闲活动的儿童比例也有所增长，从5%增长到了7%，没有经济条件承担一个学期一次的学校郊游的比例增长了一倍，从3%增长至6%。对于5岁以下的儿童来说，不能每周带他们去早教班的家庭比例也在布莱尔执政期间增长了一倍，从3%增长至6%。

对那些没有必要应付债务的人来说，他们很容易这样想，比如，既然贷款的钱允许你去支付一英镑参加早教班而不是成天与孩子坐在家里，为什么还有可能深陷债务。多贷一点款能够再支付一些英镑，这样你的孩子到学龄的时候就能参加学校郊游而不用假装抱病在家了。隐瞒贫困在消费的时代变得愈发困难。当在学校被问及在哪里度假，或是怎么过圣诞节的时候，编一个令人信服的、合理的谎言得需要一串丰富的想象力才行。生活在消费主义的时代意味着你得不到度假的机会也不能像其他孩子一样得到礼物，因为你一直生活得不够好，以及因为你的父母一直生活得不够好。第二个最昂贵的消费项目是住宅——无论是租赁还是抵押，这些也是随着收入不平等的增加而变化。被迫搬到比较穷的地区，或无法摆脱贫穷的居住环境，都是社会排斥在地域分布上的真实体现。为避免这种情况，人们深陷债务。但通常债务只是将你的搬家时间延后了几天而使你陷入更大的债务窟窿。最贵的消费项目还有汽车（总体上说，购车一直比购房的开销大）。这就是为什么有那么多人用分期付款的方式买车，也就是过去在英国被称为"挂账"，或是现在的"融资"。汽车的联合消费与刚需是因为，对很多人来说没有车就是当代没有社会地位的标志，同时还与很多汽车公司在2008年金融风暴期间及过后最先遭受重创密切相关，因为他们售出了多少汽车，就售出了多少债务（见6.1节）。

贫困循环

社会对比调查的数据概览揭示了社会变革的方向，但却对人们与日剧增的贫困清描淡写，因为遭受贫困的家庭和个人比任何时候都多。新工党执政期间社会排斥增长的数据经常令英国的人民感到惊奇，因为他们被不断灌输政府是如何努力帮助穷人以及采取制定大量政策。[47]这些政策真正实现的是如何通过抵免复杂税收和多种项目大范围派发的实物福利"送货上门"服务，为有子女的家庭推行最低工资以及较高的最低收入政策，让大部分人，但并不全是，生活得更遭。然而，低保政策不足以使很多家庭过上"体面"的生活。他们虽不是有意而为之，但却像一个发射台，人们加倍努力工作蓄势待发，而遇到经济不景气就偃旗息鼓。就像是在蹦床上垂直弹跳到最低点的时候一样，向上攀升的经历被称为是排斥与接纳的过程，新工党的政策帮助人们经历了各种生活"机会"，包括鉴于政府直到2008年才正式实施的放松金融管制以及超级富豪财产的平行政策，让少数人的生活一步登天。[48]如果你有孩子的话，那么社会政策越宽松，你的社会地位下降的可能性就越小，但这些社会政策无力从总体上缩减收入与财富不平等的差距，无力减少最终遭受循环剥削的人数或者减少最终流向少数人口袋的资金数量。

图表8描述了像在英国这样的社会排斥与接纳的循环。图表中的每一次循环代表一个家庭在某个固定阶段的经济状况；箭头表示多数家庭社会移动的主导方向；方框表示这些家庭是如何在各种情况下被归类的。[49]从右下角开始，随着获得就业机会或找到伴侣，家庭收入随之增加，生活开支与生活水平也相应增长，但可能会晚一些。

图表8：从排斥到接纳，再从接纳到排斥的循环图（模版）

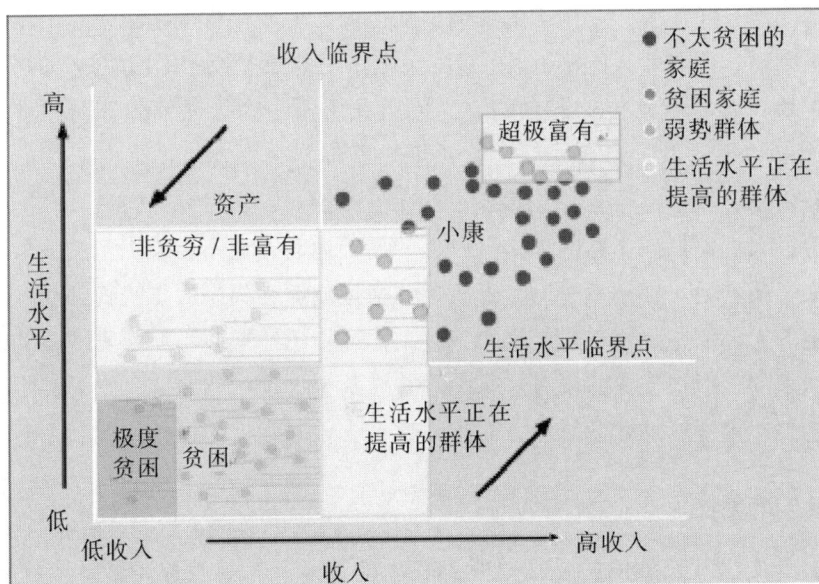

参考资料：根据大卫·戈登的原图改编，多次被复制。[50]见布里斯托大学在汤森中心进行的国际贫困研究的各项报告（早期版本）的出版细节（www.bris.ac.uk/poverty/）。

不公正的世界

支出能够使家庭更容易被社会接纳的、能够存点积蓄、能够拥有年度假期。少数家庭，一般是双职工，看到他们的收入进一步增加、没有财政危机、没有被裁员、不患大病、婚姻稳定，并开始能够增加积蓄、每年能有更多一点的假期、搬到"居住条件更好的"地区、能把子女送入私立学校。如果一切顺利的话，他们通常会购买私人健康保险，移向图8所示的右方框的顶端，这时他们已高高在上、不在社会规范之内了。这一群体的规模在20世纪80年代撒切尔夫人执政期间慢慢扩大，并且那些收入已经是最高的人自1997年开始又再次可以以最快的速度增加收入。然而，多数人，他们的收入在像英国和美国这样的国家里增加，并没有得到足够的额外收入使得他们被归入这个方框，并且很多人由于离异、职务降低或仅仅是因为生病而被挡在了方框之外。

当遇到财政危机时，家庭支出几乎不可能随着他们收入的减少而立即缩减。而是横越过图表，从右至左，从超级富有到生活温饱；从生活温饱到弱势群体，为了避免由于收入减少而尽快缩减开支，他们耗尽积蓄并陷入债务。他们这么做是不想无法度年假，因为他们已经习惯了一年有几天度假的时间。他们认为自己很节俭，但花得却比挣得多，因为由于循环图的宽度和高度会随着不平等的增长而扩大，要想了解如何生活得像其他人一样变得越来越困难。家庭支出削减，但与收入的降低几乎不成正比，主要是因为他们觉得必需得维护自己的尊严与社会地位。同样的，他们也几乎不会因为任何的外财而增加开支；面对一笔巨款，多数人一开始并不知道该怎么处置。正是由于我们有责任、有负担，我们才会按照图表8的轨迹在社会上以逆时针方向盘旋，即不离图表下方太近，如果幸运的话，做更大的循环运动，也不会被困于左下角，如果不太走运的话。在不幸过后，那些足够幸运能够在离婚后很快找到收入理想的伴侣的人、那些足够幸运能很快找到工作或者迅速摆脱不便恢复健康的人会再转回来的，但很多人并没有这么幸运并跌落至循环图的左侧，沦为贫困以及受到各种严重程度的社会排斥，而且多数人会长时间处于这种状况。

贫困的选择

由于支出（长期的）显然是受到收入的约束，社会容忍的收入不平等越高，人们承受的生活水平与支出的不平等就越大，图表8显示的横轴与纵轴就有可能更宽更长。从图表的右上方循环至左下方的家庭非常少。而是在这两种极端里，有很多单独的涡流。富裕阶级害怕生活变成"温饱"而因此希望变得更富有，但却对真正的贫困没有什么概念。他们越富有，就越依赖从积蓄里"赚"的利息以此支撑他们的支出。这项收入的绝一大部分是来自将富人的存款借给穷人的银行。次级贷特别流行，因为他们的目标是通过收取高利率从穷人那里获得贷款产生的最大利润。如果穷人不支付贷款利息、如果穷人不对抵押进行分期付款，那么富人就不能有那么多的假期，就不能轻松地在他们自己的世界里盘旋。每一个富有的节俭者在很多生活温饱和贫穷的人偿还债务时需要额外收取一笔费用，以产生能够增加他们的存款利息（或者是在2008年全球金融危机期间利率下跌之前）。因此只有少数几个家庭可以达到图表8中上方的水平；富裕阶层简直是物以稀为贵的群体。

对世界上每一个富裕国家来说，每过一个十年，图表8就可以被绘制成另外一个版本。某些国家，横轴涵盖的范围比其他国家要小得多，因此支出范围也相应缩小；陷入贫困的家庭极少，向上移动进入"超级富有"方框的家庭（但资金更少）也不太多。半个世纪前的英国和美国的实际情况就是如此；今天的日本和法国的实际情况也是如此。我们选择图表8里的形状，或许让其他人选择去设计形状、去延伸、让旋涡缩小而平滑或者更大更猛烈。当循环变得更容易，不安全感就会增加，或者当不平等减少或者我们让带有类似等级和种族这种烙印的混合体变得没有价值而循环图变成了很多小旋涡的图表时，不安全就会减少。不同的社会斗争在不同的国家会有不同的结果；不同国家的人制定或者采取不同的决策。

那些"二战"战败国，包括德国、日本和意大利，在某些情况下，通过消除旧贵族强占来的剩余财富，以及实施土地改革大力推行平等，使财富在20世纪五六十年代变得更加平等。这项土地改革发生在战后军事占领时期。讽刺的是，美国对朝鲜的侵略，以及（一度）对冰岛的涉足竟在一定程度上促成了平等在这些国家的增长。土地再分配被认为是战后美国海外指挥者避免共产主义崛起的一个途径。

绘制图表8是为了表现不平等与排斥造成的程度与影响，正如英国在本世纪初经历的那样。描述不平等最简单最有效的方式就是要了解，截止到2005年，英国最穷的五分之一的家庭，每一户都必需仅仅依赖最富裕的五分之一的家庭七分之一的收入。五分之一的人不得不工作七天，才能挣得另外五分一的人在一天内挣得的收入。想象一下，星期一、星期二、星期三、星期四、星期五上班，然后又是星期一和星期二，才能获得另外五分之一的人工作一天的劳动所得，仅仅是一天的工作，与七天的工作相比，一般不会很辛苦，而且会比较有满足感、比较愉快、社会地位比较高。高薪工作，与工作七天依靠救济金或国家养老金过活相比，绝对是一种奢侈得不能再奢侈的消遣。高薪工作几乎不需要什么体力劳动，只需在暖气充足或有空调设备的大厦里、坐在舒适的沙发上、做着有趣的工作、会见客人、出差旅行。获得高薪工作迅速适应自己的境遇并且几乎从不知足。富裕阶层工资不高不是因为工作辛苦，而是因为他们所处的社会形态。他们获得与其他居住在相同的国家的富有人同样的工资。

五位数范围内的收入不平等国际间的比较是国家与国家之间最有效的对比方式。用这种方法，对目前英国收入不平等最准确的评估是，截止到2005年，五分之一最富有的人平均收入是五分之一最贫穷的人的7.2倍。[51]

根据联合国开发计划署的年度报告，最新的资源得以最广泛应用的比例为，冰岛6.1∶1，法国5.6∶1，瑞典4.0∶1，日本3.4∶1。与之相反的是，美国的比例是8.5∶1。

重申一点，在像日本这样的国家，如果你处在金字塔的底层，你"仅仅"需要在星期一、星期二、星期三和星期四的上午工作，就可以挣得那些处于塔尖只在星期一工作的人的工资，低薪酬的工作也还凑合；虽然这个数据还有争议，虽然日本还远非乌托邦，但实际上已经达到了不平等的程度。想找一个与欧洲相比，各个社会阶层的人都住在类似的社区里的国家吗？那就去日本。相反的，在美国，你需要做几天日本穷人做的工作并且每周再额外工作五天才能挣得与日本相同的薪酬，才能挣得五分之一最富有的人在一天内的收入。如果你想找一个混合社区比欧洲还少的国家，那就去美国。

4.4 逃避主义：惊恐的有钱人

人类在排斥方面的缺点是特有的一种偏执，一种对不如自己的人的不宽容，这种偏执的程度随着地域的不同而差别很大。人际关系的结构在富裕国家的差异程度主要依据每个国家的不平等的程度。在不平等程度高的富裕国家，可能会雇用大批的保洁人员，让他们每晚通宵工作以保证办公区在第二天早上干净整洁。与那些比较平等的国家相比，在有些国家，不仅仅是保洁人员，而且还有很多人需要早早醒来，长途跋涉去上班（通勤时间越短，公共交通的状况越好，在比较平等的富裕国家，连火车的运行时间都非常频繁）。在不平等的国家，想同时做几份工作的人越来越多，因为他们需要额外收入。比较多的是定期去找计件工作的日工，他们通常利用没有工作酬劳的日子在有可能遇到即付现金工作的地方徘徊。当然，不平等国家有了工作合同以后，更多的人不得不有偿劳动工作更长的时间，产假和病假工资常常比经合组织（OECD）里的多数国家还要低，或者根本没有。[52]

不平等与人际关系

在工资和福利待遇比较不平等的国家，孩子常常交给日托。不平等程度的提高催生了更多的照顾富裕阶层子女的日托保育员。更不平等的是，由于照看人的工资相对低并且更"便宜"，日托费对富裕阶层来说，总体偏低，但是在不平等国家的富裕家庭，两个成年人更需要赚钱，因为当不平等普遍存在而且人们习以为常的时候，就连富裕国家的夫妇也不会觉得他们有足够的收入。那些富裕的人不会将自己及自己的生活与那些为他们照看孩子的人的生活相比较，也不会与那些为他们打扫工作区的人的生活相比较。他们把自己与那些跟自己有一样想法的其他夫妇相比较，尤其是那些只是稍微有点富裕的夫妇相比较。在更加不平等的富裕国家，当夫妻断绝关系——夫妻经常这样，他们就成为新的更小的、收入更少的家庭，并且常常跌入了完全不同的社会阶层。不是因为他们因离异而面临失去很多"朋友"的尴尬，而是因为友谊在更加不平等国家更多的是与跟自己一样的小群体的人的融合。

在收入、支出与期望更平等的富裕国家，人们的生活方式非常相似（通常是更简单）。比如，他们的早餐与其他人的相似，他们所有人更有可能吃早餐，而不是为了赶着上班或送子女上学而饿着肚子不吃早餐，以此省点钱。在比较平等的国家，孩子们更有可能去最近的学校上学；因为上学的路程越短，需要用车接送的孩子就越少。他们更有可能在上学前与父母共进早餐，并且更有可能还拥有两个家长的家庭。他们的朋友更有可能就在附近，并且与比较不平等的国家相比，更有可能来自社会的各个阶层。而更广泛的社会阶层的收入、生活水平与期望都不会有很大差异。在比较不平等的国家，父母觉得有必要严格监督他们的孩子在跟谁交朋友（甚至监督自己跟什么样的人交朋友）。如果他们自己是有钱人，那么通常他们会让自己的孩子去拜访朋友的时候，绕过附近那就些自认为不适合与自己的孩子交朋友的孩子的家，从一个富裕肥地开车去另一个富裕肥地。如果非常有钱的话，他们甚至会让另外一名成人开车

不公正的世界

送他们去。但对不平等的富裕国家的父母来说，监督子女与谁交往的最有效的方法就是通过选择居住地把子女与其他人隔离。父母们这么做不是因为冷酷无情，而是因为他们在比较不平等的国家，没有安全感、更加担忧、更加不了解他人和缺乏信任。平等信任网2009年公布了平等国家的信任度较高的相关证明（www.equalitytrust.org.uk/why/evidence）。

缺乏安全感与不信任

缺乏安全感与不信任随着不平等的增长而增长。那些拥有资源的人对生活中有可能发生的不幸事必需有长远的目光。绝望、失业与离婚都是令人惧怕的人生失败的主要特征；对流行病和暴力、全球经济衰退以及大规模的移民的恐惧是人们普遍存在的恐惧，并且能够轻而易举地引发全世界整体范围内的不平等。如果你平时不能信任周围的人，那么如果你居住的小区爆发了流感或是发生了其他灾难，你认为他们会有什么样的反应？如果发生了洪灾，人们会互相帮助吗？或者会派国民警卫队或是地方自卫队荷枪实弹地（据推测）阻止抢劫吗？由于不平等增加，人们越来越不把人当人看，并且越来越把别人当作另类来对待。

富裕国家不平等的程度越高，穷人对财富提供安全感的期望就越大，[53]把努力成为有钱人作为最终目标的人就越多。社会地位成为一种衡量多数人决定在不平等社会接触陌生人时如何打交道的标准。在不平等越是发展的社会，就避免眼神交流。面对地位比我们高的人，我们更多的是看他们的脚，而不是看他们的脸，从衣着打扮与行为举止、从他们的居所与座驾（即身份暗示）来确定他们优越的社会地位。[54] 由于社会地位是衡量外在价值的体现，因此人们更看重的是消费，一种非常富有的人在教育方面的消费，从而行成特定的行为模式、礼仪规范以及价值、身份暗示，包括从穿合适的鞋、拿合适的手袋到表现高度自信的姿态。

我们已经习惯了在不平等的世界里生活，习惯了避免眼神交流，而且更担心外表，甚至花比我们的父母或祖父母多得多（而且不是一次两次）的价钱去理发。如果突然被丢进比较平等的社会、受到应有的对待，而不是根据外表决定受到如何对待会感到很震惊。在1936年，当乔治·奥威尔还在巴塞罗那的时候（西班牙内战时期），他发现一生中第一次咖啡馆里的服务生直视着他的眼睛。这件事令人很震惊。只有当一直被认为是正常的事被消除的时候，人们才意识到一直存在的常态是多么不可理解、不直视别人的眼睛是多么奇怪、用的语言是多么低贱和粗鲁、当不存在"更完美的人"、所有的私家车被没收、都用一样的交通工具的时候，人们彼此相处得是多么好。[55]

在富裕国家里平等社会的生活经历一直很少。乔治·奥威尔的例子，在他描写巴塞罗那以后的几个月，被得到国外法西斯主义支持的西班牙法西斯主义抹杀掉。平等的经历在其他国家，先是苏联、后来中国、再后来拉美地区逐渐转变成一种恐怖行动，一部分原因是国外由于多数人在要求增加平等的经历失败而施加巨大压力，主要原因是独裁统治者从来就不会心慈手软。就像鼓励平等通常会受到国外打击一样，实施和维持不平等通常受到国外的支持；南非的种族隔离，南美的独裁统治以及极权主义席卷了大部分亚洲地区，甚至深入欧洲南部，得到了世界上最富裕国家的多数富裕阶层的默许，有时甚至是公开的认可。在希腊、智利、越南、伊朗以及南美的富裕阶层为独裁统治提供支持，因为他们害怕看到每个国家实现的极大平等对他们可能产生的恶果，还因为富裕阶层不得不通过维护不平等而开始维护自己。

货币价值成倍增长

每天1美元和每天10美元生活水平的差异与每天100美元和每天1000美元生活水平的差异是一样的，在此基础上进行收入比较时，世界收入不平等分布似乎呈现出贝尔曲线的形状。图表9表现了曲线以及曲线内的四条更多的曲线，虽然又再次呈现出贝尔的形状，但却是四大洲截然不同的收入分布曲线。这些收入为了能够体现他们购买相同数量的商品、相同数量的鸡肉或者是裤子又或者是药品的金额而经过一番调整，而不去考虑它们在贫穷国家便宜与否。

不公正的世界

图表9: 2000年，全球收入差异分布图（美元）

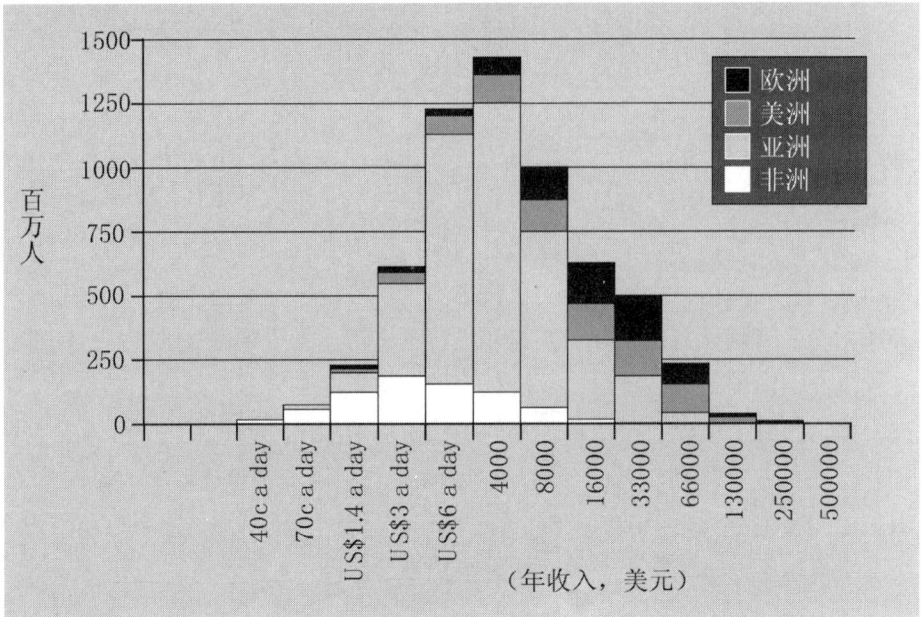

注解：X轴表示美元相对应的年收入连续对数尺度，Y轴表示这种收入支持的百万家庭数。

参考资料：数据摘自（购买力平价，美元）安格斯·麦迪森做的评估，取自公布在www.worldmapper.org网站上的电子数据表的一个版本，又基于联合国开发署的各国收入不平等评估。

即使是调整了生活成本，2000年前后的非洲标准家庭年收入仍只能相当于每天4美元（一年1500美元）的水平；欧洲的标准家庭年收入接近30000美元（每天80美元），但在这两个大洲，每个国家截然不同的平均值却类似。这两大洲变得越来越贫穷，而且如图表9所示，欧洲的极少数人比富饶的非洲极少数人还要贫穷。在各大洲内的每个国家都可以再次找到相同的曲线，一组为了合计各大洲以及整体对称性而经过精心选择的曲线。但是如果曲线画在对数尺度上，收入分布对称得就不明显。因此，可以得出结论：对称度在向全世界宣布货币价值是在做乘法，而不是在做加法；重要的是你与别人的收入相差多少倍。

货币价值乘法思想说明如果考虑期望值的话，人们增加在货币上的实际价值才有意义。在富裕国家和比较不平等的社会人们更加信仰货币价值乘法思想。货币的价值不是体现在它的购买力上，而是体现在它能决定的社会地位上。人们购买商品不是为了使用，更多的是为了体现购买它们所能代表的社会地位。衣服必需要看起来有档次，而不是为了保暖。装修、厨房用具、家具、汽车、房子，甚至是假期，都是你所认为的别人可能与你的财产攀比、与你的收入攀比、与你的生活方式攀比的方面。工会要求用收入百分比来表示工资的增长；老板奖金的增加更是用某种倍数的方法体现；只有穷人的收入、养老金及其他相关福利待遇或是最低工资的增长是用英镑（虽然通常是增长几分钱）、美元、欧元或元来表示。只有穷人的货币价值才用1加1等于2的方法计算。其他人只能用零钱表示，少得连小费也不值得给。对富人来说这笔金额就是掉在沙发后面不值得捡的零钱。在货币价值成倍增长的社会，传统的经济思想毫无意义，因为其基本的数学度量推理已经发生了改变；不是笛卡儿数学思想。在乘法思想占主导的国家，你不能通过对少数富有的人进行再分配而改善所有人的生活水平，因为大多数人的梦想是富有、以乘法方式变得更加富有，而不是仅仅增加点工资。

对于贫穷国家的大多数人来说，货币价值的增长方式仍是加法。额外增加的几分钱对多数人来说意义差不多，生活水平的切实改善、填饱肚子或纯粹的物质需求、给孩子买一双宽松合脚的鞋。只有消费大于物质需求，货币才会呈现乘法增长。在像英国这样的国家里，1先令对大多数人来说常常代表一件事，就是旧小说里提到的一个货币单位。如今货币单位很少在书籍或电影里被提及，不仅仅是因为通货膨胀的影响，而且还因为它远远不是一个普通概念，例如，孩子可能得到的零花钱、酒馆里一品脱啤酒的酒钱或者是买一件雨衣需要花的钱。19世纪中期读小说的人，或是20世纪中期看电视的人比今天的观众更加彼此熟悉与了解。20世纪80年代的英国，还有一个让参加游戏的人竞猜商品市场价值的电视游戏节目。现在不会再有这种游戏节目了，因为市场价值由于消费者的细分而波动。在比较贫穷的国家仍保留着富裕国家过去存在的统一的价值标准。在社会底层，很多人在为糊口而奔波，多数人具有类似的价值观，但电影、小说或穷人的市场非常小，所以价格没有再次被提及。在世界上大部分地区，穷人确实是因需购买。

不公正的世界

梦想成为标准

少数贫穷国家，如：古巴，和一些国家内部的几个州，如：印度的喀拉拉邦，比全球规范的平等程度更高，但他们对全球再分配的影响却被巴西和南非这样高于平均不平等程度的国家所抵消。当国际格局体现在地方格局的时候，通常的情况是一个普通的程度正在进行中。

这就是树木如何以相同的弯度成长，以及让海岸线无论是用肉眼观察还是从太空观测都保持在相同的范围。这就是为什么卡尔·皮尔森想要体现英国的贫困是按地域呈现的贝尔曲线。即使世界上不同的地区、不同的种族，其收入再分配曲线也往往类似。然而导致全球收入不平等呈不规则分布并不是一个自然的过程，完全是人为的过程，截止到2000年，几乎已经成为普遍的：逃避主义。

逃避主义的表达方式是凭借家庭收入，随着时间的推移，沿着曲线呈现的大幅波动去谈论不同收入倍数的社会群体毫无意义，比如谈论那些每天依靠100美元、200美元、300美元、400美元、500美元、600美元或700美元生活的人，而是研究不同的数量级：每天20美元、50美元、100美元、250美元、500美元、1000美元、2000美元。一旦收入的大部分不再被用来满足基本需求，而是预示着某种社会地位，那么逃避主义就成为决定收入再分配的主导因素。

仅仅是满足基本需求没有什么尊严可言；勉强度日在没有社会规范的地方没什么值得骄傲。1900年在纽约写信买不起邮票是极其有损尊严的事，就像2000年在纽约买不起电脑上网有失尊严一样。当电脑具备了沟通的意义，那台电脑在今天就相当于邮票。尊严就是拥有其他人拥有的东西，就是拥有被认为是正常的东西。人们对尊严的重要性感觉如此强烈，以至于我们很快就分不清什么是想要的，什么是需要的，因为我们坚信需要这些是为了维护尊严。

当基本需求无法被满足，而饥饿还存在，每个人为了每天能够有一美元的额外收入而感激涕零，不管他们每天的生活是否只是依靠一美元，还是两美元，还是十美元。然而，给年薪是30000美元的人每天增加一美元，他们很可能因为，工资实际增长了1%而觉得受到了侮辱。他们可能会说通货膨胀高于1%，或者更有可能的是其他群体增长得更多，而一年增加365美元。

简直是一种侮辱。如果，平均，那些收入每一年都增加的人，年收入得以乘性增长，那么它代表着社会地位的下降。如果等级低的人收入增长幅度更大，那么就意味着社会等级的降低。

全世界十分之一最贫穷的人经常挨饿。全世界十分之一最富有的人却不记得家里有过挨饿的历史。全世界十分之一最贫穷的人只有很少的人能够保证孩子接受基本教育；全世界十分之一最富有的人关心的却是支付足够的学费以保证他们的子女只与所谓的"与自己地位相同的人"和"比自己优秀的人"交往，因为他们害怕他们的孩子与其他孩子交往。世界上最穷的十分之一人口几乎都住在没有社会保障、没有失业救济金的地方。全世界十分之一最富有的人却无法想象自己曾经依靠这些福利待遇度日。十分之一人最贫穷的人只能保证城里每天的工作，或只能在农村地区务农；十分之一最富有的人无法想象没有月薪保障的生活。总之，占百分比最小的一部分，极其富有的人无法想象只能依靠月薪糊口度日、却不能依靠利息收入生活。

最近电视里一个富有的人说，为了想要表现自己"体面"，他将很乐意自己的女儿成为一名护士，也愿意为了实现这个目标从她的遗产中每年支付她一笔收入（因为依靠护士的收入生活对他来说显然是不可能的）。他说他不想因为只给孩子钱而毁掉孩子；只有他们做得"好"，他才这么做。[56]所以有一份"普通的"工作就是"做得好"。这种看法，在英国仍格格不入，世界上最不平等的最富有的国家不在少数，那里最贫穷的十分之一人口无法获得医疗，十分之一最富有的人避开国家提供给多数人的医疗服务，通常选择花更多的钱以保证受到所谓的更好的待遇。我们这个世界存在的差异极大甚至于很少把最富有的人的生活与最贫穷的人的生活做比较。全世界十分之一最贫穷的人在地球上消失也几乎造成不了多大影响。全世界十分之一最富有的人，每个人旅行消耗的原油、小配件需要的矿物材质就比自己家族先前十几代的人还要多，至少是他们已经很富有的父母的六倍，因此，他们消耗的资源占全世界资源总体消耗的绝大部分。[57]那些思想狭隘声称地球人口太多的人没有意识到几乎所有消耗与污染都是一小部分富有的人造成的。而那些看起来思想开放的人竟然说他们愿意资助女儿成为护士！

如果富裕国家的富裕家庭，他们的行为举止跟父母的一样，他们就会被贴上深绿色环保主义者的标签。这可能会涉及到将私家车缩减到一台，旅行几乎不坐飞机，在家减少使用暖气，每人只拥有几双鞋，很少下馆子吃饭，少吃肉，一年只有一次假期。正是因为消费、想要比父母拥有的更多，尤其是如果我们的父母也很富有的话，在富裕国家已经成为普遍现象，逃避主义才得以生根。全世界不平等、不公平的现象如此严重使得富有的人尽量不去过多地思考这件事；因此，他们需要从现实逃避到自己是如何受到不公平待遇的幻想的世界中去。在幻想的世界里，他们负税过重、经常受到污蔑与误解。当不记得没有得到最想要的东西的时候，很难能想起对已经得到的东西感到满足，更别说从来没有得到过需要的东西了。当大部分的需求得到满足后不久，渴望对基本需求的满足就变成了满足日益增长的需求的一种欲望。消费者保护主义，尤其是汽车，在20年代的美国经常被认为是产生这种欲望的最早的例子（本书6.3节对汽车的大量描写正是这个原因）。

但是如果当拥有了电视、汽车和假期，家里被这多么的贵重资产塞得满满之后你要怎么办呢？答案是：生活在担忧之中。你搬到认为越来越安全的地方去。最终你住在有门控系统的大房子、一个新镀金时代的镀金的笼子里。客人在见到你之前要先在保安处登记。你的子女不敢到门外玩耍。他们待在家里看电视。或许梦想当一名护士。

4.5 20世纪60年代：从接纳到排斥的转折点

20世纪50年代只有一小部分北美人开始渴望追求新的财富，排量大的跑车和大房子，但随着电视的普及以及越来越有创意的广告，这一小部分人在20世纪60年代变成了美国的大多数人。欲望的集中催生了消费者保护主义，最终促进了美国20世纪60年代国民生产的繁荣，并在随后的十几年里移向国外。虽然很多人仍很贫困，并有待"大社会"计划去解决，但这几年里美国不仅相对平等，而且富有阶级在这几年里，对他们某些人的行为以及其他人变得高枕无忧以至于看不清形势而越发感到恐惧。

共产主义在欧洲兴起得比较晚，在日本则更晚一些。图表10表明了美国10年的经济增长（以及所有在比较平等的时期中度增长的美洲国家），在1968年达到顶峰30%，下降，然后在1973年达到31%，之后跌落至20%以下，偶尔会下降至10%以下，相当于平均年增长率在2%左右，然后是1%。这虽然不像1929年或2008年的经济危机，但对那些国家里已经习惯像别人一样生活的人来了说足以是个打击。

把所有的富有国家的比率加以综合，它们的年平均增长率在1965年至1979年之间是3.5%；到1998年时候减少了一半以上。对于世界上贫穷的国家来说，综合比率初期是2.4%，到1998年平均增长率下降至零。[58] 国内生产总值（GDP）估算是有史以来最怪异的社会统计学。虽然名称里有"国内"字样，他们却尽可能地用独特的方法计算国内在国际贸易方面取得的成果，是一种对制造商品及服务的预估。其计算过程中最大的假设就是价值可以从人们购买的商品或服务中获得。计算GDP最简单的算法就是把国民工资、薪酬和利润相加，也就是所声称的（其理论基础）那些工资、薪酬和利润反应了制造的商品和服务的价值。该理论还认为随着时间的推移，由于改革创新，人们会生产出更多有价值的商品，会变得越来越有效率，因此出现了技术结合产品。如果是这样的话，那么图表10提出的问题是：为什么，在20世纪60年代以后，世界人均生产力持续下降？

图表10：1955—2001年各大洲每十年人均GDP实际增长百分比

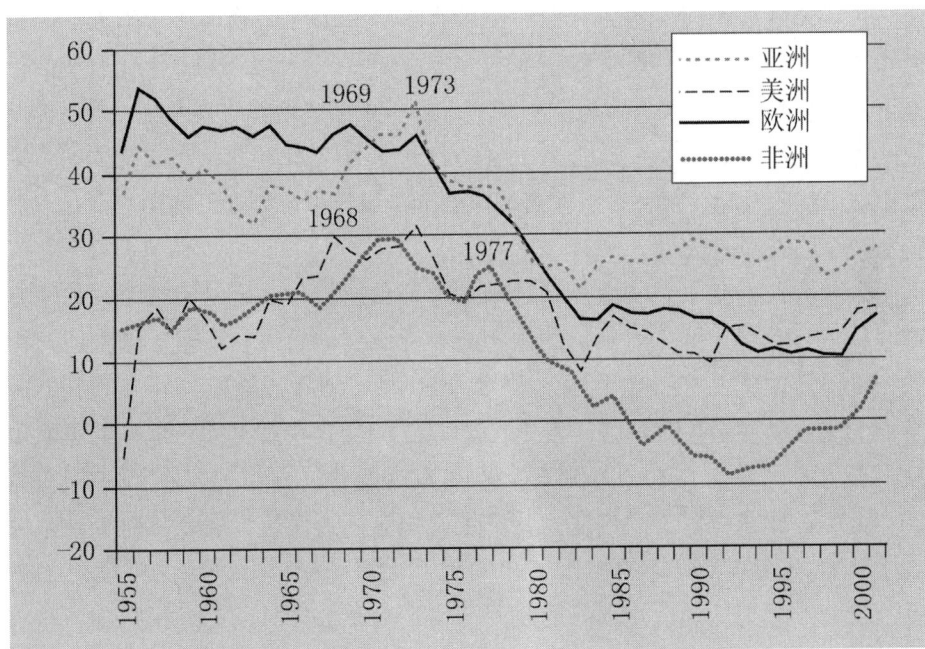

参考资料：数据（所示年份十年间的增长）摘自安格斯·麦迪森的估算，来自 www.worldmapper.org 网站提供的电子表格。

不公正的世界

无法持续的增长

从1955年开始的这十年里，到60年代末，世界人均生产力每年增长2%至 4%，十年增长22%—48%（图表10里的图是以十年为单位）。仅仅在一代时间里：1945—1968年全球生活水平平均翻了一番。但是富裕国家生活水平已经很高的翻番增长与贫穷国家的低生活水平的翻番增长产生的结果完全不同。与穷人生活水平翻番相比，富人收入翻番增长在全球收入里占很大的比例。北美与非洲两极化的比较下，前者生活水平增长翻番所需的资源是后者的10倍，虽然非洲的人口众多。20世纪60年代以后的这种增长无法持续。从1945年到1968年的增长能够如此迅速是因为战后生产力最初很低。1968年到1991年不可能再出现这种增长（我们本来就是在为了制造垃圾而耗尽资源）。富有国家无法为持有新货币的消费者及时制造出足够的商品供它们消费。中国和印度本来可以发展，但它们都是在经济严重受损的情况下起步的。与全世界经济进一步发展不同，1968年以后的24年里，出现了三次经济大滑坡，并且通货膨胀率开始飙升。通货膨胀率本为不需要一开始就跟着60年代后期的价格上涨；只有价格上涨是因为富有国家有很多人仍有足够的收入支付更高的工资。他们还有足够的收入是因为，在60年代末70年代初期，当决定如何管理资源减少的问题时，那些占有较多资源的人没有选择限制自己的消费而是限制资源较少的人的消费。

限制穷人生活水平的增长不是用来解释作出这种决定的流行语，它不是那些作出这种决定的人对他们的决定持有什么样的看法。而是，他们所声称的"反共产主义"。反共产主义，在整个20世纪60年代期间和70年代初的一系列的流血事件中达到顶峰。发生在英国在60年代中期对中东地区的军事干预，西方右翼政府在1967年对希腊军事政变提供支持，美国在1968年对越南、大多数亚非拉国家的侵略。共产主义国家内还发生大屠杀流血事件。大屠杀只有在战争和侵略的掩盖下才发生。大屠杀使反共产主义运动更加巩固，反共产主义运动达到顶峰的时间与生产力滑坡的时间正好相吻合，暗示了成千上万个小决策是如何迅速成为获得权势、为不平等辩论的教条，如何成为一项重要决策。巧合里最重要的一点是里查德·尼克松在1971年单方面解除布雷顿森林协定并停止美元直接兑换黄金。这并非他的本意，但迫于越南战争的压力不得已而为之，而且自此以后生产力下降、债务无节制增长也可能是个巧合。采取这种行动不是里查德·尼克松自己一个人的决定——它是很多有一点权力的人但有很多财富的人作出的一项重要的集体决定。它是很多成千上万个人在新形成的认为不平等是正确的教条作出的决定。不平等，被认为是，产生了竞争，使人们更加辛苦地工作；从长远来看，它还将给人们带来更多的问题；水涨船高（正如罗纳德·里根曾错误地引用约翰·肯尼迪的话）。平等（右翼分子过去认为并且现在仍认为）导致自满，导致决策制定没有效率，导致等级下降，为所有人带来痛苦并被剥夺自由。由于获得更多的资源从整体上来讲变得越来越困难，尤其是1973年原油价格的上涨，最终人们制定一项重要决策，即最大的牺牲应该由穷人来承担，这是人们的一致决定，而非什么阴谋。

穷人的牺牲

在战后60年代利益损失最严重的最贫困的国家，转向了以市场为主导的经济体系。图表10 表明了非洲大陆的整体平均收入如何在70年代呈现出自由落体的态势，并在80年代和整个90年代变成负增长。图表10下方的虚线是一个国家抛弃不平等教条最直观的表述。然而，虽然非洲国家的资源在十几年里可能会浪费（由于给独裁者回扣而从尼日利亚廉价提取原油，以付给矿工极低的工资在刚果开采钻石），但由于非洲得到的低回报可以缓解全球经济形势的收入金额却非常少。这是因为他们一开始得到的就非常少。而富有国家资金积累就是从拒绝向亚洲多数国家和少数其他几个国家提供的公平的贸易条款开始的。然而，总的来说，就是从富裕国家否认这些收益在内部继续扩张开始，最富有国家的富裕阶层由于全世界的生活水平停滞不前或下降而不仅试图提高生活水平，还要提高他们自己的财富增长率。这就是后来他们作为一个群体，在20世纪80年代，看到的他们的生活水平比世界上任何一个国家的群体增长都要迅速（在后面的6.5节有所描述）。

虽然在这段时期以后少数比较富裕的人，尤其是富裕的北美人，开始为新一批提倡不平等的右翼智囊团资助竞选经费，虽然不是什么大阴谋但却更加危险，并且很难避免导致20世纪60年代转折点的出现。事实上，人们应该对这种集中成千上万个小决策产生的如此重要的结果感到担忧。这是嫉妒与恐惧的人每天都在进行的政治主张，他们已逐渐对奢侈有所了解并因此而需要更多，他们长期生活在害怕他们的财富被夺走的不安与惊恐中。转折点出现在20世

不公正的世界

纪60年代，不单单是因为那些本可以提出反对意见的人力度不够，或是因为一两个特别有影响力的经济学家间有效的辩论。而是因为它不得不在那时出现；之前所有的一切，年复一年的经济掠夺带来的迅猛增长但相对的（成比例的）平等分配，不得不结束。战后繁荣的终结仅仅是因为资源耗尽。在这唯一的星球上，赚取利润容易、开采原油容易，大面积使用农药更容易，大规模发展工业化更容易。全球的发展已经超出了任何一个人的理解范围。随着60年代末，美国在月球登陆，发现月球上不存在大量的可替代资源后，没有人由于只有一个星球而感到安慰。资源节约不得不在其他地方寻找。虽然20世纪60年代是转折点，但在经过整整70年代以后大多数人才开始清楚认识到应该主要从哪里节省资源。

富裕国家自20世纪70年代以来收入增长的下滑，各国有截然不同的处理方式。在美国，人口被平均分成五等分后，人们发现年收入在1949年到1979年之间，从最贫穷到最富有的比率分别是2.6%，2.3%，2.5%，2.6%和2.3%。与同一时期全球的发展趋势不同，所有人在稍微平等的情况下而获得了极限收益。然而，在1979与2003年之间，在里根、克林顿和布什的执政时期，各群体的年收入增长率出现偏差，那些从最贫穷到最富有的五个群体的比例分别为0.2%，0.6%，0.9%，1.4%和2.7%。[59]在布什时代（小乔治·布什时代）这些不平等甚至增长更快，中产阶级甚至发现他们的收入每年减少了1000美元以上。[60]美国更糟的情况是，为了资助在已经极端过剩的新镀金时代的超级富豪掠夺财富，最后不得不降低平均收入。

在英国，从最贫穷到最富有划分的五等分群体，1979年到1990年的年收入增长比率分别为0.5%，1%，2%，3%和4%，[61]大部分人的收入可以以历史罕见的比率增长，那些牺牲最小的人让其他人承担最大的牺牲。在1979—1990年，撒切尔夫人领导的保守党三次被选为执政党；她最后被自己的政党赶下台，而不是通过选举。约翰·梅杰代替她成为首相，从1990年到1997年，不平等没有进一步增长，而是稍微有所降低，因为五等分里最富有的群体，年收入只增长了0.5%，而五等分里最贫穷的群体，年收入增长了3倍，即1.5%。[62]这说明不平等的程度有所减轻，但几乎消除不了11年前不平等造成的影响。之后，在布莱尔执政期间，收入不平等几乎从1997年开始就被完好地保留下来，至少一直到2007年，以前的所有那些五等分的群体年收入增长率为2.5%。[63]然而，高程度的、持续的收入不平等导致社会排斥的出现以及财富不平等的增长。当时，在撒切尔夫人被迫离任的18年后，托尼·布莱尔 也在自己的政党要求下被迫离开，英国五分之一最富有的人仍占全国收入比率的42%，2007年的比率与1991年的相同。[64]

不平等在20世纪60年代转折点之后的40年里停止了增长，不是因为英国或美国政府认为平等有什么优点而在思想上发生了重大转变，而是因为能够从穷人身上压榨的资源已经所剩无几，并且全国以及全世界的收入平均增长仍很缓慢。

挥霍与滥交

在英国，20世纪60年代的转折点是19世纪80年代第一次镀金时代的再现。在第一次镀金时代时期，十分之一最富有的手工业全职熟练工人与最贫穷的人之间收入不平等逐渐出现，1886年十分之一最富有的人的收入是十分之一最贫穷的人的2.09倍，到1996年是2.36倍。不仅是一场经济危机还有政治骚乱使差异降到了1938年的2.07，到1970年的时候，又下降到了 2.06。但在1970年很快上升到了 2.19，在1976年又再次下降至2.07，但至此之后迅速增长，在1986年的时候达到峰值2.37（甚至高出了1906年收入不平等的比率），接着在1996年飙升至 2.55。[65]自此以后，这些等分比率在2008年再次达到峰值以后，一直是英国历史上的最大值。[66]

少数诸如英国和美国这样的国家自20世纪80年代以来对收入与财富日益关注，在国际上，除了制订投资计划以确保回笼更多的资金以外，它们越来越不愿意看到富有国家的资金以任何方式外流。1980年，英国每年的国民收入有一半是用于国际援助。到1983年的时候减少了三分之一，1984年的时候则更多，到1994年的时候只有四分之一。[67]从那以后有所增长，但说明通过各种途径搜刮来的资金是如何不断地分给最富有国家的人。

在保守党的文章与言论里，20世纪60年代是罪大恶极的年代。这个年代不是由于富裕阶层对贫穷的恐惧（以及对超级富豪的嫉妒）而制定的小决策而导致制定了损害穷人利益的集体决策，而是由于这个年代第一次允许大量的穷人与年轻人行为不端，是一个道德败坏的新社会丑恶的年代。其中最主要的丑恶现象就是避孕药丸的问世使性行为更加不受约束。避孕药丸由于引发的各种社会问题和破坏"文化规范"而备受人们的谴责。根据新西兰的一位评论家，艾伦·吉布斯所说"它减轻了母亲施加给女儿遵守文化规范的压力"。[68] 这里

不公正的世界

所说的压力就是由于担心怀孕以及未婚生子带来的巨大的社会耻辱而禁止发生婚前性行为。同时还会承担风险（生育在当今世界仍是青年女性的头号杀手），并且多数富裕国家在20世纪60年代之期流产不合法。母亲怀孕生子需要得到法律的保护。

那些抱怨计划生育是伤风败俗的人忘了就是那些优生学家最先提出要控制穷人的生育，那些优生学家还认为有必要繁衍更多富有的人以此改善人类的"血统"。他们还忘了正是避孕药丸的问世，再加上女性要求接受基本教育的权利在全世界取得的胜利，而导致了人口自20世纪60年代初期开始极速下降。以至于今天——值得反复说明，全世界平均每个由父母双亲和三个孩子组成的家庭，以及将来有两个子女组成的家庭的孩子们，自黑死病以后，或者是亚非拉旧世界的疾病蔓延到美洲以来，第一次在42年以内将停止人口增长。

恐惧在作祟

全球人口将在有生之年停止自然增长，几乎不能当作人类进行人口计划生育和集体决策行之有效的一项重要功绩。所有担心欲望与诱惑无法得到控制的人，从亚当·斯密到托马斯·马尔萨斯大主教，再到今天的主流经济学家（甚至还有新西兰的那位艾伦·吉布斯[69]）都没有担忧的必要。世界人口停止增长，实际上是由于女性用行动证明了数以千计（或者在这个问题上数以万计）的个人决定，最终是个坏结果没有必要。其另外一个原因是，我们不应过度关注全球人均生产力下降；我们应该缓慢地、平衡地但非常坚定地减少人类自身的繁衍，逐渐减少需要供养的人。

20世纪60年代的大生产是为战后的生育潮做准备，即60年代中期出生的一代。为新组建的家庭盖房，为连接这些家庭铺路，为满足日益增长的需要建厂。所有这些需求都要结束了，人们大搞建设，而战后大繁荣时代的结束使我们感到悲痛和惋惜。而且，更令人难过的是，很多人仍在谈论这个时代是新社会丑恶时代。他们的前辈，比如罗纳德·里根，谈论"福利皇后"，谈论贫困是因为当时的性滥交、不负责任和依赖。提到这些陈年旧事，现代保守党试图改变措辞，暗指那么多人被社会排斥是所谓的自然和生物规律的结果。"穷人由于他们的遗传基因将永远与我们一起"是当前的理论表述，但其前身在英国这种国家可追溯到济贫法[70]推出及以前的时期。

让我们恐惧了几个世纪的旧阴魂、歧视和恶魔仍在我们心里作祟。这些恐惧在近十几年里左右着富有的人对贫穷的人的看法。这些恐惧扶持种族主义，强化对社会排斥认可的思想；他们是精英主义背后的恐惧。这些恐惧的基本理论基础是自然生物法则，是不同种族的人类在世界各地生存环境迥异的原因，因此人们发现自己处于不平等的地位一定是由某种天生的自然、近乎生物的力量决定的。这种极度歧视的观点认为人类完全按照自然法则并根据所谓的天赋被划分成不同的团体、种族、等级和群体，不仅没有造成不公平的排斥，还认为全世界和地域的种族隔离自然并且合理。这使得人们接受这样一个世界：小麦要从谷壳里剥离，绵羊要与山羊分开，领导者要与跑市场的人与众不同；这些观点有各种各样的面孔，但没有统一的名称。它好像是种族主义的扩展，但暂时让我们称之为：歧视。

注解与参考资料

1 理查德·威尔金森、凯特·皮克特：《不平等的痛苦：为什么越平等的社会往往发展得越好》，2009 年版，伦敦，艾伦巷出版社，第 143 页。

2 艾尔波托·艾莱斯那、拉斐尔·迪·特拉、罗伯特·麦卡洛克："不平等与幸福：欧洲与美国有什么不同吗"（2004），《公共经济学杂志》，第 88 卷，第 2009—2042 页。

3 沃尔夫·J、艾维纳·德夏里特：《不利因素》，2007 年版，牛津，牛津大学出版社，第 110 页，论点引自乔纳森·布拉德肖、芬奇·N 的："贫困的重叠"（2003），《社会政策期刊》，第 32 卷，第 4 期，第 513—525 页。

4 丹尼·多林、里格比·J、惠勒·B、贝拉斯·D、托马斯·B、凡美·E、戈登·D 和勒普顿·R：《1968—2005 英国的贫困、财富与环境》，2007 年版，布里斯托尔，政策出版社。

5 欧文·克：《超级富豪：英国与美国日益增长的不平等》，2008 年版，剑桥，政体出版社，第 189 页。截止到 2007 年，全世界有 1/5 的人口有信用卡债务；他们不再是中产阶级利基群体：ONS （国家统计局），《财富和资产调查：初步报告》，2008 年版，伦敦，ONS。

6 英国 1968—1969 贫困调查表明这一情况属实。丹尼·多林、里格比·J、惠勒·B、贝拉斯·D、托马斯·B、凡美·E、戈登·D 和勒普顿·R：《1968—2005 英国的贫困、财富与环境》，2007 年版，布里斯托尔，政策出版社。

7 贝拉斯·D、丹尼·多林："衡量生活重大事件对幸福的影响"（2007），《国际流行病期刊》，第三十六卷，第六期，第 1244—1252 页，表格 3，文章表明，基本上，糟糕的假期和愉快的假期发生的比率趋于平衡，没有家人陪伴的假

不公正的世界

期，得到的测试结果则表现得更积极一点。

8 1759年亚当·斯密写的关于亚麻衬衫和鞋子的文章，此后一直被不断引用。1847年，卡尔·马克思写了一篇关于如果附近建了一座城堡，如何让房屋显得像茅屋的文章。1901年朗特里写的要想给心爱的人写信，必需能够买得起邮票。

9 卡尔·波兰尼1944年的著作被引用在哈雷·马格道夫与弗雷德·马格道夫："接近社会主义"，《每月评论》，2005年版，第57卷，第3期。

10 阿尔蒙德·S、肯德尔·J的"英国的低薪酬：三部门的比较方法"（2001），《公共与合作经济学年鉴》，第72卷，第1期，第45—76页，在第45页。

11 艾夫纳·奥弗尔：《富裕带来的挑战：1950年以来美国和英国的自制和福祉》，2006年版，牛津，牛津大学出版社，第234页，第292页。

12 罗伯特·H.弗兰克：《落后：日益增长的不平等对中产阶级的损害》，2007年版，伯克利，加利福尼亚，加州大学出版，第4页。

13 乔纳森·伯恩斯：《疯狂的血统：精神病与社会头脑的进化起源》，2007年版，霍夫·劳特利奇出版社，第99页，第136页，第184—185页。

14 GLA（大伦敦政府）：《伦敦划分：首都的收入不平等与贫困》，2002年版，伦敦，GLA出版；第11页的总结报告指出有20%的儿童生活在这样的家庭：每月存款不到10英镑，没有钱去度假，只有在假期的时候拜访家人并与家人待在一起。

15 出处同上，见第64页。

16 雷蒙德·贝克，全球金融诚信组织负责人及一位洗钱方面的专家，被引用在马蒂亚松·N的"英国逃税调查专项组：国际集团将追踪1万亿美元的非法资金"，《观察者》，2007年版，7月1日。

17 沙·H、麦斯弗·M：《新政治经济：革新指南计划》，2006年版，伦敦，劳伦斯和威沙特出版公司，第110页。

18 比如，把启蒙运动当作一种排名比赛："伊曼努尔·康德能够挤进'阿拉伯的世界'，'拥有狂热的想象力'，位列于欧洲（南部）与远东地区之间，但远远排在'非洲黑人'之前"（大卫·古登堡、D.T：《种族的威胁：种族新自由主义的反思》，2009年版，牛津，布莱克威尔出版社，第163页）。

19 见本书第3章，注解58。

20 卡尔·皮尔森，以此为称呼的人，显然是想称之为"正常"以此结束那些称之为"高斯"人以及"拉普拉斯"人之间的争论。在此之后，结束这种争论也并不表示他一直想选用这种过度使用的词语。

21 经过一段时间以后，成绩曲线有所上升。老师认真讲解考试题的时候，学生们的考试成绩就会提高，他们每年也会顺利通过考试，因为评分的人在批阅试卷的时候要比去年更加宽容，他们往往压力很大，尤其是如果他们的学生被认为是能力突出，评卷人就会手下留情，评分标准变得越来越不严格。英国大学的一个系获得的一等学位与二等学位可能一样多。大部分的精英大学不再划分二等学位，而是用另一形式来划分考试成绩。总的来说，我们学的越多就越聪明，但要想不说我们这代人最聪明却是个极大的困难。

22 只有选择承担失业救济金的国家才有失业。当福利水平低得人们难以生活下去的时候，失业率就会下降。那时人们愿意做任何工作，无论市场需求与否，甚至更有可能去做违法的事。一个国家的失业率，以及失业的人，是因为选择了给人们提供了多少工作，以及制定了什么样的效益惩罚制度。通常为年轻人提供就业的工作少之又少，因此年轻人的失业率和犯罪率就更高。（戈登·D的"失业"[2008]，丹尼·多林，布里斯托尔，个人通信。）

23 人们更多的是对卡方检定的了解，虽然史蒂芬·史蒂格勒为此命名，但人们通常把这项成果归因于卡尔·皮尔森，用"没有一项科学发现是以它最初的发现者命名的"这句话形容是合适不过了。（毕比·J：[2009] "卡尔·皮尔森"，丹尼·多林，约克，个人通信。）

24 这个概率比抛100次硬币，能准确地算出50次是正面、50次是背面的概率至少低10倍。这个概率是8%（不要与精确计算50次正面、50次背面的概率相混淆，这个概率是非常小的）。我不确定准确率是多少，因为我的电脑不喜欢计算阶乘超过170的数字。8%是由100! /50! /50! /2100计算出来的。

25 麦肯锡·D的"英国优生学和数学统计的崛起"（1999），自丹尼·多林、S.辛普森（编著）：《社会统计学》，伦敦，阿诺德，第55—61页。

26 卡尔·皮克森："关于生物学的基本概念"（1902），《生物统计学》，第1卷，第3期，第320—344页，位于第334页。

27 Cot, A.L的"消除不合格，繁殖合格"（2005）。欧文·费雪，经济学家与遗传学家，《美国经济学与社会学杂志》，第64卷，第3期，第793—826页。女性经济学家一直为数不多，以至于无法进行测试，如果有更多的女性经济学家，不知道会不会早就被吸引去研究优生学了。重要的是要记住，有些人比任何人都反对优生学家的观点，如今可能也是如此。

28 李·埃利斯、霍士博格·S、菲尔德·E（等合著）：《性别总结：一个多世纪的科学研究总结》，纽约，心理出版社；见第405页孤独症，第321页数学，第324页科学与第355页男性，关于男性在青春期间各项能力的高度评价。

29 利维塞·R：《1880—1914英国的社会主义、性别与唯美主义文化》，2007年版，牛津，牛津大学出版社，第75页、第80页、第81页，明确指出卡尔对女性"能力"的质疑以及他1984年与艾玛·布鲁克讨论的观点。注意，卡尔不算是最糟糕的优生学家。以此作为掩饰，弗朗西斯·高尔顿先生，查尔斯·达尔文的表兄，被广泛认为是更有"能力"的竞争者。查尔斯·达尔文的儿子（李奥纳德·

达尔文）和孙子（查尔斯·高尔顿·达尔文）也是竞争者。

30 出处同上，第188页，引自1911年特别版的《新时代》。在这里所探讨的所谓的"种族"是指"英国种族"，幸好是我们今天很少听到的词，因为当时苏格兰人、威尔士人和爱尔兰人避免了这种不计后果的种族联合（那三个5字母标签现在也很少被人们谈论，如同他们称为"种族"一样）。

31 因此就像种族划分这种事不是"种族"本身的差异，而是由于"种族"产生的差异，还有性别这种事，不是性别本身的差异，而是性别产生的差异（麦金农·C.A：《女性是人类吗？其他国际对话》[2006]，波士顿，马萨诸塞，哈佛大学出版社，第74页）。

32 这场战争使英国国民保健制度计划的实施大大提前，否则它很有可能还处在理论探讨阶段。见莫里斯·J.N （2001 ［1944］）"健康，第6，讨论小组手册，公民教育协会"，引自G.戴维·史密斯、丹尼·多林和M.肖（编著）《英国的贫困、不平等与健康》，布里斯托尔，政策出版社，第245—262页。

33 迈克尔·康奈利：《致命的误会：控制世界人口的斗争》，2008年版，剑桥，马萨诸塞，剑桥大学出版社，第163页。因为它经常被秘密地（以及在过去）使用，你用谷歌也搜索不到"优生学密码"这个名词的太多解释，但确实是有。

34 卡明·L.J：《智商的科学与政治》，1974年版，纽约，约翰威利国际公司出版。

35 卡明·L.J的"有关智商测试的历史事实"（1981），出自S.雷比（编著）：《智商：心灵的战斗》，伦敦，Pan Books公司出版，第90—97页。

36 史密斯·R：《人类：历史知识与人性的创造》，2007年版，曼彻斯特，曼彻斯特大学出版，第89页。

37 "争论先天与后天的问题是没有意义的……因为人类的失常行为，比如：精神分裂症、孤独症，其神经系统固有的可塑性需要有一种系统能够吸收所有的遗传因子，并能够让其发挥作用。（哥特斯曼·I.I、汉森·D.R："人类发展：生物和遗传过程"[2005]，《心理学年鉴》，第56卷，第1期，第263—286页，在第263页。）

38 米勒·D的"什么是社会平等"（2005），出自尼克·皮尔斯、威尔·帕克斯顿（编著）：《社会平等：构建一个更平等的英国》，伦敦，政治报出版，第3—20页，在第14-15页。

39 见本书第3章，注解28。

40 正如斯图亚特·怀特：《平等》，2007年版，剑桥，政体出版社，第66页中所引述的，其中详细介绍了这些人的身份以及更广阔的背景。圣殿堂里即使有歧视也是个别现象，因此斯图亚特·怀特的书会受到欢迎。又见本书第3章，注解55。

41 约翰·戈德索普、杰克逊·M的"以教育为基础的英才管理：其实现的障碍"（2007），经济变革，生活质量与社会凝聚力，第六框架网络（www.equalsoc. org/uploaded_files/ regular/goldthorpe_jackson.pdf）。又见第3章，注解56。

42 托尼·布莱尔用遗传是儿童的"天赋潜能"的言论来掩饰自己对遗传学的信仰，但他的政治主张、他的"科学化基督教"以及认为自己的子女拥有独特的潜能的这种说法却显然表明潜能是他的上帝通过基因平均分配的（见本书第5章，注解18）。布莱尔2005年发表的关于儿童才能的全文摘自鲍尔·S.J.：《教育辩论》，2008年版，布里斯托尔，政策出版社，第12页。

43 狄克逊·M：《勇敢的新选择？行为遗传学和公共政策：一份讨论文件》（2005），伦敦，公共政策研究所。

44 皮埃尔·布迪厄：《自我剖析示意图》（2007）（英文版），剑桥，政体出版社，第8页，第9页。皮埃尔·布迪厄还公然批评法国的同事，尤其是某些人对斯大林主义和毛泽东主义的支持只有通过远离普通的环境和群众才能实现。

45 戈登·D的"1999—2005希望"（2007），丹尼·多林，布里斯托，个人通信；1999年智库朗特利基金会贫困与社会排斥调查与官方组织的ONS家庭资源调查提出的2004—2005年等效问题间的比较。

46 丹尼·多林："天壤之别：透过两个少女截然不同的眼神看英国如何滋生恐惧与不平等"（2008），《卫报》，11月12日。

47 希尔斯·J、斯图尔特·K：《迈向一个更平等的社会？1997年以来的贫困、不平等与政策》（2009），布里斯托尔，政策出版社。

48 见本书第8章，注解26。

49 这些是摘自丹尼·多林、里格比·J、惠勒·B、贝拉斯·D、托马斯·B、凡美·E、戈登·D和勒普顿·R的（2007）《1968—2005英国的贫困、财富与环境》书里的目录，布里斯托尔，政策出版社。

50 该图表第一次出现在大卫·戈登的："科学测量贫困：理论上取得的最新进展"（2000），出自乔纳森·布拉德肖、罗伊·塞恩斯伯里（编著）的《贫困研究》，奥尔德肖特·阿什盖特出版社，第37—58页，但再次出版就不准确。后来，大卫·戈登的"贫困的概念与测量"对其进行了完整描述，出自盘特赖斯·C.，大卫·戈登与利维塔斯·R（编著）的《英国的贫困与社会排斥：年度调查》，布里斯托尔，政策出版社，第29—70页。

51 阿卜杜拉·S："家庭资源调查"（2008），丹尼·多林，伦敦，智库新经济基金会出版，个人通信。他对家庭资源调查的分析表明所谓的英国2005—2006年五大群体"不同住户每周的收入净平均值"为：150.69，270.31，398.13，576.09 and 1104.09，这可不是九个便士的问题。平均住户结构对比率结果的差异性没有意义；国家计算的平均收入，是每周499.15英镑，碰巧是60%以上的住户

不公正的世界

在2005年没有达到的生活标准。最新国际统计范围与国际间差异见本书第2章，注解37。

52 乔治·S：《劫持美国：宗教与世俗权力如何改变美国人的思想》，2008年版，剑桥，政体出版社，第209—212页。

53 克雷默·S的"毅力的培养：改变儿童教育与护理观念（1999），《儿童与家庭福利国际刊》，第3卷，第273—287页。

54 丹尼·多林的"现金与阶级体制"，《新政治家》，7月24日。

55 最近私家车才成为判断地位的关键因素之一。奥威尔的报告摘要见克里斯·哈门：《一个人的世界史》（2002），伦敦，Bookmarks出版，第500页。

56 彼得·琼斯在2008年BBC《疯狂汽车秀》节目里的言论。有关此人的相关信息以及子女方面的观点，见www.bbc.co.uk/dragonsden/ dragons/peterjones.shtml

57 贝克·U：《世界风险社会》（第2版）， 2000年版，剑桥，政体出版社，第6页，全世界1/5最富有的人的消耗如何是他们父母的6倍。

58 韦德·R.H的"我们应该为收入不平等担忧吗？"（2007），出自D.赫尔德、A.卡亚（编著）：《全球不平等：模式与原因》，剑桥，政体出版社，第104—131页，位于第109页。

59 罗伯特·H.弗兰克：《落后：日益增长的不平等对中产阶级的损害》，2007年版，伯克利，加利福尼亚，加州大学出版，年度数据摘自第17页与第19页的图表。

60 2000—2005年间，根据乔治·S：《劫持美国：宗教与世俗权力如何改变美国人的思想》，2008年版，剑桥，政体出版社，第211页。

61 狄更斯·R、格雷格·P、沃兹沃斯·J的"导言"（2003），出自狄更斯·R、格雷格·P，J.沃兹沃斯·J（编著）《新工党领导下的劳动力市场：2003年英国工作状况》，贝辛斯托克，帕尔格雷夫-麦克米兰出版社第1—13页，摘自第11页的图表1.2。

62 出处同上。

63 出处同上。

64 BBC"英国收入差距与'1991年相同'"（2008），12月16日（http://news.bbc.co.uk/2/hi/business/7786149.stm）。

65 乔治·V、威尔丁·P：《英国社会和社会福利：走向一个可持续发展的社会》，1999年版，伦敦，麦克米兰出版社，第37页。

66 拉里·埃里奥特、柯蒂斯·P的"60年代以来英国最大收入差距：工党承认儿童贫困，穷人收入下降"（2009），《卫报》，5月8日。

67 乔治·V，威尔丁·P：《英国社会和社会福利：走向一个可持续发展的社会》，1999年版，伦敦，麦克米兰出版社，第110页。

68 凯尔西·J:《新西兰的实验：结构调整的世界典范?》，1997年版，奥克兰，奥克兰大学出版社，第333页，虽然观点不同，但引用了艾伦·吉布斯1994年的观点。

69 出处同上。

70 萨默斯·M.R、布洛克·F:"从贫困到无理取闹： 200多年福利问题的计划、市场与机构"（2005），《美国社会学评论》，第70卷，第260—287页。

5

"歧视是自然规律"：种族主义的扩大

种族主义为什么会在20世纪70年代富裕国家变得如此强大？为什么西欧消亡的战后种族主义在当时最为普遍？[1]

为什么，从那时开始，"种族"是形成美国政治地图至关重要的因素，同时南方白人在当时大量转变为共和党，确保罗纳德·里根后来在1980年总统选举中获胜？[2]它只是对少数黑人，虽然重要，在20世纪60年代赢得民权的一种强烈反应？为什么极右政党在20世纪70年代后期，在整个欧洲开始再次形成并增长？[3]它是否在战后已经持续了足够长的时间？为什么20世纪70年代是用纳粹万字符支持英国极右翼民族阵线、种族主义标语泛滥的十年？[4]为什么当时光头暴徒再次在欧洲出现？是不满与种族主义者的选票足以扭转了大选局势、使撒切尔夫人不仅在1979年英国大选中获胜而且以多数票获胜？[5]是对由于近期移民的增加而街上出现了几个黑色和棕色面孔的人的一种强烈不满？自20世纪70年代以来，当让少数菲律宾移民去做日本人不再去做肮脏、危险和繁重的工作的时候［在日本：肮脏（kitanai）、危险（kiken）与繁重（kitsui），被称为"3K"行业[6]］，日本的种族主义是否同样再次蠢蠢欲动？由于某种原因，几乎所有的富裕国家开始在这个时期对他人的歧视表现得越来越强烈。

种族主义在所有富裕国家历史悠久，虽然它在第二次世界大战结束后公开的表达反犹太种族主义的观点变得暂时不太令人接受。然而，在所有这些国家里，由于政府还要力图减少懒惰与失业，法西斯主义者在战前利用仇外这一邪恶行径变得萎缩。种族主义在日常生活里仍很普遍，尤其是如在英国受到影响的爱尔兰人和美国的黑人，但是当我们遗忘了种族主义（以及当等级再次变得重要），取代仇外，赤裸的种族仇恨，和过时的沙文主义的时候，产生了增长新形式的歧视得以增长的空间。

不仅是在日本，年轻人更难寻求避免肮脏、危险和繁重的工作，而所有富裕国家都是如此。20世纪30年代的大量失业导致了当时这些国家的婴儿出生率大大减少。战后婴儿潮只是一个在富有国家生育率急剧下降背景下的繁荣期。每个人因为态度和人口稀少变得越来越宝贵。截止到20世纪60年代，人类历史上第一次，绝大多数人可以对他们不想做的低工资的工作说不。但那一部分绝大多数人同时开始要求提供比以前其他人的工作要求还多的新服务：更多的卫生服务、更多的公共交通、更多的商店。劳动力的需求迅速增长。国内无法满足的劳动力需求一部分通过移民的方式得到了满足，比如，通过日本适度放宽极其严格的移民法得以促进鼓励。在欧洲，这种需求没有被不太严格的移民法剥夺。很多人移入欧洲因为他们知道移民法正在变得严格，很多人待在欧洲担心如果他们离开就不再允许回去。[7]美国的移民最多，那里黑人赢得了更多的公民权利使得新一轮有色人种的输入产生了小小的解脱，填补了美国黑人不再做的工作的空白。美国的移民率"……在20世纪60年代兴起，在20世纪80年代后开始飙升"。[8]

初来乍到的焦虑，伴随着需求的增长以及由于很多人把自己当成"土生土长的白人"而受到的排斥，被种族主义的煽动而挑起种族主义偏见，尤其是自20世纪70年代以后。这场煽动可追溯到不同时期不同地方。在英国，西米德兰兹郡保守党国会议员伊诺克·鲍威尔在1968年发表的一份演说里把移民浪潮与"血流成河"这个词联系在一起。他说他能够看到鲜血在台伯河上冒泡，因为英国允许移民是在给自己的葬礼添柴助燃。这种种族主义的核心是一种奇怪的合理性，为什么其他人应该在自己的国家劳动，而且这么多人在自己的国家做跟自己差不多的工作来满足自己的需求。这是一种由贵族运用的旧的合理性的延伸，以证明当几乎所有人不得不辛苦地工作的时候，他们奢侈的生活是合理的。其差别是不仅少数几个家庭认为这种贫富差距合理，而且整个社会群体的行为都像个贵族。这些群体里的人，一直接受的教育是把自己看作让自己感觉高人一等的一种民族、阶级、国家、宗教和文化。比如，伊诺克·鲍威尔"血流成河"的这种思想最受那些白人、上层工人阶级、盎格鲁·撒克逊，通常是男性、英国人、中年人和新教徒的青睐。

这种惠及旧贵族理想（上一次是得到了第一次镀金时代新贵族的支持）的

合理性，作为我们共同的财富，由于被新的财富精英保护起来并标记：这里是不同类型的人而开始变得更加以自我为中心。某些人被给予更高的薪水；他们享有丰富的养老金和健康保险，他们的子女需要接受昂贵的教育。所有社会地位最高的人需要并享有最高的薪酬，包括有仅享有奢侈的晚年生活、生病时得到即时关注、子女在最昂贵的精英学校就读，而他们同时相应的会注定拥有美好的未来（伊诺克·鲍威在年轻的时候认为他一定会成为印度总督！[9]）。这一扭曲的逻辑会认为，比较底的社会阶层最应该让他们感到恐惧。最主要的是让他们受到贫困的威胁，或者甚至让他们害怕被遣送回贫穷的"家乡"，从而让他们努力工作并且毫无怨言。比如（像现在一样），如果发现有违法犯罪的行为就可以把他们遣送回国。要不然，他们争论到，我们怎么找人去做肮脏、危险和繁重的工作呢？ 因此，在20世纪70年代，人们比以前更加频繁地质疑有关"我们"与"他们"间的问题。与"他们"有关的主张是不需要向这些社会阶层较低的人承诺养老金来让他们努力工作；他们只要有恐惧感就行了；他们的子女不需要接受良好的教育，因为他们注定不会有什么伟大的前途。他们生病的时候不值得享有良好的医疗服务，因为他们可有可无。

欧洲早期一直利用20世纪30年代的懒惰、大规模失业这一旧的社会丑恶煽动歧视。虽然失业率在20世纪70年代再次上升，但人们煽动新的不公平并不是在这种这种恶劣的经济环境下进行的。多数人的生活水平仍在提高，但上层社会的生活水平比下层社会增长得更快，结果社会等级再次日益拉大。就这样，消除大规模失业促成了战后歧视的快速增长。最大言不惭的说法是自20世纪70年代以后歧视的程度受到控制。种族主义暴力，尤其是谋杀，在20世纪60年代的美国、70年代的欧洲达到巅峰状态，但现在不太常见。如今很大一部分年轻人明确表示厌恶种族歧视。富裕国家里一些年龄比较大的人的思想一般比年轻人转变得慢，但所有人自歧视达到顶峰时期以后集体改变了看法。在1978年的美国，有54% 的人说他们反对白人与黑人通婚，有36%的人则表示认可，还有10% 的人不发表意见或不予评论。到1991年的时候，有48%的人认可；到2002年的时候，认可的人达到65%；到2007的时候，达到77%。[10]歧视虽然增长容易，就像发火生气一样，但也会随着时间慢慢消弥。将来人们会发现统计数据将显示有相当一部分北美人对导致诞生他们现任总统的这种婚姻表示反对。但现如今歧视发生了变化；它较少关注于肤色，而更多的是对群体间的生理差异的一种疑虑与感觉，这种生理差异不仅仅在于外表。歧视现在更多的是关于基因而非肤色。

5.1 契约：1/5 成年人赚取酬劳的卖身契

你会如何回答社会调查里偶尔会问到的下列几个问题："对于目前你的家庭收入，你将用下列哪个词语形容你的切身感受？生活舒适，还过得去，觉得难以应付，或觉得极其困难？"不包括那些回答"不知道"或不予回答的人，图表¹¹是20年期间人们对这一问题的典型反应。平均约有五分之一（21%）的人口通常觉得他们的收入令他们生活困难或非常困难。该比例是英国的数据；一般肯定会比美国略高，比日本略低。然而，国际间的统计数据由于语言与含义表达上存在巨大差异很难比较。"觉得难以应付"是非常英式的委婉的表达方法，意思就是应付不了。情况稍好一点的，几乎英国一半的人口认为自己"还算过得去"！

图表11：1984—2004 年英国工薪家庭生活水平百分比

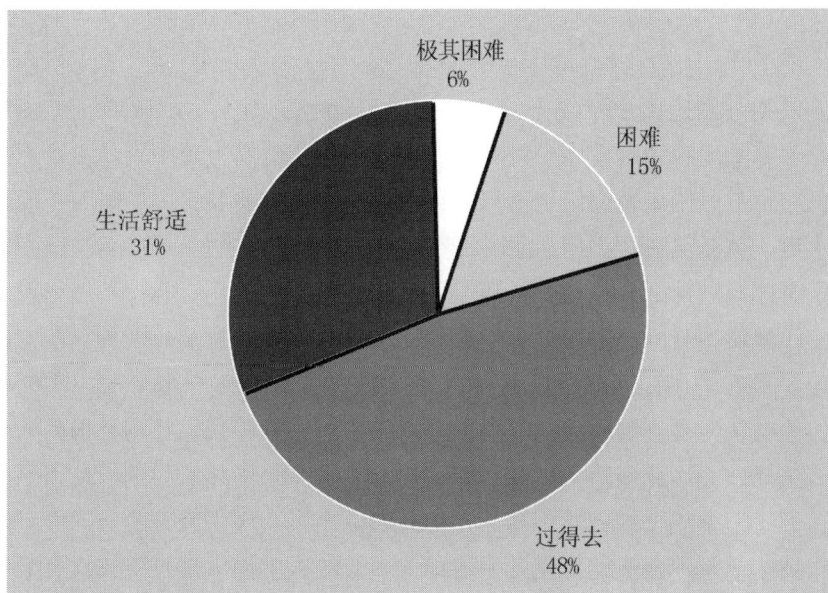

参考资料：数据摘自 ONS ：《社会发展发趋势》（2006）（第36期），伦敦，麦克米伦出版社，表格5.15，第78页，1984、1994和2004年调查的平均值。

不公正的世界

在所有富裕国家，政府不愿意承认多数家庭觉得"度日"有艰难。英国的执政党，仅仅是在经济危机之前，曾经非常自豪地表示认为生活非常困难的比率如何如何下降、那些认为生活舒适的人的比率如何如何上升。[11]这些数据公布在2006年的官方出版物《社会发展趋势》上（第36期）。第二年的《社会发展趋势》（第37期）公布了这些成绩是如何通过借款实现的。英国的贷款总额，后来我们发现，在2004年达到了峰值（《社会发展趋势》第37期，图表6.13）。截止到2004年，个人破产率呈指数增长（《社会发展趋势》第37期，图表6.14）。第二年的《社会发展趋势》（第38期）揭示了即使是最富有的人，那些可以依靠房产贷款的人，主要通过更多的借款兑换房产才能生活舒适。这就是后来所谓的"资产增值抵押贷款"，截止到2004年，"资产增值抵押贷款"占英国所有个人收入的8%以上（根据《社会发展趋势》第38期，图表6.14)！虽然在2004年再次达到顶峰，但直到2008年人们才发现连富有的人都一直在增加借款以维系他们舒适的生活。事后人们发现，即使是生活舒适的少数人也经常通过增加贷款才能在一定程度上过得舒适。

没有休息

借钱维系舒适的生活很不好，但这对于那些认为生活困难或非常困难的人、对于那些比勉强度日还要糟糕的人来说，即使他们也想不到。对于五分之一难以应付生活的人来说，贷款只是一种维系生活的需要，而不是为了能够奢侈地生活。就是英国以及类似国家这些五分之一的人对生活选择的权利最少。他们很少选择做什么样的工作，接受可以得到的任何工作。不得不做你没有选择的工作就像签订固定期限的劳动合同还债一样会令人自信心受到打击（虽然后者至少是有一个让人知道的期限）。在过去，契约劳工一般是雇用不同种族的人留给被认为是不同种族的人用的。今天我们忍受着现代契约，很多人对劳动没有选择权并因此而陷入债务，因为我们有很多人仍然认为别人与自己截然不同，近乎于种族上的截然不同。在富有的国家里，对于五分之一的人口来说难以维持生活是不公平的。让几乎占绝大多数的人生活只是过得去没有必要。

在21世纪的英国无法应付生活被认为是无法"休息"，也就是说，无法拥有年假。休息在不同的时代有不同的意义。从古代起，休息一天被称为"安息日"，要信奉亚伯拉罕宗教的地方，就是每七天有一个"安息日"。亚伯拉罕宗教以外的地方，休息日和节日，如果稍加以区分的话，只是时间更充足。比如，中国的一周是10天。[12]

当不得不对休息进行计划安排的时候就发明了星期。现在，在大部分的富有国家里，五分之一的家庭无法获得休息日。也就是说，他们不能获得现代安息日，第七天的休息日。现代安息日与周日不工作没有什么关系，但能够在一周的忧虑、购物、做家务和工作压力中休息一天就有很大关系。能够休息、放松而不时时为了度日而担忧非常重要。那些认为不能休息的人不只是那些认为生活难以维系的那一部分人，而且还是本书第4章里强调的那些重叠交叉的五分之一的人，他们辛苦地工作，每周工作七天，辛辛苦苦才能赚到另外五分之一的人仅在一天之内就能赚到的薪水。鉴于当今世界主要把一周七天作为文化习惯，现在可以确切地说，人们不能享有、不能用来休息的第七天不得不作出牺牲，这一生活最基本最普通的选择消失得最为明显。

各个国家不能在第七天休息的家庭的比例各有不同。在英国，必需依靠五分之一最富有的人七分之一的收入勉强度日的人正是那些五分之一最贫穷的人。在美国，过着这种生活的人甚至更多。在欧洲大陆，不得不长时间辛苦工作的人越来越少；在日本就更少了。可以计算出整个富裕国家不能在精神上得到休息的人的平均数约为五分之一，因为他们觉得生活困难或极其困难。这五分之一里的人总是更有可能被当作那些备受歧视的种族群体：更多的是女性；比例失调的出生在这五分之一的家庭里的儿童；由于抚养孩子而通常沦落为这五分之一里的成人。这些形成了时间和劳动力，为了一切真正的目的，是契约的家庭。

这种契约不只是那些能够出卖劳动力的人，而且还是以照顾孩子为工作的人或是其他没有就业价值的人，又或是那些年纪太大或有疾病而不能工作的人，他们的工作是自己照顾自己、但即使可以领取养老金或津贴却仍不能勉强度日的人。

虚假的承诺

在过去，契约债务可能一直是美洲之行的费用成本，或是在违法犯罪的情况下被所谓强行驱逐到澳大利亚的费用。这种契约，根据定义，不可随意停止工作，但同时根据定义，他们的子女不会被要求签订契约，因此他们在这一方面与奴隶有区别。他们自己被告知在几年后，他们会获得自由并且他们通常会按时获得自由。今天的契约劳动者更加幸运，因为选择工作不会闹饥荒也不会

不公正的世界

进济贫院，但他们在其他方面就没有那么幸运了。他们也会得到一种如果表现良好未来会得到解放的更含糊的承诺。他们被诱骗相信他们最终会获得自由，如果他们的生活稍微有一点选择或希望（关于福利或低收入的工作），他们子女的生活就会由于父母的所作所为而更加幸运。这最终会变成一种虚假承诺。

如今在富有国家里，契约劳动者并不是这样被描述的，并且也没有正式的契约；他们甚至不是有偿就业，但签约福利。然而，他们经常负债。能将他们区别开来的是他们在生活中的选择非常有限。那些有工作的人没有选择工作，而是出于对贫困的恐惧被迫工作。同样的，那些依赖社会保障的人，正如剧情里的虚构情节一样，也不是自愿选择这样的生活。宁愿希望依靠低保生活而不自主选择生活的无能的人并不是很多。没有人会理性地选择依靠吝啬的疾病福利生活，因为他们认为这是不错的生活。年轻的母亲不再怀孕，因为社会保障福利非常完善。在那些富裕国家里，少女怀孕率最高，福利待遇比率却最低，不平等程度最严重，生孩子能"赚"到的钱更少。[13]

在那些社会福利待遇较差的富裕国家里，青少年和其他母亲，通常是年轻母亲，最有可能被迫把自己的孩子送给别人抚养[14]。其他地方的青少年和年轻人只能选择，最好是能够选择，尽量少生孩子。多数平等的富有国家青少年怀孕比率最低，比如日本、瑞典、荷兰、芬兰、比利时、法国、挪威、德国和奥地利（www.equalitytrust.org.uk/why/evidence/teenage-births）。

如今的契约是对各种选择的缩减。大多数工作的人对自己所做的工作或者是否去工作没有太多的选择。在签订契约的家庭里，那些不工作的人多数是儿童、病患、护工或是退休的人。签订契约的人几乎选择不了在哪里生活，在哪个城市居住，甚至在哪里有房子。在有社会福利住房的国家里，他们被分配到大厦里；在没有这种住房福利的国家里，自由市场把他们引向"贫民区"。于是他们的子女通常没有选择教育的权利。他们不得不去其他人不愿意去的学校上学——他们的选择减少了其他人的选择。

当代在富裕国家里的契约劳动者欠汽车贷款的钱、欠买服装的钱和欠其他信用公司的钱，还欠那些初始违约后出售债务的人的钱。签订契约的人可能会拖欠房租、房贷、水电费、未缴纳的地方政府的税收以及直到2008年才有越来越多的银行愿意给大多数穷人开设账户并把钱借给穷人的银行贷款。这些签订契约的人违反分期付款协议，甚至违反法院判决的未获得收取电视节目的许可证接受处罚的裁定。他通过各种途径负债，而不再单单是一个债权人，但通常是数不清的不知名的债权人。他们欠债因为他们的收入不足以支付他们的开支，使他们在所生活的国家里保留最基本的尊严，那里人们已经逐渐接受把人们按照正在变宽并且更弯曲的薪酬曲线排列，形成了很多向曲线底部排列的失败者。很多失败者被要求承担（并提供服务）每一个在社会地位顶层的新胜利者以及需要昂贵支持的胜利者的费用。

那些签订契约的人受到这样的对待，因为有权力的少数人已经形成一种思想，认为这些是不值得拥有更多的人。就像女性只有在绝大多当权者有足够的人认为女性应该有投票权利时才被允许投票，就像奴隶制在多数当权者里只有小部分人认为奴隶制是正确的时候才被正式废除，就像儿童与老人工作这种强制性劳动一旦被认为是错误的时候才不要求他们工作，因此太多的现代契约，人们不得不没有选择权利地承担工作，会继续得到容忍，甚至被合法化，直到达到无法忍受的程度。人们通过提出建议而产生各种辩解理由，认为如果在一个地方开始实行结束奴隶制、或推行女性解放、或减少雇用童工、或推行养老金制度，那么那个地方会受到经济损失。这种言论认为，损失不单单是"经济方面的"，因为要不是有奴隶，要不是不强制人们工作，他们就不愿意工作。当有人认为富裕国家里的所有人可以获得最低生活保障金、这样只有那些自由选择从事不理想的工作的人才可以获得[15]、或许通过领取更多的保障金从事不受欢迎的工作的时候，有人提出花钱创造这样的前景似乎不太可能，就像认为给奴隶支付工资曾是一种诅咒一样。

现代契约需要的更多的是一种反对这种奇怪的负担能力的呼吁。当有些东西不适用于个人的时候就会变得更加无法承担。奴隶制只有当奴隶被描绘成种族上的差异时才是合乎情理的：[16]这包括冰岛远古时代的凯尔特人，美国近代时上的黑人，巴西今天的当地土著人，以及一直最近几乎遍布世界各地的女人。如果你能说服男人让他们的母亲、姐妹和女儿应得的东西比他们的父亲、兄弟和儿子少，就可以反对女性自由。儿童和老年劳动者需要我们忘却我们出生的时候，不要去想的时候。现代契约需要我们明白对把工作没有选择权视作一种其他人，那些我们可能认为没有什么能力的人，在富裕国家里的命运。

不值得的人

我们这个时代普遍存在的一种错误的想法就是人们沦落为社会底层因为他

不公正的世界

们不值得，人们可能没有天赋让自己永远做得更好。这种错误的想法正在受到质疑。现在人们知道不能在文雅的阶层里公开表达这种想法，但他们却间接以明确表示歧视的方式表达这种思想。人们能够发现的这种迹象是他们希望别人为自己做事情，而反过来他们却什么也不会为别人做。这就是一种歧视，认为自己与自己的一切非常特别，自己值得伟大，这个伟大将迫使（默许）其他人签订契约提供一种自己与自己的一切"应有"的服务与生活方式。其他人的社会保障待遇必需要保持在很低的水平以让他们持续处于如果不辛苦工作，懒惰的人就没有薪酬的恐惧感中，并且因为自己与自己的家庭理所应当值得拥有如此之多，自己不希望缴纳更多的税。

对他人提出的不合理要求总是很难以辨别清楚，但每个人的心里最清楚。很少有人相信即使连继承王位的真命天子也是在每天早上由皇室的管家给穿衣服。这种行为来自不同的时代，但更"平常"的服侍工作是怎么形成的呢？那些做这种服侍工作而受到歧视的人相信真命天子们从整理床铺到让别人照看自己的孩子、到别人为自己提供饮品并放到银色的托盘里都是应得的。几乎每个人都有能力自己整理床铺，在与有孩子的父母分享经验后，儿童可以得到最好的抚育，并且为家人和朋友提供饮品会有更多的乐趣，而不是从担任某种"职务"的服务生的托盘里拿杯子。在过去，多数孩子做着与父母相同的工作，但子女不会跟随父母所做的一种职业就是服务业。如果以前的女仆、保姆和管家让自己的子女牢记一件事，那就是不要让子女跟自己一样做服侍别人的工作（见 www.policypress.co.uk 网站上"不公平"网页的表格）。

与孩子和老人一起度过的时光可谓是最美好的时光。[17] 然而我们通常用如何安排度过这种时光来做尝试。照顾老年人的护工在多数富裕国家里是最大的低薪资群体，因为我们不会把护理当成一种技能，并且我们一般不喜欢有人提醒自己死亡的命运。护工接受他们的劳动时间、劳动报酬和劳动条件方面的培训，而反过来我们对老年人的重视是多么得少。大多数护工不会选择最终在老年护理院工作；他们只是找不到任何其他的工作。当有人提出英国应该加强经济危机后的移民管制，以便如果护工的工资高于最低工资就只能够从别的国家输入，那些护理院的经营业主感叹，即使在大规模失业的情况下，他们也永远找不到本地足够的低工资员工。如今，富有国家里很少有人培养子女希望他们将来长大成人后会在护理院里工作。

在极不平等的社会，有很多工作，多数人不相信自己的子女会有幸得到。多数人会被告知这些工作是自己的子女不能奢望的。令人意想不到的是，这些同样的"无法实现"的工作，甚至来自特权等级比较高的阶层，被认为是工作太卑贱以至于不能从事这样的工作。因此某些人梦想的工作是其他人噩梦般的苦差事。在英国，罗伯特·库克称前首相托尼·布莱尔把自己的子女送到重点学校去念书，因为他不想让子女仅仅成为学校校长或大学教授，一种他认为不配他的子孙后代做的工作。[18] 这些是另一位前工党首相哈罗德·威尔逊的子女要获得的工作。托尼·布莱尔认为他的子女应该并且有能力享有更多。当人们也像托尼·布莱尔这样想并通过没有有效增加最低工资而使最低工资仍然很低的时候，人们流传在护理院做护理老人的工作没有前途这样的消息就没有什么好奇怪的。而且，在最不平等和消费主义的富有社会里，即时满足感得到鼓励，深思得到阻止。

更努力地工作！

整个富有国家，在上次镀金时代末期，贵族王朝在第一世界大战结束后在欧洲逐渐衰落；美国的强盗贵族在20世纪30年代大批消亡并开始在20世纪40年代被重新分配；日本的贵族在第二次世界大战后被废除；社会等级与宗教制度在整个1929年至1973年时期缓慢并稳步下降。从1950年到1973年，整个经合组织国家的工作日平均减少了半天，因此那些在社会底层的人可以不用那么辛苦地工作；他们对贫困的恐惧也随着社会保障制度的改善而减少，并且可以获得比较多的休息时间； 一切都变得比较平等。[19] 接着，借助于新的歧视，所有的成果在1973年前后开始发生逆转，[20] 并且到2007年的时候，人们的工作时间比1950年的时候还要长。然而，近几年里他们并没有在延长的工作时间里增加太多的生产效率。正如人们已经发现奴隶制度与剥削女人、儿童与老人在过去作为一种为少数人（长时间的）创造美好生活的方式根本就没有用一样，因此契约在今天也一样是徒劳的。

美国每个工人每小时的生产率在1973年至20世纪90年代中期下降了一半，[21] 不是因为人们工作的时间越来越少，而是因为越来越多的人工作的时间越来越长且效率较低，他们从事着更加低微、肮脏而且通常是繁重的工作，赚取的实际收入比他们的父母曾经做的工作还要低；虽然名义上不是，但他们已经成为契约者。他们通常可以签订契约至20世纪90年代，因为他们是（与70

不公正的世界

年代相比）新近被看不起的人，是由于身份低微而被抛弃的人。新的歧视已经产生了巨大的新的不平等。它在70年代初期缓慢增长。新兴的不平等的早期症状可见于英国的亚当·斯密研究所和美国的传统基金会，也可见于富有的个人在1973年的捐助和政策推动的成果，这个政策，事后看来，被认为是对穷人的歧视并使其正常化起到了推波助澜的作用。那些富有的捐赠者只有他们确实愿意捐赠的时候才会捐赠，因为他们认为我们接着会变得热衷于平等的理想，他们所认为的市场"解决方案"正在逐渐衰退，并且他们庆幸精英主义的思想和对新的排斥的宽容足以发展到为他们宣扬的思想提供支持，一开始显得不公平的事很快又再次显得合理。

由于歧视的出现而产生的新的不平等没有单单使富有社会里最贫穷的阶层受影响。在美国，工作时间增加最多的是那些夫妻双方都是大学学历的已婚家庭。[22] 在1968年至2000年期间，美国有子女的家庭，夫妇两人每周有偿劳动所花费的工作时间从53个小时增加到了64个小时。[23]同样的，在英国，某些薪酬比较高的人工作时间增加得最多。所有就业人员的劳动时间（取平均值）到2001年的时候比1991年每周增加了130分钟。[24]从1981到1998年，至少有一个就业成年人的家庭每年有偿工作增加了7.6周。[25]与20世纪60年代相比，美国在2000年初期家庭有偿劳动的时间总体上每年增加了2—3个月。劳动时间增加的很大一部分原因是女性从事有偿劳动的数量越来越多，而男性从业人数丝毫没有减少。

当五分之一生活困难的人被迫接受契约劳动的时候，比五分之一更多的人被剥夺了选择生活的权利，比如选择减少工作时间的权利。他们更努力地工作以此希望避免契约。大多数人做额外的工作并非出于自愿。他们没有签订契约，他们有某种选择的权利并且关键问题是，当被问及时，他们并不觉得"度日困难或极其困难"，但他们却不太自由。大部分的工作仍然枯燥乏味。拥有大学学历的人所从事的工作现在多半单调乏味。富裕国家的人们工作时间更长，因为他们觉得必需这么做。穷人必需这么做因为像美国这样的国家里的最低工资自20世纪60年代末起，扣除物价因素，实际上急剧下降，这使得他们变成了契约工。比较富有的人觉得他们不得不比他们的父母工作更长的时间，因为由于穷人变成了契约工，不像穷人一样的生活或不在穷人附近居住就变得更为重要，因此就需要花钱。

在美国，仅仅为生存而工作的劳动需求是最大的，超过四分之一的中老年人，即年龄在65—69岁的人不得不仅仅为了度日而从事有偿劳动，六分之一的年龄在 70—74岁的人也是如此。在欧洲，不得不工作的中老年人不到十分之一，70—74岁工作的人几乎没有。由于在美国很多州，穷人学习的机会非常小，待遇非常低（或根本不存在），对于可获得的任何工作机会，能够胜任的人越来越少；在美国，年龄在15—24岁的年轻人就业率将近一半，相比之下，欧洲该群体的比率还不到三分之一（即使现在把东欧大部分地区包括在内）。[26]日本的年轻人就业比率或上了年纪时要工作的就业比率还是要比其他国家低得多。富裕国家的不同群体选择了不同的发展过程；在每一个群体里，不同的歧视一直得以增长，而其他人却一直在受剥削。

5.2 达尔文主义：认为多种刺激有必要

当与20世纪60年代富有国家的人们只是工作时间较少相比，我们有明显的自由时，即如果他们不喜欢就"告诉他们的老板不干了（美国）"或"停止工作（英国）" 并找另一份全职工作的这种自由，就很容易明白为什么现代契约会增加。多数人的这种就业选择已经被降低，而少数人的这种就业选择被限制到几乎已没有选择的余地。对我们都开始相信的东西需要进行改变是有可能的。我不是一夜之间失去了对世界选择的权利，很大程度上仅仅是男人失去了选择的权利。但在20世纪60年的富裕国家里，几乎从事各行各业的男人对于如何工作可以做一个选择。这方面最主要的例外是美国的奴隶的子孙后代们，奴隶后遗症以及后遗症所持有的歧视意味着如果你是黑人，将会被剥夺更多的选择权利。

要说明所有的选择权利只有极其微小的一小部分被剥夺非常简单，自20世纪70年代初期以来，这种选择权利的剥夺一直在增长。渐渐地，就业选择呈现一种简单的形式，金钱；如果印成纸币就是绿色，如果铸成硬币就是红色或金色，但越来越多地成为通常可以选择在餐后递给服务生的一张小塑料卡片，这种塑料卡片，比如，用来支付酒店房费以及有权让别人在你离开后将房间打扫干净，这种塑料卡片还可以支付假期、购买新车、新厨房以及周末大采购。由于收入与财富已经两极化，因此选择的权利也是如此。有钱人财富的增加意味着可以经常离开家在酒店过夜，因为酒店越建越多。没有越来越多整理床铺的人、保洁员和服务生就不可能有越来越多的酒店客房。由

不公正的世界

于一小部分非常富有的人变得更富有，每一个如此富裕的家庭会买更多的新车。这一切必需要去创造、去服务以及去清洁，因此需要更多的生产线工人、机工和洗车工。如果富裕阶层经常更换厨房，他们就需要更多的木工、电工和水泥工，还有更多收垃圾的人把旧厨房处理掉。如果购物的人越来越多，就需要大量额外的店员、更多的货架整理员和商场保安人员等。但它并不完全是这样，在其他多数富裕国家，多数人的劳动力状况比在美国或英国要稍微好一点。日本、挪威、德国、丹麦、瑞士、荷兰和加拿大这些国家有损人格的工作比较少，低收入的群体也比较少。我们仅仅从收入不平等在这些国家如此之低就能了解到这些。

随着不平等收入与财富的增长而出现的选择权利的剥夺还导致了人们重新认为这种不平等是合理的。当社会不平等在英国维多利亚时代达到鼎盛的时候，人们利用查尔斯·达尔文的进化论思想试图证明巨大的财富差距是合理的。富有的人被描绘成最能够成功生存的"适者"，他们家谱上描绘的血统至少可以追溯到少数人占有最多土地的金雀花王朝时期。这些家族是那些少数几个在1066年后掠夺英国土地的诺曼人（通过金雀花王朝）的后裔，他们直到2006年仍在英国占有十分之一土地。很多家族可能已经与维多利亚工业家族的新贵们通婚以此保持他们的社会地位，而当家谱的"血统"被绘制出来、资料显示他们如何来自"优良的血统"、皇室血统或来自某些比皇室家族本身更有名、更古老的家庭的时候，与维多利亚工业家族的结合并成为他们的一员并不是那些家族最有名的地方。

反对多元文化主义

纵观整个欧洲、美洲及日本，自20世纪70年代以来，再次出现了达尔文理论种族主义。当富有的人，随着富裕阶层一些新成员的加入、但大部分是来自古老的家族而再次变得更加富有的时候，所谓适者的生存、自我发展与霸权主义再次兴起，并且明显朝着与20世纪70年代势力趋于减弱的种族主义相反的方向发展。这不只是因为撒切尔夫人在1978年的电视讲话里谈到英国移民问题时用了"涌入"一词而想要否决英国国民阵线的投票权；还因为她相信，后来她所说的"……我们坚决主张结束移民……（因为）……我们是有英国特色的英国民族"。[27]这种种族主义，以及更广泛的歧视的新面孔，与新兴的达尔文理论的巧辩完全吻合，以至于人们根本无力反对。

伴随着扭曲的民族主义，种族主义在20世纪70年代明目张胆地重新涌现，这是要把国家视为自然存在的机构并认为那些单一的种族群体，所谓的家往往是与另外一个群体友好相处的幸福的居所。那些扮演团结群体、接纳新群体的国家是经常发生冲突、不信任和不平等的地方。多元文化反对派认为不平等是试图把不易融合在一起的人们融合在一起的自然结果。通过这种思维方式，美国的社会问题变成了处理黑人的问题。美国可能永远不会立志要像欧洲一样平等，拥有与欧洲一样的医疗保健系统，拥有与欧洲一样如此普遍存在的、令人敬佩的国家教育体系，因为（也就是这种错误的说法认为）美国本质上就不是一个一元化社会——美国，按照这种带有偏见的想法，被说成是缺乏"民族同质性"。 现在有人说这种想法以及对世界的表述几乎不值得研究别人有心理缺陷的人回应。[28]但值得思索的是这种思想从何而来，会导致什么后果，尤其由于这种思想目前正处于众多种族主义思想意识形态的核心。

为了能够从多种族的角度对一个国家或一个城市进行描述，需要考虑到当地存在的大量的不同民族/种族群体的居民。几乎任何地方都可以说成由大量的不同种族的人构成的。大学校园就是典型的具有这种特点的地方，但人们没有用这种方式对它进行描述，因为校园里学生拥有的共同特点更多的还是学生，而不是因为不同的民族背景而产生的差别。你可以把某个国家，比如希腊的大城市里的人描述成来自各种各样的背景，因为它位于各大洲的交汇处，但经常强调的是国籍和一个国家正统的宗教，而非各种各样的头发和肤色的人——这些通常不被人们评论。类似的情况在伦敦也有，那里绝大部分新生婴儿的母亲自己本身就是在国外出生的，但那里混合了多种民族的人们也有很大的共同点。当人们有很大的共同点的时候，就会用一种共同的专有名词进行描述，比如都被描述成"学生"，或者"希腊人"，或者甚至"伦敦人"。在身份很少公开、生活不太类似、机遇与成就更多的受肤色和家族历史约束的地方，那里的人们经常被称为，比如，白人、西班牙人、黑人或亚洲人，人们被分解成了不同类型的种族。

种族一致性，一种共同的身份思想，产生于人们对愿望与信仰的表述。在2004年，瑞典其中的一个政党在竞选材料中写道："……每个人在某段时期都会脆弱。所有的瑞典人彼此需要。大家因此生活在这里、团结在一起，共同经历变革。如果人人都有参与的权利并且不被抛弃，人人就会变得更加富有。如

不公正的世界

果人人都有保障而非只是少数人拥有，人人都会变得更加强大。"[29]当然，瑞典的种族主义也很严重，有些人甚至不被承认是瑞典人。其他地方，如斯堪的纳维亚、如丹麦的争论更多的是关于反对针对穆斯林的种族主义，因为它与阶级有关，人们争论人类无法承受不平等待遇，不仅是因为理想主义，而且还因为确保人类生命与能力的持续发展对经济的发展至关重要。将贫穷与不安全保持在最低限度是社会有效投入的前提条件。履行社会公民权利、共同分担风险对于人们创建21世纪的美好生活至关重要。[30]要把人类的一个群体划分成一个共同的种族，不仅要拥有一个强加在他们身上的身份，而且还要通过为一个共同的身份而努力去创造一个身份。如果那些在斯堪的纳维亚国家内努力团结的人赢得了选举权，那么斯堪的纳维亚向人们展现的种族一致性的形象就会改变，变成白人比较少，种族一致性比较多。如果他们竞选失败，那么就会被说成种族的多样化存在明显差异和种族隔离。然而，无论期间发生了什么，双方都不会对该事件进行完整的表述。

种族同质也好，种族异质也罢，全部都是错误的看法。种族异质，作为一个有用的概念，是一个谎言，因为我们所有的人都生活在异质化的社会里，只不过是我们没有经常认识到这一点罢了。我们的社会也不是在种族上有同质性，因为人们更倾向于与相同肤色和发型的人友好相处。所以，大学生会更乐意在校园里与其他学校的大学生相处，而他们不愿意与当地较贫穷的年轻人相处，即使他们年纪相仿，肤色相同。在希腊一个城市里的两个人，如果他们的家族社会地位相同，他们会更容易相处而不考虑肤色、发色甚至宗教，因为，希腊像富裕国家的其他地方一样，人们与同一社会等级的人结婚，远远胜于与同一宗教群体的人结婚（东正教与天主教、基督教与穆斯林、亚伯拉罕诸教与印度教）。在收入、财富与阶级差异越来越小的地方，比如希腊（当与，比如，葡萄牙比较的时候），人们可以更自由与他们喜欢的人结婚，因为他们的社会等级相同。正是收入与财富不平等程度高的国家，与某些群体通婚的反对意见才越多：美国的白人与黑人，英国的基督教与穆斯林，印度的达利特人与婆罗门教。在不平等程度较低的国家，属于哪个种族、宗教或种姓群体早就不是什么问题，而且可能性也越来越小。可能性越来越小的原因是在比较平等的国家里，种族更加融合，宗教限定越来越少，种姓也没有太多的意义。

种族的纯度

如果家里允许，孩子就会与住在附近的其他孩子交往相处。在那些畏惧感较少的国家里，人们住所附近越来越多的孩子在一起相处。在一个被当作跨种族融合而对此更加宽容的国家里，跨种族融合将会越来越大。当几乎每个人都被定义为单一种族以及多数人被定义为单一阶级（比如日本中产阶级）的时候，这一点并不十分明显，因为这种现象在这种国家时常发生。在截然不同的国家，比如美国，这种融合，直到近代，在学校、在床上甚至在公交车的同一个座位上被宣扬为罪恶，那里的融合仍然不是很多。

人们认为不一样的融合通常发生在，那里的人们一直被认为是各种各样的种族和民族，并且在年轻的时候彼此住得非常近，最好是，被住在房价非常昂贵、通勤极不便利的地方，以至于人们被迫住在只要能支付得起、尽可能地接近通勤路线的房子。因此，伦敦是个融合的好地方。伦敦人把自己称为伦敦人，通常不是不列颠人（当然也不是英国人），因为这种融合没有其他词语可以形容。这不单单是因为他们住在伦敦。[31]巴黎人更有可能说自己是法国人而不是先把自己看作巴黎人，那么你听过来自东京的人用什么词语描述自己吗？ 但你遇到一位纽约人的时候你知道他是个纽约人（或者你很快就知道他们来自纽约）！因此，被认为是种族异质的地方，比如伦敦或纽约，实际上是种族同质。

种族同质几乎就是错误的想法，很容易受到批评。人们经过深层研究发现所谓的同质群体，其来源多种多样，其构成群体的背景比错误的想法认为得还要广泛。斯堪的纳维亚的多数人的善良胜过少数人的自私的说法有时也会有缺点，它会引起种族同质的错误想法，并由于被认为是外来者，即那些与其他人相比，不完全是斯堪的纳维亚国家的人，而受到排斥的危险。冰岛就是一个很好的例子，一座人们都以为是纯北欧人种，即维京人的后裔的偏僻小岛屿通过几代人鼓舞士气的讲述，在一个原本很美丽但非常寒冷、荒凉以及直到今天也还是极度贫困的地方取得了信任。冰岛人起源的基因测试表明了以前小岛上的维京人使得北欧血统并没有像历史所说的那么纯洁。维京人的所作所为在总体上还是很成功的。这就是他们被人们怀念的原因。他们的所作所为很大一部分是从像英国这样的国家里领取奴隶，主要是凯尔特奴隶。并且，像所有领取奴隶的群体一样，他们与奴隶融合在一起，但这在他们的历史里没有被提到。我们知道他们融合在一起，因为证据就是，也是作为最终结果，他们的基因极其庞杂。[32]

人们可以在任何地方讲述与北欧种族同质类似的传奇经历，这种经历与最偏远的亚马逊部落不同。如今人们很少对荒谬可笑的说法感兴趣，比如今天的希腊人大部分是由于古希腊人的直接后裔的这种说法。少数希腊人当然是人们至今还有印象的古希腊人的后裔，但他们还会是很多以前的奴隶而非名人（让我们称他为亚里士多德）的后裔，并且多数在希腊的人主要是居住在希腊国外的人的后裔。

与希腊相反，在人们被海洋与世隔绝的地方，很容易将种族同质的神话流传下去，就像冰岛一样。某些人声称虽然人口少的群体有利于种族同质的形成，而人口多的群体也可以形成种族同质。人口的多少不防碍人们创造神话。比如，日本的人口本身至少形成了像冰岛人口一样的同质性种族。过去与现在的菲律宾、韩国、中国以及其他地区的移民，其数量很小，已经悄无声息地消失了。内在的身份，比如那些大和人、阿伊努人以及Uchinan-chu（日本冲绳岛的岛民），或者那些生活在东京异域文化聚集地里的人，如果你愿意从人类的面部形象去看待他们，就会发现其中的差别，日本种族同质的传说把这种差别全部渲染成虚构出来的。在像日本和冰岛这样的小岛上何以能够宣扬种族同质的神话传说，其原因是无论是收入不平等还是由此造成的社会差距，其程度在富有国家里都是最低的。在贫穷的小岛上，五分之一最贫穷的人，一年的收入还不到五分之一最富有的人的收入的三分之一。[33]与之相反的，像新加坡、新西兰和不列颠这样的岛国，不平等程度较高，种族显得尤为重要。你可能会说种族的直观表现在其他岛国更明显，然而，你所看到的表现出来的差异是你思想上存在的差异，并且来自你一直被灌输的重视直观差异的观念。冰岛音乐人比约克与主持人马格努斯倍，或者首相小泉纯一郎与艺术家大野洋子看起来会特别相似吗？我选他们做比较不是因为他们长相上的巨大差异，而是因为他们可能是他们所出生的岛国里最有名的人。当然他们看起来没有任何一对有名的人相似或不相似，比如新加坡的马来人或中国人、新西兰的毛利人或白种人。

适者生存

种族同质也好，种族异质也罢，新式的社会达尔文主义是其传说的共同特点。社会达尔文主义是一种在一百多年以前发展壮大的很隐蔽的运动，它认为人类是适者生存的个体，是件好事，它可以促使人们达到共同的利益。事实上自然界里根本不存在这样的事；它是最善于社交的人在正常社交活动时期和最自私的人在极端匮乏和无政府状态时期为了生存而增强的一种潜力。对于人类来说，受到社会的排斥是致命的。人类在群体里才能更好地生存与发展。大屠杀、饥荒或种族灭绝是最可怕的生存环境，那里只有"适者"，或者更准确地形容他们是"幸存者"，比如从非洲到美洲的大规模奴隶运输就是这种生存环境。

对社会达尔文主义及其前身的信仰是导致这种生存环境的原因，不仅仅是导致了大屠杀，而且还导致人们大规模实行绝育。人们不是在认为与自己不一样的人的时候进行绝育，而是着眼于人类历史上可以看到社会达尔文主义思想最受追捧的地方与时期被实行绝育的人。这些不是旧的社会丑恶；人们对人类历史上发生的大部分大屠杀以及几乎所有大规模绝育记忆犹新。在20世纪30年代到70年代期间，美国对6万人实行了合法但强制性绝育；在同一时期内，德国实行合法但强制性绝育的人是60万，主要发生在这个时期的初期。[34]比较贫穷的印第安人是战后绝育潮的主要对象，当时在主要来自英、美的资金贿赂下数百万人被实施绝育；[35]绝育在战后的富有国家也并不罕见。尤其是在斯堪的纳维亚和日本，两个都受种族同质影响的地方，绝育一直到20世纪70年代都很普遍。当时，主要是对多数人认为是"不优良的人"，比如患有精神疾病的人强迫实行绝育。在世界上的其他地区，实施绝育的对象更加广泛，意图更加明显。甚至在20世纪80年代的新加坡，一个已经成为新富的岛国，在贫穷的地区、主要是对一个种族群体推行绝育计划，政府出钱提供资金对穷人实施绝育，而对另一种族群体的富人却出资实施免税政策让他们生孩子。[35]（这一政策，加之较贫困的母亲被迫在国外生孩子的政策，有可能造成了新加坡成为世界上有记载的婴儿夭折率最低的国家）。全世界的绝育比率在1983年处于鼎盛时期，当时中国有2000万人，大部分是女人，被绝育。绝育的核心问题出现了新的更大范围的歧视。

地理学家露丝·吉尔摩已经提出人类任何经过深思熟虑最终导致其他群体提早死亡的行为都可以被认定是种族主义。[36]种族主义通过使人受辱而削减生命的长度，从增加入狱比率，到减少在学校受到尊敬对待的比率，一直到对健康造成影响的几乎任何形式的歧视。所有这些都是露丝·吉尔摩广义上的种族主义行为。但直接导致死亡的种族主义行为是最令人震惊的。20世纪90年代的时候，在布鲁塞尔着陆的一架飞机的起落架上发现有两名儿童死亡。其中一个孩子带着一张便条，上面写着"各位阁下，先生们——欧洲所有成员和有责任感的人，出于你们的团结和慷慨，我们在非洲请求你们的帮助。如果你们看到我们已经牺牲了自己并失去了生命，那是因为我们在非洲遭受了太多的痛苦，我们需要你们的帮助与贫困和战争做斗争……请原谅我们斗胆写这封信"。[37] 孩子的年龄是15岁和16岁。他们只是自20世纪70年代以来每年试图逃避移民管制进入欧洲的数千名死亡的人中的两个：主要是针对非相同"血统"的人进行的管制。被认为是相同"血统"的儿童允许进入欧洲。在英国生活的移民子女主要是那些在美国出生、定居、与父母住在一起的人，七分之一的移民子女现在伦敦市中心附近。[38]

激起人们的恐惧

难民与那些被贴上移民（排除大部分移民，接纳很多非移民、生于自己定居的国家里的人）标签的人之间几乎没有什么区别。移民的恐惧随着时间的推移在国家间发生很大变化。只有受到不断地刺激人们才越发感到这种恐惧。近年来，当被问及移民是否最令他们担忧时，据报道德国认为最担忧的人是8%，瑞典人是 11%，丹麦人是12%，法国人是13%，澳大利亚人是21%，意大利人是28%，美国是三分之一的公民认为最担忧，2007年西班人对移民有恐惧感的人几乎与英国的一样多，达到了46%。[39]虽然有很多英国人住在西班牙，这些比率与每个国家的移民比率没有任何相似之处或者没有对这些移民造成任何的影响；这些比率只是反应了那些想要制造恐惧和痛苦的人是怎么做到这一点的。据说人们得到了媒体应有的关注，但在一些富人拥有大部分媒体的不平等的国家里，媒体报道也是被迫的。注意控制大部分媒体的国家，澳大利亚、意大利、美国和英国，再看看上述有关比例的报道。恐惧与观念体系是通过很多新闻报道建立起来的并在不断变化的，但国家性质的新闻报道对此至关重要。但媒体非难指责移民、支持名人值得拥有财富的时候，其公开宣扬的观念体系显而易见。

媒体不宣扬歧视仅仅是因为在恐惧时期出售了更多的报纸、赢得了更多的读者。媒体还是政客们行动的风向标。确定因果关系是很困难的，但很难说国会议员们有时也会或者迫于选举或者迫于媒体不讲情面。比如，英国政府在

2004年通过了一项《庇护和移民法案》，第九条规定房东，包括当地政府机构，有权对没有获得在英国的居留权而拒绝自愿回到本国的家庭及其子女进行驱逐。这些家庭及其年幼的孩子们因此会变得无家可归。当时这一立法被称为是"在以残忍为前提的体制里最露骨的残忍的行为之一"。[40]英国的政党体制需要某些被任命为"政党纪律委员"的政党官僚告诉民意代表如何按照"政党路线"投票。很多国会议员为了能够支持这项法案，可能只是不加考虑，仅仅是听从"政党纪律委员"的意见，但却足以没有把这些孩子当作与自己的子女一样的人来看待，没有把这些成年人当作与自己一样的人来看待。这就是成为法律的种族主义行为的立法。

与名人相反的是"不知名的人"，由于有可能成为父母的人的绝育而从未出生的数亿不知名的人；每年由于贫困在五岁以前夭折的不知名的人有数千万人；每年由于战争、大屠杀或种族灭绝而死亡的不知名的成人有数百万人（最低）；单纯的婴儿死亡，姓名不详，被发现在与父母一起为了追寻更好的生活，而偷偷藏在从法国去往英国途中一辆卡车的后备厢里。这个不知名的婴儿，在这个案例中，被一位国会议员声称是编造出来的，他要求（在英国议会上）若发现在自己的卡车里藏匿并偷运人口就对卡车司机进行处罚，一项新法律才能如何起作用。当有人质疑如果被偷运的人是婴儿的话，该处罚是否还适用时，这位议员回答"是"。当有人质疑如果婴儿死亡，该处罚是否适用时，这位议员回答"是"，但如果婴儿只是在英国境内死亡的话。该议员似乎并没有把婴儿当人看，而如果还有呼吸的话只是当作问题来处理。[41]这个在后备厢里死亡、不值得处罚的不知名的婴儿的事就是，以社会达尔文主义为基础的政策和最终表现在人类生命的价值观的故事——可以不必过早地死亡。

根据露丝·吉尔摩的说法，由人为伤害包括冷漠引起的过早死亡证明种族主义在社会范围内逐渐扩大，并且由于种族主义是任何最终导致他人过早死亡的行为，当种族主义得到更广泛地了解时，人们应该考虑在种族主义行为里作为指示性趋势的过早死亡。图表12表明英国的过早死亡的不均衡比率在1920—2006年期间是如何变化的。过早死亡随着死亡率不均衡的增加而增加，因为在正常死亡之间的人越来越多。图表12里的数据见表格5。

不公正的世界

图表12：1920—2006年英国65岁生存机差异百分比（按地区）

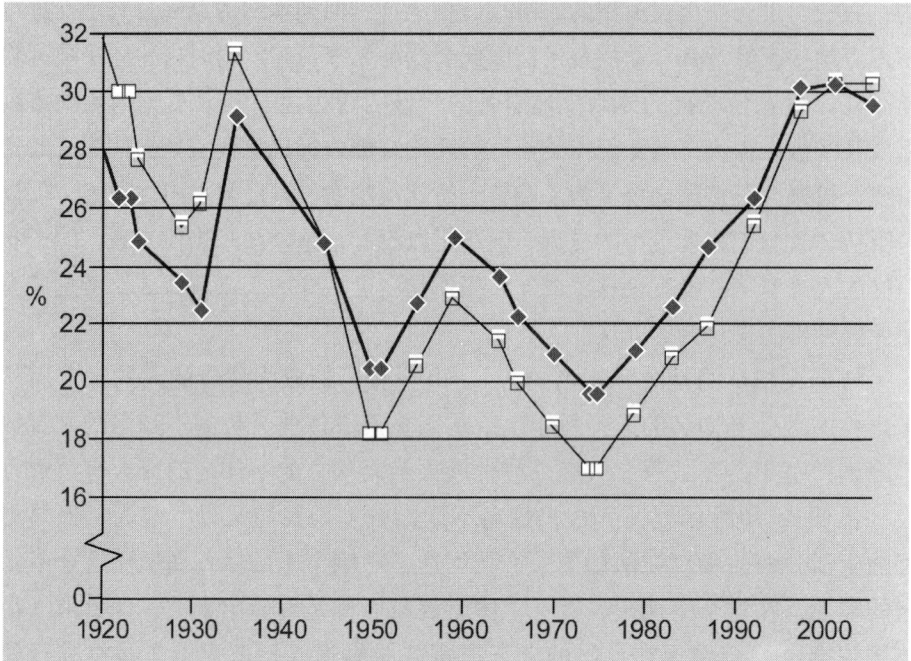

注解：标有白色方块的线代表，与平均值相比，10%最富有的人（按地区）65岁以下标准化年龄-性别死亡率有多低。标有黑色方块的线代表，与平均值相比，30%最贫困的人死亡率有多高。

参考资料：多林·D 与托马斯·B 的"上世纪健康不平等的地理分布"（2009），出自H.格雷厄姆（编著）：《健康不平等》，牛津，牛津大学出版，第66—83页，摘自表格4.3，在某些情况下在五年比率之间有所改动。

　　该图表表明死亡率不均衡在整个20世纪20年代呈下降趋势，但在30年代人命如草芥的大萧条时期又再次增长。你几乎想不到这是种族主义造成的结果，但一个阶级对另一个阶级，即这个国家里另一种生活状态的人长时间歧视使得这一情况得以在20世纪30年代发生。20世纪40年代，不均衡死亡率在统治阶级失去了权利后急剧下降，之后在第二次世界大战以后又再次略有上升，并可能也是在这个期间迅速实现了明显的平等。富人对穷人的态度一直在改变，虽然不一定有进步。地区间的健康不平等在20世纪50年代增长，但整个60年代和70年代初期下降，并且在1969—1973年前后降到最低，当时最富有的10%"只能"期望任何一年在65岁以前死亡的概率低于平均值的六分之一，最贫穷的30%超额死亡率"仅仅"比平均值高出了五分之一（20%）。此后，由于歧视的增长，不均衡的过早死亡也开始增长。如今，与生活在温饱或富裕地区的白人比最贫困地区要多得多，而在本图表显示的年代初期，犹太人或爱尔兰人居多。重要的是在这两次时期里，这些群体更有可能被认为是贫穷或受到贫穷的对待。

5.3 两极分化：经济效益的地区差异

歧视，以及随着对歧视的容忍而造成的收入与贫富差异的增长，不仅使人类群体日益分化，而且使他们的居住环境也产生了分化。歧视的增长能够助长增加地区间经济两极分化的政策，让人们接受某些地区和某些人被遗弃，而其他地区和人们受到重视并得到经济上的支持。在小区域范围内，当选择在哪里居住的时候，富人受到的限制甚至比穷人还多。整个城镇和市区几乎缺少非常富有的人，而最不缺少的是贫穷的邻居。超级富豪在选择住宅区的时候受到的限制最多。只是市场上没有足够多上亿英镑/美元和十几亿元的房产。超级富豪几乎可以在任何地方建房子，但他们更需要一个家——需要与之社交、认同、共同歧视他人以及对穷人恐惧的其他超级富豪。因此，他们聚集在自己的小圈子里，在那些地区的某个特定城市里，在那些地区的某个特定街区里。当我们谈论隔离日益严重，头脑中浮现的通常是种族或宗教的隔离，但正是富人造成了地域上的最严重的隔离，并越是在不平等的国家越变得严重。

社会歧视日益随着城市内不同的社区间、区域内不同的城市间以及国家内不同的区域间社会不平等的增长而增长。超级富豪的周围（从地域上也是社会地位上）往往是不太富有的人。这些富裕家庭定居的地方变成了人们认为可选择居住的地方。如果一个城市没有这样的住宅区，那么这个城市就会无人问津。当不平等持续增长的时候，城市周边以及在多数富人定居的区域就会变得越来越富有，甚至还因此吸引了越来越多较贫困的人为那些富裕家庭提供服务。这是因为当这种财富被分割后，每一个富裕家庭大大增加了城市的整体财富程度，而每一个贫困家庭相对于整个人口只增加了一小部分。实际上财富越来越难以合理分配，但在理论上通过城市和地区排名（即GDP估算）计算的

不公正的世界

人均收入比率，永远分配均匀。一个GDP高的城市，比如卢森堡或纽约，往往不是富裕的人最多的地区，而是一个富人圈子比同等规模城市（或国家，以卢森堡来说）更大的区。

在欧洲范围内，直到最近，当计算人均财富的时候，伦敦才是最富有的地区，尽管它是欧洲最大的穷人聚集地之一。伦敦是如果超级富豪融入全球超级富豪社交圈子后就要买房子的地区之一。其结果就是其他那些不周游世界的伦敦人在近几年发现找房子困难重重。对于100年前的多数人来说，伦敦当时人口正在下降，在首都找一处全家住在一起也不拥挤的房子很容易。纽约的情况亦是如此；纽约市区内的人口一直到20世纪70年代都呈持续下降的趋势。其他金融中心的人口也在持续下降，之后新生一代人口开始出现。因此，从1970年到2000年，卢森堡的人口也开始在大幅度增长（增长了三分之一）。只有一小部分地区增长，因为，自20世纪70年代以来，富人由于他们在其他地区的人口下降而在这些地区定居的人口却增多。在北美的小城区，英国的边远省份以及欧洲更偏远的乡村，还有除了东京以外的整个日本，富裕阶层的子女在第一次搬到城市以后，在成年的时候再没有回过以前的家。在那些两极分化日益严重的社会阶层里，由于社会两极分化日益增长，富有的人越来越喜欢在家里与自己阶层的人待在一起。

并不是所有的国家在少数地区都有如此集中的富裕阶层。在日本，虽然东京某些特定的街区确实成为了财富、并且更多的是年轻的代名词，但地区间的贫富差异并没有任何类似像美国这一发展过程的速度在全国蔓延。年轻人搬到了东京，但贫富差距并没有因此而急剧扩大。在日本，混合社区很平常；房屋拥挤于公寓大楼之间；孩子们通常是步行上学而不是坐车。财富造成的极端区域差异在富裕国家是例外，而非惯例。 同样的，在欧洲，虽然卢森堡与其他低水平税收的小国家一样，对富人来说是个极具吸引力的地方，但纵观整个大陆的其他大部分地区，不存在特定的在大量的被富裕阶层遗弃的某些区域，也不存在多数富人拥挤在少数几个被讽刺是经过"挑选"的区域。在过去，比较富有的人常常是更广泛地分布全国地区，比如英国。当出现两极分化的时候，在决定一个城市或地区如何显得有所发展，接近于伦敦的程度时，一切开始恶化。伦敦的火车运行时间为城市如何做好居民收入增长、失业率下降、教育水平提高甚至卫生状况改善提供了最好的指导。[42]

分离

国家内部的地区、社会以及经济的两极分化往往缓慢而又平稳。你需要通过查阅多年的统计数据才能对此有清楚的了解，部分原因是我逐渐接受了目前现实生活里的两极分化。这些两极分化的形式本身就导致了信仰上的越来越分化。随着两极分化日益增加，人们开始相信生活在其他地区的人不如自己有价值。在英国这样的国家内部，两极分化的变化程度能最多仅仅是在20世纪通过考虑政府的主要政党，即保守党在各地区的选票是否集中而表现出来的政治上的分化。图表13表明了，仅仅在第一次世界大战之后的初期，并一直持续到20世纪60年代，保守党的选民在地域上如何变得越来越不集中。该图表描绘的是这种选民的最低比例，如果每一次大选时，每个选区的保守党全国选民比例相同，那么这些选民必需要转到另一组固定的议会选区里。20世纪60年代以前的大选，从保守党最多的席位到保守党最少的席位，转移的选民只占整个保守党全国选民的6%，影响了选票的份额，使得保守党在所有席位获得了相同的选票。截止到2005年，这一比例达到了16%，比自20世纪20年代以来的任何时期都高。这不是社会两极分化的证明，而是以观念信仰为基础的区域分化的证明。在20世纪60年代，当保守党不得人心的时候，他们的核心选民开始分散。到20世纪90年代的时候，当保守党再次失去民心，他们的选民已经在区域范围内集中。在英国，住在不同地区的人的生活发生了巨大变化。

图表13使人联想到图表12健康不均衡的趋势，如以下所示，图表14也反映了财富的不均衡。图表的类似走势有助于核实产生这种相似度的可能性。这种核实证明不了其存在什么因果关系，但有助于研究推断巧合。

不公正的世界

图表13：1918—2005年英国大选保守党投票率百分比

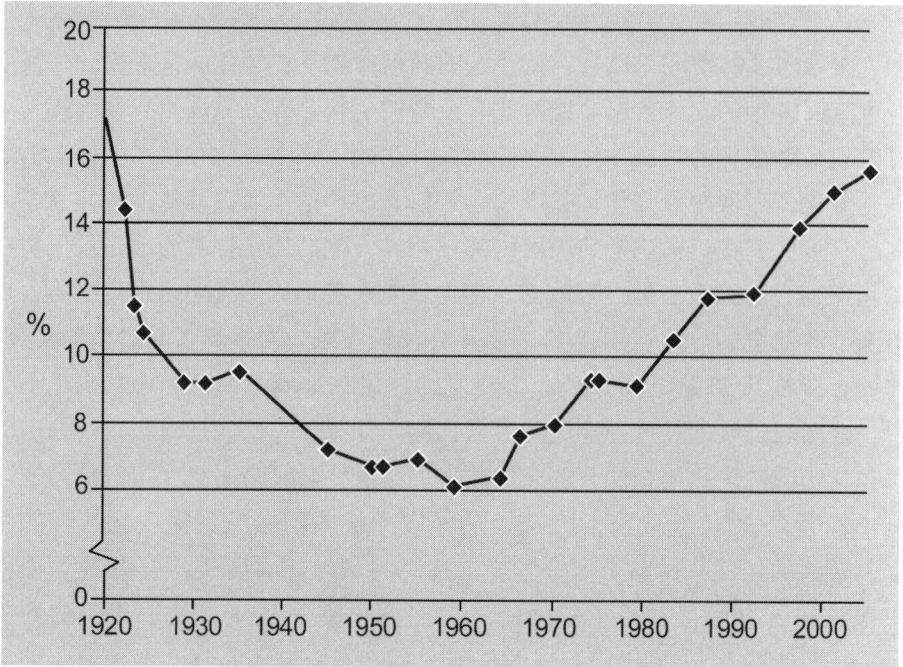

注解：此处表示的是1974年两个月份数据的平均值；实际数据在参考资料里有统计，并用于此处报告的相关值（当年二月选举时是 8.01%，十月是10.74%，见表格）。

参考资料：最初绘于多林·D的"阶级阵线"（2006），《续刊：劳工政治杂志》，第141卷，第一期，第849页，区域隔离指数。

无论对于单纯还是有点历史上的失误，本书都只运用与卡尔·皮尔森极力主张的不平等有关的统计测试。皮尔森积差相关系数以卡尔森为命名，虽然这归功于查尔斯·达尔文的表兄弗朗西斯·高顿，即与皮尔森一起工作并最不主张不平等的人（关于两人的主张比较——见本书第4章，注解29）。表格5表明上述曲线与图表12里的两个曲线之间的相关系数是0.72 与0.75。这项人为常规测试的结果在表格5里也有所表现，并用估算概率的一种方法表明选票分布与贫困社会发生的过早死亡率无关有不到万分之一的概率，并且投票率与社会最富有10%的健康优势无关有不到十万分之一的概率。

表格5：1918—2005年英国健康、特权与贫富差距百分比（％）

年份	地区十等分组别死亡率差距		各地区保守党投票率全国地区分布c	1%富裕阶层国民收入份额	
	30%贫困阶层过量死亡a	10%富裕阶层b		税前d	税后e
1918	29	35	19	19	17
1922	26	30	14	18	16
1923	26	30	12	19	17
1924	25	28	11	18	16
1929	23	25	9	17	15
1931	23	26	9	16	14
1935	29	31	10	14	13
1945	25	25	7	13	10
1950	20	18	7	12	7
1951	20	18	7	12	6
1955	23	21	7	9	6
1959	25	23	6	9	6
1964	24	21	7	9	6
1966	22	20	8	9	6
1970	21	18	8	7	5
19742月	20	17	8	7	4
1974年10月	20	17	11	6	4
1979	21	19	9	6	4
1983	23	21	11	7	5
1987	25	22	12	8	6
1992	26	25	12	10	8
1997	30	29	14	12	10
2001	30	30	15	13	10
2005	30	30	16	16	13
以上皮尔森积差相关系数 (p<0.01 except * p=0.0105)					
	1a	2b	3c	4d	
1a					
2b	0.91				
3c	0.72	0.75			
4d	0.57	0.82	0.51*		
5e	0.60	0.86	0.58	0.97	

不公正的世界

注解：　a 与全国平均死亡率相比，那些居住在 30% 贫困地区 65 岁以下的过量死亡比率。

b 与全国平均死亡率相比，那些 10% 居住在富裕地区的 65 岁以下死亡率的减少。

c 如果在当年举行的大选中每一个选区的政党投票的比例相同，需要移动议会选区的保守党选民的最低比率（见图表 13，1974 年两个月份的选票数据平均值）。

d 最富裕的 1% 的人口所得的税前国民收入份额。

e 最贫穷的 1% 的人口所得的税后国民收入份额。

以上表示的皮尔森积差相关系数（r）是用 Excel 表里的"皮尔森"函数计算得出的。P 值是用 Excel 函数 f= '（n−3）平方根*FISHER（r）'，此处 n 是 24，创建一个 z-分数计算得出的，即为以上观察数据。Excel 函数 '2*NORMDIST（f，0，1，TRUE）' 返回 p 值。所有一切都假定为，在各个方面，测试样本呈独立分布，出自同年，但这种方法在决定是否正式采用高相关系数时仍很有用。然而，正式采用什么样的数据最终取决于你。卡尔·皮尔森的朋友还对颅骨的属性进行了测试，试图把一切与颅骨的属性相联系，包括阴茎的长度！见马尔科姆·格拉德威尔的"关于种族，智商没有说的事"（2007），《纽约客》，12 月 17 日。

参考资料：图表 12 第 1 栏和第 2 栏；图表 13 第 3 栏；图表 14 第 4 栏和第 5 栏。

这显然不意味着一件事就是另一件事的起因，只不过是这两个在不平等中急剧上升与急剧下降发生在同一时期。然而，有一种模式没有用于火星测量上，另一种用在金星上。两者几乎相互影响；它们影响并深受其他因素影响并形成一种更加普遍的发展趋势。

图表 13 表明了英国右翼，即代表保守党的地区投票率的上升与下降。保守党在整个 20 世纪观念过时，且持有的观点常常偏执，默然接受当代上流社会所宣扬的任何程度的种族主义，以尽可能缓慢的速度，时常后退，迈向更公平的未来。健康不平等增长的时期是战后保守党在 20 世纪 50 年代、80 年代和 90 年代执政时期，以及唯一在 1997 年大选之后、就不平等增长的统计相关性方面来说，像一个保守党一样的工党执政时期。在 20 世纪期间，被说服最先为保守党投票的人无论是在数量上还是在地区投票率上都变得越来越少。这在自 1918 年以后就变得越来越明显。保守党仍无处不在，但他们的数量越来越少，并且自我强化的群体也越来越少。然而，事后看来，截止到 20 世纪 70 年

代初期，很显然保守党的支持者们想要东山再起，再次集中地区投票率并在数量上发展壮大。

转折点

虽然表格13表明投票率缓慢增长始于1966年，并一直持续到1974年，但起决定性作用的时期很可能就是在1974年。不仅在图表上有表示，图表下的注解里也有说明，在当年2月份的大选时期（在1973年受到石油价格冲击以后）选民分隔分化比率稳定保持在8%。只有在10月份的时候投票率才开始上长，并且是骤然上升。这几乎是好像这个国家，尤其是保守党，行为处事像人一样，踌躇片刻决定该怎么办。它可以在集体化路线之间选择，也就是所有人会团结一心共同承担风险，接受石油价格上涨、接受生活水平不可能再达到这么高、帝国时代已经一去不复返、世界上的不平等程度应该下降。或者还可以做另一种选择；少数人可以再次让英国变得所谓的"伟大"，集中精力赚钱、掠夺世界其他地区的资源、遗弃那些被认为没有生产力的地方、取消金融规则以此让银行能够从国内外的个人那里赚取越来越多的利润。截止到1974年末，保守党还没有完全转变成利己主义，但它是当时唾手可得的右翼最佳替补者。1974年10月，英格兰南部出现了针对这个利己的替补者决定性的摇摆票，虽然保守党没有获得足够的票数赢得大选，但却足以发出一个信号给国家设置了一个稳定迈向近40年政治、经济和社会两极分化不断上升的新路线。一年以后，保守党的政要们推选撒切尔夫人作为他们新的领导者。在此后不到四年的时间里，由于他们在英格兰东南部和中部地区的民众选票出现膨胀，保守党从中获得了好处，以压倒性的优势获得了绝对胜利。

由大批选民在1974年和1999年作出的决定以及由此产生的足以不可逆转的热情意味着截止到2004年，英国已经变得与1934年时期一样在寿命（如图表12所示）、财富（如图表14所示）、选举（如图表13所示）、住房（第6章）、教育（第3章）、收入（第4章）以及生活的方方面面的地区差异上的社会两极分化，而不只是这些基本方面。然而，英国，并没有指引那些国家作这种选择；它紧跟世界的领导者滑向利己并增长歧视，这个世界的领导者就是美国。

不公正的世界

跟随世界领导者

美国，虽然在国内发表反共言论，在国外发动战争，但在1974年却是个相当平等的国家。它有可以保障生活的最低工资，其实际价值是2008年最低工资的两倍。"实际"平均工资净值比今天还要高（见上述3.3节）。新公民与妇女权利立法正在改变北美社会的形象与情感，年轻人以他们的父母从未想过自己要尝试的方式抗议战争。所有这一切以及财富、社会地位与权力的逐渐损失惹恼了那些富甲一方年长的白人。正如英国利用种族主义支持1979年保守党竞选一样，支持美国共和党的这些人运用种族言论。这种言论后来在比较贫穷的白人中间挑起了愤怒。罗纳德·里根关于"黑人福利皇后"演讲帮助他获得了南方白人空前数量的支持并赢得了1980年大选的胜利。歧视增长引发的抗议集会又是美国要比英国的早，但范围较大并且北美右翼花了一年的时间赢得了最重要的全国大选，从而确保了罗纳德·里根在1980年当选总统。然而，他迅速改变规则、规章和制度以增加不平等。他可能在1988年就离任了，但他的历史遗留问题以及那些支持（或许反对，但无法改变他的影响）他的历史遗留问题在2005年的时候又回到了美国，不是实现了曾在1930年实现的不平等，而是不平等达到了自20世纪20年代以来前所未见的水平。

无论是在20世纪20年代初期还是在2005年，生活在美国的人获得的最高收入百分比占全部收入的17%，10%收入最高的人获得的最高收入百分比占全部收入的44%。这期间（1925—2005）的每一年都更加平等。收入发展趋势同样遵循英国绘制的 U 形分布图（图表12—14）。同时值得注意的是不平等变得极不规则，多数富人并没有在1925年或2005年感到非常富有。排名在前十名以内的一般收入家庭，不包括前一百名以内，几乎要比最富裕的一百名以内的一般收入家庭贫困6倍。[43]在对美国的收入研究调查时，无论是1925年还是2005年，前一百名的第一名和第五名之间的收入不平等也跟第十名和第九十名的差距一样大。

虽然英国1979年的保守党与美国1980年的共和党获得了大量的选票确保他们上台执政（那些完全可以被说服投票的人），但他们并没有改善人们的生活水平，甚至连多数为他们投票的人，即只是比较富有的支持者的生活水平也没有得到改善。因此，在美国，如果大部分处于社会阶层前十位的人向上看，他们就会发现社会最顶层的1%离他们越来越远。当他们向下看，他们就会惊恐地发现贫民窟正在组建，住宅区正在被遗弃，整个锈带区变成了堆放垃圾的场所。正因如此，他们长期以来可以被说服投票以支持富人为了使自己免遭遗弃的利己主义。这种内在的威胁力量极其强大，致使民主党和工党纷纷提出右翼政策的主张以获得竞选资格。所以，当他们在最不平等的富有国家掌权时，那些反对派没有在本章提到的几个图表里造成什么太大的影响。因为有罗纳德·里根、有撒切尔夫人的遗留问题以及那些推举她上台执政，并在她离任很久以后仍在继续从政的人。生活在英国为1997年保守党投票的人们发现十年来，人们的寿命和生活水平的改善要比那些生活在工党投票区的人要大，虽然一直是工党执政，同样的情况发生在美国总统克林顿执政时期[44]。如果没有工党和民主党，目前的情况有可能更糟，2008年时期的不平等可能会超过1918年。又或者，不平等的增长可能会更迅速更严重，市场体系可能早于2008年崩溃。

人们虽然对两极分化不满，但他们出于恐惧还是会投票并采取行动加大两极分化。当弃较贫穷的地区和较贫困的人而不顾、去维持平均生活水平稳定似乎是别无选择的时候，可以说服其他善良的人们自私。他们在投票的时候和行使对居住环境微乎其微的选择权的时候都是这么做的。在20世纪70年代，无论是美国还是英国，多数白人家庭对各种住宅区的选择比现在更加自由。由于私人住宅后来变得昂贵，对于那些负担不起私人住宅的人，即使增加房屋供应，也无法自由选择在哪里居住。房屋供应的增加使得一小部分群体每户购买几套房产。由于社会住房减少，原本很小的自由选择权利也随之减少。美国和英国的多数家庭都开始日益增加收入支出比例搬到离其他人较远的地方居住，离黑人和穷人较远的地方居住，尤其是在20世纪80年代中期和90年代末物价上涨的时期。但几乎任何人从未曾说过他们在芝加哥或伯明翰（英国）为了远离黑人或穷人买了一栋房。他们谈论学校或者空气或者装修，但他们的行为出卖了他们的思想，出卖了他们日益表现出来的歧视。其证据就是豪华地段与普通地段和贫困地区相比，同类房屋的房价日益走高；而人们在20世纪70年代就开始的念咒似的房价的最终决定因素，在90年代成为响亮口号的正是："位置，位置，位置。"

分化与凝聚力

经济一旦出现两极分化就很难有转变。态度变得强硬，恐惧与日俱增；由于地区分化，人们彼此开始越来越不了解，互相猜想越来越多。随着20世纪

不公正的世界

50年代，经济学家把20年代末的事件描述为自由市场的疯狂，人们停止了对自由市场体系言论的嘲笑。[45]正是只有在歧视日益严重的情况下，人们才再次接受大量的人在寻找工作，因为失业已被认为是能让机器顺利运转的"原油"。人们也是花了很长时间才认识到世界各地都在失去工作、获得工作或被安排异地工作，结果人类整体流动数量大大增加人们只为了那一点点的生产力的净增长。巨大的流动影响了每个人的生活：不安全感，没有价值感，被裁员，被不断地裁员，被迫接受提供的一切工作。就业人数的净增长就是政府经济学家所评估的人们对利己主义习以为常的成功。我们生活的世界不是零和世界，一个为了在贫穷国家获得工作而被迫丢掉富有国家的工作的地方、一个从某种程度上使世界变得更加平等的地方。如果全世界的情况都是如此的话，我们如今会因此而变得更加平等。然而，贫困地区被遗弃；其他地方却变得拥挤不堪；越贫穷的人就越受到剥削。但总体经济统计对此并不予以评估；它们只评估增长。

在20世纪80年代期间，英国的高速公路系统得以大力发展，人们可以开车上下班比以前更频繁、到的地方更远。这促进了地区间的两极分化。你可以住得离上班的市中心再远一些。道路建设一直是要拓宽道路时交通改革的一部分。然而，不同的富裕国家选择不同程度的道路与铁路建设。英国的道路建筑与社会两极分化导致了公路的大量使用，使得高速公路比以前更加拥挤，尽管还有更多的公路正在建设中。最富有的人搬回了市中心。有轨电车和城市地铁使远郊地区也变成可以居住的地区。汽车使人们对通勤村开始感兴趣。现在富裕国家的很多城市已经又变成了核心地带，周围原本富裕的近郊地区最近已开始衰退。这种情况已在欧洲城市、整个美国以及澳大利亚开始出现；较大城市，比如悉尼最近发生的变化典型的是这种模式。[46]

世界各地区，在不同的时期，城市的不同地区发展得比其他地区好。当欧洲和北美的穷人集中在市中心的时候，富人纷纷搬到郊区，这种对立模式出现在较贫穷的国家。那里富有的人最开始搬到市中心。在较贫穷的国家，地方税往往很低或者根本不存在。在较富有的国家，富裕阶层通常是最初搬离市中心以避免按城市比例纳税（因此躲避被迫帮助市内的贫困阶层并避免住得离他们太近）。在比较富裕的国家，富裕阶层搬到更远的地方，开辟了被人们所称的偶尔通勤的人经常忘了城市远郊的三环路。[47]在所有最不平等的富有国家里，最富裕的阶层承诺地方税低，他们至少有两套房屋，一个在市中心，另一个在三环，或许在切尔西和科茨沃尔德，或许在曼哈顿和缅因州。

某些拥有一套以上住房的人居然厚着脸皮抱怨缺乏社会凝聚力。保守党领袖戴维·卡梅伦和共和党候选人在被问到拥有几套住房时都闪烁其词。[48] 当拥有三套、四套、五套、六套或是更多的房子的时候，要想认识所有的邻居是不可能的。而在最富裕阶层居住的地方社会凝聚力可能会很低，这些低凝聚力的地方往往不会有太多的骚乱。

"社会凝聚力"这个词在2001年才开始使用。它不仅是对城市居住和迁移这些老生常谈的问题一种怪异的人为的哀叹，而且还有可能是那些不想被指责因为自己的财富积累，而使他人陷入困境的富裕阶层新的恐惧。正是由于贪婪而变得日益分裂的国家、在最富有的人尽可能远离穷人的国家，你才最能经常听到贫困地区的人们偶尔发生骚乱的哀叹。虽然发生骚乱的地方总是贫困地区，但近几年有关骚乱的报道已经不像前几年的报道把骚乱与贫困相联系。把2001年有关地区骚乱的官方报道，比如布拉德福德地区，与20世纪80年代的报道相比较，包括斯卡曼报道的伦敦布里克斯顿骚乱，或者20世纪60年代加州州长委员会发现的洛杉矶瓦茨骚乱。现在更加普遍听到的是贫困"不是一个借口"，事实上那些已经缩减投资的地区本不应该引起骚乱（因为很多地方已经通过"重建"而进行某种程度的"投资"）。但与多数年轻人相比，这些地区的年轻人得到的太少，他们只知道他们已没有什么可以失去的。与骚乱不同，一小部分违反公共秩序以及所说的一般反社会行为，现在经常被归咎于是因为所谓的种族关系紧张，以及被贴上肤色和宗教明显无法融合标签的不同群体。几乎是这些人总是在贫困地区能够很好地融合，相比之下，富人虽然聚在一起，却不能彼此很好地融合，更不要说与穷人在一起了。由于富裕阶层缺乏一般社会精神，他们的这种隔阂与缺乏社会凝聚力被忽略，对多数人造成的损害最严重。

5.4 遗产继承：歧视的生存机制

最近，在美国，所有人都可以变得富有这种传言愈演愈烈，甚至连大多数最贫困的选民也支持遗产税，即所说的"房地产遗产税"。虽然实际上这种税收的缴纳还不到1%。[49]由于美国的财富随着经济危机而减少，把出售美国梦作为生活依靠变得越来越困难，并且寻找能够维持美国基本生活的收入来源变

不公正的世界

得越来越重要。对富人的遗产征税是最明显的收入来源。然而，维护、扩大和提高遗产税最大的障碍是种族主义。遗产税现在被认为是把美国白人的钱转给黑人，但并不总是这样。安德鲁·卡内基声称遗产税是避免贵族永远富有的唯一途径。这会使维持征收遗产税受到阻止；而北美有这种贵族，是强盗贵族和傲慢的银行家的后裔。

与歧视密不可分的人类的弱点是种族主义。正是种族主义者相信我们生来不平等。智力与其他"天赋"是与生俱来的这种思想以及为子女提供物质与社会优越条件的这种概念，加之通过敦促子女在很窄的范围内挑选结婚对象以阻止他们大肆挥霍遗产，是维护歧视存在的一种机制。而这种遗传行为仍然很强大，社会不平等程度仍然很高，社会凝聚力往往很低。对于遗产的信仰既可以产生也可以维护种族群体与种族差异的思想。[50]在美国白人与黑人最大的分歧就是财富。在一个社会里，当人们可以自由结交他们想结交的人时，这个社会很快会被认为是种族同质。由于冰岛摆脱了赤贫并且所有的人几乎都受到平等的对待，就是这种情况，或在日本，随着改革以后，一切变得更加平等而因此人们受到更加平等的待遇。因此，日本和冰岛的大部分人被看作同一个种族。

种族的产生

我们不常属于、也不永远属于某种特殊的群体。当融合，或通过法律强制或通过建立某个传统而受到限制时，种族就产生了并逐渐承担着与生活机遇有关的重大意义。在动荡的时期可以创造一个种族。这种动荡时期只发生在几代人以前，在1770年。

1770年4月22日，澳大利亚没有土著人，没有当地人，没有黑人，实际连澳大利亚也没有；只有一些已经在广袤土地上生活了很长时间的伟大的人。他们属于很多群体，虽然这些群体在不断地重组并远非达到包罗万象的程度。人们遍布整个大陆。没有一个人被称为土著居民。在动荡的时期，一切都改变了；当詹姆斯·库克，起初是惠特比港约克郡海滨村庄里的贵格会信徒，声称澳大利亚为英国政府所有时，所有的小群体、小王国以及尊重都消失了。如果不是詹姆斯·库克，可能很快还会有另外一个船长，会一举把世界上最古老、伟大的人类文明幸存的集散地，在仅仅几年时间内，变成这个星球上最贫穷的少数种族地区之一。他做到了这一点仅仅是通过宣布澳大利亚，从今以后，是英国人遗产的一部分。[51]英国人本身就是为个人创造出来的种族，他们在几年以前一直是苏格兰王权的子民。在1700年没有英国人；他们只是被"制造"出来，在另一个詹姆斯的继承人之后长期存在，他是1567年苏格兰的国王，在1603年同时继承了爱尔兰和英格兰王权。[52]这个时期是很大程度上取决于王公们的心血来潮授予人们国籍、宗教以及期望人们说某种语言的时期。

就像国家一样，宗教、种族与民族都是被创造出来的。他们创造于皇室婚姻、探险、发现、殖民统治、帝国主义和征用私人财产。种族也可以被溶解。它们可以通过异族通婚或当人们不再认为他们是某一种族的时候就得到了溶解。通常宗教团体与种族群体同义，尤其是当受到迫害的时候，就像犹太人、胡格诺派教徒和塔法里教徒一样。

贵格会就是这样只有在受到迫害时才更有可能被认可是种族的群体，并且很容易成为一个主流种族。曾经有一段时间，贵格会主要与其他的贵格会教徒通婚，生的孩子反过来也是贵格会的教徒，他们在英国这样的国家被认为是独立的群体。在英格兰，1753年的国会婚姻法就包含允许贵格会教徒遵循自己的传统与犹太人通婚的特例。仅仅在詹姆斯·库克登陆澳大利亚东海岸的17年前，英国法律还对贵格会教徒和犹太人共同描述，并且还作为一个"种族"/宗教对他们予以尊重和宽容。如果尊重与宽容持续足够长的时间，一个种族就会消失。当尊重与宽容不存在，种族无孔不入，并且通过压迫与迫害得以维持。在经济不平等的地区压迫与迫害发生得最为频繁。

公然提倡种族是由于"……缺乏一个美国福利制度"。[53]美国确实有一个精简的福利制度，但可能福利制度的运作需要比在美国更常见的一定程度的信任与理解。当没有了信任，某个制度很难获得广泛的支持，在这种制度里，那些已经在困难时期受到打击的人会由于疾病或失业获得救助，直到他们恢复健康或重新找到工作，或者二者兼有。为了支持这样一种体系，你必需把他们当成与自己一样的人对待。如果你把他们看作不同类型的人，遵循不同类型的动机，或许比自己还要懒惰，没有你认为的跟自己一样聪明，或者不像自己一样正直或有道德，那么你可能不太会支持这种互相扶持的制度。认为其他群体懒惰、不道德及愚蠢通常与社会地位有关；一部分是认为他们的社会地位不如自己。美国缺乏运作良好的福利制度这一最大的不平等是导致容忍、维护并建立更大程度的种族主义的直接原因。

种族主义无处不在，但程度各不相同。在多数西欧国家，种族主义一直受

不公正的世界

到控制以保证建立一系列福利制度。这些福利制度在第二次世界大战以后最为成熟，不仅一部分减少了穷人对持续的社会不平等的不满，而且还因为当时社会更加稳定与平等而使得社会福利制度成为可能。而福利制度在新西兰的时间甚至有可能更早，因为新西兰在20世纪30年代就建立了福利制度。并不是所有在西欧国家的人都受福利制度的保护——某一群体不包含在内，原因是由于种族主义。外来工人、非欧洲游客、非法移民，这些群体都不可以享受他们在失业期间获得保障的医保与社会保障权利。比如，在日本，外来工人在生病或失业的时候就会被劝离开。

在欧洲国家内，有公民身份而享有可以自由出行的权利是种族溶解另外一个例子，因为欧洲已逐渐被认为是彼此有更多的共同点，有共同的权利和受到平等对待的期望，有共同的欧洲遗产。这是一个构建出来的、而非自然的遗产，因为东欧国家最近紧张的移民局势已经说明了这一点。这一共同的遗产，就像有美国公民和日本国籍这种想法一样，还被用来作为排除其他人的理由，其他人不足以通过选择出生地的机会有幸继承有保障的生活的权利。

如果你出生在世界三个富裕国家的其中一个国家，你应该永远不会挨饿，永远不会生病并没有医保的死在街上；你的子女会有权利接受教育；你最基本的尊严会受到尊重。这些是你继承的一切，因为它们是通过你的出生而作为一个公民的遗产。然而，与其承认这一点，人们倒更容易认为在过去这些国家的人们会赋予得更多而变得更富有，优势既能够存在又可以证明他们的子女，包括几乎所有阅读这本书的人现有的财富是合理的。"英国的种族"曾统治一个很多其他"种族"的帝国，在1919年拥有最广阔的疆土是因为"英国人"有特别的能力就能吗？这需要种族认同又需要种族主义理论加以证明。

很难过分强调出生在一个富有的国家、拥有最终使自己不同于他人的遗产有多重要。这种遗产不仅是能够有效保障人们健康与营养充足、保障人们可以工作和接受教育的社会结构的制度。它还是一种使这一切成为可能的基础设施建设，十几年前的公路与铁路建设通常来自贸易获得的利润——通常是强加在他人身上的贸易。通过继承在这样的时期建设的下水管道系统而尽可能地保持良好的卫生条件，因为它一部分是因为父母生育而反过来将获得比世界上大多数人更好的哺育与照顾。出生在富裕的国家还会以祖先在较贫穷国家征收穷人贷款利息的方式，使你继承被间接支付的权利。更为普遍的是，你继承了正处于一种制度的末期，确保你在其他地方付出得越来越少，而那些在较贫穷的国家的人付出得越来越多。截止到2006年，联合国经济和社会事务部估算每年有5000亿美元（净值）从贫穷国家转入富有国家。[54]要想在这么大的利润里分得一杯羹，你所能做的就是只要保证在正确的时间、正确的地点出生在正确的家庭。这是一种运气，不是一种技能。因此你的薪水，如果你在一个富有的国家生活和工作，通常反应的是你出生在那里的运气，而非你的工作技能。

特权与偏见

税收，包括遗产税，应该是从富到穷的财富转移。保护遗产说白了就是维护不公平。遗产维护特权与偏见，没有遗产就不会有仅仅依附于财富积累而生产的以权力为基础的特权或偏见。毋庸置疑，新式的特权与偏见会出现，但它们不会以歧视他人为基础，比如，由于别人的父母无法把子女送入与自己相同的学校念书而对别人产生歧视。当有人说他们被赋予特权接受良好的教育，他们通常的意思是说他们很幸运其他人没有得到这样的社会优势。在公立学校的施设和私立学校一样好的国家，没有人会说他们有特权接受私立教育；他们会说，如果有人对自己的权利收取费用，这些人是受到了欺骗。提及特权的那些人几乎不谈论教育，他们确实接受良好、全面和广泛的教育。人们正是害怕失去这些遗产才采取某些特殊的行动。在晚年享有养老金的权利、在此之前及以后享有的医疗保健、失业与教育福利，这一切都助于保持人们安于现状并减少诱发移民。最近人们离开东欧到西欧，或离开墨西哥去美国，或离开韩国去日本，都表明了当国内可以继承的东西越来越少，而国外获得更好的生活的机会越来越多的时候，人们是多么轻而易举地离开。

一旦人们逐渐意识到只可能在一个地方继承遗产的时候，护照与边境管制才必不可少。移民管制，必需在很多欧洲国家（以及其他司法管辖区域）申请离开许可，一直到一个世纪前开始出台足够的滞留理由政策才结束。除非你有专业的工作技能，否则如今从贫穷国家移入富有国家，在富有国家没有亲戚的情况下，少数几个合法途径之一就是获得富有的亲戚，结婚。可以通过婚姻获准移民，部分原因是移民在婚姻上没有明文规定，人们都能很好地遵守这一不成文的规定，这种方式仍不多见。如果人们想跟谁结婚就跟谁结婚，他们的选择不受传统与其他社会导向的影响，那么这个世界仅仅在几代人的时间里就会变成一个更加平等的地方。正是对结婚对象的精挑细选才使得不平等能够得以

不公正的世界

长期存在，而这种精挑细选却是无意识的普遍行为。邻近的未来的婚姻伴侣，不仅受到交往这一实际问题的限制，还要受到家族和社会阶层监督年轻人的交往地点和时间的严格约束。这种约束程度反映了人们的结婚对象是与自己的家族不同的人，较贫穷或较富有，黑人或白人，而不是允许年轻人穿什么衣服或者他们必需回家的时间。结婚对象、结婚地点与结婚时间的问题是英国小说里的重要内容，并在市场占据主导地位，从詹姆斯·库克返回英格兰不久以后，简·奥斯汀的作品受到青睐，到凯瑟琳·库克森成为最受欢迎的小说家，直到她1998年在英格兰去世。

"选择性婚配"只是众多被用来描述人类各个社会阶层采用各种程序确保婚姻门当户对术语中的一个。"同族通婚"是描述同一件事的另一个模棱两可的词语。事实上这些术语只能模糊地表现这一过程是如何演变发展的。它不是某些人在实践选型性婚配，而其他人也不是，或者是数量可观的绝大多数群体在遵循同族通婚；而是这些行为平常得不能再平常以至于这些术语没有存在的必要。脱离了经济地位的在过去是个巨大的丑闻。1960年就是这样的丑闻，当时控方律师在众所周知的英国淫秽审判时问陪审团，"这是一本你希望你的妻子或仆人读的书吗？"由于控方律师是一个来自上流社会并娶了一个上流社会女人的已婚男人，他继承遗产并雇用仆人，因此他假设陪审团跟他一样都有仆人！同族通婚就是提倡并维护这种歧视。审判的内容，在1928年被D.H.劳伦斯创作成《查泰莱夫人的情人》，是一个女人与她的仆人发生了性关系。这本书立即被禁止出版，直到1960年审判终止，这暗示着歧视在1928年到1960年之间减少。审判一直悬而未决，以此想要阻止出版商（企鹅出版社）企图出版廉价的平装书。这一特殊的时期，仆人与情人的谈话，都应该在考虑图表14的时候铭记于心。虽然像这种体裁的禁书在1960年的时候被认为是荒谬老套，但是低于某个人社会地位的婚姻（如果没有那些性行为）仍然是奇耻大辱；现在仍是如此，证据就是这种婚姻一直不多见。这种奇耻大辱可能会在社会流动下降的国家出现。

最富有的一百人

图表14绘制的是英国1918年到2005年记录的单个百分点最富有的人，所得的税前与税后年收入份额。英国一百位最富有的人通过赚钱获得收入，但大部分的收入是来自财富利息、红利与股票以及投票投资回报。

图表14：1918—2005年英国1%最富有的人所得收入份额百分比

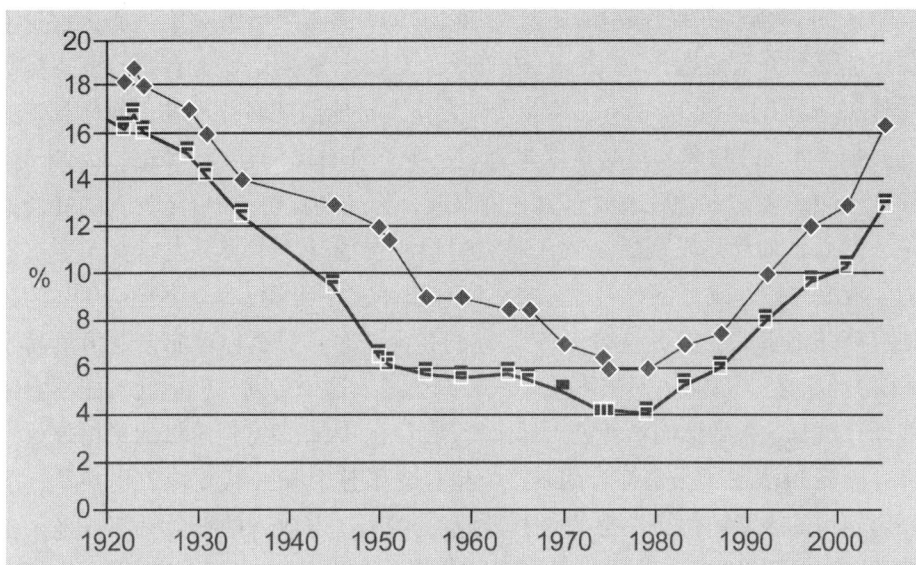

注解：最下面的曲线是税后收入份额。

参考资料：阿特金森·A.B的"英国20世纪的高收入"（2003），牛津纳菲尔德学院工作文件（http://ideas.repec.org /p/nuf/esohwp/_043.html），图表2与图表3；从1922年到1935年，当没有1%的时候，用0.1%评估1%，2005年的数据取自布鲁尔·M，Sibieta, L. 和雷恩刘易斯·L. 的《比赛开始了吗？收入不平等与高收入的进化》（2008年版），伦敦，财政研究所出版，第11页；最后面的税后收入比率12.9%是由8.6%+4.3%得出，税前收入比率从2001年开始缩小（见上述表格5）。

　　第一次世界大战结束的时候，1%最富有的人一年的收入占国民收入的六分之一左右，是普通家庭的17到18倍，是十分之一最贫困的家庭的100倍。富有的人在当时都有仆人，包括像1928年D.H.劳伦斯在描写的猎场看守人。从1918年至20年代、30年代、40年代、50年代和60年代，他们的国民收入份额下降。很多巨额财产的继承人在第一次世界大战中死去，政府向贵族家族征税，但同样重要的是，"大"家族对于跟谁上床并结婚变得有些不那么严格。因此在20世纪60年代花园管理员、猎场看守人或（带薪）花匠要少得多。

　　同族通婚的演算过程很简单。如果你是1918年赚取高收入百分比家庭的

不公正的世界

一员，你一年的收入，用今天的货币价值来算，可能有15万左右，是普通个人收入的18倍。如果你精挑细选，排除了99%的未来结婚对象，那么理论上你可能遇到并只能选择1%跟你一样的人。因为社交网络非常有限，要想排除另外99人里的至少90个人、或者只作为仆人与他们见面并不难，但你真正遇到其他9个人的时候，你必需要告诉自己他们在自己的社会地位之下。于是，作为一对夫妻，或者后来会作为一个家族，你还会保持1%最高收入的社会地位。然而，如果你发现最高收入等级里最底层的某个年轻男人或女人更有魅力，或更体贴，或更善解人意，或更情有独钟，并且你已完全不理会90%的其他可能的追求者，但不是第91个，你们结为一对，那么你可能会退出最高收入百分位的行列。另一对夫妻或个人可能会进入这个行列，但他们可能不会像你那么富有（否则他们早就进入那个行列了），因此最富裕阶级的平均收入下降。图表14表明了很多综合因素，但也包含了整个70年代要求工作平等、增强影响力的因素。值得注意的是1%最富有的人，其收入的很大一部分是来自持有财富的利息收益，因此巨额财富的积累是几代人"正确"的婚姻才能得以维持，这对富有的人来说是个不争的事实。一直到1958年的英格兰，社交名媛（年轻的贵族或上流社会的女孩）会在每一次社交季节开始之初被举荐入宫觐见君主。她们被举荐就明显表示她们可以结婚，可以嫁入门当户对的家族。在1958年以后，要想确切了解谁是最"受尊敬的"人变得难上加难。然而，今天仍在进行这种过程，尤其是在美国各种大型"慈善"舞会上，但与仅仅半个世纪前向英格兰女王定期举荐最合适的年轻姑娘那时候相比，国家支持的成分不是很明显。

结合第一次世界大战时期就连上流社会里也存在的高死亡率、在经济大萧条时期遗产税的增加和财产损失，以及后来收入增加与遗产税收的再分配，这些都促使收入与财富差距从1918年到70年代末开始下降。然而，同时也不难发现，由于财富分配变得更加平等，人们选择恋爱对象也变得更加容易，对那些希望得到宽容的人也变得更加宽容，只是为了保护家族的银器。所有这种的出现得益于"人的本性使然"，[55]如果真是那样的话，那图表14里的很大一部分为什么会出现差异呢？为什么，自70年代以来，我们会再次集中在最富裕的百分位里看我们的个人收入呢？不只是1979年以后取得进展的税收结构被取消。税前收入（同样在图表里有体现）的发展趋势也是如此。上升很快，到2005年的时候，趋势曲线表明我们已经回到了20世纪30年代初的收入不平等的最高水平。

最富有的百分位税前收入比率与30%最贫困的过度死亡率、十分之一最富裕阶层的健康特权与保守党在1918—2005年期间的地区投票率，其皮尔森积差相关系数分别为：0.57，0.82and 0.51（见第176页，表格5）。再次的，没有证据表明这之间存在什么因果关系——很显然有钱人的健康特权与他们的财富比率密切相关。但这些同样既与选票差异趋势曲线有联系也与穷人过早死亡率的波动有关系。即使这里最低的相关系数偶然发生也只有百分之一的概率。与上述税后收入趋势曲线有关的相关系数更大，分别是：0.60，0.86 and 0.58，这些相关性不仅更强，而且在统计学上更稳定。当富裕阶层获得的国民收入越多，贫困阶层的卫生状况会受到损害，大选投票比率就会得更加两极分化。美国表现出来的发展趋势与此相同。[56]

选择性婚配

20世纪70年代末以来发生的事，是在不平等增长时期再次开始流行的选择性婚配其中之一，但它现在不再关于仅仅是在上床睡觉前清点并称量银烛台的家族财产上的分割。这种选择性婚配更多的是与同等职业收入的人婚配。从20世纪70年代初期，越来越多的女性可以获得收入微薄的工作，并且可以一直工作到婚后。形象与自由变得越来越无关紧要，即使对最贫穷的人来说；变得至关重要的是阶级。[57]

自20世纪70年代末以来，社会顶层的实际收入开始迅速向上偏离。扭曲的道德也开始在像英国这样的国家里再次得到纵容，这样的道德认为竞争是好事，合作是坏事，只有少数人才真正的有天赋并且他们应该让他们的天赋受到所谓"公平的回报"。如果你逐渐对此表示相信，那你就要更加小心与你同床共枕的人。不仅仅是因为富人与穷人的生活差距越来越大，还因为这种融合产生的影响变得更加令人望而生畏。开始缓慢，后来比较迅速，薪酬最高的人现在的工资更高。双职高收入的家庭最先搬迁远离其他收入类型家庭。收入差异扩大，并且随着差异的扩大，与那些不太富有的人社会融合的这种思想年复一年变得越来越让人难以接受；从金钱这方面来看，"不幸的婚姻"简直让人失去的更多。这在美国达到了这样一种程度，到2007年的时候，富裕家庭的年轻人被告知在刚开始约会的时候自己就应该清楚并提出："我需要跟你探讨一件重要的事。在我家要做婚前协议。"[58]除非是说"我有疱疹，你也愿意有

169

不公正的世界

吗?",否则很难再想出像"在我家要做婚前协议"这种令人不快的词语。[59] 比较不平等的国家通过婚姻的融合比率自20世纪70年代以后开始下降。

在美国,社会融合下降导致大量异族通婚数量上升的速度放缓,虽然自从奴隶制度以后仍在增长。近年来,很少会在美国的电视节目里看到白人与黑人夫妇,正是这种异族通婚比率很低,美国黑人贫困水平才如此之高。在美国,拥有在奴隶制时代的曾祖父母是独立遗产,很有可能造成遗产的金融回报会很低,因为奴隶制的残余思想、法律以及当时的传统,其制定的目的就在于防止被认为是独立的种族之间进行非选择性婚配(种族通婚)。这在美国不仅导致了巨大的贫富差距,就连那些稍微富有的人也极不情愿共同协作并且友好地投资于共同利益。巨大的误解是北美的富裕阶层捐钱做慈善援助共同利益,然而,据最近一位福特基金会的主任报道说,用于共同利益的慈善捐助只有很小的一部分。[60]美国的富裕阶层很乐意拿走贫困阶层的钱,但却不喜欢"给"回贫困阶层,无论是通过慈善也好,通过税收也罢。正是种族主义导致了滋生不信任、保持吝啬这种残余思想。这种不信任的程度比富裕阶层的利己主义更严重,大多数女性在近几年由于直接继承遗产和大型企业,比如奴隶制占有的资产而最终变得富有。正是不信任在局部以及在几乎整个社会开始蔓延,在极不平等家族内的财富遗产继承对社会安全至关重要。

遗产继承最残酷的讽刺之一就是它导致了美国奴隶的曾孙仍十分有可能被剥夺自由,因为他们最终居住在世界上监禁黑人将是十分普遍的某个国家。美国的监禁主要是用来关押贫穷的非白种美国人,他们的遗产继承美国官方将不予以描述,因为他们一直出生在这样一个国家,他们的社会地位与肤色很容易让自己觉得就是按照犯罪的路线生活的。歧视大范围的存在,其极端结果是很多美国黑人被说成不属于常规经济的一部分,不属于社会一部分,并且犯有重罪,在十几个州里不再属于政治,因为按照这些州法规定他们不再有投票的权利。

那些入狱的人不能算是失业,因为据说他们不找工作。而他们不能工作却是真的,极端不负责任的说法是,实际上是对他们的忽略,他们最好还是不要做有报酬的工作。美国的失业率,如果把囚犯包含在内的话,其百分点会更高。监狱人口在已选择加大监狱建设的富裕国家的巨大增长已经造成社会等级的范围在那些国家急剧扩大,在最底层的小牢房里设立了更多的空间。这种方式创建的巨大用于对少数富裕阶层巨大财富的一种平衡。很难发现一个国家，那里最富有的人极其富有，而他们也没有很多监狱。种族主义需要用来维护这些差异，不仅仅是继承财富，而且还要继承劣势与偏见。如果这么多囚犯没有因为他们的肤色而被贴上"不同种族"的标签，人们是不会容忍在英国或美国有如此大规模的监禁的——日本和斯堪的纳维亚的监狱就很少，单个的监狱要小很多，并且处罚性的机构也很少。

我们的肤色是我们拥有的少数几个有明显身体遗传特征之一。然而，由于出生的时间与地点，我们只注意到了这个遗传特征。如果那些人第一次航行到达的地方被称为新英格兰，加勒比人、印度人和澳大拉西亚人用身高或用鼻子的大小，或用头发的颜色来区别他们在那里遇见的人，那么这些特征可能会成为判定社会地位最简捷的生理特征。因为用肤色区别欧洲人与那些被他们征服种族最明显、最可靠，肤色的遗传的时间最长，是最大的遗产特征。考虑到发生的越来越多的极端生活事件，肤色对于生活机遇的影响越发重要。痛苦生活的风险的增加由于肤色深而几乎无处不在。欧洲生来就有的偏见在那些处于富裕世界帝国的国家表现得最为露骨。因此，在巴西，警察的嫌犯开枪对象90%是黑人，而黑人公民（2%））接受教育却比白人（10%）低5倍。[61]即使在正式取消了种族隔离制度以后，南非，收入与贫富差距方面来说，与巴西竞争，在印度，肤色浅的新娘与新郎在结婚的时候会被登报，这说明种姓制度结构通过英国的统治被大大增强。不是殖民地的国家这种"传统"往往要脆弱得多。所有这些社会丑恶，从考虑欧洲从何时起仍称他们为"启蒙运动"的时期开始，很大一部分根源于遗产继承，或者是由于欧洲的影响而保留下来的一种古老的偏见。

5.5 20世纪70年代：新种族主义的诞生

在20世纪70年代保守党政客们以及后来的首相撒切尔夫人访问美国的时候，在表达她对平等的看法时说："我们珍视每个人的其中一个原因不是因为他们都相同，而是因为他们都不同……我会说，让我们的孩子长高而且比其他的孩子长得再高些，如果他们有能力可以让自己做到这一点。因为我们必需构建一个每一个市民都能发挥自己全部潜力的社会，既为了自身利益也为了将社会作为一个整体……"[62]她的想法与言论被其他人不断地反复宣讲。最终不同的个体自身有不同的"能力"这种主张变成了一种常态。潜在的能力被当作身高。显然,一个孩子应该根据表现出来的生长潜力而得到良好的哺育,并且只有受到良好的教育才能因此通过他们所谓提早显现出来的潜力或者父母高收入的测试。[63]因此在本世纪末,通过人们的自私行为给他人带来某些方面的好处这种奇怪的想法逐渐得到认可。

图表12—14的转折点已经在20世纪70年代的时候下降。无论是考虑到健康、选票还是贫富差距,在英国,人们与地区两极分化的程度在第一次世界末期一直到70年代正在逐渐缩小。美国与其他决定发展成为母语的英语的巨富国(比如新加坡或澳大利亚)的富裕国家里也同样能够看到这种状况。20世纪60年代一直以来是取得社会巨大成就的十年,由于社会进程在半个世纪处于最缓慢和最稳定的时期,那十年期间所取得的成就没有那么多。这一社会进程取得的成就是以世界其他国家为代价,他们承担了大部分的粮食生产(解放欧洲的农民),他们开始生产纺织品(解放日本的工厂工人),他们挖煤矿(解放美国很多做危险肮脏工作的煤矿工)。这些国家的经历就是科技与机器使他们富有,但他们解释不了原因,到20世纪60年代末的时候,他们从国外进口的消费品要比20年代的时候要多得多。

而20世纪60年代或许会被刻画成富有国家的进度时代,而其他国家对此望尘莫及。全世界的人们不得不为争取独立与殖民主义做斗争。他们不是心甘情愿挣脱桎梏,虽然这又是一件现在很少提及的经历。我们差不多忘了不久以前,还有人只是半开玩笑地说,世界上绝大多数领导人都曾有参观过英式监狱。如今,那些绝大多数领导人更有可能参观过伦敦政治经济学院(LSE),或其中少数几个类似的大学,因为我们现在正在拉拢并试图将我们未来的领导人变成我们的神话,而不是要经常监禁他们。

20世经60年代还是一个发展的话题已变成老生常谈的时期。内容就是有一个可以遵循的路径,就是如果较贫穷的国家能够做到富有国家所说他们曾经创造的神话,那么贫穷的国家也能变富。只需机械化、工业化和民主化,那么贫穷国家的人们也能变富。我们在今天仍持有这种观点。而当这一切没有如是发生的时候,种族主义的论断对此开始颇有微词。种族主义者认为黑皮肤与棕皮肤的人就是没有治理国家的能力,就是天生的懒惰,或堕落,或二者兼有。他们在越南这样的国家里得不到信任作出自己的选择;在整个非洲,如果没有军队,就有必要在武装力量上进行干预。从华盛顿关切拉美问题并积极在暗中从事政治阴谋开始，拉丁美洲受到歧视，这在1973年智利发生的事件最为明显。

人们惯有的一种说法就是这些地区的人们需要"帮助"，提供这种"帮助"永远是"白种人的负担"，富有的国家需要间接管理这些肤色不是特别白的人，尤其是如果他们想投身于社会主义或共产主义的时候。由于精英主义的思想在富有国家得以生存一直持续到20世纪50年代，对国内对穷人的排斥在60年代再次被容忍，在70年代，富裕阶层再次把统治作为自己的使命，但现在是通过干预、拉拢和改变信仰，而非通过直接殖民委任统治。他们称之为领导。

置入恐惧感

虽然为了贪图简单起见，但把所有的事几乎全部纳入十几年的时间历程里是不太合适的。20世纪70年代新兴的种族主义的前身在60年代大量存在，但后来却在另一种进步政治的缝隙中显现。简而言之，在1969年，造反的学生甚至接管了伦敦政治经济学院的经营。整个富裕阶层的学生开始对他们所受的教育表示怀疑。便并不是所有的政治都走左翼路线。或许可能是1968年《人口爆炸》这本书在美国的出版是"新种族主义"兴起的最明显的标志。我们现在知道这本书的出版是受某个群体的委托，其目的是利用这本书鼓励进一步限制从贫穷国家到富有国家的移民。我们还知道相同的群体和工作在此之后迅速蔓延到欧洲。[64]这本书的目的是试图要保护富裕阶级的特权，而对其他人群却不予以过度的关注。这本书创作于大规模的绝育风潮的中期，主要是为了阻止贫穷国家的非白种人生育非白种人的孩子。

在20世纪70年代初期，美国内部的政治再次向右翼路线转变。首先是处在基层范围内。1972年，一位叫卡尔·罗夫的年轻人，后来被称为小布什的"大脑"，被选为大学共和党运动的主席。像罗夫这样的人是利用了当时富裕阶层新的恐惧，恐惧他们的富裕国家里达到平等的程度，恐惧工会，恐惧女性团体，恐惧黑人与民权，恐惧同性恋者、共产主义以及几乎任何不像他们所认为的那样的人，恐惧他们在贫穷国家看到的大规模集结的群体，恐惧所有黑色和棕色皮肤的婴儿，恐惧自己的社会地位终结。共和党转向右翼政治，发表演说把这些恐惧和资助转向从恐惧的富裕阶层到竞选运动。这种影响在选票、在1976年和1978年的国会、在提名和选举越来越多的极右参议员、1975年与

不公正的世界

1979年期间极右参议员数量的翻番增长、在选举的积累以及1980年罗纳德·里根竞选成功，你都可以看到这种影响。[65]

在美国，从20世纪70年代起，政府逐渐被看作支持不应该得到支持的人的一组机构……对黑人政府的恐惧与担心变成一个黑人的星球联系在一起，恐惧一种外来入侵与异化，恐惧一种本地与全球控制以及长期以来关乎到白种人的特权的损失。[66]因此它本身就是一种新式的种族主义，处于政治摇摆的核心。恐惧"东方群体"有可能打败美国在"远东地区"的军队，恐惧奴隶的孙子和女儿会游行并在国内争取到权利，恐惧随着美国的经济增长，开始在1973年以后长期而稳定的经济放缓（见第4章图表10），整个美帝国开始看到自己的时代的终结。这些是20世纪60年代末和70年代初精英人士主要持有的恐惧。在当时的60年代末，这种恐惧一直被灌输进广大公众意识。通货膨胀上升，失业增加，尤其是移民受到谴责，那些被称作"贪婪的阿拉伯人"通过生产像黄金一样昂贵的石油（传说或许是这样）全部都变成了百万富翁。种族主义在20世纪70年代出现，因为这个时期发展良好，有很多人认为他们会在鼓吹种族主义当中受益。社会进步并且长期而稳定的发展即将结束，随之而来的是不安，而不安的时代最容易滋生恐惧。这种新形式的不安还与生育与对人的需求有关。

图表15表明了从1840年一直到2080年预计的英格兰与威尔士死亡人数或预计死亡人数所占当地（或将在当地）出生人口的比例。趋势线与欧洲其他国家，比如瑞典的情况一样，近年的趋势线也是美国的典型特征。那些19世纪40年代出生的人里，去英格兰和威尔士生活（并死去）的人比离开的多。虽然爱尔兰的饥荒确保了只能在国内生育并从乡下移民，但19世纪对劳动力的需求也很大。但随着受到经济衰退的冲击（本世纪末）劳动需求下降，移民对于1850年以后出生的人来说是常态，它在整个镀金时代不断上升，在1900年前后达到巅峰，原因是位于1900年出生组的人在1914—1919年战争期间、或20年代大动荡时期、或30年代经济大萧条时期想要进入英格兰和威尔士的劳工市场。由于移民，在1919年出生、离开英格兰和威尔士并在客死他乡的人有十分之一（至少是最低比率）。但生育力在20世纪二三十年代仍然下降；避孕开始成为普遍现象；女性逐渐获得说"不"的权利；因此到20世纪30年代末出生组的时期，除了那些在出生并留在英格兰和威尔士的人以外，至少又额外增加了10%在国外出生或在苏格兰出生的人。

图表15： 1840—2080年英格兰和威尔士地区净移民比率（按出生年份）

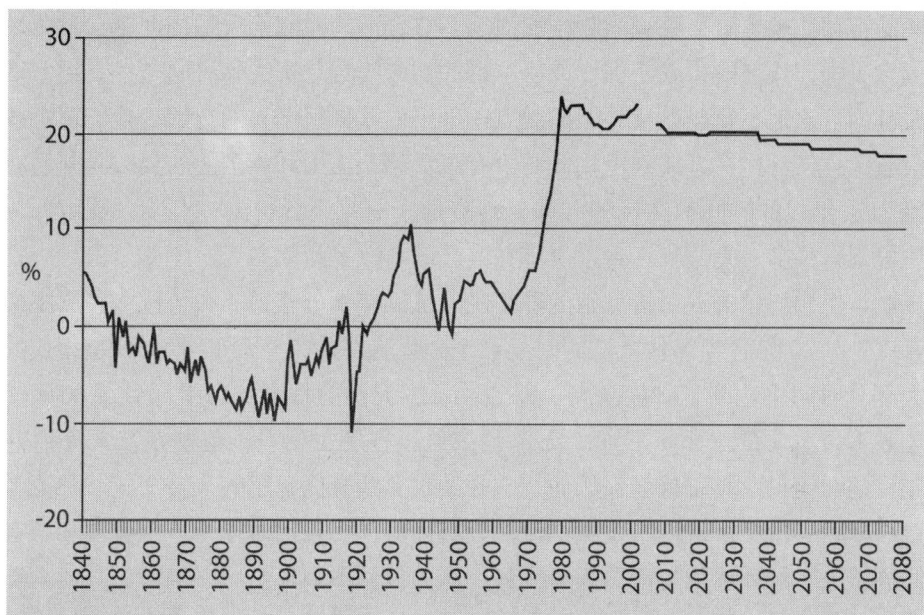

参考资料：多林·D：《迁移：长期视角》（2009年版），伦敦，公共政策研究所出版，图表8。该图表表明移入这些国家的人，与出生率相比，比移出的要多得多，包括官方预计的2080年的比率。

他们在20世纪50年代、60年代和70年代初移入。他们逐渐填补了从未出世的婴儿造成的人口空缺，很多人利用他们的到来挑起种族主义。

移民与殖民

20世纪30年末和40年代初在国外出生的人，在60年代和70年代初向英国移民的风潮明显是应了劳动力的需求。在当时是被这样认为的，而事后看来尤为明显。80年代的劳动力需求减少，因此图表15里的记录表明，由于1946年以后那些婴儿潮时期出生的人进入劳动力市场，以及七八十年代的经济衰退减少了对劳动力的需求，在四五十年代出生的后来移民的人急剧减少。图表15还表明在70年代出生的人在90年代的时候开始大量移入英格兰和威尔士时，净移民比率如何下降。种族主义近年来死灰复燃，2009年英国国家党的投票反映了这一点。

不公正的世界

人们会很轻易地受种族主义思想的影响而动摇，稍加说服就参与了种族主义的行动。想想看，民意测验剧烈波动。在合适的时间问合适的问题，你可以提出英国，或美国，或德国，或日本最关切的问题是担忧移民问题。要经常说关键词，永远不要碰触反补贴的观点，你可以获得很多人的选票，他们对那些没有像自己一样白（或肤色浅）的人有恐惧感。美国和英国的右翼政党几乎在整个70年代的时间都在玩种族牌。理查德·尼克松玩得少一点儿，罗纳德·里根玩得很多；爱德华·希思没有在自己的政权里为伊诺克·鲍威尔谋到一官半职，但撒切尔夫人对接见她的种族主义选民却十分谨慎。在英国，种族主义者谋杀到20世纪70年代末期的时候已十分普遍，并在整个80年代和90年代的大部分时间里达到了种族主义、暴力、不容异己的程度，恐惧回到了60年代比较习以为常的水平。然而，无论是在美国还是在英国，新种族主义直到70年代的时候得以真正减弱；然而，它开始被那些有优越感的人转变成一种范围更广的种族主义，他们不仅觉得比黑人有优势，而且比对作为一个群体和"有共同祖先"的种族的特殊白人有优势，认为他们不如自己。一旦认为其他人类比自己的群体劣等，认为与自己和自己的群体有区别，那么你想要善待他人的热情就会大大减少。

关于实施种族主义，越南的大屠杀，以及那些后来在柬埔寨的大屠杀，是70年代期间及此前揭露的众所周知的暴行。联系到冷战时期，以及在冷战的掩盖下，更多的人在印度国内及边境被杀，还有发生在中国国内和柬埔寨的暴行，但只有越南的大屠杀第一次受到世界媒体的关注。1968年3月16日在美莱村发生的一场特殊的大屠杀，在70年代曾对屠杀行径进行揭露，随后被作者掩盖引起了人们极大的愤怒。上百名村民，几乎所有的女人、孩子和老人仅仅被一小撮美国士兵有组织地在一天时间内全部杀害。有人认为有一个在那场大屠杀里吹口哨的士兵，赖德诺尔，原来是几百个接受斯坦利·米尔格拉姆在60年代初做的著名的心理实验测试的人之一，其测试的目的是发现如果是权威人物下达命令，人们会如何执行。这些测试是一个身穿着白衣大褂的人要求人们打开一个执行电击的仪表盘，他们看不到受害者但能听到受害者的尖叫。赖德诺尔是在接受斯坦利·米尔格拉姆实验里接到指令后少数几个拒绝将仪表盘拨到最大刻度的人之一；也有可能不是同一个人，但另外一个同名同姓的人却拒绝在美莱村大屠杀的时候保持安静。然而，如果实事如此的话，那么这两个人都不正常。他们的态度是未来发展趋势最直观的表现。[68]

正如少数几个受到良好教育的人在纳粹占领欧洲的时候能够冒着生命危险去拯救受纳粹迫害的人，所以当美国入侵越南的时候，有少数几个人甘愿反抗命令，并且在美莱村大屠杀见报后拒服兵役的人急剧上升。美国再也无法选派人们去参战；而是它不得不强迫穷人在以后的战争中争夺资金。虽然男人和女人自愿选择不参军就只有选择贫困，但很多穷人知道这种强制性的"提供"的是项多么差劲的一笔交易。到21世纪的时候，美国开始贿赂在美国获得绿卡的外国人，只要他们答应参军并攻打伊拉克。美国部队只到了2008年9月的招募指标，因为经济危机使得大量的年轻人失业并绝望。反对战争，在一个世纪前还很罕见，在新世纪之初却因2003年世界游行史上规模最大的抗议，美国精心策划入侵伊拉克的游行示威而变得司空见惯。

20世纪70年代的的抗议是反对美国、英国及其他富裕国家的政府支持南非的种族隔离制度。但大多数人不理解抗议者抗议的是什么。南非离得那么远，抗议者关心的人群又都是黑人。在英国，政府公然实行种族主义在70年代很普遍。年轻的白人警察殴打年轻黑人也只是例行公事。人们又花了一代人的时间才认识到这种事是多么地令人憎恶。[69]

麻木不仁的灵魂

在过去，很多人觉得执行命令比较容易。整个富裕国家的童年，总的来说，仅仅在几代人以前、在培养盲从行为的社会背景下，还一直饱受创伤。儿童不被倾听，经常被遗弃、经常挨打并且对绝大多数孩子构成的蓄意威胁，其程度在今天看来就是虐待。[70]受到虐待的儿童，在成年后，会恃强凌弱，有时会成为种族主义者。现在在富裕国家，用这种方式培养的孩子少之又少，但可悲的是很多孩子仍受到创伤，不只是由于虐待，而且还由于父母的一方死亡，却得不到相应的福利作为补偿这种不幸的经历。这会使人变得麻木不仁。当穷人变得麻木不仁，他们反过来就会教唆自己还在蹒跚学步的小孩去攻击去伤害别人，并且经常会对种族主义这样的思想感兴趣。[71]如果当权者这样麻木不仁，他们远不会对穷人（或任何人）施以同情。他们可能觉得还是采用种族主义的行为方式更容易。某种特殊类型的教育，无论财富状况如何，就是后来导致的种族主义思想。

种族主义是某一特定种族优越感的思想。一个种族被认为是人类的主要分支，一群由共同的祖先联系在一起的人。传统的种族主义一直针对的是被认为

不公正的世界

肤色、面部图案或语言揭示拥有共同祖先的一系列的人，但任何群体都会受到鄙视，因为他们被认为有共同的祖先就会成为种族主义。因为很多富有的人的种族主义已经从20世纪70年代原始形式演变成认为穷人劣等，而对他们更加厌恶，所以那些人的本性发生了改变，他们使种族主义不断发生变化，认为人们的种族劣等。

现在这种更广泛存在的种族主义更多的体现在商务人士制定的董事会决议上——他们把目标客户群体看作—— 一个群体——劣等，一种（他们说）为了剥削而需要了解的人，但不会住在他们附近并和他们相处的人。2007年伦敦一家'executive property' 房地产经纪公司甚至拿出报纸广告说，虽然你为了取得良好的业绩而需要了解"客户"，但却没有必要住在"他们"的附近。应该把70年代的种族主义的复兴和当时商业思想的兴起，与目前商务行为的种族主义和能够头脑清晰地以种族主义的方式"细分"客户市场的人作比较。他们为什么会这么做呢？

成功但冷酷的商务人士在童年时期一般都受过创伤完全是一种巧合。[72] 我们从最近的科学研究里还了解到有心理变态倾向的商务人士往往事业亨通[73]，而"企业伦理"对人们行为方式的要求在私人生活里被认为是道德败坏。当反主流文化开始出现的时候，当他们的孩子问他们为什么要工作去生产越来越多世界上越来越不需要的东西的时候，渐渐地，更多的向着私人企业努力的人在内心开始明白他们工作的内容以及方式都是错的。当人们失意并说是多么憎恨自己的所作所为时就是证明；还可以通过"漂绿"公司试图表明他们在某些方面有道德、互相协作并且有责任感这一点了解到。如果商人对自己的公众形象满意，他们就不会致力于这种吹捧。有少数人说他们不会这么做，并声称他们真诚地相信自由市场不受约束。这些人是要求对轮椅登机收取额外费用的人。虽然有这种人存在，但大部分的自由市场投机者却不太遵守市场经济基本规则。像我们所有人一样，商人遵纪守法地生活并想方设法为自己的所作所为进行辩解，但很显然在2008年金融危机以前要实现这一目标是难上加难。现在人们努力做生意，他们知道由于自己的行为、自己所造成的污染、任意聘用和解雇以及在人们的痛苦中谋利而日益受到人们的鄙视。[74]虽然少数人较之以前更清楚地认识到了这一点，但多数人仍不知道他们的行为是错的。虽然越来越多的普通民众逐渐了解到银行家们不常常对善良的人表示同情，但很少有人意识到，企业的制度规则要求人们按照精神病医生给患者进行诊断的方式做生意。然而，更多的人开始认识到这一点是因为越来越多的以公众为目标群体的书上就是这么写的，其观点并非仅仅在一些晦涩难懂的学术书籍里才有。[75]

强词夺理

人们在童年或青少年时期受到的创伤，尤其可能导致他们在以后会有反社会的行为。虽然这一点就犯罪行为来说无可争辩，但目前不属于违法范畴对反社会行为来说也是事实。比如，作为一名狙击手在部队里执行命令或谋杀容易使人有心理变态的倾向：否则你怎么能把瞄准器慢慢对准另一个人的头，然后当你准备好的时候，从容地扣动扳机？你需要想象目标不是一个人。在第二次世界大战期间，称战争一方为士兵就是叛国。虽然这在今天是常识，但一旦你认为狙击谋杀是精神病的行为，你就会对战争产生更大的质疑。在英国，学校的孩子们用乔治·奥威尔写的书作为学习文学的指定教材。奥威尔在一篇文章里写道："在我们这个时代，政治演讲与写作在很大程度上是在强词夺理……政治语言……被设计成让谎言听起来真实，让谋杀听起来受人敬佩。"[76]我们现在统统了解并能说出很多最近只能在私下里说的事。与使战争中的谋杀受人敬佩相同，我们现在发现那些想要在商界和政界爬到最顶端的人比他们的同僚更有可能是所称的"……愿意抛弃义务冷酷的人"，[77]愿意踩着别人的头和上爬的人，信誓旦旦但从不兑现承诺，收人好处但从不给别人回报，自信到狂妄自大。在大学里，那些比较自私的人越来越多地集中在"……商务学校和经济系"。[78]

我们所认为的种族主义随着时间发生改变。只有自20世纪30年代以后我们才开始对目前意义上的种族主义有了广泛的认识，并只有自20世纪60年代以后"种族主义"才在字典里出现 （包括单词"种族歧视"[79]以及最近出现的"种族主义者"）。 正如贫困、排斥和精英主义一样，种族主义并不总是与我们如影随形，并且与贫困一起，只有在最近才有很大一部分人致力于对它们的根除。目前宣扬的穷人在某种程度上天生劣等这种大规模的歧视也会结束。但它的结束一定会受到支援，我们必需对担心自己和自己的一切不再至高无上的人将要挑起的怨恨有所警惕。人类很轻易会产生歧视，仅仅一个有魅力的人就会轻易让人类为之倾倒。共同的经历让我们对此有充分的认识。那些没有对此有充分认识的人不是我们应该惧怕在他们附近居住、与他们交往或自己的子女要嫁娶的"隔离的种族"。它就这么简单（对某些人

不公正的世界

来说却难以理解）。

注解与参考资料

1 被认为拥有与别人不一样肤色的人会经常被刺伤；见里奇·K：《种族》，2005 年版，伦敦，基督教知识普及协会，第79—84页，第141—145。

2 保罗·克鲁格曼：《一个自由主义者的良知》，2007 年版，纽约，诺顿出版社，第 160 页。

3 独裁政权在希腊（1974年）、葡萄牙（1974年）和西班牙（1975年）被推翻后不久。

4 丹尼·多林："轶事是奇异的数字"，《环境与规划 A 辑》，2001 年版，第 33 卷，第 1335—1340 页，第 1336—1339 页，提到被一位小孩儿认为是（英右翼政党）国民阵线。

5 国民阵线在1979年投票选举的时候遭到瓦解，原因是一些极右翼派选民为保守党投票。

6 Ballescas，R.P："20世纪70年代到90年代移民到日本的菲律宾人"，出自池端雪浦，L.N. Yu-Jose（合编）：《菲日关系》，2003 年版，马尼拉，马尼拉雅典耀大学出版社，第 15 章，第 563 页。间接叙述了歧视早期，阿道夫·希特勒把女性的工作描述为孩子、厨房和教堂。顺便提一下，在英国，尤其在近几年，外籍劳工需求量较大的工作一直被称为"拾捡、拆分与打包"。

7 见海特·T：《边界开放：反对移民管制》，2004 年版，伦敦，普卢托出版社，第 49 页，关于20世纪60年代的移民管制政策如何无意间鼓励了移民。歧视的增长说明了人们很快就忘了这些移民者被有意带到欧洲，在矿厂和汽车工厂里值夜班、开公交车以及做护工。截止到1989年，英国的MORI民意测验发现60%以上的调查对象说移民者太多。到2007年，这一比例已上升到68%。煽动人们对移民者数量的歧视并不难；见芬尼·N，辛普森·L：《梦游隔离？挑战种族与移民的神话》，2009 年版，布里斯托尔，政策出版社，这些特定统计数据来自第53页。

8 保罗·克鲁格曼：《一个自由主义者的良知》，2007 年版，纽约，诺顿出版社，第 133 页。引文始于"但有些原因还尚不清楚……"迁移弥补了生育率下降或许是这种趋势在大部分富裕国家蔓延的原因；还有原因是为了赚钱以及服务行业劳动力的极大需求。

9 这种说法，如维基百科所述，来自西蒙·赫弗的传记介绍《如同罗马人一样：埃诺奇·鲍威尔的生活》，1999 年版，伦敦，魏登菲与尼寇森出版社。

10 保罗·克鲁格曼：《一个自由主义者的良知》，2007 年版，纽约，诺顿出版社，第 210 页。

11 丹尼·多林："寻找新工党的灵魂"，《地方经济》，2007年版，第22卷，第4期，第317—324页。

12 杰克·古迪：《偷窃历史》，2006年版，剑桥，剑桥大学出版社，第15页。

13 理查德·威尔金森和凯特·皮克特《不平等的痛苦：为什么越平等的社会往往发展得越好》，2009年版，伦敦，艾伦巷出版社；见第9章，青少年怀孕。

14 索伯恩·J：《儿童领养的对比研究》，2000年版，诺威奇，东安格利亚大学出版，第5页；美国非家庭照顾儿童的数量在1987年到1999年间翻倍增长，比其他任何一个富裕国家都高，被领养的儿童因此就更多。在美国被放弃领养而没有得到寄养的人要多于西欧和澳大利亚。

15 见全球基本收入网络（www.basicincome.org/bien/）关于人们如何维持生活收入。

16 某些情况并不称之为情况，而被认为是一个问题。因为美国在公共广播服务中向公众解释说："奴隶在雅典社会的最低阶层，但根据很多当代人的说法他们远没有像在希腊其他城市那样受到苛刻的对待。事实上，雅典时期的其中一种说法就是他们的奴隶和自由人很难区分开来。"（www.pbs.org/empires/thegreeks/background/32b.html）。

17 奥利弗·詹姆斯：Contented dementia，2009年版，伦敦，Vermilion出版社，第23页。

18 假设他的妻子也持有这种观点，或者她不是很强烈反对学校的决定，但这些一直没有什么相关依据。布莱尔有关不值得他的子女做的工作的言论被记录在马克·斯蒂尔：《这是怎么一回事？》，2008年版，伦敦，西蒙舒斯特出版公司，第8页。现在经常在网上反复出现："罗宾·库克年代回忆录有一个重要的引述。他在与布莱尔谈论关于（布莱尔）儿子的重点学校的事，哈特斯利当时在场，他们说哈罗德·威尔逊已把子女送到一家综合学校读书，一个成为了校长，另一个是开放大学的教授，然后布莱尔说：'我真希望我的儿子们比他们更出色！'"见约翰·保罗·弗林托夫的记录（www.flintoff.org/what-happened-to-meritocracy）。弗林托夫在网站上重复使用马克·斯蒂尔现在广为传播的评论："对于布莱尔来说，地位与财富就是一切。他已经不再考虑教育本身的价值。他甚至不太可能考虑与这有关的事。"

19 欧文·克：《超级富豪：英国与美国日益增长的不平等》，2008年版，剑桥，政体出版社，第64页。

20 20世纪70年代的那几年，形势危急严峻。横跨大西洋，英国当时的居住中心在南方与北方之间波动，选举活动愈发不可预知。上千个选民的意见在1968—1978年间摇摆不定。最平稳的一年可能要算1976年了，但即使是那个时候，不平等的基本发展轨迹几乎完全发生了转变。就是在20世纪70年代那几年，长期的社会变革转变了发展方向。见本书第4.5节（第136—137页）的评论，关于为什么1971年对美国是关键的一年；其它那几年的影响也是可圈可点。在英国对本书（第174—179页）图表13的讨论表明这个选择是在1974年完成的。1973年对全世界来说是千钧一发的一年，就如同运行至最高点的钟摆，集聚了所有的力量，蓄势待发，令人几乎看不到未来。

21 欧文·克：《超级富豪：英国与美国日益增长的不平等》，2008年版，剑桥，政体出版社，第65页。

22 艾夫纳·奥弗尔：《富裕带来的挑战：1950年以来美国和英国的自制和福祉》，2006年版，牛津，牛津大学出版社，第325页。

23 奥利弗·詹姆斯：《自私的资本主义者：富贵病的来由》，2008年版，伦敦，Vermilion出版社，第152页。

24 罗斯·M（2005）"几分钟的职业成本与发病率"，出自D·休斯顿（编著）：《工作与生活的平衡》，2005年版，伦敦，麦克米兰出版社，第29—54页，位于第42页。

25 约翰·卢瑟福德、沙阿·H：《良好的社会：复兴计划指南》，2006年版，伦敦，劳伦斯和威沙特出版公司，第37页。

26 欧文·克：《超级富豪：英国与美国的日益不平等》，2008年版，剑桥，政体出版社，第87页，图表4.2；与第118页。

27 出自1978年1月27日她在格拉纳达电视台接受《世界动态》节目的专访（"涌入"）（www.margaretthatcher.org/speeches/displaydocument. asp？docid=103485）。 与埃诺奇·鲍威尔不同，她并不主张让其他人同意她所认为的国家需要这个观点。

28 奥利弗·詹姆斯：《富贵病：如何成功与保持理智》，2007年版，伦敦，Vermilion出版社，第72页。

29 齐格蒙特·鲍曼：《消费生活》，2007年版，剑桥，政体出版社，第142页。瑞典首相约兰·佩尔松（1996—2006）经常使用这一措辞。

30 根据埃斯平·安德森，如欧文·克在《超级富豪：英国与美国日益增长的不平等》中的描述，2008年版，剑桥，政体出版社，第103页。

31 伦敦有很多人认为自己是英国人，但并不是因为他们生活在这个文化和种族交融的城市。在人们很少融合的城市，比如约克郡的某些城镇，人们通常不会用某个词汇形容自己来自某个城市，而只说自己是"约克郡人"。伦敦的容忍程度特别高，但略低于约克郡某些地方的平均水平。见考尔·K、莫蒂默·R与Sapsed·E的调查研究：《公众对融合与凝聚力的态度：融合与凝聚委员会伊普索斯莫里民意调查报告》，2007年版，伦敦，融合与凝聚委员会，第50页。该调查在BNP党在约克郡选票增长之前就有。

32 居纳尔·保尔松："家庭树的生命与冰岛人的书"，《医疗人类学》，2002年版，第21卷，第337—367页，位于第345页。

33 在理查德·威尔金森与凯特·皮克特的《不平等的痛苦：为什么越平等的社会往往发展得越好》（2009）出版之后，日本的这组数据现已被众人所熟知，伦敦，艾伦巷出版。该书还有平等减少种族这一独到见解（第178页）。类似于冰岛3.5∶1不平等比率的统计可参照2007年冰岛统计数据"2003—2004贫困与收入分配的危"（www.statice.is/ Pages/444? NewsID=2600）。

34 波林·M.H，马赞达尔："阿克塞尔·卡尔森的评论。不合时宜：坏主意的历史"，《医史通报》，2003年版，第七十七卷，第四期，第971—972页。

35 迈克尔·康奈利：《致命的误会：控制世界人口的斗争》，2008年版，剑桥，马萨诸塞，剑桥大学出版社，第347—348页。

36 大卫·古登堡：《种族的威胁：种族新自由主义的反思》，2009年版，牛津，布莱克威尔出版社，第26页，参照露丝·吉尔摩关于种族主义是早亡的著作。她的观点还涉及到各种谋杀方式。见丹尼·多林："头号嫌疑犯：谋杀在英国"，出自希雅德·P、C. Pantazis·D·戈登与丹尼·多林（合编）：《犯罪困扰：为什么伤害比犯罪重要》，2005年版，伦敦，犯罪与社会基金会，第23—38页，关于歧视在更多领域的变化最终如何对所谓的个人谋杀动机产生影响，即女性和穷人的地位都发生改变后，女性的犯罪比率下降，穷人的比率上升。

37 海特·T：《开放边界：反对移民管制》，2004年版，伦敦，普卢托出版社，第103页。

38 根据2001年人口普查。见托马斯·B和丹尼·多林：《英国身份：出生到死亡的图集》，布里斯托尔，政策出版社，第46页。

39 格林·R："流动人口管理的影响"，流动人口影响论坛简介（2007），10月17日，出自莱斯特郡议会的议长格林·R"社会凝聚力"，伦敦，内政部，第6页。最后一次出现在（11/10/09）：www.communities.gov.uk/documents/communities/ pdf/communitycohesion）。

40 科恩·S：《站在法西主义的肩膀上：从移民管制到国家的强大》，2006年版，斯托克市，特伦特图书出版社，第114页。

41 科恩·N：《直截了当》，2004年版，伦敦，费伯-费伯出版社，第74页。

42 丹尼·多林："伦敦与英国的沙漠：埋在陈规旧习里的真理"，2008年版，Geocarrefour，第八十三卷，第二期，第87—98页。

43 数据来自保罗·克鲁格曼 《一个自由主义者的良知》，2007年版，纽约，诺顿出版社，第16页；另一种算法是：17/（44-17）×（10-1）。

44 丹尼·多林："评论：褪色的梦想：美国预期寿命不平等的不断扩大"，《国际流行病期刊》，2006年版，第三十五卷，第四期，第979—980页；丹尼·多

不公正的世界

林：(2006) "1997—2006 英国的不平等：变成梨形的梦想"，《地方经济》，第21卷，第4期，第353—361。

45 约翰·加尔布雷思《1929年大崩溃》(1992 [1954]) 伦敦，企鹅出版社，第194页，关于不健全的经济体系。

46 肖特·J.R、汉伦·B、维奇诺·T.J："近郊的衰落：美国的新歌特郊区"，《地理指南》，2007年版，第一卷，第三期，第641—656页，位于第653页。

47 凯斯特鲁特·C："城市社会空间结构与未来欧洲城市"，出自Y. Kazepov (编著)《欧洲的城市：不断变化的环境、地方的管理、与城市凝聚力的挑战》，2005年版，牛津，布莱克威尔出版社，第123—148页，第141页。

48 对于约翰·麦凯恩来说，至少有7处房产，但很多人有11处之多。所有有11处"家庭"资产的人刊登在2008年8月23日的《纽约时报》上 (www.nytimes.com/ref/us/politics/mccain-properties.html) (记者大卫·M·哈尔波芬格报道)。戴维·卡梅伦与妻子2009年至少拥有4处房产，也许更多。戴维让该报道的记者，请"不要把我说成不知道自己有多少房产的傻瓜"，《泰晤士报》2009年对此进行了报道 (www.timesonline.co.uk/tol/news/politics/ article6267193.ece? token=null&offset=84&page=8)。

49 罗伯特·H.弗兰克：《落后：日益增长的不平等对中产阶级的损害》，2007年版，伯克利，加利福尼亚，加州大学出版，第136页。

50 虽然你说你相信遗产继承是因为你觉得你的后代在某些方面有不足，没有你的帮助就无法生存，但如果他们生活在一个更平等而且不主张财产继承的社会，他们会做得更好。这将是已经存在的那些社会形态之一，那里人们考虑更多的是其他人，而不是他们自己或他们的家人。这种社会主要在富裕的国家，比如芬兰、瑞典、澳大利亚、韩国、比利时、法国、爱尔兰和希腊。在更不平等的社会，那些少数"不足"的幸运儿依靠他们过世亲属的解囊相助而生活，希望他们的遗产不因自己的挥霍和不懂理财的邻居们的欺骗而受到损失。如果你相信遗产继承，即使你不认为自己的后代与众不同，你也是在助长社会分化，同时是在助长并维护猜疑、不信任和种族主义。

51 这件事众所周知，但仍被说成探索上的英雄壮举。具体时间有争议，因为给出的日期在当今并不实际存在，而且库克当时已从东部出发。

52 詹姆斯一世还统治过威尔士，曾被英国在1282—1283征服并推翻，从1301年开始作为公国，但实际上是一个殖民地，并在1536年用英国的法律取代了本国法律。英式风格的思想直到一个世纪以后、1707年诞生大不列颠王国的时候才流行开来。英式风格，作为一种身份，直到又过了一个世纪以后才开始风行，当时它的风靡几乎为反法战争提供了帮助。"英国种族"实际上是个近代产物。英国人原本都说威尔士语。

53 来自三位哈佛经济学家的评估报告，更平静的表示"一个主要原因"，但却从广义上去理解种族。引文来自保罗·克鲁格曼：《一个自由主义者的良知》，2007年版，纽约，诺顿出版社，第178页。值得注意的是，有人可能认为日本是福利待遇最少的国家，是因为种族的原因，因为种族社会的权力分担是非常平等的。

54 戈登·D："全球的不平等、死亡与疾病"，《环境与规划A辑》，2009年版，第41卷，第6期，第1271—1272页。

55 如同医学地理学家彼得·海曾提到的性疾病传播的过程（哈格特·P：［1996］"性"，丹尼·多林，布里斯托，个人通信）。

56 保罗·克鲁格曼：《一个自由主义者的良知》，2007年版，纽约，诺顿出版社。

57 富人总是熟知这一点。然而，三十年后，就连穷人也说他们追求"另一个形象"，彼此穿着品牌，结果令人很惊讶；见尼尔·劳森：《一切消费》，2009年版，伦敦，企鹅出版社，第56页。

58 弗兰克·R：Richi\$tan，2007年版，纽约，兰登书屋出版，第231页。

59 在英国，为防止婚姻破裂后引起的财产分割、在结婚前起草拟定的婚前协议，一位律师在2009年情人节那天称其为"富人军械库里最有价值的武器"（http：//business.timesonline.co.uk/tol/business/law/columnists/article3368933.ece，2009年2月14日，《泰晤士报》报道），后来在2009年7月5日被一位女士，卡特琳，所引用，她与一名银行家结婚，他们的婚前协议受英国法律约束："尼古拉斯后来成为摩根大通公司的银行家，年薪约有50万美元。如卡特琳在打官司期间所称，他又接受继承了一大笔资产。他的父亲是IBM公司前副总裁。她说他的父母有3000万英镑的资产；他说是600万英镑。"处于这特殊的关系中，"穷"的是尼古拉斯；据说她要争取的财产"值"5500万到1亿英镑（http：//business.timeson-line.co.uk/tol/business/law/article6634106.ece）。虽然争取到了这笔财产，但据她声称只要尼古拉斯不搬出卧室她最终还是会睡在地板上。听起来她并不很开心。这件往事主要告诉我们要记住：财产再多，也得不到多少幸福。

60 北美地区为慈善捐款，20美元里只有1美元捐给了慈善机构，用于开展"公众与社会福利"工作；见迈克尔·爱德华兹：《只是另一个皇帝？慈善资本主义的传说与现实》，2008年版，伦敦，德莫斯与青年基金会出版社。

61 大卫·古登堡：《种族的威胁：种族新自由主义的反思》，2009年版，牛津，布莱克威尔出版社，第238页。

62 她的这种说法摘自《每日邮报》，正好是在她第一次大选胜利30周年纪念日的前几天；见菲比斯·H"哈曼疯狂的阶级斗争会令我们更加贫穷"，《每日邮报》（2007年），4月27日。

63 玛格丽特·撒切尔最早是因作为政府大臣在1971年取消所有学生的免费牛奶而出名；可能是她认为大部分人不一定都能长高，因此没有必要给每个人提供

不公正的世界

牛奶，那牛奶应该只供给能支付得起的家庭。曾有人提出这种观点：父母应该自己负责子女的营养 ——而不应由政府来承担这个责任。但是国家仍为那些极其贫困的人提供免费的学校膳食，并为那些没有退学的人提供免费的宗教教育。英国政府通常提供免费医疗，就像也曾经给孩子们提供免费牛奶。界线就是只要认为某些人可以不享受这种待遇。

64 迈克尔·康奈利：《致命的误会：控制世界人口的斗争》，2008年版，剑桥，马萨诸塞：哈佛大学出版社，第258—261页。

65 保罗·克鲁格曼：《一个自由主义者的良知》，2007年版，纽约，诺顿出版社，第170页。

66 大卫·古登堡：《种族的威胁：种族新自由主义的反思》，2009年版，牛津，布莱克威尔出版社，原版里有着重描写。

67 战争是允许其他暴行发生的遮羞布。在众多原因中，很少提及想要尽量避免战争。哪怕是战争刚刚爆发，种族灭绝的大屠杀也会在参战的掩饰下发生。1935年，阿道夫·希特勒曾说"如果战争爆发，他就接受并实施安乐死，因为在战争期间这么做并不难"（乔纳森·格拉夫，《人性论：20世纪的道德史》，2001年版，伦敦，兰登书屋下属皮米里科出版社，第352页）。

68 出处同上，第333页。最近有报道说这个Ron是有同一个名字、不同的两个人（见莱登豪尔在2009年8月16日加入维基百科条目时引发的质疑）。如果是两个不同的人，那么人们有理由因为这种做法变得更加乐观，即使当时人们乐观的理由比我们想象中的还要少。

69 那些当权者通过了1984年警察与犯罪证据法案控制、在警局和面包车里安装闭路电视以此进行加强控制的做法真是令人深恶痛绝。

70 理查德·威尔金森：《评论：死亡率与收入关系的变化》，2007年版，《国际流行病期刊》，第36卷，第3期，第492—494页，第502—503页，位于第493页；参照一位研究童年的历史学家德莫斯收集的证料，（编著）《儿童的历史》，1974年，伦敦，Condor出版。

71 这两个事例：种族主义在不平等的环境下有吸引力、以及一个贫穷家庭，父母被监禁，因为有视频证明他们正在教蹒跚学步的孩子打架以使他们变得坚强而指控他们有罪，都在理查德·威尔金森和凯特·皮克特的《不平等的痛苦：为什么越平等的社会往往发展的越好》（2009年版，伦敦，艾伦巷出版社）里详细探讨。

72 对英国企业里很多身居要职的人，他们不愉快的生活的描写摘自罗伯特·派特森：《谁在管理英国？超级富豪如何改变我们的生活？》，2008年版，伦敦，霍德&斯托顿出版公司，第46页，第82—83页，第129页，第201—202页。

73 劳拉·斯平尼："西服革履的蛇"，《新科学家》，2004年版，8月21日。

186

74 迈克尔·莫伦："英国企业精英介绍：资本主义团结和资本主义遗产"，出自麦克·沙维奇、凯洛·威廉斯（编著）：《记住精英》，2008年版，牛津，布莱克威尔出版社，第64—79页，位于第74页。

75 罗伯特·雷纳：《法律与秩序：一个诚实的公民的犯罪与控制指南》，2007年版，剑桥，政体出版社，第6页。

76 齐格蒙特·鲍曼：《消费生活》，2007年版，剑桥，政体出版社，第118页，引自奥威尔的1953年散文集。

77 艾夫纳·奥弗尔：《富裕带来的挑战：1950年以来美国和英国的自制和福祉》，2006年版，牛津，牛津大学出版社，第95页。

78 托马斯W.博格："不平等是怎么一回事"，出自D·赫尔德与 A.卡亚（编著）：《全球不平等：模式与原因》，2007年版，剑桥，政体出版社，第132—147页。

79 里奇·K:《种族》，2005年版，伦敦，基督教知识普及协会。见导言部分。

6

"贪婪是好事"：消费与浪费

由于"伟大与优秀的人"知道在公共场所宣扬贪婪合理会有点不道德，因此很多描写我们生活的人、那些曾告诉过我们有什么信仰的人现在却非常谨慎，不明确也不经常谈论他们的信仰。那些多数支持不平等的人在言谈中喜欢用一些诸如"独立"或"中立"的字眼，或者希望人们认为他们"有思想"、"公平"或"合理"。成功的政治家希望获得广泛的支持从而赢得尽可能多的选票，因此那些认为大多数市民软弱无能、注定要被像他们这样的人管理的人，不会对"他们的"公众中说"需要对你们严格管理"。同样的，某些名记者不想让读者、听众和观众觉得被瞧不起，所以在广播或书籍中，他们往往不会说对大多数人的真实想法。他们的真实观点不会惹人注目。我们从他们在文章里的只言片语以及身份背景了解到一点。你必需仔细寻找他们主张的，诸如"贪婪无可厚非"的直接证据。同样，那些认为多数人与自己能力不同的公众生活领域的学者们通常非常有礼貌，并且对此有关的事少言寡语，因为就连利己主义者也能够想到他们说出对别人的想法会有什么后果。

公众人物，在公开场合发表演说的时候，总是希望他们显得很关心环境、不平等甚至是精英主义的问题。在出书立传的时候，他们偶尔表达得更直接，尤其是如果那些出版物发表在精英出版的晦涩难懂的宣传册上，或是他们编写的书籍超过300页。比如，用2008年，英国广播公司（BBC）商务栏目总编辑（忙于写作）的话说就是："可能这么说不十分恰当，但总体来说，贪婪没有什么不好。"[1]发表此言论的人，罗伯特·派特森，随后经常出现在英国电视新闻里解析对当年经济危机的形势，在同年出版的书中明确表示他认为贪婪是合理的，不是因为他过去与现在的所见所闻，而是因为他在学经济学的时候就被灌输这样的思想。他的父亲是一名经济学家，罗伯特大学毕业后从事记者工作之前，就已经成为一名股票经纪人。[2]

以股票经纪人为原型为电影"华尔街"编写剧本，并设计经典台词"贪婪不好听，却是个好东西"的人在罗伯特·派特森主持的周日早间广播节目里接受访谈。[3]当被问到能否在今天编写这样的电影剧本时，他告诉主持人说，由于贪婪在20世纪80年代一直是个人行为，而在本世纪初的几年贪婪已发展成为一种体制。BBC本身就是这种体制的例子，为了各方"平衡"发展，通过各种形式的经济报道巧妙地宣扬贪婪是个好东西。如今很难塑造出像"华尔街"戈登·盖柯这样貌似合情合理的人物形象了。盖柯异常的孤独，凡事为自己考虑，但人们认为他自私是为了共同的利益。现在这种想法已经成为一种主流思想。任何有私人或企业退休金的人（实际上是同一件事）像戈登·盖柯一样凡事委托代理。他们的资金管理人认为"贪婪是个好东西"，并且将这些想法付诸行动。法律规定他们必须这么做；他们必需不计后果地为他们的客户赚取最大回报，因此在全球范围内从事这种工作，仅仅代表世界上少数几个富有国家最富裕社会阶层的利益。同时也不得不说，这些银行家们更加勤奋为了使自己获得最大化的回报。多亏了贪婪，资金管理人的生活水平才能比多数人甚至是有退休金的人更好。通过贪婪，依靠企业退休金的人，与那些完全依靠国家退休金的人相比，现在的生活更好。当21世纪初与20世纪80年代初相比较的时候，当我们再次领教20世纪20年代贪婪的美德的时候，这种差异的扩大最为明显。

为少数几个极其富有的人管理联合私人基金的人都是他们的顶尖资金管理人。这些年轻的银行家，直到最近，才经常被刊登在曼哈顿和五月市的新闻报纸上，以此比喻金钱如流水。在2007年伦敦的中心五月市，经济繁荣登峰造极，仅一杯酒就可能花掉你3.5万英镑。三天后，这件事被刊登在国家日报《卫报》上，并在同一版中揭露由于遗产税法的变化，英国工党如何制定预算而导致一笔巨额财富转移给富人。一位头版专栏作家写道："……这种贫富差异并存是残忍的：贫穷的孩子一个星期能额外得到48个便士，而中产阶级的中年人，其父母留下了一幢价值40万英镑的房子，而额外获得了40万英镑。"[4]这种富人减税，随着整个大西洋地区的国家实施更大的税收优惠，与银行家极端过剩一起共同证明了我们正在回到"镀金时代"的后期时代。处于这个时期的中心就是贪婪。

不公正的世界

3.5万英镑的酒里包含一颗钻石，因此这种确确实实收不回来的成本将来可能要低得多，但也不会太低，因为钻石的价格由于2008年的经济危机而暴跌，除非那位酒客立即将钻石卖掉，他那杯酒的成本还有可能在1万英镑左右。这几乎与20世纪20年代100美元买一根香烟差不多，这种举动在1929年经济大萧条前夕北美超级富豪举办的聚会上很普通。[5]本章的数据已经清楚地表明，正是在一个世纪前的最初十几年里，财富不平等的程度最后一次与2007年的时候一样，那是贪婪最后一次被认为是最好的，那是人们最后一次挥霍无度，那是那些有钱人的消费最后一次被自诩为有价值。本章描述了我们是如何再次认为贪婪合理以及最富有的国家如何在大面积拆除老式、肮脏、不合适宜的房屋之后迅速建立起新一轮肮脏的过剩的房屋。贪婪代替了旧的社会丑恶道德败坏，毫无疑问，就像精英主义代替愚昧无知、排斥掩盖贫困和歧视代替失业一样。

6.1 没有任何计划方案：1/4的家庭勉强度日

20世纪40年代肮脏的生活是指居住环境拥挤，没有足够的卫生设施，没有热水，没有室内卫生间。到20世纪70年代的时候这种住宅在大部分富有国家被改建或拆除，但新式的肮脏出现了。富裕阶层开始占用一切他们认为有价值东西，并且占用的份额越来越大，甚至是盖房子的砖瓦。虽然建造了很多新房屋，但贫困地区的当地生活水平却下降了。当地的商店关门，如果人们还需要照看孩子或者发现步行不方便，尤其是在美国（一个人行道匮乏的国家），那就意味着人们需要一部车去周末大采购。相反地，在日本市区，公共交通非常发达，开车根本就没有必要，并且很多买得起车的人选择不买车。英国通过公布财富调查获得了最新的汽车保有量统计数据。2008年公布的调查表明，[6]每5个家庭里就有两个家庭的商品和家具的价值超过3万英镑，通常会值更多，而其他很多人对已成为必需品的东西却支付不起，比如为了照顾小孩需要拥有一辆私家车。该调查，通过说明那些人没有这些商品，揭露了在英国，最有可能需要像汽车这样的商品的人却不能拥有这样的商品。

在2007年，英国四分之一的家庭没有汽车（26%）。在那四分之一的家庭里面，有几乎一半的家庭（48%）是单亲家庭，他们的子女依赖他们需要照顾。相反，有一半多（51%）的子女依赖的已婚夫妇至少拥有两辆汽车，并且

三分之二以上（69%）的已婚夫妇、他们的子女已经独立并且不再需要照顾
（或者没有子女）的家庭也至少拥有两辆汽车。像汽车这样的商品分配几乎
与需求比例完全相反。更令人惊讶的是，某些 7% 自己独立生活的人竟然也
拥有两辆或两辆以上的汽车！很明显，孩子年纪尚幼的家庭，比如为了不又
拎东西又推童车，更需要汽车。还应该让商场离居民更近并且让公共交通得
到改善。

在英国这样的国家，不平等一直得以持续增长，人们通过负债应对；
35% 的人无担保债务，有些是各种各样的债务；3% 的人有购物信用卡债务；
6% 的人有邮购债务；9% 的人有分期付款债务；13% 的人无抵押贷款；20% 的
人有信用卡债务。这一比例对就业的人来说更高，他们更有可能被给予或提供
贷款。25—34 岁的女性的债务比例最高，她们多数人在努力偿还无担保债
务，所有这些不包括被延期的学生贷款或购房抵押贷款。所有这些数字来自
"财富与资产"调查，这项调查是 2008 年 1 月媒体得意扬扬地以"百分之七十
的成人有存款或投资"为标题公布的"好消息"。[7]他们本可以更加得意，但还
有四分之一的人有严重的财政困难，或者还有另外一部分人，其剩余资产正在
慢慢地（在某些情况下迅速的）瓦解，尤其是由于英国政府将大量的资金"借
给"了那些百分之七十的成人做投资的银行（理论上让他们保持盈利）。但大
部分有一定数量储蓄的家庭没有受影响。想要从文字上了解谁拥有的最少，你
需要看一下成为必需品的商品分配以及谁无法拥有这些必需品。

图表 16 表明，截止到 2007 年，与英国没有汽车的家庭相比，拥有两台、
三台、四台甚至更多的汽车的家庭越来越多。这些数据也是从第一次财富调查
收集的资料里获得的，资产和债务在英国已经发展很多年了。之前的调查是在
历届英国政府似乎不相信财富分配的重要性并希望准确计算之后，于 20 世纪
70 年代由皇家专门调查委员会进行的。最近的一项调查清楚表明国内有足够
的资产可供流动，有足够的财富与资金供所有人生活得更好，汽车就是最好的
证明。很显然有足够的汽车能够保证每一个需要汽车的家庭拥有一辆汽车。值
得再次重申的是很多汽车仅仅被一个成人拥有，他们一次只能开一辆车。大多
数没有汽车的家庭也是单身成人家庭。七分之一的家庭是没有汽车的单身家
庭（图表 16 里的 14%，或者只是超过所有没有汽车家庭的一半）。很明显，
城市内很多家庭，尤其是单身家庭和没有子女依赖的家庭，没有汽车可以相对
容易地生活。这对于那些需要汽车却没有汽车的人来说、或者对那些家里只有

不公正的世界

一辆车已经满足不了需求的家庭来说成为明显，还有大量未使用的（或没有必要使用的）汽车足够分配以满足他们的需要。英国在今后很长一段时间里不需要额外生产或进口一辆汽车以满足人们对汽车的需要。这虽然是不可能的，但是毫无疑问的，除非我们都不能清楚地认识到（以及收入和财富分配更公平），汽车的分配，年复一年，一点也没有变得更加公平，而是随着时间的推移，分配越来越不公平。与此如出一辙的是住宅，分配体制比较公平，对购买二套住房和后续房屋进行税收限制，会使住房分配比永远计划在英国南部建造更多的房屋更加有效。

图表16：2006年7月英国有车家庭和无车家庭百分比

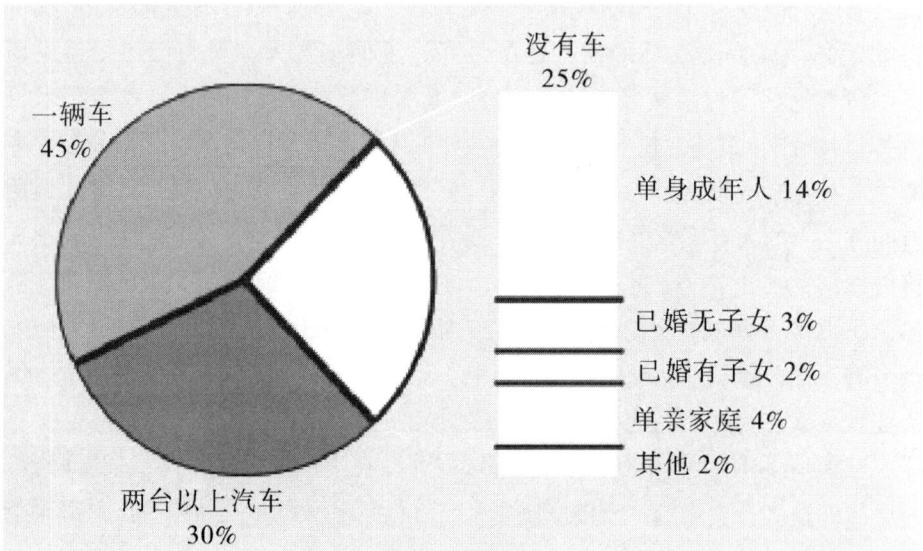

参考资料：ONS（2008）《财富与资产调查：初始报告》，伦敦，ONS出版，表格3

目前我们还没有考虑孩子拥有贪婪的观点会有什么后果。图表16表明了所有生活在有汽车的家庭的孩子有三分之二是单亲家庭。[8]很多人可以不需要家里拥有一辆车而去旅行、购物、上班或上学。虽然单亲家长一边购物一边照顾两个年幼的孩子是某些人需要汽车的最明显的例子，但是还有很多其他人觉得步行有困难。很多需要有一辆车的家庭现在本可以拥有汽车，但这么做的话他们就不得不深陷债务，不仅仅是买车需要贷款，给车买保险也需要贷款，还有加油、停车、维修、保养和缴税。很多真正有车的家庭无法承担养车的费

192

用，但由于生活需要，因此他们也陷入了债务。个性化运输的方法被认为是为
大众提供自由交通运输的灵丹妙药；但现实中，汽车制造商与汽车经销商由于
客户购买他们的产品而负债，从而获得了巨大的利润。

大祸临头

1951年，在美国，每挣七美元就有一美元被用来偿还个人债务；到1963
年的时候，这一比例增长为五美元中的一美元被用来还债。[9]生活负债是正常
现象这种思想始于20世纪50年代的美国；它以信用卡以及所谓的廉价住房、
汽车和消费贷款的形式传播到富有的国家。到21世纪初期的时候，有购房抵
押贷款，额外的房屋净值贷款、信用贷款、学生贷款、汽车、沙发、洗衣机
（干洗机）贷款，贷款生活在美国以及最忠实的仿者英国真的变成了所说的正
常生活。

北美国家的个人债务在整个20世纪60年代和70年代期间持续增长，但在
80年代增长最为迅速。截止到1999年，美国家庭平均每次信用卡负债5000美
元，每年支付五分之一的利息，但不能偿还余额。债务急剧上升，因为人们听
说他们的生活正处于繁荣期，因此到2002年的时候，美国每个家庭债务接近
9000美元。[10]虽然债务在近几年几乎翻了一番，人们或许对此感到震惊，但是
多数人却是在20世纪80年代的时候收到了第一张信用卡，并在以后短短的10
年里个人信用卡债务增长最快。这些变化导致美国在1980年至2002年期间，
个人破产增加了6倍，而且越来越普遍，[11]并且破产比率2010年还在继续
增长。

在英国，截止到2005年，每年记录的依法申请个人破产已经增长到历史
最高水平70000人次，比5年前翻了一番。英国2000年和2005年债务总额也
翻了一番，购房抵押贷款、其他贷款和信用卡债务到2005年的时候增长到了
1.15万亿英镑。就是说每四分钟，就会额外增加100万英镑的债务，而且这种
趋势还在加速发展。所有这些数据来自普华永道会计师的报告，他们经过分析
认为金融业就要大祸临头了。[12]

几年后，英国公民咨询局的报告表明，在2005—2008年期间，由于无力
支付按揭贷款而被收回的房屋比率已翻了一番。[13]因此信用卡债务翻倍，整个
债务翻倍，于是房屋收回比率也翻倍。2009年期间，BBC报道个人破产有望
再次翻番，达到14万人，企业破产也有望继续增长。[14]

不公正的世界

除了百分比里最富有的一部分外，北美富裕阶层也倾向于借款。经过调查研究发现他们贷款是为了不落后于比他们富有的人，为了保持他们认为的最基本的生活水平，为了购置多重住房而进行"投资"，为了解决他们所希望股票市场的短期下跌或钻石贬值问题。北美1%最富有的人的债务在1984—2004年期间增长了三倍，是他们财富增长速度的两倍。部分原因是，从理论上讲，由于他们通常收取其他人债务的利息，而其他人开始拖欠债务，因此某些人的财富增长比较缓慢。截止到2007年，北美5%最富有的人在美国的债务已占到总债务的20%。截止到2004年，北美最富有的人欠款达到3830亿美元，比他们在1995年的借款还要多。[15]除了少数位于富裕阶层最顶端位置的人以外，到20世纪80年代末，每一个群体里占比例大的为了不落后于他们认为的比他们生活水平高的阶层而增加贷款。所以，债务不再仅仅是为了提供给穷人——它甚至影响到了最富有的人并且在中产阶级也变得很普遍。几年前整理这些数据被视为一种启示。如今，它只不过是一个长期为经济崩溃做准备的历史。

英国在1990年前后，只有四分之一的大学生贷款。大部分学生往往是因为家里有钱，但也有的学生家里不是很有钱，而且他们很多人无法依靠父母的帮助而摆脱债务上的困难，这些比较贫困的学生就申请更多的贷款。1990年，较贫困的学生贷款达到7000万英镑。十年后，在助学金被取消以后，几乎有四分之三的大学生申请贷款。他们每年的债务在十年里就增长了25倍，达到18亿英镑（虽然与北美最富有阶层的债务比率相比微乎其微，但对学生来说却是一笔巨款）。债务在整个社会范围内蔓延，以前所未有的数量和金额逐步增长。[16]人们也不得不开始借更多的债务，只是为了让自己更快地渡过艰难时期。

在英国，从2007年8月到2008年5月，用所谓的"发薪日贷款"帮助自己支撑到月底度日的人翻了一番；这些贷款收取的利率，按年度计算的话，可高达2000%。[17]"发薪日贷款"对英国来说可能还是个新名词，但在美国如今已是普遍用语，那里有2.2万多个贷款商店，其中仅仅洛杉矶中心就有133个支票兑现机构（平均每3000人就有一个支票兑现机构）。美国，每年大约有250亿美元用于贷款，比还款成本要大得多，而这些只是人们支撑到发薪日的贷款。还有1200万北美人办理年度贷款以此希望在年末得到退税。另外，截止到2006年，美国每年出售百万利率极高的次级贷在三分之一以上，每年的服务费是3000亿美元。[18]在这种情况下按照这种利率贷款最终撑不过1年。

2008年的经济危机就是30年的债务积累再积累的结果；这绝不是一朝一夕发生的事。

金钱不讲求美德

债务的增长是有计划的。美国都曾在1978年和1996年放宽高利贷法的裁定。这些裁定以不利于借款人的形式允许无限制放款，以增加放款人短期内的利润，从而使所有人的中期风险增加。[19]这些法规得以放宽是因为有很多右翼法官一直受各届总统任命在最高法院任职，以此挤占他们老练又精明的同僚的权益，这些同僚的很多人还记得上次的经济危机。同样的，英国保守党政府在1986年对高利贷法的放宽对伦敦金融商业区来说是个大爆炸。过度贷款和负资产（无担保的房屋贷款）随后在1989年出现；下降后，在本世纪初再次上升，导致截止到2009年负资产一直呈螺旋式上涨。[20]

高利贷法是禁止从偿还债务的利息中牟取暴利的古老的宗教法律。所有人类社会发现为了盈利而发放借款会产生巨大的不平等。威尼斯原型的投资银行家们不得不要求客户自己决定是否支付利息，以此避免引起教会的不满。伊斯兰教育仍禁止单纯利息支付。当评价一个人是通过人们积累了多少钱，而不是通过他们作出了贡献的时候，其结果是灾难性的后果。"大量的证据（无论是实践的还是历史的）表明金钱不讲求道德。当同事间的认可所带给人们的鼓励被金钱代替，工作的质量与数量就会受到不良影响"。[21]

不仅是在英国四分之一的家庭生活拮据、没有足够的存款并且不得不经常诉诸债务，在美国四人之一最贫困的家庭，理论上，每天依靠50美元生活，但实际上大多数人甚至连这笔钱也没有。截止到2001年，美国超过四分之一以上（27%）的最贫困家庭生活极度困难。试图每年依靠2万美元或更少的收入生活的就是这些家庭。极度困难意味着，如果没有额外的收入、只依靠偿还债务，甚至连债务也不能偿还，就必需至少花费40%。实际上这27%的人正在设法依靠每年1万美元或更少的收入生活，依靠每天20美元，有时甚至是每天10美元来解决衣食住行，这就是21世纪初在美国的生活状况。令人并不感到惊奇的是，这27%里还有13%的人逾期还款在60天或以上。美国四分一之最贫困的群体中，在2000年圣诞节期间，每28个人里就有一个成年人处于拖欠债务的边缘，当时北美大陆的多数人在庆祝第2000个摆脱债务的人诞生。[22]

美国千禧年时期的贫富差距已经加大，那些一小部分从穷人身上赚钱、比

不公正的世界

穷人的数量少得多的人，甚至不再开始试着理解他们的问题。甚至那些相当富裕、年收入在9万—10万美元（每天约250美元）的人发现依靠这么少的收入领悟生活很困难。他们大部分人已经变得富有，或者通过直接在金融行业工作，或者通过间接在由非常富有的人埋单的大学里教书或在私人医院里上班，或者通过投资获得的高收入。一个富有男人的投资收入是许多贫困女人的发薪日贷款。出自相同报告的资料（一份经济政策研究所的报告《美国工作的现状：2004年5月》——见注解22）表明，在2009年，虽然富裕阶层仍负债，但他们当中只有2%的人不得不用40%或以上的收入偿还债务。大部分人的生活并没有面临巨大风险。富裕阶层有时喜欢说由于他们头脑精明敢于承担巨大风险，使得他们获得极高的收益，但实际上他们承担的风险并不是很高。那些负债的高收入者中，只有1.3%的人推迟60天（或更多）还款——只占薪酬的1/4000。

正是在20世纪80年代期间，诸如英国和美国这样的社会从比较有凝聚力到不平等急剧增长，以至于对于一个群体的恐惧、忧虑与希望几乎令人无法理解。到1999年的时候，大学生在书本里学到的是："债务，为满足基本生活需要，是贫困与精神损伤的极端表现之一。由于摆脱不了困境，尤其对单亲家庭的母亲来说，必定会引发紧张和焦虑，以及在崇尚经济独立的社会里的内疚感和羞耻感。" [23]

截止到2009年，仅仅是十年后，第二代啃书本的大学生面临着就业市场不景气以及父母资助减少的问题（与过去的大学生相比，他们的生活更加捉襟见肘）；因此，类似"定会引发紧张与焦虑"的这种说法就越来越没有必要了。移情变得越来越容易。这种压力呈缓慢上升趋势——富裕阶层的子女已变得更为敏感：既是对他人生活的敏感也是对父母很多虚伪的信仰。

财富浪费

当全世界的不平等程度增长到人们所能衡量的水平时，在2007年，它开始被描述为："财富影响人们的认知与情绪，使人们对贫困的羞耻感不那么敏感，并且越来越有可能把他们自己的财富当作应得的符合国家的利益。" [24]然而，移情不仅仅在国家与国家之间有困难；就是在富裕国家的一个城市里就存在着极度麻木，那里的富裕阶层谈论穷人懒惰、闲散、不负责任和一无是处，与他们自认为是伟大的冒险家和劳动者完全相反，他们认为自己效率高、勤奋并且思维敏锐。他们真正拥有的是高度发达的个人自我价值感。如果你是个富有的人，难免会有这样的想法，因此这就是大部分富有的人的想法；如果你是个有钱人，而且也承认仅仅是个人类，那么，你如何解释你的富有？[25]

那些年收入是10万美元以上的人必需经过漫长的过程才能了解真正意义上的财富死灰复燃的罪恶肮脏。现实中，在奢侈享受真正到来之前，你必需跻身于绝对富有的最高阶层；你必需通过完好、结实和古老的村屋（20世纪20年代镀金时代编造的）的钥匙孔，了解如今还有少数人再次呈现过去的生活方式。如今每年二三百万的收入可能意味着你有望雇一名管理六个寄宿仆人的员工，包括保洁工、保姆、厨师和几个园艺工，但你的"管家"会跟你核对"经常到家里来的……"另外200个生意人的账单。结果你无法找最好的管道工来修理Etoile星形水龙头，[26]因为你被告知（Etoile 水龙头坏了，需要花大价钱来修理）。发财致富没那么容易也没那么无忧无虑。而且，如果你是个富有的人，你会相信你的"管家"吗？你会相信那些账单吗？你的投资没有风险吗？那些来修理水龙头、收取荒谬的修理费的奇奇怪怪的人又是谁呢？为什么你的妻子花这么长的时间与园艺工待在一起？为什么你们结婚的时候不签一个婚前协议？你上一次与孩子交谈是在什么时候？你的子女是对你感兴趣还是对你的钱感兴趣？ 所有这些可能听起来非常隐私，但幻想拥有不劳而获的幸福世界总是伴随着拥有巨额财富的想法同时出现。真正富有的生活并没有那么美好。多数在极不平等社会里的富有的人，在比较平等的社会里不那么富有，会生活得更愉快（见 www.onesociety.org.uk）。

在1987年至2005年，英国国民人均财富从国民平均年收入的四倍增长到年收入的六倍。[27]将这笔资金平均分配意味着全国每个人在这笔资金花完以前，可以获得一个四年假期，1987—1990年的假期，并且仅仅在经过18年以后，他们可以再获得两年的假期，一共是六年的假期（一个全国性的2005—2010年假期）。实际上，这笔资金的分配情况非常糟糕，而且随着时间的推移分配得越来越不平等，而且如果人们要休假的话，就不得不到国外去，因为这个国家还会很快变得不适宜居住。这些财富上的增加真正的意义是英国的银行家和会计师们，主要在海外，已经从人们身上赚得足够的钱，并有足够的说服力让人们把钱汇往英国，世界上的其他国家实际收到的相对较少，人们在英国可以声称越富有就越悠闲。实际上，只不过是少数人拥有这笔财富，但有了这

不公正的世界

笔"积蓄",他们到2005年的时候可以获得一辈子的假期。对于多数这样的超级富豪来说,他们的管家并没有盗取他们的不义之财,而对缩减的一小部分开支(也就是酬金),他们的会计师早已警告他们由于经济危机爆发,他们已把资产转移到更安全的地方。他们大部分的资产到2010年年末的时候还会(可能)相对安全;他们还可以在假期里度过他们的余生,如果他们选择这样做的话。

极其富有的生活出现了新的形式。多数人不再倾向于度假,因为假期一旦在生活里普遍存在以后人们就不再满足。虽然富裕阶层的假期仍比其他人要多得多,但他们还寻找其他方式、一种受到尊重的方式让自己感觉良好,比如被人们看到捐款做慈善,或以一种排他性的姿态参加昂贵的社交活动,比如骑马、打马球或猎松鸡。动物在富人的生活里扮演很重要的角色——人们射杀它们,坐在它们的背上(骑),搂抱着它们。比如,在世界上比较富裕的地方,宠物逐渐代替了孩子,溺养宠物曾经是富人们所独有的行为,现在越来越成为一种主流。[28]宠物让人真正感到愉快与亲切;跟宠物对话也没有什么用,但宠物代替了人类的关系,所以当你的子孙后代变得不信任你,以及他们和你的配偶只盯着你的钱的时候,至少你知道你的狗没有银行存款。值得一提的是,超级富豪有多少次被发现与他们的小宠物在一起:想想伊丽莎白二世的柯基犬,迈克尔·杰克逊的黑猩猩,帕丽斯·希尔顿的吉娃娃。仔细想想富人的生活,他们也并没有那么值得羡慕。

这里并不是要说贫困有什么内在价值,或者说在一个不平等的社会,生活水平一般就比生活富裕要好。这里要说的是即使是富有的人,包括很多极其富有的人在不平等的社会里生活得并不是很好。穷人的遭遇显而易见,并且那些收入一般的人在不平等的社会里生活困难也相当明显,但人们对富人在不平等的富裕国家里的生活却知之甚少,虽然拥有巨额财富,却也因不平等而受到影响。更加平等几乎关系到每个人的利益。最富裕阶层的绝大多数对此心存疑虑。

过剩的时代

名人抱宠物的场景在将来会越来越少,因为过剩的时代就要结束了。在1915年和1916年,简单的说是20世纪20年代末期,美国1%的人口里1%最富有的人(0.01%)得到的年收入是全国年收入的5%还多。截止到2008年,不平等已经增长到足以再出现一次不平等的程度。1.5万个美国家庭每年依靠约950万美元的收入勉强生活，相对而言，这些家庭就像镀金时代他们的祖先一样骄纵。[29]当你一年"挣得"的收入超过950万美元的时候就会有很多问题需要处理；你的管家把员工扩充到6个人以上；还有其他的房子、飞机和游艇需要照管。你担心股票市场下跌，你担心女朋友会发现第二任妻子赡养费的额度，你还担心游艇的停泊费会上涨。这些根本不是那些一个小时挣不到9.5美元的人所必需担心的问题。他们的担忧与每年收入是95万美元非常富有的人所担心的问题、生活富裕完全是另一种世界的人、每年的收入是9.5万美元的十分之一的人所担心的问题截然不同；反过来，他们当中的大部分人无法理解北美贫困的生活，人们每年的收入还不到他们的十分之一（9500美元）。那些处于社会顶层的人会怎么形容他们的生活和忧虑呢？他们最害怕什么？当被问及这样的问题时，他们说："……不要公布我的名字：如果你们公布的消息涉及到我的子女的生活……就会被指着头……被绑架……我不是在妄加猜测；这确实发生过。"[30]

虽然很难承认巨额财富不等于巨额资产，但它却只能使你免受贫困，这样更糟。财富不会让你的生活更加美妙；这么说是为了维护我们这个时代最大的谎言。如果你足够富有，你可以在天上寻找答案。环绕全世界，在足够温暖的地方，在富人的聚居地，很多游泳池在20世纪八九十年代花巨资建在后花园。世界上大部分的泳池只供富人使用，并且大部分的泳池只用了十年或二十年。几乎从没有人在里面游过泳。花园里的泳池、或浴缸、或网球场，或一辆备用车（或许是三辆），所有听起来是多么了不起。实际上，与别人共用一个泳池更方便更安全也更有趣；很显然，孤独地使用公用运动设施的人越来越少。停车与汽车保养越来越费力；只不过不愿承认了。你不会在公开场合对此表示赞同，但私底下，你会经常说拥有越少，生活可能会越简单；你只是害怕拥有的越来越少。但是如果你决定不要这些车了，那你怎么处置这些车呢？没有想象力是找不到答案的。遗憾的是，正是这种缺乏想象力让我们形成一种观念：不平等是有效的，一种产生于现代经济学术科目的扭曲的思想，一种为了守住财富而只给有钱人享有公平待遇的思想，因为他们被告知把这当成一种回报。

6.2 经济学：身负重任的学科

不平等日益增长最严重以及长久以来最致命的后果是，随着不平等的增长，那些认为不平等是好东西的人变得在政治上更加强势并且他们的言论越来越为民众所接受。当不平等增长，如果出现经济衰退，那么市场运行就会不受约束，并且穷人要最先面临失业。失业大军不会因为有过多的管理者而扩大。他们最终自己把自己解雇。当不平等增长，如果出现经济繁荣，想要获得高工资的人薪酬会更主，而不平等因此会进一步增长。有允许不平等增长的时期，有策划不平等下降的时期，这些时期不依赖于经济繁荣或经济衰退。有人在宣扬不平等增长，有人在呼吁不平等下降。前者因此而变成最不平等的社会，在过去40年富有国家的大部分时间里饱受诟病。社会不平等不会因突发事件而增长。

那些宣扬增加不平等的人认为不平等是个好东西。他们把不平等的增长看作对人类的本质看法的量化表达。很多人需要被少数特别有能力的人（他们自认为）愚弄才能保证多数人不断购买他们大部分不需要的东西，才能保证新产品的需求不断增长。不是所有宣扬不平等的人都认为人类是理性的。如果大部分的人行为理智，那些宣扬不平等的人会最先预见到这一问题。如果将来多数人按需购买，而不是经常一时冲动、逛物只是为了娱乐消遣，那么在社会压力和义务建立起来的经济（通过不平等实现）就会极速下滑。

经济学科严格正统的一方在20世纪八九十年代发展成为一种社会科学力量，研究如何看待大学外面的世界，接收了多少政府和私人企业的资助，如何把学校宣扬成光鲜亮丽的新学校，如何在学校以外的地方向企业公司宣讲，以及在某些国家一度要想成为一名政治顾问，经济学的一纸文凭如何变得几乎必不可少。正统经济学受到广泛存在并且越来越多的非正统经济学家的反对，但真正在各个权力机构任职的仍是正统经济学家。然而，截止到2005年，那些正统经济学家里仅次于最有权威的经济学家的反对派还在增长。甚至少数几个就职于商业学校的经济学家也开始带有歉意的解释，他们的学科与人类的兴趣已经完全相背离，并且早已变得"……如此晦涩难懂甚至连正统经济学家都在为其匮乏的知识而感到惋惜"。[31]然而，现代经济学家仍在发表愚蠢的学术论文，比如《经济展望杂志》里发表的著名的文章，由于人们可以吃得快而节省了时间，而认为垃圾食物有益。[32]

正统经济学家总是对垃圾、欲望和诱惑有骇人的兴趣。由于垃圾食物节省，而认为垃圾食物有益的学术论文莫过于一位收取报酬的经济学家，托马斯·马尔萨斯写的关于1978年人口论述文章里第一篇短文里提出的观点。该短文使得其他人认为创造财富"必需要控制性冲动"。[33]托马斯又相应地赞同亚当·斯密1776年表达的关于对性诱惑问题的关注，即"财富会变成一种诱惑，诱惑使人们放纵，而放纵会吞噬财富"。[34]

19世纪和20世纪，很多经济学家从那些旧的正统固执观念中脱离。然而，截止到20世纪80年代初期，再次大量出现了认为穷人是"饥饿、好斗和性欲旺盛"的异类的群体。[35]本书之前对某些著名经济学家的概念化观点一直有所阐述，包括非正统经济学家创立的"后自闭经济学"学科运动。然而对自闭症患者不公平的是（不得不自闭的人，而大部分正统经济学家正是选择这么做的），该运动没有暗示很多现代正统经济学家在社会思想上会有困难。作为一个群体，他们似乎发现越来越难以像大部分社会群体一样看待人类。未来的研究很可能会发现具有某种特性和特征的人比其他人更容易成为新的正统经济学家。[36]

正如亚当·思密（1723—1790）影响了托马斯·马尔萨斯（1766—1834），托马斯·马尔萨斯影响了弗朗西斯·高尔顿（1822—1911），弗朗西斯·高尔顿影响了卡尔·皮尔森，卡尔·皮尔森影响了约瑟夫·熊彼特（1883—1950），约瑟夫·熊彼特又影响了米尔顿·佛里德曼（1912—2006）。整个关系网越来越复杂但并不难理解。事后看来，经济学、生物学和统计学对鼓吹的谎言全都是在彼此借鉴、而大部分最终都是错的，这并不令人感到惊奇。即使现在被当作在第二次世界大战后迅速形成主导的非正统经济学的一部分时也是一种规范，旧的社会达尔文主义在后来被贴上新古典或新正统标签的人们的支持下一直保持活跃。比如，在1947年，经济学家约瑟夫·熊彼特声称经济成功的关键是有足够的"……非凡的精力和智慧的人"[37]。约瑟夫·熊彼特还不是最差劲的。至少他对经济的看法里似乎还包括人，而不只是一种抽象的数学概念。然而，人们通过对历史越来越细致地研究发现，富有的成功要素不是这种非凡的智慧和精力，而是极度的不择手段。

不公正的世界

掌握高难度技能的大脑？

从整体上讲，经济学，作为一门学科，以米尔顿·佛里德曼的作品为典型代表，在20世纪六七十年代转向正统，转向崇尚自私。它被年轻的学者所逐渐了解并受到他们的青睐，这些学者自称是熊彼特精力旺盛的人的当代体现。不难发现，很多文章都是引述当代的经济学家的观点，他们认为他们或者他们的学生拥有特殊的大脑，一种能够掌握高难度技能的大脑，其隐含的意义就是其他人都办不到。甚至还有通过继续以描写诱惑迷恋为主题的畅销书的正统经济学家们暗示，女人喜欢他们是因为他们的经济头脑。有一本书，其中的一篇文章标题是"高跟鞋与学校制服"，插图是两只大雄性麋鹿正在剑拔弩张地酣斗，当代一位受欢迎的经济学家（罗伯特·H.弗兰克）在书中写道："某些特征，比如智力，不仅有助于个体的成功繁殖，而且增强自身的吸引力。"[38] 他的书的副标题是《为什么经济学能解释一切》。奇怪的是经济学家没有再次提出一夫多妻来将他们的想象力发挥到极致，并以迅雷不及掩耳之势组建起一小批这个有利可图的世界非常了解的正统经济学家。还有一部分但极其敏锐的少数人发现"……没有人成群结队地等着与经济学家们上床"。[39]

正统经济学家既不是怪物也不是恶魔（虽然少数人极其异想天开）。细想起来，替代者最容易遭受"……完全缺乏思考，拒绝认真阅读、认真思考，拒绝一切或一种书籍"。[40]虽然这种说法是对正统经济信仰的追随者最好的描述，但这并不是由经济学家写出来的。是人们写的关于一个不出名的人，阿道夫·艾希曼，他有效地安排德国的地铁时间表，以保证尽可能多的犹太人（还有其他被认为是基因不良的人）被运送到毒气室。他技术娴熟，对自己的工作得心应手，但正如汉娜·哈伦特的详细分析，他只是没有停下来去过多地思考自己在做什么以及自己这么做会造成什么后果。他相信的是在规则手册上学到的知识与信仰。正统经济学家同样是陈腐守旧。

现代正统经济学家述说，当他们透露为世界银行这样的机构工作时在非洲机场如何受到官方的蔑视，并辩论经济政策，比如"经济理论虽然确实会给我们提供正确答案，但它并不特别招人喜欢。政府要使自己的意图能够让人信服，要想做到这一点，必需加以改革，改革是痛苦的，虚假的改革家不会准备这么做。因此它揭露了它的真面目，运用经济学的语言"。[41]这些人只是刚刚开始意识到有多少人认为他们对社会弊端有不可推卸的责任，比如"结构调整"，比如认为贫穷国家的政府应该对人民麻木不仁以此向"自由市场"明确发出"信号"：虚假的经济改革者不会这么做。市场想要看到的明确的信号就是官方对人们的死活袖手旁观，比如，由于人们因为西部的承包商将供水私有化而喝不到纯净水。鉴于此，怪不得现在的畅销书都在描写正统经济学家的行为就像邪教成员一样，好像"……他们的培训课程，他们的大脑被……重新编排……他们小时候接受的要正义与诚实的教育被去除并且被一种宇宙规律的新理解所取代"。[42]既然巨大的经济灾难使富有国家受到严重影响，很多正统经济学家似乎正在努力改过自新，非正统经济学家靠拢，但他们是不是虚假的改革者还不得而知；正是通过他们的行动我们才能寻找他们现在怀疑市场是神的"信号"。正如优生学密码使优生学在20世纪50年代得以继续存在一样，有些人仍献媚于市场虚假创造的奇迹去以在未来几年内实现平衡。

正统信仰

正统经济学家由于任由富有国家债台高筑而备受谴责，尤其是在美国，正统经济学家认为如果让市场放任自流，它会以某种方式自然而然地进行自我纠正，人们为此大加指责。截止到2005年，美国普通家庭的未偿还贷款占他们年收入的127.2%，是1975年债务水平的两倍还多（见图表17）。虽然贷款比率自1975年以来，每五年增长一次，但在2000年以前增长最快的是1985—1990年期间，增长了15%。这个时期不是经济衰退期；这个时期不是家庭住户们为了满足物质需求而增加借款的时期；这个时期是人们自20世纪20年代以来第一次听说贪婪是个好东西的时期。

不公正的世界

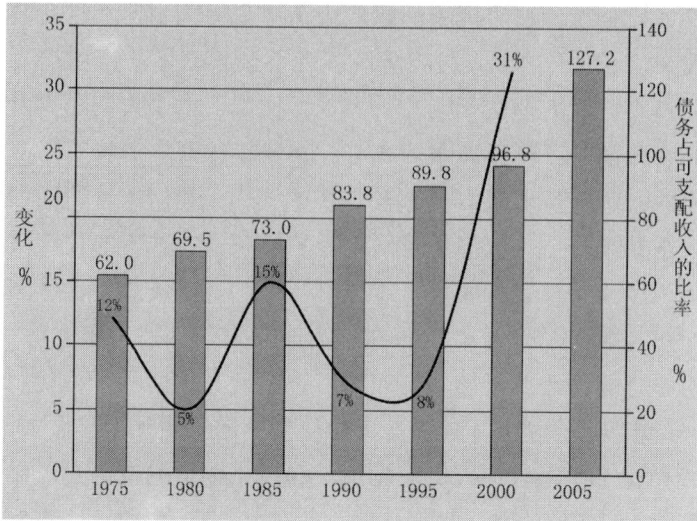

注解：柱状图右侧轴表示贷款占年度可支配收入的比率。曲线左侧轴表示未来五年该比率的变化百分比 （31% ＝ ［127.2-96.8］/96.8）。

参考资料：福斯特·J.B的"家庭债务泡沫"（2006），《每月评论》，第58卷，第1期（www. monthlyreview.org /0506jbf.htm），表格1：可支配收入是纳税后的收入。摘自：美国联邦储备系统管理委员会，2005年第四季度美国流动资金账户、历史序列与年度流动和未偿贷款，2006年3月9日，见 www.federalreserve.gov/re-leases/Z1/Current /，表格（第8页"完整文档"）。

　　家庭贷款增长比率在20世纪90年代略有缩减，如图表17所示，此后，在2000年至2005年迅猛增长，超过了之前的历史纪录；单单在那个时期的5年时间里，美国平均个人消费贷款增长了31%。此后出现了经济崩溃。

　　整个美国国内与金融部门每年十亿美元的年度贷款增长水平在表格6的1977—2008期间有所展现，与上述图表17出自同一个资料。表格6表明房屋抵押贷款与其他个人消费贷款都相继迅速增长（在其他时间比较缓慢），增长最快的是在2005年，房屋抵押贷款仅在2005年就额外增长了1.041万亿美元。随着借款人至少自1977年以来，或许是自1929年以来，在2008年第一次还款金额大于借款金额，这个万亿美元的数字在三年内就变成了负数。然而，他们只偿还了460多亿美元，约占仅2005年就积累的万亿美元的4%。表格6

下方的相关系数报告还表明，没有证据能够证明联邦政府贷款增长与家庭房屋贷款增长之间、以及个人消费贷款变化与联邦政府贷款趋势之间有关系。总之，当联邦政府少借少花，住户就从信用卡里多借多花。这种情况随着经济崩溃而不得不改变。因为住户在2008年借款比2005年额外收入少1万亿美元进行购房或消费，联邦政府在2007年和2008年期间额外借款1万亿来确保以市场为中心的银行系统运作。表格6的脚注表明2009年前三个季度里还会发生什么样的剧烈变化。表格6最后两列的合计表明美国金融部机构本身在1977到2008年期间就已经额外借款18万亿美元，全仰仗靠正统经济学家权威人士的建议。他们正在变得贪婪。只要想到正统经济学家们在近几年所接受的教育并完全相信贪婪应该是多么的好，人们发现他们贪婪就没有什么好奇怪的。

表格6：1977—2008年美国各部门额外贷款年度增长数据表（x 10亿美元）

时间	家庭贷款		所有贷款						
	购房按揭	个人消费信贷	贷款总额	家庭贷款总额	商业贷款总额	国家与地方政府	联邦政府	金融部门	
								国内	国外
1977	86	36	388	128	117	20	56	54	14
1978	106	46	489	160	139	39	53	75	24
1979	117	43	498	170	159	27	36	91	15
1980	90	3	440	108	135	22	77	73	24
1981	67	20	538	106	190	28	86	105	24
1982	47	19	549	84	153	42	161	93	16
1983	105	48	695	176	165	47	185	104	17
1984	127	82	958	219	323	53	197	158	8
1985	182	84	1164	314	256	164	226	204	1
1986	199	56	1185	261	295	74	216	329	10
1987	222	32	1016	264	221	90	144	291	6
1988	216	47	1042	272	307	50	155	250	7
1989	225	47	920	283	208	47	146	225	10
1990	199	15	892	232	131	47	247	211	24
1991	174	- 9	641	184	- 84	91	278	156	15
1992	171	9	775	199	- 7	17	304	239	24
1993	157	61	923	238	10	58	256	292	70

不公正的世界

	家庭贷款		所有贷款						
	购房按揭	个人消费信贷	贷款总额	家庭贷款总额	商业贷款总额	国家与地方政府	联邦政府	金融部门	
1994	167	135	1029	323	145	-46	156	462	-11
1995	154	147	1197	310	285	-61	144	440	78
1996	206	106	1336	336	273	-21	145	514	88
1997	216	70	1458	301	439	51	23	574	70
1998	302	97	2071	426	567	67	-53	1027	37
1999	380	112	2090	495	582	37	-71	1027	19
2000	386	177	1735	584	560	17	-296	807	63
2001	507	151	2016	672	381	106	-6	874	-11
2002	706	108	2385	831	180	144	258	879	93
2003	860	104	2786	984	177	120	396	1067	42
2004	938	115	3126	1061	455	115	362	978	155
2005	1041	95	3553	1171	677	172	307	1114	113
2006	964	104	4025	1169	889	151	183	1301	331
2007	652	134	4395	849	1228	186	237	1771	124
2008	-46	44	2728	51	507	48	1239	1040	-158

注解：前两列数据是大多数国内家庭在正常年的借款（4 列里的数据）。2008年不是正常年。第 3 列的数据是 4—9 列的总和。可以运用表格 5 里的统计测试。他们表明本表格最后一行的每一个系数是随机变量，换句话说，真正的相关值是零，概率是 10% 或者更多（因此不可能）。

截止到 2010 年 2 月，第三季度购房抵押债务流是 -3700 亿美元， 个人消费信贷 -820 亿美元，贷款总额增长自 2000 年以来第一次下降至一万亿美元以下，不包括金融部门。包括这些部门在内，美国贷款总额到第三季度下降了 2760 亿美元。以前从未在这些领域下降，并且到此报告为止的 2009 年每个季度都有所下降。商业贷款总额自 1992 年以来首次下降，但比当时下降更多的是：截止到 2009 年第三季度为止，下降了 2840 美元。只有当地、州与联邦政府的借款持续增长，试图通过各种方式处理经济危机。

同时注解：修改后的数据将由美国联邦储备委员会于 2010 年 3 月 11 日公布，包括 2009 年第四季度的数据。

参考资料：美国联邦储备委员会：债务增长，借贷与未偿还债务表 （www.federalreserve.gov/releases/Z1/Current /），上述数据于 2009 年 3 月第一次公布。

金牌大主教

自私的危险和商业与金融的贪婪从有贸易开始人们就已经认识到了。每一本宗教书籍里都有相同的警示："商业把人类的生产者变成了商品。而人类的雇佣者也不见得会幸免——'如果一个人得到了整个世界却失去了自己的灵魂，那对自己又有何益？'"[43]然而，我们现在的宗教可没有这样的说法和想法。我们有太多人还开始崇拜金钱；我们创造了一种新的科学宗教，并在这个宗教里创造了金牌大主教：经济学家。因此，根据当代一位社会平等的哲学家所说，虽然"……经济学家自称是无私的科学家，但他们在现如今更多的扮演着政治和经济"精英人士"思想家的角色——更像是以前的神学家"。[44]

在经济学家的正统教堂里，牟取暴利（专业名词是"套利"）被看作维持价格稳定，被当作一项公益事业！人们的思维和言行不是在精打细算，整个世界不是和谐平等并达到某种均衡，这样的情形不再发生现在逐渐为人们所普遍接受。 导套利导致价格稳定一直被称为"死鹦鹉"效用理论。"贪婪是好东西"的思想在正统经济学以外不再有任何效用；它已经不再被当作一个合理的概念。然而，在很多人为金钱自我开脱的思想里，他们仍告诉自己是多么有价值；他们寻找一个证明自己的行为与存在是合理的方法，或者，更错误的是，根本不在乎别人的感受。然而，正统远不能免受伤害，它主要是维护他们所继续坚持的信仰的认同感。由于受到2008年经济风暴的影响，银行家的自杀率上升，一位自杀上升的评论者说："这些人的认同感与他们的联系过于紧密，以至于当认同感消失的时候，他们就迷失自我了。"[45]

从贪婪的世界回到节俭的世界对那些每天生活在金钱堆里的人来说，是难理解的。越来越多的证据表明正统经济学家对利他主义和人们已经变得不理所应当的反社会这一事实一直觉得很难理解。一小部分这样的经济学家甚至陷入关于灯塔和我们为什么要建造灯塔的无休止的争论中，认为私营部门完全可以以此牟利！[46]他们有些人甚至已把他们的思维模式延伸至要建立范围更广的社会动机上，并且为少数人费尽心思限制多数人自由的自私行为寻找某种公认的合理性。然而，其他人却正在回顾旧时经济学的情景并发现理性选择理论只是由一位经济学家（维尔弗雷多·帕累托）发展的，以解释人类行为很小的一部分个人偏好可能通过这种无情感的"理性"行为达到完全满足。维尔弗雷多（1848—1923）从来没有把它当作一个普遍理论。[47]如果人们天生就是自私

不公正的世界

的，为什么开车时会给救护车让路？这并不是因为他们不想让自己的车在救护车经过的时候被刮伤。而反社会者认为我们给救护车让路只是因为看到救护灯在闪烁。

甚至据正统经济学家估算美国至少一半的经济是纯业务性质的。这些业务包括对工作对象与内容进行监控、结算、货物运输记录以及商品销售（包括销售点的收款机）。一位经济学家试图要证明这一点，说：这些业务"……在某种意义上，是对市场经济生产力的赞颂，它能够承担如此大的成本并还能创造出如此高的生活水平。数豆子的成本已经通过认真计算额外的豆子而获得了几倍偿还"。[48]悲剧的是，人类一旦陷入了正统经济学的思想文化，原本能干的人类就开始强词夺理，还不得不说繁重的库存记录和条形码扫描这样的工作有内在价值。这些全都是现代社会的发明创造，在消费者和生产者彼此（以及更密切）合作的社会里我们可以将其大部分摒弃掉。不难想象当一位正统经济学家开始以这种姿态大唱经济颂歌的时候，就像某些对存在可怕和复仇的神表示怀疑的大主教一样，他们也开始对人们宣扬自由市场创造的奇迹的真实性表示怀疑。不幸的是，像旧时代的大主教一样，他们自己的社会地位很大程度上都寄希望于他们的宗教，通常找不到替代者。他们不敢在公众面前表达自己的怀疑，他们加倍信仰正统并宣讲正统。2009年年初，曾报道英国政府内阁一位明显有点经济头脑的匿名人士宣称："银行完蛋了，我们完蛋了，这个国家完蛋了。"[49]他们虽然私底下对记者这么说，但却不愿意在采访录音里透露姓名。

称颂数豆子！

同一组经济学家，声称交易业务成本巨大、市场效率低，实际上是在歌颂生产力，还声称这些事情只有正统经济学家才能完全理解，而其他人一直没有仰仗他们权威性的著作而获得这方面的充分培养。任何意图揭露他们外行的自主性经济学不合理的本质，他们都会进行抨击。[50]他们只把其他人当作"智力正常"的人来谈论，暗示其他人只不过是些没有接受正统观念教化的凡人，一些无法理解市场奥秘的人。不出所料的是，即使是看到书中礼貌诚恳地指出他们已完全误入歧途时，正统经济学家也会暴跳如雷。[51]自己的信仰受到质疑是令人苦恼的。自己的信仰公开受到质疑，而自己也开始怀疑但还不得不强装若无其事的时候，一定会令人怒不可遏。正统经济学不会就这么简单地消失；它必需私底下进行一番争论。它必需给公众舆论市场一个适当的"信号"表明正统经济学正在发生改变。它必需停止称颂数豆子。

当有人认为为多数人数豆子而歌颂经济可以长期保持生活水平的提高时，应该质疑以前这种方式的经济成功运行了多久。在美国为谁保持了如此高的生活水平？北美的中产阶级，中产阶级的女性生活得比其他富有国家的中产阶级好吗？并且应该质疑世界其他地方的哪些国家被挖掘了物质资源，后果如何？

上述提到的例子（数豆子的价格应该怎么加倍偿还）继续由其提倡者认为人们在美国通过医院里有更多的会计师而服用更好的"药物"。作出这种议论的人本身并不关心美国的医疗卫生是否确实更好，那里的预期寿命比西欧所有国家还低，比如，日本都要低。

对于少数能承担得起签署礼宾医生计划的人来说，即那些只给少数富有家庭看病的私人医生，如果完全非药物治疗的话，健康状况看起来还很良好，而且一般他们的寿命比较长。但美国多数人的健康比其他比较贫穷国家的很多人要差。对于非常富有的人来说也是，他们的私人医生感兴趣的并不是要最大程度地保证他们的健康，而是要最大程度地增加他们的医疗费，当一个医生想要尽可能地增加他或她的收入的时候，对患者来说可未必是个好消息。这些实际情况和预期寿命数据显然令人不快，正统经济学家们宁可不予理睬，不予理睬的还有那些数百万在美国遭受饥饿和露宿街头的人，虽然（或者当你想到这一点时，更有可能是因为）那里的会计有"效率"。

人们把生活在允许正统经济学横行的国家的后果，如果不道德的话，当作一种自然的、大规模的实验进行仔细研究。研究发现，美国收入分配中等的家庭一直在被迫逐渐提高他们的消费所占收入比率，比如房屋，从而维护他们的社会地位。这包括使他们能够送孩子去中等质量的公立学校上学的住房成本。随着教育不平等的出现，反映了收入上的不平等，学校不仅在小学生平均考试成绩上变得越来越分化，而且在学校是否派驻配枪警察以应付持枪犯罪上也是如此。在美国，父母的童年时期，学校派驻配枪警察与现在的社会规范相去甚远。其后果是为了使地理位置从未有变得如此的重要，所有认为不是最底层的地区的房价也就相应提高，房价从最底层的地区以最快速度进一步增长。中等收入的家庭努力偿还房贷。最富有的阶层看到，即使他们当中的少数人为了保持体面而大肆借款的时候他们的资产仍急剧增长。同时，在英国，连成为首次购房者而缴纳的房贷最低定期还款额也支付不起的年轻家庭的比率，在20世纪80年代中期与2001年期间从一半增长到了三分之二；伦敦五分之四这样的家庭在世纪之交的时候再也无法抓住最后一棵救命稻草。[52]截止到2001年整个英国能支付得起房贷的少数人里，有20%的人依靠遗产继承或过早继承父母的遗产来帮助他们付首付。截止到2005年，需要这种帮助的首次购房者增长到了40%，[53]在极短的时期内增长迅速，事后看来，是众多厄运的征兆之一。

然而，在20世纪的大部分时间里，房屋在富裕国家的家庭里一直不是最主要的个人开支；最主要的个人开支是汽车。

6.3 差异：存在于现实与理想社会之间

汽车与它的近代史生动地说明了根除贫困时产生的贪婪的增长，是如何形成一种新的截然不同的贫困。旧时的贫困是房屋潮湿、泥土地面、脏水横流、马粪遍地。人们步行上班、安排差旅就是这样乏味、艰苦并且常常（尤其天气恶劣的情况下）苦不堪言。大规模旅程机动化的出现显然表明这种苦难即将结束。它似乎预示着一个迅捷旅程的美好新世界，干净的街道、人们愉快而正直，在观看洛瑞景观的时候不必弯腰曲背，在到达目的地的时候不必疲惫不堪，精疲力竭。

当售出第一批汽车时最没有预想到的是，成千上万辆汽车造成的街道和高速公路的拥堵，以及产生的数百万细小颗粒令人窒息。当时也没有预想到为了汽车的前进而要发动争夺石油的战争。或许最预想不到的是人们会对汽车形成心理依赖，尤其是很多中年人。汽车成为了等级的象征。人们开始假装喜欢高档车关门时所发出的特有的重金属声，而单单那个发出特殊声音的重金属就值几千镑，甚至可能抵得上一个典型工人平均一年的工资！这就跟购房者一样，辩解说自己支付这么高的房贷是因为，喜欢房子的装修风格而不承认自己花钱选择的是地块和邻居。喜欢高档车沉重的关门声的人迷恋的是人们对自己拥有高档车的议论、如何显示自己在别人眼里更加男人甚至被别人描述自己多么成功，如果这个关门声恰到好处的话。由于贪婪而变得贫困是多么可怜。不难得出这样的结论，有钱人花大价钱买高档车是因为随着他们财富的增长，很多东西开始从他们的生活中消失。

从机动车大众化一开始就承担着不仅限于自身功能的价值。在20世纪40年代北美的小城镇，汽车真正的实用价值随处可见，人们在购买第一个浴缸之前先开始买第一辆车。如果需要一个新时期贪婪的肮脏代替旧时期贫困的肮脏的早期的例子，那么购买浴缸前买一辆福特T款车就是最好的证明。甚至在更早些时候，1929年，由于受经济危机的影响，可以找到社会评论家的"人们可以舍弃世界上的一切，唯独舍弃不了汽车"的言论。[54] 70年后的说法几乎与之完全相同，当希望人们要更加"环保"的时候，看到的是人们支持骑自行车，尽量减少坐飞机，随手关灯以及给房屋安装环保材料，但人们就是不放弃汽车，甚至连他们几台车中的一台也好。鼓励人们如此执着的拥有不仅仅是汽车的便利，而且是自己修车和自己停车形成一种的心理依赖——在多数情况下，打出租车比买车便宜。

新贫困

自20世纪60年代以来，汽车成本每年至少增长三分之二，原因是汽车外观成本发生了变化，而不是汽车的功能有什么改进。[55]这就是所谓的"改款"。从20世纪50年代中期以来，汽车，在每一年，都在改变款式，后来被称为"改款"，以此不断推出新车型。这种改变款式和与此同步的营销宣传目的是深入潜在客户的内心，说服他们为了完善、证明自己的社会地位，他们需要一辆新车。截止到本世纪末，运动型多用途车（SUV）在北美地区的销售量巨大，并被冠以带有军国主义色彩的名词，比如"突击者"、"骑兵"、"自由人"、"指挥官"和"自由客"。在英国，拥有足够多的预算、肯花大价钱消费大型车的绝大多数男人和少数女人生活的地方是有中世纪街道布局的伦敦，而不是越野草原。他们如今还生活在那里，但手头经常不太宽裕，并且在消费时思来想去。然而，这些只能使自己受到保护的汽车，其销量并没有持续增长；这些车还令它们开着大切诺基在马路上飞驰而过的车主感觉更安全。但是，随着死亡率的增加，截止到2007年，很明显，当这些大型车与外型更小、不怎么做宣传的汽车相撞击，小型车的车主由于撞击而身亡的比率是十倍，行人和骑自行车的人的死亡率更是骇人。[56]这就是新的惨剧。像在英国这样的国家里，汽车现在是造成35岁以下死亡的主要原因。在过去，主要死亡原因是由于旧时期生活贫困受到未经过处理的污水而感染的疾病。这就是我们不买浴缸先买汽车的后果。

截止到2006年，在英国这样的国家，即使房价飞涨，英国人每个家庭每年仅在买车和养车上的人均消费就有5500英镑（与每年在房屋上的消费约

不公正的世界

5000 英镑相比）。[57] 这笔钱足够英国的每个家庭每年购买和供养一台二手车；然而，很多人，几乎都想要新车。那些最有钱的人几乎想要新车，那些什么都不缺的人几乎想要名贵的新车；专门定制的车。

此处提到的这笔钱数额巨大，因为这笔数额所谓的含义，或所谓的算数平均值就是价格。这笔数额是一个国家的家庭数量除以所有人汽车消费总额之商。少数人在汽车上的过度消费已经使这个平均值急剧上涨，并导致很多家庭没有汽车消费，从而使单一贵重物购置的结果被个体所抵消。比如，在 2007 年的美国，曾听说有钱人由于只花了 5.5 万美元买辆车送给女朋友当礼物，被朋友、敌人和所有认识的人认为吝啬而觉得很没有面子。这个例子里面的车就是梅赛德斯 SLK，一年后这样的报道还在继续，还是这个人花了 11 万美元给女朋友送了台宾利，他以为这下该不会被嘲笑了。然而，这些包括宝马和捷豹在内的名牌汽车，在本世纪经济危机初期的超级富豪上流社会里已经被认为是"……普通商品"。[58] 这一算数平均值急剧上涨，因为少数人担忧的是女朋友、所谓的朋友以及尤其是一些根本不认识的人（他们只留意自己的车）对自己的印象。巨额财富不能预测才能，也不能预测比例上的意义。如果它能预测，就不存在豪华车市场了。

瞄准人才

超级富豪也由于对迷信正统经济学家而受到了欺骗。当美国的经济学家要写经济方面的畅销书的时候，他们（据推测可能是男性）告诉自己的读者："……一个人有没有才能，通过观察他的服饰或开的车子就能猜出个大概。"[59] 这确实是超级富有的人有别于其他人最主要的方式——他们更有可能没有安全感，或许即使是对他们获得的职位有一点点的怀疑。少数几个退隐的人说，好吧，他们要把所有这些重要的工作指派下去，有人必需承担。很多人对自己说自己非常有能力，值得拥有这些财富，但却很难不断地告诉自己，是否深知自己不是超人。

如果在早晨，你穿着昂贵的西装，戴着价值上千美元的手表，从上百万美元的房子里走出来，坐上上万美元的汽车，那么告诉自己这是自己应得的，自己是个大人物则更容易。

为何这么多收入高的人花巨资买车而使全国范围内汽车消费多于房屋是有很微妙的心理原因的。它仍然是"……地位本质的象征，人们几乎意识不到自己想

212

要获得这些的动机。没有哪个男人买一辆跑车会认为它会代替生殖器"。[60]但最好考虑一下用汽车来弥补生殖器的不足，而不是弥补超级全面发展的人才的不足。

即使那些只拥有一辆小型汽车的人，或者根本没有车的人也无法沉溺于自命不凡之中。在美国，前一段时间的研究发现受过大学教育的男性一般购买比较小的汽车，因为他们在其他方面获得自己的优越感。然而，他们很少住在比较穷的居民区，也不穿廉价、邋遢的衣服。我们一般都是保持表面光鲜。我们不考虑该怎么像自己说得那样去打扮、驾驶和生活。还应该注意的是交通工具款式的变化要比我们学习不去炫耀的比率快得多。有报道说谷歌公司的创始人，（现在的）亿万富翁购买了一辆廉价、环保的混合动力汽车，以显示他们要建设更加美好世界的决心，而与此同时，却购买了一架有224个座位的宽体飞机（经改装后，只有50个超大座位），以便他们能够得到"……像非洲一样的地方……可以（明显）只对世界有利"。[61]据相同报道说当其他百万富翁和亿万富翁被迫排队等候飞机起飞、在人群众中间拥堵，有很多"要人"就坐在私人飞机的飞行员身后的停机坪上在那大眼瞪小眼的时候，他们对自己的私人飞机感到多么地失望。在富人的传奇经历里还有一段轶闻，一个亿万富翁的女儿问道自己是否能在生日当天拥有一张"普通"机票看看机场里的情景时，这个超级富翁的孩子的愿望在被司机送到私人机舱门口时遭到了拒绝。

仰望天空

大规模航空旅行是我们这个时代新贫困的另外一个例子。虽然超级富豪对自己的行为最不关心的可能就是经常坐飞机，但富有国家的越来越多的人现在也坐飞机了。我们坐飞机或许是为了避免火车或公路的长途跋涉，为了去阳光更加明媚的地方，因为我们想过一个更轻松的假期，或者我们坐飞机只是为了周末"城市休息"，去看一看我们之前从未看过的地方。当然，我们还有可能选择坐飞机因为有的时候，坐飞机比坐火车或汽车便宜，而且有的时候，坐飞机是我们去国外探亲的唯一方法。但现在我们如此频繁地坐飞机是因为我们可以，并且因为我们觉得如果不坐就吃亏了，因为我们觉得自己可能比其他人经常坐飞机的人少了点什么。

每年出生的将来可能永远坐不了飞机的人越来越多，世界人口的绝大多数会望天空，而不是从云里向下看。还有，每年越来越多的人生活在不以汽油

不公正的世界

驱动汽车为主的世界。大部分额外生产的汽车被已经有一辆车的家庭消费，大部分新组建的家庭不会再拥有一辆汽车。对那些有车一族来说，在马路附近行走（和穿过）会变得更加拥堵与危险，因这越来越多的车从他们身边挤过。航线也会变得越来越拥挤；机场，由于空座位越来越少和需要步行通过的商店越来越多，甚至会变成更加反社会的地方。污染的加剧与小部分人的旅行不仅增加了富有社会生活的污秽不堪，还增加了失败感，并且污染了空气、破坏了那些从未用（或几乎没用过）这种方式旅行的人的情绪。廉价的航空旅行不像广告商说得那样便宜。要是穷人飞行次数更多——英国四分之三以上的乘客是中产阶级，虽然2000年与2004年期间的航班数量逐步增长，但社会五分之一最贫困的人所乘航的数量却在同一时期下降。[62]

新污秽在社会与社会之间产生了巨大的差距。英国（或美国）那些贫穷城市居民区里的人站在卧室窗前向外张望着附近双排车道（或高速公路）上的车流，他们看着那些对他们充满恐惧、那些花那么多钱却没有在附近居住的人。这些人开着车去市内上班、用赚来的薪水购买上班需要穿着的西装、购买上班需要的汽车，自我感觉心满意足。当他们在车里向外看去，他们明白为什么要支付房贷，这样他们的子女就用不着必需去他们开车经过的学校上学。他们不担心在开车经过贫民住宅区（或街区）的时候，让其他人的子女的肺里吸入比自己的子女要多得多的污染微粒，他们也丝毫不去考虑讽刺的是，虽然其他人家里没有养一台车，而他们的子女却还不得不呼吸这些被污染的空气、却还要危险地穿过马路。在英国（或是美国）这样的国家，儿童最大的危险就是车祸。较贫穷居住区车祸的危险越来越大，是富人居住区的七倍。其部分原因是有钱人在上下班途中开车在市中心内的贫民居住区里经过或穿梭。[63]鉴于此，有钱人害怕穷人难道不是很奇怪吗？

过去处处都能感觉到污秽。就因为是有钱人，肺结核或霍乱才更是难以避免。在某些范围内富人不会受影响；比如，有钱人都住在比较高的山坡上，那里的空气和水都比较纯净；另一方面，市内被大雾笼罩，几乎每个人都受到了影响。一百多年前，大多数富裕家庭的婴儿在一周岁以前就会夭折，传染病是主要原因，其夭折比率只比那些最贫穷的家庭低2.5倍。这个差异在今天更加扩大，因为富裕家庭已经看到了在他们的子女降生的世界，其物质条件已大大改善的环境下，他们现在有百倍概率比他们的曾祖父母更有可能到一周岁的时候存活下来。在英国这样的国家，或是在美国更是这样，较贫困家庭养育子女的环境改善得并不是特别大。虽然这些环境比他们过去有所改善，但他们生活水平和居住环境的改善却要缓慢得多，以至于较贫困家庭的婴儿比富裕家庭夭折的比率多出很多倍。[64]

吸入别人制造的污染

在富有国家空前富裕时期，普通商品，比如空气，在质量方面的地理位置分配更是不均衡。在富裕国家，对空气质量损害最为严重的是汽车尾气排放，而非燃煤或工厂的烟囱。图表18表明了英国病房里五分之一的人，居住环境的空气质量较差，他们通常更有可能是穷人，这些病区里的贫困比率占当地居民的20%—40%。该图表向右和向前倾斜，因为这些贫困家庭比率达到 40%并且污染最严重的病区，还是居民产生的尾气排放最少、人们有车或开车最少的五分之一的病区。英国最贫穷的居民区尾气排放最少，但受到的污染却最严重。

图表18： 1999年英国贫困家庭汽车尾气排放与污染吸入比率（按病区）

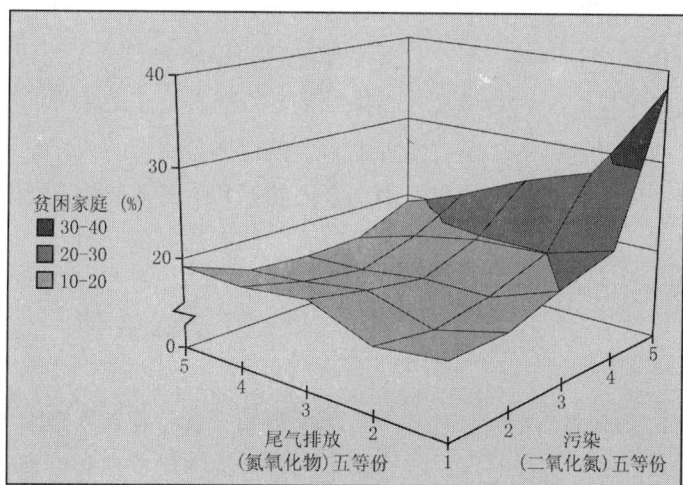

注解：低污染和低排放被标为1，最高为5。生活贫困的比率摘自赤贫调查。病区是指公立病房，结合尾气排放和吸入率以及按照1981年对尾气排放和吸入率界线的定义。

参考资料：米切尔·G和多林·D的"英国空气质量的一份环境不平等分析"，（2003），《环境与规划A辑》，第35卷，第909—929页，图表9：1999年10444所英国病房氮氧化物排放和环境空气质量贫困比率 。

不公正的世界

图表18里的最高峰值代表的是那些有钱人不得不上下班开着制造污染的汽车经过的市中心居民区。

图表18表示了英国新污秽时期下不平等在当地的分布情况。它是全世界的一个缩影，人们制造污染最严重却最不受污染影响。不只是他们没有在身体上受到污染的影响，而且他们还用自己逐渐形成的想法去污染其他人的思想。他们非常小、但曾经在拥有报刊、电视频道或政治党派上非常有影响力的群体，雇用其他人去宣扬他们的观点。我们最伟大的污染者经常被在如下几个方面得到赞誉。他们反复提出应该鼓励人们去经商，拥有自己的私人飞机；如果没有波音767载着他们和他们49个朋友去非洲，那就用个"小"飞机，或者能坐上头等舱或商务舱，又或者甚至"只要"能坐飞机就行。

我们被灌输鼓励成为有车一族，尤其是大型私家车。我们被灌输鼓励环游全世界。我们频繁受到这种灌输，其最主要的途径是通过名人的举动以及他们的艺术创作。就像在两个世纪以前工业革命初期，没有人会坐下来计划研究创造庞大污秽的贫民窟，因此也就不会有在20世纪80年代早期会见以 "如何说服大众鼓励他们应该拥有更多？"为议程标题的秘密委员会。也没有"分组"会议决定如何尽量向人们解释没有高排放是不可能有真正的幸福的。只有人们在努力销售、大量地销售。还有出售电影、赢得体育比赛的人，是出售商品的面孔和形象，还有可以被塑造成特别、令人鼓舞和值得效仿的人。名人成为新污秽的一部分，成为充分解释这到底是怎么一回事的一部分。[65]

6.4 社会名流：被誉为成功的典范

你能够买的最贵的东西是什么？有很多限制，就是在那些限制里才存在全球真正的富有的人。那些处于社会阶级最顶层的人通常比那些电视和杂志上努力向上爬的名人要低调。真正的名人不会为了几百万出售他们的婚纱照——区区几百万不值得为此费神。

你有没有想过到底多少钱才会"足够"？有可能是截止到2007年最贵的内衣是一件价值500万美元的钻石胸罩，是当时市面上最贵的一块手表的七倍多。[66]你可以在胸罩上得到更多的钻石。然而，一件镶满钻石的胸罩还不如一件12美元的胸罩效果好。同样的，一块价值几十万美元的手表可能不如一块廉价的电子手表走的时间准确，因为昂贵的手表是用机械工作，而不是电子。而且你不用戴着昂贵的计时器常常担心丢失或损坏，或担心有人为此而抢劫。

对名人的崇拜以及对超级富豪的关注成为一处趋势愈演愈烈，已经融入并成为富裕国家几乎所有人生活的一部分。沙文主义、偏见和种族主义是人类的污点，与精英主义、排斥和歧视密不可分。随着贪婪的出现，这些污点是一种产生于不安全感、花钱武装自己和添置资产的金融自恋癖，因为这样的花费暂时地、短暂地提高我们在一般不受重视的社会里的自我评价。在本世纪初的几年里，据报道英国的房主仅在房屋装修上就花了1500万英镑（据杂志提供的消息），这没有品味的装修实际上降低了房子的价值，但很显然他们在购买的时候一定觉得物有所值。每个房主7500英镑，这是获得一连串短暂的"温暖"感觉一笔巨大的国家经费。[67]所有这些资金只不过是近年来房屋装修和家具的平均费用，被认为是已经降低了房产的市场价值（安放一个加热浴缸和减少一间卧室因此成为一个极端但不幸的是并不罕见的房屋样本）。房主在"家装"行业的鼓动下大掏腰包，"家装"行业承诺通过添置设备、家具或换掉不合适的地毯而产生一种瞬间的满足感。

如果不是几千块钱的冰箱上有品牌商标，我们现在都可以花几百块钱买一个冰箱，但实际上几千块钱的冰箱并没有便宜几倍的冰箱好用。我们受诱惑购买昂贵的超大屏电视，却使我们不能在客厅里有足够的空间向后仰以得到更好的视角。当电视坏了的时候，我们忙不迭地去买新的，因为维修费本身甚至更昂贵，或者甚至不可能维修，甚至对我们99%看惯了电视的人来说，没有电视的那几天简直难以想象。就像我们买的汽车曾经更光亮更时尚一样，现在出售的厨房工作台，如果你足够有钱的话，在高度抛光的花岗石的装饰下都可以看见自己的倒影。如果为了获得赞誉说自己的厨房操作台是用"Ooba Tuba"大号石制作的，而愿意花大价钱或借到足够的钱的话，可以从饱受战争蹂躏的安哥拉运输这种花岗石。应该停下几秒钟把走遍半个世界运输的一吨花岗石（过去切割花岗石只用于修建坟墓）所表现的虚伪加在咖啡杯的公平交易上。低贸易甚至好于公平贸易；低消费既能减少剥削又能减少污染。因为每运输一英里，船舶就会比飞机消耗更多的原油，因为在水中行进比在空中需要更多的摩擦力。然而，当考虑到现在出售的整个厨房比中等价位和舒适的连排房屋的费用多得多的时候、或者由于不断变化的装修风格而鼓动非常富有的人每两年或更短的时间，对房屋大部分地方进行重新装修的费用要多得多的时候，用非洲

不公正的世界

花岗石制作的厨房工作台表现得虚伪是极小的。当人们对自己两年前选择的装修风格逐渐觉得乏味并有必要重新装修的时候，可以很公平地说我们生活在一个饱受富裕折磨的社会。

富裕的痛苦

渴望得到更多名牌商品、豪华汽车、光洁的厨房、可与五星级酒店相媲美的浴室，一切映射着名人的贪婪，远远超过了人们为支付这些商品而在21世纪初期达到的肆意挥霍的巅峰的意义。正是在最不平等的国家，债务增长最快，因此债务也就最高。美国平均信用卡债务飙升，使消费"信贷"在2006年总供增长了1040亿美元，然后在2007年又借出1340亿美元（增长值在2008年"仅仅"下降至440亿美元，比前一年下降比例多。截止到2006年，整个英国的消费者持有西欧一半以上的信用卡。与之成比例的是，截止到2007年，英国人还持有比任何其他欧洲国家的居民高出两倍的房贷，英国的按揭利率可以按放款人的意愿不断发生变化。最相似的国家，有一半是可变按揭利率放款人的是意大利。[68]美国和英国，以及在一定程度上，新加坡、新西兰、澳大利亚和加拿大，比多数其他富有国家更加紧随一种以前曾导致过世界末日的模式，现在又想重操旧业。让全世界效仿名人可能对那些经常模仿电影里的台词、印刷右翼报纸和给卫星电视广播投稿的人造成最严重的后果。虽然富有争议，但说英语在贪婪和高容量的全球贸易的时代可能不像人们经常认为的那样有特别优势。

极度不平等的时代具有极度过剩的典型特点。世界上最大的房子（乔治·范德彼尔特的255间比尔摩庄园）在1895年首次构想并建造，当时最富有的人比今天最富有的人还要富有。它的富有与霸气虽然还没有被复制，但越来越大的"房屋"，直到最近，却在美国再次建立起来了。如今这个最大的相似建筑只有范德彼尔特庄园的三分之一大，市场标价"只有"1.35亿美元。该建筑位于阿斯彭，归沙特王室的班达尔·本·苏丹王子所有（由于与美国前总统小布什密切的工作关系而又称为班达尔·布什）。这是顶端房地产市场最典型的例子，在这个市场里，直到最近，城外的楼盘不仅越建越大，并且以前庞大的连体别墅正在从公寓被翻新成单套房屋，大部分位于世界上最富有的城市里，比如伦敦，最昂贵的街区。[69]所有的贪婪最终导致楼盘越大，居住的人越少，迫使那些人逐渐地、日益降低社会地位而居住在相对越来越小的房子里。

纵观整个像伦敦这样的城市，由于富有和超级富有的人已逐渐增加人均占用居住面积而使拥挤率在近年急剧增长。伦敦城外英国郊区附近，始于相同时期，由于住房短缺，已开始出现建造乡村庄园的趋势，以至于一小部分社会顶层的人以前从未拥有过这么大的面积、这么多的房屋、室内健身房、家庭影院和室内游泳池。有记录的类似的庄园，也是直到最近，正在纽约及其周边地区建造。这些供名人居住而建造的房屋在上一次《了不起的盖茨比》时代（1922年夏天）期间被描述成如此粗鲁的贪婪。

班达尔·布什的现代美国豪宅的占地面积可以容纳约100个英国委员会建立家庭小屋。虽然豪宅的空间比计算在城市里可能不怎么让人感到吃惊，但对占居大部分空间的穷人或贫穷的流动人口肯定不是这样的。富裕阶层不缺乏足够居住空间，但最缺乏的却是心甘情愿。在美国相对富有的阶层里（即使是截止到2009年对英国的很多国会议员来说），拥有第二套住房现在已经落伍了；流行的趋势是持有四套住房，买进第五套住房，一个——比方说——蒙大纳的世外桃源，一年只待上几天。[70]

我们最终该如何接受这种富裕的痛苦呢？一旦某个收入阶层拥有第二套住房成为一种正常现象，并且不平等因此得以继续增长，那么一小部分人逐渐拥有第三套住房、第四套住房成为正常现象只是个时间问题。在那些收入与财富不平等急剧增长的国家里，这些正常现象可能是：新西兰的家庭住宅，城市公寓，海滨小屋（一个为了躲避北方严寒可以享受几周阳光海滩的度假小屋），以及在伦敦用于"投资"的房子。海滨度假屋可以偶尔对外出租，伦敦的住宅也可间歇招揽住户，但一对夫妻（或者那些给房子署上自己名字的单身汉）可以更愉快在海滨度假小屋养老，一个家庭可以在伦敦的房子里建立生活（不用担心房子会在他们眼皮底被卖掉），城市公寓可以作为某个人在城市里既可以工作也可以生活的永久住宅。人们可以往返于各住宅或在各住宅养老，而不是度假的时候租一处房产，或者待在床上以及提供早餐住宿的地方。然而，不平等的增长、税收放宽以及轻易逃税使所有房产购置在经济危机爆发前似乎值得投资。人们觉得所有这些房产都是他们应得的；他们为这些房产经过一番"努力"。如果生活拮据，他们会想，世界上有那么多人，不可能人人都有房子住，那为什么要从我的"房子"开始呢？一旦开始有这种想法的时候，何必要担心别人？何必要纳税？ 这就变成用英国人所说的"无利可图"去做美国人

不公正的世界

所说的"正确的事"。

限制人还是限制发展？

如果你有机会可以少交一点税的话，你可能会充分利用这样的机会；毕竟，你的缴纳贡献率能产生多大的差异呢？有这样想法的人越来越多，自20世纪80年代以来，政府会起诉在社会保障制度里作假的穷人，但对于因为不纳税而窃取的更大一部分资金却无动于衷，这一现象已逐渐为人们所接受。图表19表明了这种趋势是多么明显。此处用的是澳大利亚的统计数据，但所有比较不平等的富裕国家的趋势与此类似。

图表19：1989—2003年澳大利亚社会保障与税务诉讼 对比图

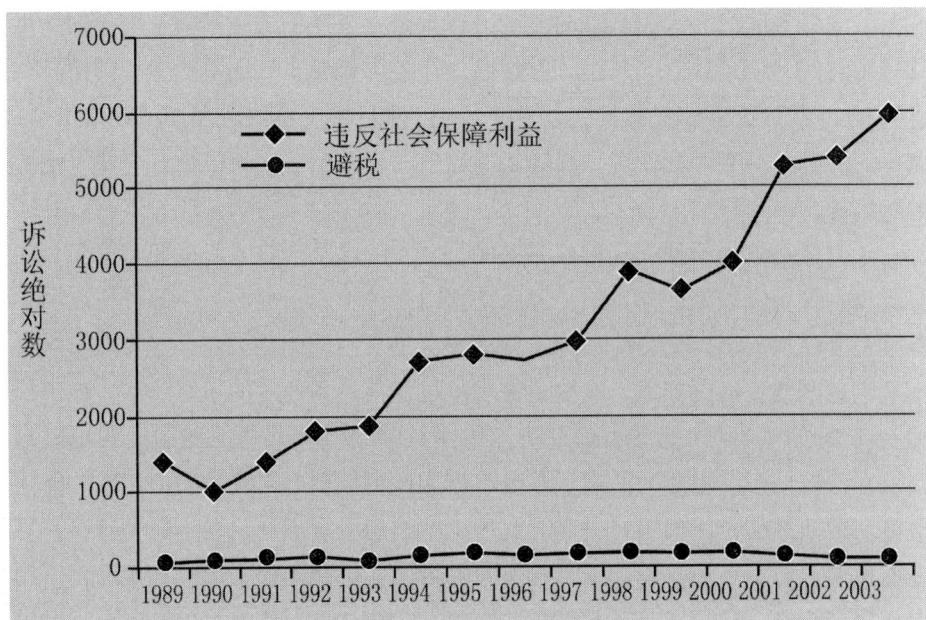

参考资料：重新摘取数据自麦克马洪·W.（2008），犯罪与司法研究中心，当月图表，伦敦，个人通信，最初《社会政策杂志》以及昆士兰大学，社会政策小组的格雷格·马斯顿的"福利欺诈，福利谎言"的演说上作为图表出现过。（www.bsl.org.au/pdfs /Greg_Marston_Welfare_ fraud&fiction_29Nov07_。pdf）

认为没有足够的空间供人们居住和没有足够的资源去养活更多的人是旧时的思想。世界上第一个领薪水的经济学家，牧师托马斯·马尔萨斯，正是很多人想出限制人类生存这种思想的其中之一。1922年超级富豪的全球过剩鼎盛时期不久之后，但在上一次经济危机之前宣称（在1927年）随着人口达到1.04亿，美国已经超过了"最佳状态"。这是根据一本Henry Pratt Fairchild的书里提供的某种华而不实、现在看来明显是误导的运算数字。之后再次在那不及以后，仅仅过了七年，却是在世界的另一端，麦戈爵士说，印度人口，尽管由于殖民主义而产生饥荒，但人口已经扩张，在1934年已达到"最佳"极限。麦戈爵士在1930年成为印度医疗服务的署长，声称印度人口"繁殖"的时候像兔子，死的时候像苍蝇的时候，他显然是在表明人类是如何可以被当作动物。[71]麦戈爵士1939年退休，在印度赢得独立的10年后死去。他因为提倡在全印度使用空调而为人们所怀念。[72]

空间很少由于人多而拥挤，但却经常因为少数人占用了太多的空间而拥挤。截止到2008年初期，就已经表明，在经济崩溃前，对世界上大多数剩余土地的购置以前所未有的比率增长。大片土地被一小部分超级富豪买下。偶像明星、社会名流还有前总统几乎买下了圣芭芭拉这种地方（加利福尼亚）所有的大型牧场，迫使其他人居住在有史以来密度最高的城市。

伦敦附近，至少直到2008年的2月，东南部的土地同样由于投机的原因而价格飞涨。千里之外，主要用于大面积土地购置的，比如在新西兰，正是美国的货币，根据至少一家的新闻报刊报道，仅仅在2008年，房地产投机商就"掠夺"了柬埔寨45%的土地，同时还有英国维尔京群岛三分之二的土地。[73]名人不仅仅想要土地；他们还想要最有价值、最稀有的土地。河畔与海岸，包括能停泊游艇的地方，已达到最高溢价。世界上有数十亿身价的人并不很多，但认为自己身价几百万的人却是不少。这些人，个别的，占用空间是为了让别人有房子住；他们消耗的矿物燃料和其他资源远不及其他几千人共同消耗的多，并且他们需要时间、需要劳动力、需要满足需求、需要成千上万从事采矿业的人的辅助，为他们生产制造并通过对劳动力数百万有更多潜在利益的剥削为他们服务。只要想想为了装饰一座豪宅、整备一套大型游艇或建造一架私人飞机需要制造的材料和技术人类需要做的所有工作，你就能够逐渐理解仅仅世界上几百个亿万富翁其中的一个人，有的人在一天休闲的时候就能花掉几百万美元，如何影响了几百万所有依靠低于他们一切需求而糊口度日的人。亿万富翁和千万富翁只能维持奢侈的生活状态，如果他们是单独的群体，当然只能认为是合理的。然而，与此同时，本书的一般读者——可能自认为过着一种相对

不公正的世界

朴素的生活——与世界上的大多数人相比，正过着一种国王一样的生活。当关注名人的资源过剩的时候，你就应该考虑你普通生活的哪一方面对今天大多数活着的人来说显得有点过剩。这里有个连续偏狭的问题。

对于最富有的社会名流来说，就是连厨柜和衣柜也可能变成家里需要装修的昂贵物品。最喜欢描述21世纪超级富豪生活的读者可以对，有些人怎么会需要用制式干洗传送带帮助整理400平方英尺的步入式大衣橱而感到惊奇。[74]

这不过是少数人财大气粗的行为，在摒弃这种过剩和贪婪之前，考虑一下近年来有多少自存仓设施在富有国家各大城市里如此频繁地迅猛增长，从而使人们在搬家的时候可以把家具和其他财产储存起来。或者人们只是在东西有点多、或继承了一些东西、或只是想要更多的空间的时候就可以这么做。看看你自己的衣服，想想在扔掉之前有可能穿了多少次。你可能会想穿了很多次；很有可能是平均穿过十几次，或者在塞得满满的衣橱里被遗忘了好几年变得陈旧之后，在衣服被放起来之前洗过十几次。如果我们穿衣服一直穿到衣服快磨损的时候，那么仅仅在时尚行业消亡不久之后，全世界像目前这种发展规模的服装厂就都会倒闭。

服装长期以来都很重要。我们不是突然变得对时尚有认识，但是我们很多人却突然间能够满足我们梦寐以求拥有大量服装的渴望。亚当·斯密说过男人对拥有优质鞋子和亚麻衬衫的需求可以使他们扬眉吐气。在他发表的这番言论之后服装还成为了本世纪里永恒的主题。服装被用来区别风格与体面；衣服必需要穿着正确。在整个18世纪的欧洲，出现了大范围的服装盗窃，由此为了保持体面和一项"……二手服装的大型综合贸易，服饰和装饰品时尚风格的发展"[75]，到20世纪的时候，变成了所谓的"服饰搭配"。但即使法王路易十六的玛丽·安托瓦内特王后也没有400平方英尺的步入式衣柜，没有随意购买和遗弃的衣服，没有像我们在最近一次镀金时代的过去几年里挥金如土的消费。

购买新车、新衣服、新房子以及房屋装修不是最炫富的消费。炫富的标签一直留给购买新形象的我们自己，新面孔、新胸部、新鼻子……在本世纪初，英国人只有房屋翻新的十分之一的人重塑自己的形象，但英国5000万成人的人口里，每年仍有250万人接受整容手术，一次整容手术的费用是约5000英镑。[76]还有更多的人在美国再次削骨或吸脂然后再粘合。

由于肥胖的增加而做胃间隔手术的人急剧增多，与此同时，其他地方的饥饿与饥荒增长，因为食物价格也在上涨。英国最有名的私人美容公司现在仿效美国的经营模式，向客户提供优惠卡，客户可以凭此卡对以后的美容手术进行打折（如果他们在一定时期内能进行足够的美容手术）。[77]在我们再次阻止购物让自己感觉良好之前……在钱花光之前，当寄托于食物然后又寄托于面孔寻求短暂的满足的时候，我们就用吸脂与胃间隔手术、服用泻药以及其他各种痛苦使我们的身材变瘦。

担心不被认可

我们为什么要崇拜名人？是害怕得不到薪酬？还是害怕得不到别人对自己作为人类的认可？所有的名人都会被认可，不仅仅是在报刊杂志上，而且还在经济上。仅一个街角的小商店就有上百份杂志用他们的形象作封面。他们在收视率最高的电视节目里不可或缺。不平等富裕国家的常规调查报告表明"10岁的孩子认为世界上最美好的事是有钱及富有，其次是出名"。[78]一位小学老师问她的学生最想要什么，回答同样是"想要出名"；当问到出名做什么，他们通常会说："不知道，就是想出名。"[79]有类似经历的另一位小学老师讲述他的学生和他们的志向时说："这些孩子不知道他们是工薪阶层；他们直到离开学校的时候才知道并意识到他们在小时候一直追求的梦想无法实现。"[80]那些生活在贪婪的时代里深受其害的孩子们还不够成熟，足以经历所有的影响。北美已经有足够的迹象表明七分之一的青春期女孩患者有严重的抑郁症，因为很明显，小学毕业后，当大部分人突然意识到他们不会成名的时候，焦虑的症状就会呈上升的趋势。

在赞颂名人的世界里，超级富豪备受关注、高薪被认为合情合理，生活奢侈习以为常，人们很容易感觉受到了轻视和低估。当我们出卖廉价的劳动力的时候，我们最害怕"……沦落为出售廉价劳动力而尊严被否定的牺牲品"[81]，人的尊严在劳动力毫无价格、价值可言的情况下降至最低。家务劳动也属于此类，比如在家里抚养孩子及照顾病患，但至少大部分的家庭把他们的亲属当人看。

在2007年，又是在贪婪迅猛增长的美国，研究人员发现在他们向样本大学生展示了一组包括无家可归者在内的人类的照片的同时，对他们的大脑进行了扫描，来确定每出示一张照片时，大脑叶皮层的关键部分，也是产生同情心时通常会很活跃的部分，会达到何种程度。研究人员随后吃惊地发现，当这些样本大学生看到诸如无家可归和吸毒者的照片时，与同情心相关联的区域根本没有任何应激反应。研究意见是这些有代表性的美国大学生已经不怎么把他们的公民同胞当作人看。这是代表学生的一种应对机制允许他们继续思想麻木、无动于衷的生活。庆幸的是，研究人员还发现如果问到有关照片里无家可归的人的问题时，比如："你觉得这个乞丐可能需要什么食物？"时，叶皮层的情感部分开始再次在扫描上活跃。[82]对这些学生造成的不良影响是改变不了的。

有些儿童、青少年以及大学生受到的不良影响会比其他人更严重。目前我从实证研究报告中了解到，根据心理测试，在当代选择经济学为专业的人往往（当他们选择这个专业的时候得到的评价）合作能力比较低，而且比较自私。[83]其他研究已发现那些取得经济学证书的人在快结业时，会比刚入学时更加偏好自私的思想；他们变得更加自私。[84]很有可能那些对自己接受的教育深信不疑的人在初涉职场时得到级别较高的工作、成为政策顾问、在企业或政府里步步高升并且飞黄腾达。有少数人确实变得很有名。在20世纪80年代，受新灌输的信仰影响而产生的职位上的更迭，其行为是报复性的，产生的创伤在后来的收入与财富不平等的统计记录里有所表现，再后来在心理健康上留下了可怕的后果。

6.5 20世纪80年代：改变贸易规则

提及财富分配，在20世纪八十年代早期，潮流改变了方向，朝向那些富人们在是否增加不平等的争论中获胜的国家。在英国，财富不平等从20世纪20年代后期开始下降直到1981年，当时最富有的10%的人群持有的财富达到空前低点，"仅为"那个国家全部可流通财富的一半。[85]美国的趋势相似，即使分配仍然非常不公平，财富缓慢地变得更均衡的分布，年复一年直到20世纪80年代早期。早些时候，从富人到穷人的再分配基于累进所得税和有效继承税而产生，但也是源于更贫穷些的人的工资（包括美国最低工资）实质上在过去更高一些；工会在争取员工权利方面是成功的，这些权利长期地降低了财富不公平。在镀金年代著名的超级富裕家庭发现自己的财富被缓慢地削减了、被征税、被他们的后代浪费掉了，以及在少数情况下捐赠出去了。关键是他们并没有马上被新一代财富贵族所取代。这种情况没有出现直到1979年和1980年英国和美国政府改变了，改变了公平的定义。他们追随了经济学家的教导，如与芝加哥大学相关的米尔顿·佛里德曼，其教义在被美国颁布之前首先在智利、新西兰和英国被测试，获得惊人的效果。

在美国20世纪80年代和90年代，三分之二的财富增长是最富有的1%人口持有的财产。到2000年最富有的1%的美国公民拥有40%的财富，最贫穷的40%的人拥有他们国家财富的1%，那1%在穷人中间非常微薄的分散开。因此那些最富有的1%的人平均每个人比他们所坐私家车超过的或他们的私人飞机飞过头顶的走在街上的5人中的2人富有1600倍。[86]

保住在山顶的位置

1980年，美国普通家庭仅在支付两项债务利息上就花掉其可支配收入的11%：房贷利息和信用卡债务利息。这不包括实际上用来还掉那些债务的钱，还掉其他债务并支付利息的钱，或者被看作是借用房屋的债务的房租费用。一旦加上租车的费用、租户占用的房屋的租金、房主的保险和房产税、很多必须要支付的费用（其中大部分不是偿还债务的），债务付息率上升到接近年可支配收入的16%。这是那个被称为整体财务责任（FOR）的比率显示出北美人在20世纪80年代中后期和90年代中期以来的负债更多的程度，如表20所示。

对于租户来说1980年的整体财务责任比率接近其年收入的四分之一；对于房贷持有者更像是七分之一。这一比率从1980年下降至1984年第一季度，因为人们在未来可能是他们负债的东西上的消费减少了。但是随着美国和大多数剩余富裕国家开始从20世纪80年代初期衰退造成的大规模失业中脱离出来，这一比率再次开始上升，并快速增长，在1987年达到接近18%的峰值。之后住房市场再次不景气，又一次较小规模地衰退，但是整体财务责任比率再没有降低过16%。负债从1994年再次增加，于2000年超过18%，2006年达到19%，2007年达到最高点，仅支付利息和租金的费用几乎是平均收入的五分之一，然后在2008年随着经济崩溃迅速抑制了消费，再加上起初利率的下降，这一比率开始再次下降。这个世界现在充斥着债务，那些债务如表20所示，在20世纪80年代中期上升得最快，因为那时我们丝毫不理解其含义却经常性地、十分清楚且反复地被告知，"贪婪是好事"。

当20世纪80年代撤销管制以及"贪婪是好事"的颂歌广为传播导致债务在20世纪90年代后期再次增长时，不得不付出代价。穷一些的家庭受其他人的消费迫使不得不自我消费更多仅为了保持他们的社会地位。一旦其他人决定在城市中租个房子来减少工作日通勤，出租物业的供给被降低，价格上涨。

图表20：1980—2008年美国债务偿还所占可支配收入百分比

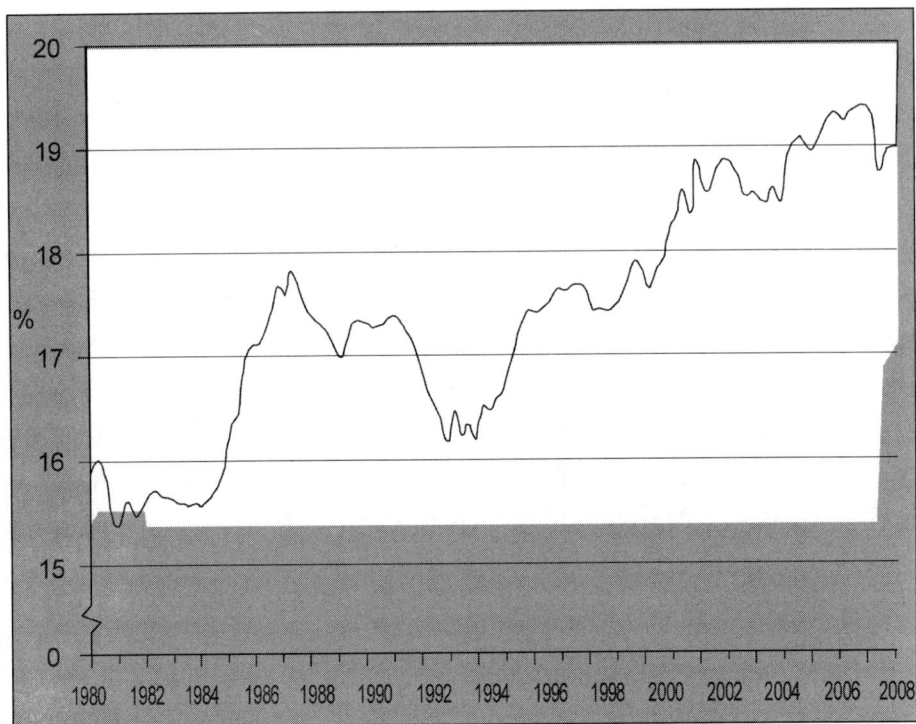

参考资料：数据摘自美国联邦储备金调查小组，关于房屋按揭所偿还的贷款与消费贷款、汽车租赁还款、房屋租金与保险及房地产税收支付（www.federalre-serve.gov/releases/housedebt /）。关于一系列房屋贷款和消费贷款，见福斯特·J.B的"家庭债务泡沫"（2006）第1章，《每月评论》，第58卷，第1期 （www.month-lyreview.org /0506jbf.htm），或表格6。

　　一旦其他人决定尝试多一点的紧迫感，在山上更高点的地方买所房子，所有房子价格会上涨。还有，多几个他们"需要"比以前多两个或三个或四个房子的决定对于确保社会底层的空间，因社会上层的渴望上升如此迅速而不被打开来说至关重要。更富的大学生拥有父母为他们买的房子，不住在各种学生一贯住的各种宿舍，这也增加了这种压榨，还有来自国外的富裕银行家和其他金融和服务人士流入像伦敦一样的喧嚣的世界都市。在伦敦中心最大单身移民群体由在美国出生，高度密集地生活在一些最昂贵地区的人组成。根据2001年人口普查，在伦敦最昂贵地区，如海德公园周围，七分之一生活在那里的孩子生于美国。[87]

所有这些进一步提高了生活消费。是富有的移民占据了上层空间。贫穷的移民挤进任何住房市场底层的最便宜的出租屋，通常对价格和空间的影响力比起从美国来到伦敦的单一富裕银行家庭差很多。所有这些压力导致不断增长的越来越多的高风险债务在不平等被允许快速增长的富裕国家积聚。到2008年，有报道称英国几乎十分之一的家庭有房贷，且仅同意支付利息。这些家庭也再没有设立或存储其他储蓄来偿付本金。到2007年，约6%的带着未成年儿童的已婚夫妇持有这类房贷。[88]这些房贷持有者过去和现在都不是在买房子；事实上他们是在租房子，但在占有权上享受比承租人多几分的安全感。在美国房屋按揭贷款的情况甚至比英国还要糟糕，图表20并没强调这一问题；它仅显示利息的支付而不是偿清债务所要支付的金额。随着债务的总体上升和利息的增长，实际上越来越少的债务得到偿还。人们并不是简单地因为忽视而使债务积累——很多人不得不积累债务为能够生活在平均水平，甚至更多人被不断的建议举债。

误导性销售、债务、利用和赠予

英国金融服务管理局（FSA）在2005年和2006年开展秘密购物者调查，发现大多数被调查财务顾问违反了全部关于误导性销售产品的八条基本规定，如那些针对"股票发行"的规定。不出意料地（可能）大多数财务顾问仅对中饱私囊感兴趣，并且只要他们相信不会被发现，他们愿意违反每一条他们本应该遵守的规定。令人震惊的是，当抵押贷款协会报告了这些数据时，他们认为既然没几个接受方知道如何为糟糕的服务投诉或者认为值得投诉，那么："用全局的眼光来看待这些负面的观点和情景就很重要了。提交给调查员的关于股票发行产品的投诉是有限的。"[89]换句话说，贷款方承认误导性销售存在于大多数情况，但是认为并不像顾客看起来没意识到被误导了那么严重！

在美国关于掠夺性的、不道德的按揭和贷款行业的论著是学术界的主要方面。它是很多学者的谋生之计。在寻找与英国误导性销售类似的故事方面，他们发现充足的"……证据，暗示次级抵押贷款的断裂激化了而不是减少了传统

不公正的世界

的基于拒绝的排他性的不平等"。[90]因此发放如此多债务并没有帮助到穷人，使他们摆脱贫民窟，而它的确在短期内使富人变得更加富有。在20世纪80年代期间，美国最上层的1%人的国民财富份额翻了一倍还多，然而（以经过通货膨胀调整的固定的1995年美元计算）美国最底层40%的家庭，那些现在共享全部财富区区百分之一的家庭，也发现他们的净财富中数从1983年平均4000美元下跌至1995年的900美元。[91]他们被抢劫了，他们首先是被20世纪80年代的高利贷者置入债务当中所抢劫，高利贷者显现为帮助其品尝到一滴财富的滋味的穿着西装受人尊敬的银行家们，然后被20世纪80年代萧条期增长的物质贫困所掠夺，之后通过底层实质工资下降被掠夺。所有这些，伴随着增长的不平等，导致对于那些仅有很少储蓄的人来说，消费比节省变得有必要。相信未来会比过去更好，微薄的储蓄是值得的，这一信念变得没有意义，它不值得。结果是如果你不生活在上层，你就应该在可以的时候尽情享受。并不仅是针对富裕国家的穷人来说的。全球的穷人也在被掠夺，仅就一个更宽泛的范围而言。

在国际间世界上的贫穷国家在2006年不得不比在1977年每天多生产40%的商品来从富裕国家购买同等数量的类似商品。同时，在1997年和2006年间，美国国内经济、商业、政府和金融板块的总债务增加了41.9兆美元（见图6）。北美人不是生产更多的东西出售来供给他们从国外以越来越大的折扣购买的行为；相反，他们是在借更多的债来供给附带那些折扣的购买行为。鉴于此，贫穷国家为其付出所获得的回报逐渐变得越来越少就不足为奇了。增长的全球贸易已经增加了不仅是国家间的不平等，还包括更贫穷国家内部以及富裕国家内部的不平等。90%的拉丁美洲国家中（比较1985年和1995年），是富人从贸易自由化中获利最多。[92]

也是在20世纪80年代期间在富裕国家的消费上升最快，因为一些富裕国家基本经济活动从20世纪70年代的制造业转化为纯粹的20世纪90年代的金融业。当某个商品被生产并销售获得利润时，利用其他商品的能力受制于该商品必须物质上存在，并被实际上运输给那些购买者，这必定要花费至少一小段时间。这是如果顾客被怂恿再生产更多的农作物来购买下一次供货。显然，如果利益存在于利润当中，那么所销售的商品应当很快损坏并具有内在过时性，或者为被损坏而设计（如武器贸易的情况）为了确保未来的销售，但是必须有东西实际上被运送。金融服务与此不同。

在提供金融服务时，人们被给予承诺，通常连几页纸都不是，而是电子传递的承诺。这些承诺是给他们保险，是如果有巨大自然灾害时付清款项，是为满足其他感到需要对冲他们的赌注的愿望，保障他们的生活或营生。你向他们收取的远超过这些事情的风险；你以电子方式划转资金来支付那些确实出现的不幸，这是真的（除非你破产了），但是如果你真是想快速变富有的话，你会尽可能地不做划转，你不必非要制造出一个真实的零件。为那些你"服务"的人提供金融服务，没有物质的东西从你身上转移到他们身上。然而，巨大的数额需要真实地转移回来。因为当你说服其他人购买你的金融保险、投资你的项目或者仅仅是把他们少量的钱存进你的巨大钱库中时，你很快赚到巨额利润，你很快聚集大量的钱去花费。各式各样的敬意被送到你在纽约、伦敦和东京的办公室。这些倒不是通常所需要的，但你需要花钱。

确保降雨的到来

当第一桶"特殊"水进入最享有声望的办公室被插入20世纪80年代早期的饮水冷却器时，人们目瞪口呆，但是很快每个高层办公室都有一台。仅在最近人们批评饮水冷却器缺乏环保。未来的考古学家会怎样理解所有那些最终扔在20世纪80和90年代垃圾填埋场里的塑料水桶呢？他们会假设公共饮水系统瘫痪了吗？他们能否发现几个国家通过建立储备货币及其他很多手段来为自身利益操纵该系统[93]？变得负担得起更多饮水冷却器的国家是那些有储备货币的国家。

考古学涉及很多挠头的问题。当位于美国西南部查科峡谷古文明中心的城市被发掘出来时，发掘者们问自己的关键问题是：究竟这个城市创造出什么来证明其存在的意义？它坐落于峡谷中，无法为生产食物或供贸易的商品提供充足的场地。城市中没有制造出先进工具的迹象，或者它是一处供商品交换的场地，交换的程度合理解释它的规模、华丽的建筑和看上去曾具有的巨大人口数量。最终，考古学家参考古罗马和现代伦敦来发现能够解释它的存在和延续（直到12世纪它的环境崩溃）的模式。这座城市曾依靠贡品存在。食物和商品被送给其居住者纯粹因为他们的身份、他们被敬仰的程度，估计是因为他们声称自己所拥有的权力。

正如伦敦银行家在21世纪开始时所说："交给我们你们的财产，我们将使它们增值，相信我们"，12世纪查科城的牧师们会说："交给我们食物，我们

229

不公正的世界

将保证降雨的到来。"雨来了。但是降雨最终不足以种植出所有那些查科峡谷中部的城市中心的庙宇统治者们所要求的一切。查科中心的阿纳萨齐文明现在仅能从遗留在尘土中的符号和传说中了解到。"阿纳萨齐"字面意思是"古人"。[94]这个文明终结的原因被认为是整个贡品经济，最终导致严重环境退化以至于无法持续生产贡品。

作为阿纳萨齐最后享受该文化的人死于饥饿，跨越地球的三分之一，在伦敦的朗伯德街，第一家国际银行的原型正在来自伦巴底的移民的帮助下建立起来。建立它们的目的是使羊毛贸易变得容易，正如威尼斯的梅迪西斯，困境中的城市，最初通过为纺织品贸易提供便利变得富有，只是到了后来以传闻中的自由利率放贷（就像荷兰人后来所做的）。在低洼的伦敦，新确立的银行家们也从其他人的债务中变得富有。后来，到1740年，这些债务通过550家咖啡馆被出售；[95]咖啡因帮助创造一种富有的氛围，给准备要借债的人壮了胆。同时代的人如亚当·斯密（1723—1790），看到这一点，在并不知道阿纳萨齐传说的情况下，写到债务支撑的贸易能有多少好处。正是这些时代的精神，以及忘记中间的低迷期、泡沫和崩溃，在20世纪80年代促使一种政治新权力在伦敦和纽约诞生，这种权力热衷于"……18世纪亚当·斯密经济学的再发现"。[96]到2006年，集中在伦敦威斯敏斯特区的甚至一处简朴的房价超过50万英镑，到2010年在肯辛顿房价超过80万英镑！从亚当·斯密理论的再发现和银行业再次受宠，到对贡品的需求变得无法负担仅过了30年。

整个国家在很大程度上变成贡品经济，人们几乎不创造真正的价值而是不得不履行尤其错综复杂的惯例来证明他们存在的意义，却不种庄稼、不生产也不向任何人提供帮助。作为贡品经济对于这些国家的大多数公民或被进贡城市（如伦敦和纽约）的大多数居民来说没有很大好处。结果道路不是用金子砌成的。仅有在这些进贡体制上层的极少数人收集了比他们能花费的多得多的份额。在他们下面是奉承者，多数是让步同意去从事平庸中毁灭灵魂的工作。这是一种经济学家称为"交易成本"的工作（见前文第234—237页数的讨论）。

由交易成本占用了我们这么多时间和金钱不是新的现象了。在1970年美国一半的"生产力"是交易成本，多半（55%）出现在公司之间，而在美国销售人员占所有职员的比例从1900年的4%上升到2000年的12%。[97]如果这一"发展"比率要继续下去的话，那么美国三分之一的玄孙辈们将在未来工作在"销售"前沿，另三分之一在数收据，最后三分之一在管理其他人。这一点不太可能应验；某地方的某些人必定要做一些有实际价值的事。重要的不是这种情况必须终止，而是它如何解释。

北美人还有待理解大多数他们认为自己所拥有的因20世纪80年代的银行"自由化"，而影响着他们从国外获得什么贡品。然而，很多人开始发现他们国内正在发生的事现在是不可持续的。以绿色的乡间田园为例，一个应当自给自足的地方，蒙大拿州："……蒙大拿居民的一半收入不是来自他们在蒙大拿的工作……蒙大拿州自己的经济已经跌至远不足以支撑蒙大拿州，（该州）由美国其他地方支撑着，并十分依赖于此。"[98]这位作者所指的那一半部分的由流入的社会保障金构成，但是主要是由"……外州的退休金、房地产证券收入和营业收入"。很容易发现为什么整个国家从这个角度看是处在赤字状态的观点现在被广泛理解。美国并不是以其自身的劳动力或能源来支撑自己，不可能支撑得了它现在的消费比例和独立行为；它必须有"自由贸易"。对于那些美国之外的人来说，这种贸易通常很难自由进入，且很多没能从自由贸易者那里作为回报交易回来。从微观角度，尽管有山脉、森林、矿产和绿地，蒙大拿州无法通过真正能自由交易的东西支撑其人口的平均生活方式。这种持续性的缺乏一部分原因是其少数的最富有的居民浪费的生活方式，还因为很多其他北美人开始认为他们能够随便开车去他们想去的地方，很多人认为他们能飞到他们想去的地方，尽管他们已经烧尽了所有生活所依赖的地下石油。那些现在消耗最多的人有很多要放弃。在这种情况下，更容易看到，像查科峡谷的牧师们一样，他们努力抓紧过去的信仰直到最后。

这一切如何解释

可持续性的生活方式可能涉及比大规模削减航空旅行和汽油发动机的终结更大的社会变化。比如仅是我们这一代人作为全球的主体不生活在乡村，而一直以来乡村被证明是最具可持续性的定居形式。传统意义上，乡村生活意味着多代人的生活，几个家庭以家族形式生活在一起。当人们以大家族方式生活时，每个人平均消耗得更少，浪费得更少，旅行得更少并且对于求助于无法为孩子和老人提供照顾的市场的需要更少，或者简单地找人来修理东西的需要更少。当人们互相帮助是出于义务和尊敬而不仅是财务奖励时，他们更可能不去做那些不值得做的事情。

在返回更乡村化的生活方面，会有很多担心，那里太多人了解我们的生意，更容易造成女性的屈从，人们通常对社区中陌生人更恐惧而不是视为常态。传统的乡村与城市生活完全相反，然而除此之外，从很多方面返回到这样的社会单元，或者是更大的乡村型的小生态城镇中的建议被社会活动家们反复提出，作为一种更适宜的"……21世纪社会单元，（因为文化）与数字无关"[99]的有效建议。这并不是花园城市运动，而是人们不再将城市视为必要的，既然互联网科技意味着，人们不再为了能看戏剧或能读到专业报纸而必须生活在上百万的居所中。以单个或两个家庭形式生活在城市公寓中的总体无效率，现在常常被主流科学家们计算，并在他们最享誉盛名的期刊中报道出来。[100]

伦敦和纽约人口在经历几十年的缩减后在20世纪80年代呈现回升；人们开始住进小型公寓。整个富裕世界中年轻人再次如潮水般涌入最大型城市；城市生活和城市工作享有美誉。到1991年，单身在全伦敦工作年龄段的人群中变得普遍，就在十年后遍及英国大部分其他地区。然而，单身，独自生活，是昂贵的，并且孤独，但是在整个富裕世界不这样生活变得越来越难。这一点最近在整个日本也变成常态。只有过度的赞扬使得这种单元型的存在成为可能，因为独自生活是非常不经济的。修道院的僧侣们生活在独立单元中，修道院通常以贡品为生，就像今天富裕世界的城市一样。僧侣生活也会是一种孤独的生活。如果我们要开始从20世纪80年代趋向孤立的趋势中离开，我们就必须开始更多的共同生活。

在英国，2006年进行的调查显示，当成倍增长时，大约900万成年人报告有在周末感到孤独的经历。55岁及以上的人中几乎五分之一的人承认经常一整天不和任何人说话。尽管"只有"五十分之一的人说他们在遇到个人危机时找不到人帮助，但是被发现独自死亡而没人申领遗体的单身老人和单身青年的总数在这个时候上升。[101]我们所创造的大城市碰巧对于很多人来说也是充满孤独感的地方。承认你是孤独的仅在名为"孤独的心"的专栏中秘密地被允许，或者在城市自杀数据中显露，[102]但是当赞美城市时应当记得孤独感。

城市现在仅覆盖地区陆地面积的2%，但是居住着50%的人口，他们消耗所有资源的75%，产出75%的人类垃圾。[103]由于他们通常享受公共交通服务，他们在刚开始看上去是环保的，但是城市内的生活可以同时是如此浪费更少而更有抱负。我们现在通常把欲望与需要混淆，认为我们的生活方式就是唯一可能的方式，但是即使我们改变生活规则，我们住所的砖和泥也并不会消失。假设我们摆脱基于积累债务，然后期望他人通过债务偿付来资助我们的养老金的生活规划。假设我们推广一种公民收入，这种收入不仅是我们的养老金，而是我们全部的基本需求，对所有人来说的，由作为经常性支出的权利而不是由迫切期望未来"资产增值"的权利来满足。[104]我们现在平静地担忧着的事情中有多少仅仅是被一种必然性的幻觉所支撑？到了何种程度：……在发达国家中的我们……完全丧失了拥有一个家的实际需要与它在其他人眼里所代表的我们的社会重要性之间的联系在很大程度上，我们为我们虚增的贷款所支付的价格比每月直接存入的金额要大得多。假设一段时间你没有房贷，你认识的其他人也没有……你就能够从那些对你来说没有内在价值的工作或事业中走出来。你将能从为了避免落在他人之后而要在适当的街区拥有一所房子，并以给他们留下好印象的方式装修的压力中解脱出来……事实是从我们被房屋所捆绑的资金和收入中主要受益的是富人。他们能够支付起为他们的孩子买房子，并且比我们其他人从虚增的房产价值中获得更多利益……但是他们将他们房子的规模、数量和奢华与他们脆弱的身份相统一。[105]

贪婪在物质上使富人受益，但是并没有给他们一个更好的世界去生活。它没有使他们的家庭比他们的前辈更幸福，也没有使他们的孩子和合伙人给予他们的信任比其他任何人给予如此贪婪者的信任更多。随着不平等的增长，其造成的最严重和长期致命的结果是富人（认为不平等是好的）变得政治上更强大，并且他们的理论获得市场。将不平等视为必要的邪恶已经足够糟了；将其视为解决方法就更糟。不把不平等视为人类很好生存的必需品需要在核心信仰方面有巨大变化，其程度好比牧师们开始怀疑自己的信仰时通常无法忍受。我们应当害怕的不是贪婪——我们都是贪婪的——而是那些持续宣扬贪婪有好处的人。他们可能在自己已经停止相信这一点之后很久仍然这样做，因为他们看不到其他选择。

注解与参考资料

1 罗伯特·派特森：《谁在管理英国？超级富豪如何改变我们的生活？》，2008年版，伦敦，霍德&斯托顿公司出版，第336页。

2 据报道，他在去年发表声明以后，自己已成为"一种市场力量"：Treneman，A："虽然演讲激昂，回答漫不经心，但罗伯特·派特森的表现是大师级的"，《泰晤士报》，2009年版，2月5日。

3 "今日节目"访谈，2009年5月2日，BBC广播4台。

4 引自一篇不切题的标题文章：波莉·汤因比"鲍尔斯的结束儿童贫困这一大胆计划能够振兴工党"，《卫报》，2007年版，11月11日。关于描写最贵的饮料的文章发表三天后，阿迪蒂亚·查克拉博蒂："如果我有一点钱……"，《卫报》，2007年版，12月8日。

5 富裕国家的首脑人对健康的关注已从吸烟转向饮品；现在更多的人在避免可卡因。赫伯特·斯宾塞第一次对香烟有所了解是在美国游历期间。见奥利弗·詹姆斯：《自私的资本主义者：富贵病的来由》，2008年版，伦敦，Vermilion出版社，第193页。

6 ONS（英国国家统计局）：《财富和资产调查：初步报告》，2008年版，伦敦，ONS。

7 出处同上。ONS为何在这个时候选用这么独特的标题很值得思索。后来，在2009年12月10日，真相大白，他们的标题是"英国2006年8月的家庭财富有9万亿英镑"。

8 这是用（4%+2%）除以4%，并假定每个家庭都有孩子，且孩子的数量都相等的情况下得来的。

9 J.B.福斯特："乐观的心：哈里·马格多夫（1913—2006）"，《每月评论》，2006年版，第五十七卷，第八期（www.monthlyreview.org/mrzine/foster020106.html），引用的数据来自哈里·马格多夫，20世纪40年代新协议工程进度管理首席统计师，以及美国社会主义者。

10 罗伯特·H.弗兰克：《落后：日益增长的不平等对中产阶级的损害》，2007年版，伯克利，加利福尼亚，加州大学出版，第90页。

11 奥利弗·詹姆斯：《自私的资本主义者：富贵病的来由》，2008年版，伦敦，Vermilion出版社，第153页。

12 PwC（普华永道会计事务所），《精打细算：21世纪的债务人》，2006年版，伦敦，PwC出版。

13 苏·爱德华兹："公民咨询局对最新反馈数据的回应"，信用调查员关于公民咨询局消费者政策的商务报告，2008年版，苏·爱德华兹，伦敦，公民咨询局出版。

14 BBC："个人破产新纪录"，2009年8月7日。（http://news.bbc.co.uk/1/hi/business/8189053.stm）

15 弗兰克·R：《Richi$tan》，2007年版，纽约，兰登书屋出版社，第153页。

16 英国大学生数据由GLA（大伦敦政府）提供，《伦敦划分：首都的收入不平等与贫困》，伦敦，GLA出版，第80页。

17 英国报业协会："监察机构调查'发薪日'贷款"，《卫报》，2008年7月28日。

18 耶茨·M.D"资本主义坏透了"，《每月评论》，2006年版，第58卷，第1期。

19 欧文·克：《超级富豪：英国与美国日益增长的不平等》，2008年版，剑桥，政体出版社，第183页。

20 2009年5月/6月一期的封面上标有如下署名文章："每半个小时收到一个反馈：非高街银行只是想拿回他们的钱。"见Roof，第34卷，第三期有关更多损失的详细介绍，丹尼·多林"光天化日抢银行"，2009年，该期第11页。

21 艾夫纳·奥弗尔：《富裕带来的挑战：1950年以来美国和英国的自制和福祉》，2006年版，牛津，牛津大学出版社，第90页。

22 J.B·福斯特，"家庭债务泡沫"，《每月评论》，2006年版，第58卷，第1期（www.monthlyreview.org/0506jbf.htm），报道来自两年一次的"美国工作的现状"研讨会上公布的数据，由位于华盛顿特区的经济政策研究所（www.epinet.org）的经济学家编写：米歇尔·L、伯恩斯坦·J、Allegretto.S：《2004—2005美国工作的现状》，2005年版，伊萨卡，纽约，康奈尔大学出版社。

23 乔治·V.威尔丁·P：《英国社会和社会福利：走向一个可持续发展的社会》，1999年版，伦敦，麦克米兰出版社，第147页。

24 托马斯·W.博格："不平等是怎么一回事"，出自D.赫尔德与 A.卡亚（合编）：《全球不平等：模式与原因》，2007年版，剑桥，政体出版社。第132—147页，位于第143页。

25 G.A.科恩：《如果你是平等主义者，为何如此富有？》，2002年版，剑桥，马萨诸塞，哈佛大学出版社。

26 弗兰克·R：《Richi$tan》，2007年版，纽约，兰登书屋出版社，第34页。

27 迈克·布拉斯兰德、安德鲁·迪尔洛特：《如何用数字唬人——用常识看穿无所不在的数字陷阱》，2007年版，伦敦，出版社，第17页。

28 纳斯特·H.J："临界宠物研究？"，《反对面》，2006年版，第三十八卷，第五期，第894—906页，位于第900页和第903页，注1。在上一次镀金时代期间，宠物对富人来说也逐渐变得重要起来。关于此问题以及如何出现宠物公墓，见菲利浦·豪威尔的著作"动物的墓地：英国维多利亚晚期时代的宠物、宠物公墓与动物伦理学"，《伦理、地点与环境》，第5卷，第5—22页。

29 迈克尔·爱德华兹：《只是另一个皇帝？慈善资本主义的传说与现实》，2008年版，伦敦，德莫斯与青年基金会出版社，第91页，引文来自凯文·菲利普斯的著作。

30 罗伯特·派特森2005年11月采访了一位对冲基金经理，并记录在《谁在管理英国：超级富豪如何改变生活？》，2008年版，伦敦，霍德&斯托顿出版公司，第205页。

31 基特森·M："经济学未来"，《剑桥经济学杂志》，2005年版，第二十和九卷，第六期，第827—835页，位于第827页。

32 该文章参照及详细内容，见欧文·克：《超级富豪：英国与美国的日益不平等》，2008年版，剑桥，政体出版社，第127页。

33 艾夫纳·奥弗尔：《富裕带来的挑战：1950年以来美国和英国的自制和福祉》，2006年版，牛津，牛津大学出版社；释义及引用来自托马斯·马尔萨斯与亚当·斯密，第53页。

34 出处同上。一直有评论认为，托马斯·马尔萨斯对人口的增长感到如此惊讶，一部分是因为下议院在贪婪的驱使下发动了圈地运动。与莫莉斯科特·卡托私人对话，参照尼森·J.M：《平民：1700—1820英国共同的权利，圈地运动与社会变化》，1996年版，剑桥，剑桥大学出版社。

35 拉加·帕特尔：《饱餐与饥饿：从农场到餐桌，争夺世界粮食系统的暗战》，2008年版，伦敦，波托贝洛出版，第85页；又见拉加·帕特尔，注34，第334页，关于托马斯·马尔萨斯的错误的短文，包括英国如何对法国大革命作出局部回应，反应了古英国人对"贫困阶级狂野人性"的法国革命者的恐惧与崇拜。

36 已有研究表明，经济学专业的学生发现道德规范在这一专业领域难以立足，而缺乏道德约束的学生在这一专业领域的学习成绩却比较好。见拉茨罗·索尔奈："诚信与合作：对经济学学生的道德行为进行再阐释"，《美国经济学与社会学杂志》，2003年版，第六十二卷，第四期，第707—712页，以及罗伯特·H.弗兰克、托马斯·基洛维奇、里根·D.T"学习经济学会防碍合作吗?"，《经济展望期刊》，1993年出版，第七卷，第二期，第159—171页。

37 普伦德加斯特·R："熊彼特、黑格尔与视觉的发展"，《剑桥经济学杂志》，2006年版，第三十卷，第二期，第253—275页，位于第254页，注1。本文中还值得注意的是约翰·梅纳德·凯恩斯担任1937年至1945年英国优生学社会，即现在的高尔顿研究所的所长。

38 罗伯特·H.弗兰克：《经济自然主义者：为什么经济学几乎能解释一切》，2008年版，伦敦，维京出版社，第101页。该书与弗兰克一年前的著作（《落后：日益增长的不平等对中产阶级的损害》，伯克利，加利福尼亚，加州大学出版，如上述注解10及下列注解25引用）完全不同，充分表现了个人能力存在巨大差异。

39 提姆·哈福：《卧底经济学家》，2009年版，伦敦，小布朗公司出版，第15页，致塞西莉亚的信。

40 大卫·古登堡：《种族的威胁：种族新自由主义的反思》，2009年版，牛津，布莱克威尔出版社，第373页，参照汉娜·阿伦特对没有思想的人的描写，即"人类最大的危险"。

41 保罗·科利尔：《最底层的十亿人》，2007年版，牛津，牛津大学出版社，第90页。

42 安德里·马格纳森：《梦想国：一个有恐惧感的国家的自救手册》，2008年版，伦敦，公民新闻有限公司，第53页。本书里的"梦想世界"是指冰岛。米尔顿·弗里德曼在1984年访问冰岛后对冰岛政治的影响，现在被视为在2008年金融危机的众多因素中，起主要作用。

43 新约圣经（马克福音8：36）；详细解释见G.A·科恩：《如果你是平等主义者，为何如此富有?》，2002年版，剑桥，马萨诸塞：哈佛大学出版社，第181页。

44 托马斯W.博格："不平等是怎么一回事"，出自D.赫尔德与A.卡亚（合编）《全球不平等：模式与原因》，2007年版，剑桥，政体出版社，第132—147页，位于第139—140页。

45 普伦蒂斯·C的："由于经济衰退的打击出现了'经济刹虫刘'"，（2009）3月11日，（http：//news.bbc.co.uk/2/hi/business/7912056.stm），引自曼哈顿心理治疗师乔纳森·阿尔珀特。

46 伯特兰·E的"灯塔融资的科斯分析：谎言与现实"（2006），《剑桥经济学杂志》，第30卷，第3期，第389—402页。

47 路易吉诺·布鲁尼："自我面对改变：经济学家如何描绘人类的相互作用"，《公共与合作经济学年鉴》，2000年版，第71卷，第2期，第285—313页。

48 约翰·凯伊：《市场的真相：为什么有些国家富裕，但大多数仍很贫穷》，2004年版（第2版），伦敦，企鹅出版社，第361页。

49 温特·P："工党第二次用名誉作赌注"，《卫报》，2009年版，1月19日。

50 约翰·凯：《市场的真相：为什么有些国家富裕，但大多数仍很贫穷》，2004年版，（第2版），伦敦，企鹅出版社，第162页。其观点是有关经济方面的事，你应该向经济学家了解，因为就像你不可能去找DIY牙科医生帮你固定牙齿。由于自由市场经济引发的一系列不平等，现在世界上越来越多的人，即使在富裕国家，看不起牙医，因此很多牙科医生，按照会计师的建议，将业务转向整形美容，而不是解除痛苦，这种类比几乎没有什么说服力。全世界很多想要固定牙齿的人都去找DIY牙科医生。传统经济学家们还没有解决此问题。

51 约翰·凯是《金融投资指南》（2009年版，伦敦，伊拉斯谟新闻出版）一书的作者，书中明确表明该书是面向低收入阶层、目标是所谓的"普通聪明人"。他还详细阐述了当传统经济学家们的观点令人感到厌烦时，他们是如何公开表示愤恨不满；见约翰·凯"不平等的痛苦评论"，《金融时报》，2009年3月23日期。

52 艾夫纳·奥弗尔：《富裕带来的挑战：1950年以来美国和英国的自制和福祉》，2006年版，牛津，牛津大学出版社，第284页，第285页。又见罗伯特·H.弗兰克：《落后：日益增长的不平等对中产阶级的损害》，2007年版，伯克利，加利福尼亚，加州大学出版，其中提到"中等价位的房价升高不仅是因为房子越来越大，还因为人们对理想区域的需求日益增多"（第56页）。

53 萨奇·J 的："支付能力——父母能帮上忙吗?",《住宅信贷》,2007 年版,第三期,第 1—11 页,第 6 页,图表 6。

54 艾夫纳·奥弗尔:《富裕带来的挑战:1950 年以来美国和英国的自制和福祉》,2006 年版,牛津,牛津大学出版社,见第 190 页,关于浴缸,和第 196 页引自 1929 年罗伯特与海伦·德斯。

55 对于鲍勃·休斯的这番言论,我非常感谢。他评论的文章有:费舍尔·F.M、格雷切斯·Z、凯森·C.(1962)"1949 年以来车型的变化成本",《政治经济学期刊》,第 70 卷,第 5 期,10 月,讨论巴兰·P 和保罗·斯威齐的 (1966)"垄断资本:一篇关于美国经济和社会秩序的文章",《每月评论》,第 138—141 页。

56 克劳福德·E:《2010 年后英国道路安全整体办法》,2007 年版,伦敦,运输安全议会咨询委员会,第 80 页。

57 朱利安·巴吉尼:《欢迎来到 O Everytown:英国人思维之旅》2008 年版,(第 2 版)伦敦,格兰塔出版社,第 98 页; 确切的说是 5539 英镑,比平均住房成本多 427 英镑。这些是平均值;中位数会低一些,模式会更低。

58 弗兰克·R:《Richi$tan》,2007 年版,纽约,兰登书屋出版社,第 137 页(价格见第 123 页)。

59 罗伯特·R.弗兰克:(2008)《经济自然主义者:为什么经济学几乎能解释一切》,2008 年版,伦敦,维京出版社,第 145 页(见以上注解 38)。

60 朱利安·巴吉尼:《欢迎来到 Everytown:英国人思维之旅》,2008 年版,(第 2 版),伦敦,格兰塔出版社,第 107 页。

61 根据弗兰克·R 在《Richi$tan》里引用一位的亿万富翁的话,纽约,兰登书屋出版社,第 134 页。

62 沙阿·H、麦斯弗·M:《新政治经济:复兴计划指南》,2006 年版,伦敦,劳伦斯和威沙特出版公司,第 48 页。

63 谢菲尔德市的数据是 7 倍,部分原因是几乎所有富人家庭 10 岁以下的孩子不允许在人行道上玩耍或是步行去邻居家。一组类似比率数据可见 2008 年针对下议院运输委员会的国内报道:《结束自鸣得意的丑闻》、《2010 年后的道路安全》、《政府对委员会第十一次 2007—2008 年会议报告的进一步反应》,伦敦,文书局出版社。在报告中,国会议员们说:"我们敦促政府重新关注儿童交通意外身亡以及贫困的问题,其严重程度简直令人瞠目。"2009 年 4 月,政府回应说:"我们一直致力于修改限速路引标志,提议当地的公路管理机构可逐渐设置时速 20 英里区或者在主要居民区实行街区限速。"(见第 2 页和第 14 页,www.publications.parliament.uk/pa/cm200809/cmselect/cmtran/422/422.pdf,委员会的关注与政府的回应)。 有证据表明英国 35 岁以下死亡的主要原因是交通事故,引自丹尼·多林(2008)"备忘录附录,结束自鸣得意的丑闻",下议院运输委员会:《结束自鸣得意的丑闻：2010年后的道路安全》，2007—2008年会议第十一次报告，第 EV 323—324页。更多相关研究，见格雷厄姆·D、格莱斯特·S、安德森·R："英国地区剥削对儿童与成人行人伤亡的影响"，《事故分析及预防》，2005年版，第三十七卷，第一期，第125—135页。

64 多林·D："1905—2005年英国婴儿死亡率与社会发展"，E·加勒特、C·加利、N·谢尔顿、与R·伍兹（编者）：《婴儿死亡率：一个持续的社会问题》，2006年版，奥尔德肖特，阿什盖特出版社，第213—228页。

65 'What''s Going On'是名人最喜欢的歌曲之一"，来自马文·盖伊"为什么你们都要死去（兄弟）"对4 Non-Blondes（乐队）"为革命祈祷"的疑问。对于社会不平等为什么一直存在以及该怎么做才能提高公正一直是个热门议题。

66 弗兰克·R：《Richi$tan》，2007年版，纽约，兰登书屋出版社，第49页，第143页。

67 迈克·布拉斯兰德，安德鲁·迪尔洛特：《如何用数字唬人——用常识看穿无所不在的数字陷阱》，2007年版，第112页；7500英镑是用1500亿英镑除以作者计算的2000万个房主。

68 史密斯·S.J："银行住房业务？推测英国住房财富的作用与关联"（2007），论文用于英国智库朗特利基金会"2010年及以后房屋所有权调查"，杜伦，杜伦大学出版，第22页。

69 弗兰克·R：《Richi$tan》，2007年版，纽约，兰登书屋，第132页。

70 杰拉德·戴蒙德，《崩溃：社会如何选择生存或毁灭》，2006年版（第2版），伦敦，企鹅出版社，第61页。又见本书第五章，注解48，第4个和第11个想要拥有房子的两位杰出的政治家。

71 迈克尔·康奈利：《致命的误会：控制世界人口的斗争》，2008年版，剑桥，马萨诸塞，哈佛大学出版社，第70页，第90页，第411页。

72 虽然只为某些精英人士，根据印度医疗服务的休·斯托特少将给《英国医学杂志》（1958年12月13日版）的一封信（第2卷，第1480页）。

73 休斯·B"土地"（2008），丹尼·多林，牛津，个人通信；见"国家为待售"，《卫报周末》，2008年4月26日（www.guardian.co.uk/ world/2008/apr/26/ cambodia）及维尔京群岛：www.thepetitionsite. com/takeaction/119884382? z00m= 15374441

74 弗兰克·R：《Richi$tan》，2007年版，纽约，兰登书屋出版，第131页。当衣柜变大，那么用来放置衣物的空间可能就不仅仅放置衣物。大部分的衣柜没有太多其他用处，但这些奇奇怪怪的壁橱每一个可以用来作一间大的起居室，四个20×20英尺的卧室，旁边还可以放更多。

75 博格·M："18世纪与19世纪初的英国消费"，出自 R.弗拉德、P. 约翰逊

（合编）的《1700—1860近代英国剑桥经济史：第一卷：工业化》，2004年版，剑桥，剑桥大学出版社，第357—387页，位于第377—379页。

76 奥利弗·詹姆斯：《富贵病：如何成功与保持理智》，2007年版，伦敦，Vermilion出版，第35页。

77 齐格蒙特·鲍曼：《消费生活》，2007年版，剑桥，政体出版社，第101页。

78 朱利安·巴吉尼：《欢迎来到Everytown：英国思维之旅》（第2版），2008年版，伦敦，格兰塔出版社，第225页。

79 齐格蒙特·鲍曼：《消费生活》，2007年版，剑桥，政体出版社，第13页，记录了一名教师的文章。

80 理查德·威尔金森，凯特·皮克特：《不平等的痛苦：为什么越公平的社会往往发展得越好》，2009年版，伦敦，艾伦巷出版社，第117页，引自吉莉安·埃文斯，又引自一位不透露姓名的教师。

81 齐格蒙特·鲍曼：《流动的恐惧》，2006年版，剑桥，政体出版社，第162页。

82 乔治·S：《劫持美国：宗教与世俗权力如何改变美国人的思想》，2008年版，剑桥，政体出版社，第248页，该页上的脚注参照马克·布查纳2007年的一篇文章，"我们生来被歧视？"，《新科学家》，3月17日。

83 拉茨罗·索尔奈："诚信与合作：对经济学学生的道德行为进行再阐释"，2003年版，《美国经济学与社会学杂志》，第六十二卷，第四期，第707—712页。又见以上注解36。

84 罗伯特·H·弗兰克、托马斯·基洛维奇、里根·D.T："学习经济学会防碍合作吗？"，1993年版，《经济展望期刊》，第七卷，第二期，第159—171。

85 乔治·V、威尔丁·P：《英国社会和社会福利：走向一个可持续发展的社会》，1999年版，伦敦，麦克米兰出版社，第132页；该部分来自表格5.1。

86 基斯特·L.A、摩勒·S："美国的财务不平等"，《社会学年鉴》，2000年版，第二十六卷，第一期，第63—81页。1：1600的 比率是从40（1/40）中计算出来的。

87 见本书第五章。

88 ONS（国家统计局）：《财富和资产调查：初步报告》，2008年版，伦敦，ONS，出版社出版的表格2和第3页。

89 威廉姆斯·P：《请发行我！英国股票发行市场的潜力与客户期望评论》，2008年版，伦敦，英国抵押贷款协会，第26页。

90 威利·E.K、皮尔斯·T、莫斯·M（等合著）："美国城镇体系的次级贷市场细分"，《荷兰经济和社会地理杂志》，2009年版，第九十九卷，第一期，第3—23页，位于第3页。对此感兴趣的，又见威利·E.K、阿蒂娅·M与海默尔·D.J："抵押资本在市中心有立足之地吗？"，《房屋政策辩论》，2004年版，第十五卷，第三期，第623—685页；威利·E.K、阿蒂娅·M、福克斯·克洛芙特·H，Hammel，D.J，菲利浦·沃兹·K："美国之家：美国掠夺性抵押资本与种族和阶级剥削空间"，《地理学纪事，B辑：人文地理》，2006年版，第八十八卷，第一期，第105—132页；威利·E.K，阿蒂娅·M、李·E，门德兹·P："种族、性别与统计演示：掠夺性抵押贷款与美国社会再投资运动"，《环境与规划A辑》，2007年版，第三十九卷，第2139—2166页。

91 科尔比·J："贫富差距问题"，《每月评论》，2002年版，第五十三卷，第八期。

92 莫莉斯科特·卡托·M：《绿色经济：理论、政策与实践简介》，2009年版，伦敦，地球瞭望出版社，第126—127页。

93 出处同上，详细介绍了多数人是如何被欺骗操纵货币储备的。

94 杰拉德·戴蒙德：《崩溃：社会如何选择生存或毁灭》（第2版），2006年版，伦敦，企鹅出版社，第150页。虽然该文明已绝迹，但某些群体至今仍在使用"普韦布洛人"这一用语，但不是所有人都这么用。

95 博格·M："18世纪与19世纪初的英国消费"，出自R·弗拉德、P·约翰逊（合编）的《1700—1860，近代英国剑桥经济史：卷1：工业化》，剑桥，剑桥大学出版社，第357—387页，位于第366页。

96 科克·肖特，科特·雷尔·A：《迈向一个新的社会主义》，1983年版，诺丁汉，发言人，第23页。

97 艾夫纳·奥弗尔：《富裕带来的挑战：1950年以来美国和英国的自制和福祉》，2006年版，牛津，牛津大学出版社，第94页。

98 杰拉德·戴蒙德：《崩溃：社会如何选择生存或毁灭》（第2版），2006年版，伦敦，企鹅出版社，第75页。

99 安德里·马格纳森：《梦想国：一个有恐惧感的国家的自救手册》，2008年版，伦敦，公民新闻有限公司出版，第274页。

100 刘·J、戴利·G.C、欧利希·P.R（等合编）："家庭动力学对资源消耗和生物多样性的影响"，《自然》，2003年版，第421卷，1月30日，第530—533页。

101 汤姆森·L：《当代英国的归属感》，2007年版，融合与凝聚委员会报告，伦敦，整合与凝聚委员会，第5页；遇难者遗体认领信息来自个人通信，约翰·汉，南安普顿大学，工作正在进行中；研究发现在大城市里，与朋友合租一间卧室的年轻人死亡率特别高，具体高到什么程度还有待确定。

102 丹尼·多林、冈纳尔·D："自杀：1980—2000空间与社会在英国构成的绝望"，2003年版，《英国皇家地理学会会刊》，2003年版，第二十八卷，第四期，第442—460页。

103 卡尔克特·A、布尔·J：《英国城市居民的生态足迹》，2007年版，碳计划有限公司，高达明学院：世界自然基金会（英国）（www.wwf.org.uk/ fileli-brary/pdf/city_footprint2.pdf），第8页。

104 见本书第5章，注解15，第344页，有关材料表明所有人如何能够获得基本收入。

105 奥利弗·詹姆斯：《富贵病：如何成功与保持理智》，2007年版，伦敦，Vermilion 出版社；合编版第158—159页，第148页最后一句（"采集花束"这一用法的使用权已咨询过作者，见本书第10页）。

7

"绝望不可避免"：健康与福利

人类对日益增长的精英主义、排斥、歧视与贪婪没有精神上的免疫能力。人们的反应就像笼子里的老鼠，社会环境迅速发展愈发令人厌烦。这是因为我们能够测量出人类是如何反应以及人类在哪些方面反应最差，以至于很多人强烈地抱怨由不公平与不平等构成的大多数富裕社会阶层里，所有人都会对精神健康的人群有"剂量反应"：不平等的药剂量越大，心理健康欠佳的反应就越大。[1]

在这个倒数第2章节里，7.1节集合了一些新证据来说明20世纪80年代中期和整个90年代，生活在最不平等的富裕国家里的孩子，绝望如何在不断增长的。这是另外一个新发现，表明在富裕国家里，心理健康欠佳状况最糟糕的国家是美国，心理健康欠佳程度最轻的普遍是那些社会不平等程度最低的国家。这一新发现还强有力地说明了成长（并永远生活）在心理健康欠佳状况日益增长的、比较不平等的环境下卫生疾病最引人关注。

全世界处理绝望所隐含的原理被认为是，在7.2节，由特定形式的竞争引起的焦虑造成的。学校里的孩子，由于承担的考试越来越多，其心理健康似乎受到的损害最为严重。广告业使成人，尤其是儿童感到信心不足（如果他们不经常攀比谁消费得更多）的影响在本章也有记录，并且有很多各方人士——从心理医生到心理学家到大主教——呼吁缩减广告公司上市的数量。

有权势的人如果生活在比较不平等的国家，他们受绝望的影响不太大。人们发现富有国家卫生不平等程度最高的地方——世界的中心伦敦和纽约——对健康的危害最大。7.3节对此进行了说明，还描述了心理危害和社会不平等在各国的影响。7.4节描述了什么样的鸟脑思维让我们变得愚蠢，以及这种思维

不公正的世界

虽然已没有什么可信度，却如何在整个经济危机时期得以持续。社会不平等的增长不仅对人类的心理健康受到损害，而且对人们乐观、一起努力工作的共同奋斗的能力也造成极大危害。在不平等程度极高的情况下，在人们面前扮演真理和奋斗（否则本可以物有所值）的弥天大谎要么对别人造成损害，要么大肆挥霍浪费，要么被很多人利用，为不平等的异军突起没有什么了不起而找借口。

最后，7.5节用大量事实证明全民大规模药物治疗现象的出现是由于精神病临床实践短暂而造成的。制药业巨头盈利的压力非常大，以至于如果一粒药丸被发现服用一剂就能治好心理疾病，这种药几乎很快就会被销毁。然而，这么有效的"快乐丸"不可能存在。人类的自身状态（欲望、疑惑、恐惧与忧虑）意味着我们不可能永远快乐，然而人们逐渐认识到学习如何内心更健康、更快乐或者至少自己生活愉快的关键是学习如何彼此更好得相处。首先从不要让孩子焦虑、哭泣、恐惧和有压力开始。通过认识到孩子们对哪些地方最感觉到焦虑，使我们还可以了解到成长在不同社会环境下的成人有可能存在的问题。

7.1 焦虑：1/3 的家庭因生活方式而患病

危险以各种形式和不同程度存在着。你不得不小心的是少数几个。说一部分孩子或者成人患有某种精神疾病的危险在于其暗示一个假想就是其他人都很正常。所有人除了精神病人有"对社会联系和平等主义社会的内在需求"，[2]精神病（精神性的不健康）已被表明是针对该种需求的持续性被破坏的自然的人性的反应。被认为有价值的感觉、与其他人平等地联系在一起的感觉被剥夺导致精神疾病。现在有证据显示精神病是，人类社会性大脑生存与社会隔离状态下的正常行为。精神病学家现在认为我们大脑进化方式意味着当我们无法应对被不平等对待的情况。[3]近期的记录表明生活在极不平等的时代和极不平等的地方对我们心理状态的影响十分巨大，以至于事实上我们已经对精神病态习以为常。在英国："根据权威精神病患病率调查，6个人中就有1个人会被诊断为抑郁或慢性焦虑症，也就意味着三个家庭中就有一个家庭受此影响。"[4]

混合性焦虑和抑郁是英国最常见的精神性失调，几乎9%的人符合诊断标准。每年在英国有8%至12%的人口患有抑郁。女性中因精神健康问题接受治疗的可能性比男性更高（与受治疗男性比例17%相比，受治疗女性比例为29%）。四分之一的女性会在某个时候要求治疗抑郁，而只有十分之一的男性会这样做。女性患焦虑的可能性是男性的二倍。患恐怖症或强迫症的人群中大约五分之三是女性。5岁至15岁的儿童中有十分之一患有精神失调。而在美国这些数据更加糟糕。[5]

在英国任何一年中大约五分之一的儿童患有某种精神健康问题，在任一时间点上大约为十分之一。随着他们成长至青春期，精神健康问题的比例已在上升。5—10岁男孩中有10.4%受精神失调影响，对11—15岁男孩，这一比例上升至12.8%，5—10岁女孩中有5.9%受精神失调影响，对11—15岁女孩，这一比例上升至9.7%。并不是所有精神失调都源于我们的生活方式，但是我们的生活方式在很大程度上影响我们如何与受各种痛苦或困惑折磨的人们相处，以及我们是加剧还是减缓这些痛苦。与儿童相对的另一年龄段人群，老年人数量的增加使得英国患有痴呆症的总人数预计将在2051年超过100万。[6]

青春期焦虑

自1974年以来的研究发现英国15—16岁少年中的"行为问题"在上升，20世纪90年代急剧上升并且提供"证据显示近期在这些少年中情绪问题的上升"[7]在这些研究中所包含的行为问题是，涉及以下情况的倾向性打架、欺侮以及/或者偷窃、说谎、不服从、慌乱、心神不定、缺乏注意力和对新环境的畏惧。这项典型的研究发现无论对于男孩还是女孩，这些问题的增加十分显著，在1986年至1999年期间比早些年上升得更快。

有严重问题的英国儿童比例在1974—1999年期间翻倍增长。有情绪问题的儿童数量的上升更为突出，几乎所有的增长发生自1986年。在1987—1999年间不良应激上升水平方面，苏格兰的早期儿童研究呈现类似结果，但多集中在女孩群体中，在最富裕的女孩群体中尤为严重。总体来说，自21世纪以来，在苏格兰三分之一青春期女孩报有抑郁症状，而在1987年是略超过六分之一。这些数据如此之高多半与苏格兰研究所在地区有关，这一地区针对15岁及以上年龄儿童的抗抑郁处方水平最高。大格拉斯哥全部人口的十分之一被开有抗抑郁药（见7.5节）。1999年，青春期研究者报告显示，在这些儿童的不良应激与他们接受再次调查时是否临近学校考试关系显著。同一研究的作者总结时认为，危害如此多青春期儿童精神健康的是社会变迁，而不是任何敏感

不公正的世界

性的增加。

近期有相反的研究报道称青春期儿童中上升的焦虑不具有广泛性。在这里我用这一研究中的统一数据来说明事实并非如此。这一研究发表于2006年，有26个案例45个数据点（每个数据点是某一特定时间特定儿童群体的精神疾病患病率）。

作者的结论是所报告抑郁比率未见长期上升趋势。然而，作者采用来自多个国家的研究。[9]整套研究见表格7。如果选择他们的研究中的一部分，仅限针对生活在北美地区儿童的那些研究，就会显示出不同趋势。在北美自1984年以来的比率已翻了一倍多，自本世纪初以来，每十个具有抑郁症状的青春期女孩中比20年前多出一个；预计2008年的患病率可达14%，这一比率是图表21中的最高纪录，而在1988年这一比率在4%左右。因此现在在北美，每7个青春期女孩中就有1个精神不健康，比起她们母亲一代在她们的年龄时大概只有1/25。[10]

图表21是基于在北美国家开展的报告13—18岁女孩抑郁比率的研究。这些研究主要在美国开展，但其中2个研究在加拿大，1个在波多黎各。评估青少年的精神健康状态的平均年份是通过被研究群体出生年份加他们被访问时的平均年龄计算得出的。图表21所展示的16个案例显示出在十几岁年龄段的女孩中被确诊的抑郁比率呈上升趋势。上升强度与时间的皮尔逊积矩相关系数为0.56（p=0.024）。'p'值指上升强度与时间无关的可能性有2.4%，也就是说，有97.6%的可能性这些比率确实是在上升。这一数据并不足以精确地确定比率上升的速度。每年上升大约0.46点（22年中10个百分点），近似限为每年加减0.37。因此这一比率不可能为0，但是可能比0.46低得多或者可能持续性更高。此外，以每个研究中的被观察者数量加权，将所预测年上升度轻微提高至每年0.53点。对于男孩，相关系数只有0.42（p=0.108），因此比率上升的可能性"仅有"89.2%。研究结果通常需要有比此更高的可能性才具有价值。因此让我们暂且谈论女孩的问题。

表格7：1973—2006年青春期抑郁症研究综合分析表

研究编号	地点	出生年份	受访年龄	研究发现	比　率(%)＜13岁	比率13—18岁 (%)		
						综合	女孩	男孩
1	*怀特岛	1954—55	14—15	483		3.2		
2	美国	1965—74	10—20	776	2.5	3.7	7.6	1.6
3	美国	1965—74	10—20	776		3.1		
4	美国	1966—75	15—24	1769		7	12.4	1.5
5	美国	1966—75	15—24	1769		13	21.5	4.4
6	加拿大	1966—79	6—16	2852	0.6	1.8	2.3	1.2
7	波多黎各	1968—80	4—16	386				
8	*美国	1969—74	14—18	1710		2.9	3.8	2
9	美国	1969—74	14—18	1710		3.2	3.7	2.6
10	*美国	1971—72	13	792	1.8	2.1	2.2	2.1
11	新西兰	1971—72	15	792		2.8	4.4	1.2
12	美国	1971	8	70	1.5			
13	美国	1976	12	70	1.5			
14	美国	1980	17	70		5.7		
15	美国	1973—77	7—11	300	0.8			
16	美国	1973—77	12—17	300		5.4		
17	美国	1973—81	9—17	336	3.4	6	5.6	6.4
18	美国	1973—81	9—17	542	0.7	2.1	3.4	0.8
19	美国	1974—82	9—17	1285				
20	美国	1974—83	8—16	2762	0.4		2.4	2.1
21	荷兰	1975—80	13—18	780		3.6		
22	加拿大	1975—82	12—19	1847	2.6		12.5	6.2
23	新西兰	1977	15	986		6.3	9.9	3.3
24	新西兰	1977	18	1011		18.2	26.5	9.7
25	瑞士	1978—82	15—19	203	0.6	5.3	9.8	1.1
26	美国	1978—83	12—17	4023			13.9	7.4
27	瑞士	1978—87	7—16	1964	0.3		2.4	0.0
28	瑞典	1979—81	16—17	231		1.4	2.2	0.6
29	*美国—盎格鲁	1979—82	12—15	558		4.3	4.5	4.0
30	*美国—非洲裔美国人	1979—82	12—15	665		6.1	6.5	5.7
31	*美国—墨西哥裔—美国人	1979—82	12—15	429		9.0	11.4	6.3

不公正的世界

研究编号	地点	出生年份	受访年龄	研究发现	比率(%) <13岁	比率13—18岁 (%)		
						综合	女孩	男孩
32	*日本	1979—82	12—15	494		1.3	0.9	1.8
33	德国	1980—83	14—16, 16—19	1395		8.0	10.2	5.8
34	美国	1980—84	9—16	4984	1.9	3.1	4.2	1.9
35	美国	1980—84	9—16	1691	1.1	3.0	4.2	1.9
36	芬兰	1981	8—9	278	3.2			
37	芬兰	1981	8—9	278	5.9			
38	芬兰	1981	8—9	255	7.8			
39	蔡兰	1981	8—9	180	4.7			
40	澳大利亚	1981—92	6—17	3597	2.3	4.0	4.7	3.4
41	波多黎各	1982—96	4—17	1886	2.1	5.8	9.7	2.0
42	英国	1984—94	5—15	10438	0.3	2.5		
43	巴西	1986—89	11—14	625	0.2	1.9		
44	巴西	1990—93	7—10	625	0.2			
45	*美国	1990—93	11—12	508	3.0			

注解：*文章标题或期刊杂志里的研究结果不明显的国家。假设最后一项研究是在西雅图进行的，假设参考资料是参照：范德·Stoep·A等主编的"中学过渡期情绪健康一般状况筛查"（2005），《情感期刊》和《行为紊乱》，第13卷，第4期，第213—223页。图表里，一项研究（4和5）其中的两个结果被排除，因为原始文章里的数据只统计15—16岁的儿童，不包括15—24岁的儿童，并且根据对报告里显示的比率总体较高的对象进行12个月回访诊断记录显示：综合国际诊断记录（见凯斯尔·R.C和沃尔特斯·E.E. [1998] 的"精神疾病诊断列表重度抑郁症与青少年流行病国家发病率复测，《抑郁与焦虑》，第7卷，第3—14页"。要不是把男孩和女孩的报告分开，或者根本就没有报告，原始资料里的数据也不会在这出现。

参考资料：科斯特洛·E.J等编著的"存在儿童流行病和青春期抑郁症吗？"（2006），《儿童心理学与精神病杂志》，第47卷，第12期，第1263—1271页，表格1。

国家背景是关键因素

基于很多研究的这一重复研究的初始荟萃分析得出的结论与此处的相反。其作者认为随着时间推移并无上升趋势。他们之所以得出这一结论是因为他们认为涵盖所有富裕国家是没有问题的，源于他们假设所有这些国家在相似时期为儿童成长提供了充分可比的环境。除北美之外的国家主要在近些年对其儿童进行研究，因此，在近些年的初始研究中作者囊括了来自澳大利亚、巴西、芬兰、德国、日本、荷兰、新西兰、瑞典、瑞士的案例，在很多情况下，在这些年龄组的儿童反馈的比率比在北美的案例要低。除巴西之外，所有这些国家比几乎整个北美更加公正。在早些年，初始荟萃分析所能获得的案例多数采用的是在北美评估的女孩的例子。

图表21：1984—2001年北美地区青春期女孩被评定为患抑郁症的百分比

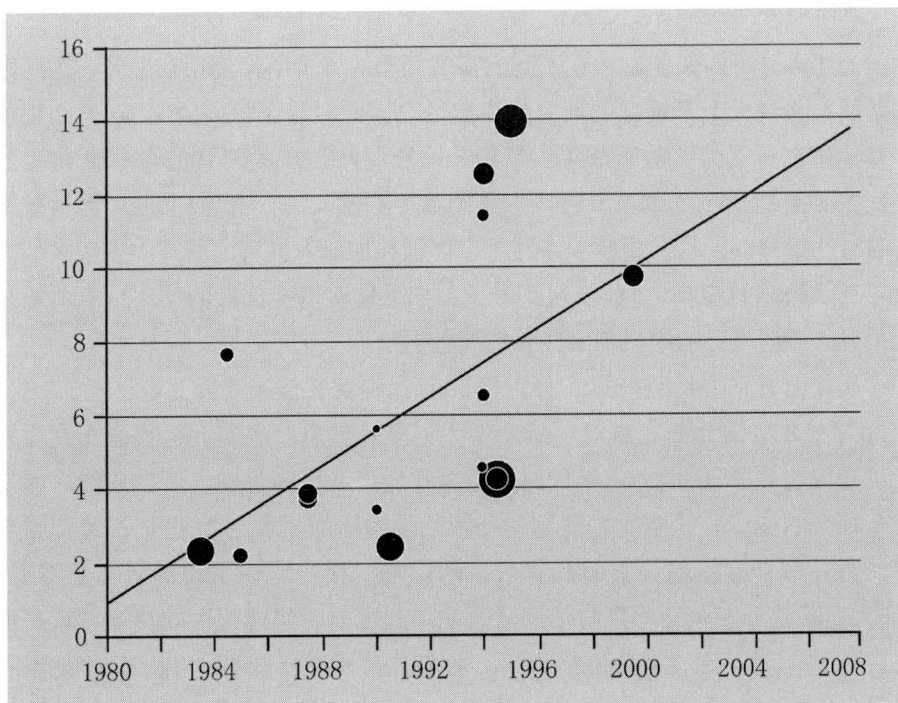

假如我们仅是近期才开始理解人们地理背景对于社交健康的至关重要性，就不难理解图表21所示的初始荟萃分析的作者会假设他们可以把不同国家的案例汇集到一起。根据其2001年报告的他们所包括的一项研究显示，患有不

不公正的世界

具有（或具有）功能损伤的严重抑郁的青少年比例为：在美国的12—15岁英裔美国儿童为9.6%（和4.3%），非洲裔美国儿童为13.4%（和6.1%），墨西哥裔美国儿童为16.9%（和9.0%），对于以同样方式比较的生活在日本的儿童分别为5.6%（和1.3%）。

在美国生活的墨西哥裔美国儿童患有严重功能损伤的严重抑郁的可能性是生活在日本的日本儿童的七倍以上，这项研究显示这些巨大差异在经过社会统计学的校正后全部消失，意味着种族渊源对于青春期严重抑郁的上升并不具有显著影响。[11]这一发现的应用并不是说生活在不同国家的儿童具有可比性，而是说生活在不同国家的儿童的生活所存在的社会统计学差异之大，以至于这些差异造成了国家间巨大的不均衡性。生活在日本的儿童以及其他生活在北美之外的其他儿童均被排除在上述再分析之外。

安全感和连接感

上述再分析的数据显示在不同的富裕国家的青少年抑郁正在上升，这些数据是从报告说无上升情况的研究中得出的（因此驳斥了该研究）。这一结论很多其他研究所支持。对于成年人来说，众所周知，在美国1955年以后出生的人比1915年以前出生的人（在同一年龄接受测试），有十倍以上的可能性被发现患有严重抑郁，从在瑞典、新西兰、德国和加拿大进行的研究中发现类似的但不那么极端的趋势。[12]鉴于这些增长，如果青春期抑郁症的比率一直不增长则很意外，但最近的增长却意味着情况会更糟。

从其他研究中我们得知，20世纪80年代晚期的普通北美儿童已经比20世纪50年代85%的北美儿童对生活产生了更多的焦虑。事实上，普通北美儿童已经变得比美国20世纪50年代的儿童精神病患者更为焦虑。所发现的原因是安全社会的崩溃和儿童所感知到的环境危险的增加。截至21世纪，经济因素被认为在解释这些趋势方面具有很小的影响。报告这些发现的研究总结道："在人们既感到安全又感到与他们联系在一起之前，焦虑很可能持续在较高水平。"[13]这一观点比经济衰退早八年。所有这些研究要么显示出北美和英国的儿童患焦虑和抑郁的比例在上升，要么，就是在为避免将早期研究的北美的比率与后期的欧洲和日本的比率相比较，而再次分析了该研究的复杂情况下，从而显示出相同的上升趋势。

是什么，尤其在北美，还有英国，产生了青春期绝望？英国近期官方政府调查显示出显著的相似比例，约1/7的报告经常感觉黯淡或悲伤的儿童通常是焦虑或抑郁。那些因贫穷而接受学校免费餐的儿童，不足为奇的，略微更可能这样说，[14]但是并没有其他儿童这样说的可能性大。近年来在这些尤其不平等的富裕国家中某种原因一直使儿童的感受越来越糟。

7.2 竞争：把不安当作利益

为什么儿童中抑郁比例会一直上升？他们的环境如何，尤其是在北美，是什么造成不仅更多的成年人还有更多的儿童变得抑郁？原因有多个，但是首先应该看看那些已经说明其实际目标就是让人们焦虑尤其是让儿童焦虑的人。这些群体存在于商业行业，其目的是让富裕国家的儿童没有安全感：即广告业。一位广告公司总裁近期解释道："最好的广告就是让人们感到没有他们的产品，你就是个失败者。孩子们对此尤为敏感……你戳中情感弱点，这很容易对孩子做到，因为他们情感最为脆弱。"[15]这位总裁的观点不是孤立的，她说此番话的一年后，在2003年，另一位广告人的话被发表："在我们的商业文化中，孩子们被看作可利用的经济资源，就像铁矾土或者木材。"[16]

广告人的行为有意对儿童精神健康造成有害影响的事实对于阴谋理论家来说并不是秘密。在2007年英国BBC播出："儿童一年大约观看1万个电视广告，到10岁时认识400个品牌，儿童局局长埃德·鲍尔斯说。"[17]最被广泛识别地是麦当劳的双拱门型标志，英国3岁孩子中的70%认识它。这些孩子中还不到一半的孩子知道他们自己的姓氏，但是他们知道麦当劳先生。[18]2008年英国建立教会的领导人（在他自己的新闻稿中）解释说越来越多的研究发现电视广告在危害儿童，促使他们有害地竞争，倡导他称其为"贪得无厌的个人主义"，已到了这种程度："来自美国和英国两国的证据表明，那些受商业压力最大的孩子也显示出更高比率的精神健康问题。"[19]这一情况在美国更加糟糕，在那里暴露重商主义有害影响的情况要严重得多，以至于年轻成年人口现在可以被描述为已经被浸泡在令人精神麻木的广告垃圾中。[20]

不公正的世界

培育贪得无厌的个人主义

在美国在研究如何最好地做好战时宣传以及后来的公共关系的工作中，广告发展得最为强劲，位居首位。关于利用宣传来改变和平时代的认知的争议可追溯到沃尔特·李普曼（1889—1974）时代。沃尔特·李普曼是被誉为公共关系行业创立者的爱德华·伯内斯（1891—1995）的同事。李普曼在"一战"期间为政府工作，负责制造宣传。基于这些经验，李普曼开始相信"制造满意"必须成为一种"自觉的艺术和受欢迎的政府的常规功能。整个过程应被一个致力于社会'公共利益'的'专门阶层'所管理……新生的公共关系行业的关键角色是将社会保持在真相之外"。[21]那些从事商业经营崇尚竞争的人将广告看得至关重要的原因很简单。人们不能被允许过于幸福，正如"在最为消费者主导的社会那样"，如果他们满意自己的命运的话，他们就会减缓消费。如果人们被"允许追随旧例，持续他们的习惯，就会为消费社会、消费行业以及消费市场敲响丧钟。消费社会只有为其成员提供无休止的不满足感（以及所导致的，以其自己的话说，他们的不快乐）才能够苗壮发展。获得这一效果的直接方式就是在消费者被诓进消费者欲望的领域中不久诋毁和贬值其消费商品"。[22]今天大主教们进行反对广告的宣讲，心理学家们倡导无广告世界，哲学家们将其危害诉诸笔端，然而经济尤其是公共关系依然是面包和黄油。

很多人的工作是让我们和我们的孩子感到不舒服，挫败、缺失，这是个公开的秘密。而不那么为人所知的是女性（包括女孩和成年人）遭受抑郁的比例最高，当这些结果致命的时候通常是男人更受影响。图表22显示的是140年期间，依据年龄和出生年代，男人的死亡概率与女人的相比情况。该表基于取自世界上所有富裕国家并结合起来的数据。所有这些国家都足以富有而拥有能在每个时点都可靠地记录死亡率的系统。数字显示的是在所有富裕国家，20世纪70年代出生的最近期同龄人群在他们到了二十几岁的时候，男性死亡概率是同龄女性的三倍多。

图表22：1850—1999年富有国家男性与女性死亡比率（按年龄）

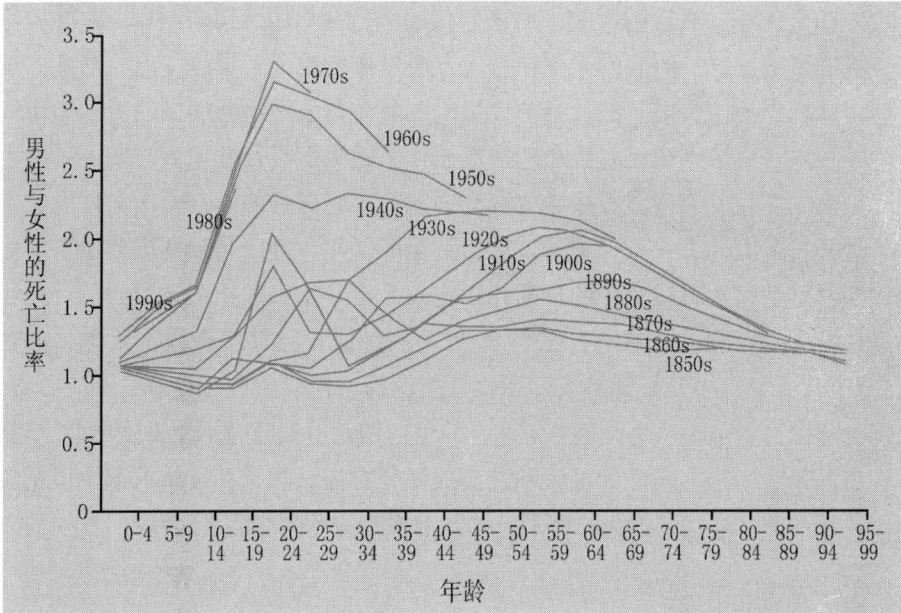

注解：每一条线代表所标示年份里出生的群体。 X轴表示出生群体所处的年龄。Y轴表示在相同年龄段、相同出生时间、居住在相同国家的男性与女性一年内的死亡比率。

参考资料：原始数据来自里格比·J.E和多林·D的"富有国家死亡率与性别的关系"（2007），《流行病学和社区卫生杂志》，第61卷，第2期，第159—164页，样本量为10亿人。

制造满足感

图表22显示最初性别间死亡率不平衡性的加剧始于19世纪90年代出生的男性与生于19世纪80年代的男性（伯内斯一代与李普曼一代的比较）在年老阶段的比较，那些后期出生的男性因在他们二十几岁时大规模生产的香烟触手可得而被鼓励吸烟。在这种情况下，由于女性（起初时候）通常不允许吸烟，因此在后期出现死亡率的差异。类似的出现在年轻的年龄阶段的差异源于那些人出生的年代，意味着他们是处于战争时期的年轻人。然而，必须是出生在20世纪40年代和50年代，尤其是后者才与对男性的有害影响呈最大相关。而在这生育大军之前很久分娩已经安全得多。

不公正的世界

生于20世纪40年代的尤其是生于50年代的男性，特别可能受到20世纪70年代中期全球经济衰退的影响，后来年代的人则受20世纪80年代早期和90年代衰退的影响。这一图表的来源在时代方面更详细地证实了这一点。在变本加厉地将你标识为"失败"的社会中成长，继而在竞争性不断加剧的劳动力市场上受挫，对于男性来说足以致命地造成死亡率比吸烟流行性最盛时期或者战争期间更大的变化。有很多方式导致富有国家的年轻男性的死亡率比女性高：自杀、意外过量服药，打架，交通事故，甚至肝硬化。健康和福利服务机构（可能曾照看过那些本可以避免的早期死亡的人）也开始失去作用，原因是近些年的竞争导致几乎所有的在各年龄段至少70岁的成年男性，在任一年中，现在（在整个富有世界中）是同龄女性死亡可能性的二倍。男性对竞争的反应更糟。男性比女性更受苦于一个普遍的信仰，即当他们竞争失败时不会得到帮助。[23]竞争在美国最为激烈，美国的健康和社会关怀经常被认为是在富裕国家中最糟糕的。竞争和关怀往往是行为的两个极端，带来非常不同的后果。

有人提供帮助吗？

在美国每年约有10万人过早死亡仅仅是因为缺少基本的医疗护理，不是他们不寻求护理，而是他们被拒绝护理。这一数字是本世纪早期死于艾滋病人数的三倍。那些揭示了这些事实的人发现很难接受所面对的漠视。他们写道："任何一个正直的人都应该为这一情况所愤怒。当美国在需要的时候否定获得医疗护理的基本人权的时候，我们怎么能称其为一个文明的国家，再没有哪个主要资本主义国家面临如此可怕的情况。"[24]然而没有哪个资本主义国家如此热烈地信仰竞争。加剧的竞争不仅导致更多死亡而且还妨碍了有效的，如果失去会导致过早死亡的疾病治疗。竞争是无效率的。

某些种类的竞争比其他的更加无效。私人医疗被每个有关的合理的研究所证实是无效的。联合国社会发展研究所（位于日内瓦）最近证实了标识出平均寿命高，并且婴儿死亡率低的国家的因素是在国家医疗保健方面的投入具有显著更高比例，而不是在私人医疗保健方面。在私人的或者更甚者公益的医疗服务方面投入是适得其反的。[25]对于富人来说更是如此。

非常富有的人并不一定得到好的医疗护理。当他们生病时被因他们活着而获利的人所包围，而这种利益与提供好的医疗护理并不是一回事。从私人医疗的角度看，所谓理想的病人应该是病得严重并且病得很长时间，需要不间断的治疗和注射、吸氧和摄入很多很贵的药物。会尤为彻底地检查最富有的病人的身体以寻找任何能够进行深入检查和治疗的疾病，然后再去治疗那些副作用，对于私人医师来说，这么做不难理解。理想的私人病人是那些处于昏迷状态的人，因为他们不会反对自己是如何被利用的。结果是死亡在美国大多数地方是件很私密的事。在很多州，死亡记录不是公开的，正如在欧洲大多数地区一样，非常富有的人生命的最后几年通常是被隐藏的，尽管可以从他们的医院收据的琐碎信息中拼凑起来，这些医院收据记录着被扎入他们尸体的每一针，每次对他们身体探测性的侵入，每次手术，甚至他们被售予的每一餐。[26]

私人医疗可能并不会提供富人的生命质量，但是的确剥夺了穷人从医生那里接受一些最基本服务的机会，因为这会使医生从他们的工作中分心。美国的富人接受的仅是被误以为是优质健康服务的过度服务，因为有那么多其他人根本就没有健康服务。类似地，富有的北美人只能生活在有很多仆人建造和服务的家中，看上去好像宫殿因为那么多其他北美人，甚至没有让政府机构收集他们的垃圾的权利。[27]由被雇用来阿谀奉承的、训斥的或者忍气吞声的人所包围并没有很好地促进富人的身心健康，但是的确使其他人丧失了利用这些潜在的有用的劳动力的机会。令人吃惊的是在英国，引入市场甚至健康市场的想法被认为是从美国带去的。

在国家医疗保健中引入一点竞争和市场化机制是危险的。更多竞争被引入国家医疗保障体系，尤其是在英国的同类组织。在英国2002年和2005年间，普通医生以每25000人新增一名医生的速度增长。然而，在最贫穷的五分之一的地区每35700人被提供一个新增的普通医生，然而在最不贫困的地区，每18500人就享有一个新增医生。最贫穷地区人均医生数量最少，最富裕地区的最多。尽管拥有更多资源去分配，就在这三年有大概2000新增医生可供配置，以某种方式，国家医疗保障体系更加扩大了不平等。[28]

7.3 文化：社会福利的国际差异

不安全感是不好的。被告知不得不竞争而不是合作是不好的。引入私人市场到国家医疗保障是不好的。市场价格是价值的唯一测量工具的概念（是）"愚蠢的，有攻击性的，与人类的信仰和行动相悖的"。基于稀缺性的价格并不能反映出一个商品对于人类生命的价值，正如"水的廉价和钻石的高价"。[29]然而，甚至"健康和安全"调查员现在被他们的政治领袖们告知他们必须把赚钱作为应当鼓励的事情。如果某种赚钱的方式对于健康和安全是有害的，为什么要鼓励呢？近年来在美国被看作首要的"经济发展"已经被越来越强烈地强加在英国人民的身上，英国健康和安全和其他管理者现在被其女王陛下的政府告知"管理者们应该认识到他们的活动的关键要素将是，允许或甚至鼓励经济的发展"。[30]

最终，如果你想让人们竞争，就必须让他们保持贫困。否则富裕国家的大多数人开始意识到他们拥有的足够生活了。两个世纪多以前，那些认为资源太少而无法养活所有人的权力者中开始广泛认识到："【奴隶制】……充斥着太多麻烦、暴力和吵闹……然而饥饿不仅是一种和平的、安静的、持续不断的压力，更是勤奋的最天然动力，它唤起最有力的努力……饥饿能驯服最凶猛的动物，它能教会最粗野、最顽固和最倔强者以得体和礼貌，顺从和服从。"[31]就在一个世纪多以前的伦敦，那些权力者们再次提炼出在他们看来所需要的薪水是："理想的薪水，因此必须是足以说服一个人去提供他的劳动力，但是不足以允许其休假超过几天。资本主义于是以更为恐怖的奴隶主——饥饿替代了监工头的鞭子。"[32]今天我们有素食广告来使人们饥饿，结果是肥胖和心脏病。该是让人们停止饥饿的时候了。

精神绝望和要消费更多的假想的需要，以及一再试图避免它的努力正是政治呈现出其最无意义的地方，政治已经被那些最有权力和金钱的人所控制。当新闻媒体几乎完全被一小部分人控制的时候，这种无意义被加剧了，例如美国非常有钱的商人。正如在美国和中国，人们越多接触到广告和其他宣传，他们越多被告知，作为个人他们需要变得富有，作为集体他们需要支持经济增长。公众意见和争论越是几乎完全被少数精英所控制，这些少数精英是选自"顶级"几所大学，选自执政党或其盟党，经过精心调查而被允许发言的很少部分人，"地位的竞争和成功就越会残酷地升级"，[33]然后越来越多的失败者的念头将会划过每个人的脑子。

资本主义的毒药

尽管世界金融的两颗孪生跳动的心脏被近期的心脏病所攻击，却依然被伦敦和纽约所主宰。2007年，世界上绝大部分的对冲基金从这两个城市组织起来，尽管有4/5登记于像开曼群岛那样的避税天堂。在这两个中心的衍生品市场截至2007年每天价值7万亿美元；两天的交易等同于美国年均GDP。[34]几乎所有时事评论员那时都认为这些冗余是有害的，投机者不仅在损害富裕国家还有贫穷国家。2005年，德国副总理说到基于伦敦和纽约的投机者："一些金融投资者无视那些被他们毁掉工作的人们。他们的名字、面孔不为人知，像蝗虫灾一样降临到我们的公司，吞噬一切，然后飞去下一个目标。"[35]这些话刊登于一家德国报纸，引发了一位对冲基金行政总裁发表于《华尔街日报》的回应，称至少北美人和英国银行家为德国"带去了资本主义"。[36]正是那一小勺资本主义毒药导致德国GDP在2009年前三个月下降了3.8%，是自有现代记录以来最快速的崩溃。

2000年曼哈顿赚钱最多者的五分之一所赚的钱是当地生活在底层的五分之一人口的52倍，这样的差距与仅在像纳米比亚这样绝望的国家中才会发现的差距类似。[37]在纽约贫穷区域（如，黑人居住区哈林区的Morningside Heights）中出生的婴儿有2%可能在出生第一年死去，是其邻近有益健康的东区上区出生的婴儿的12倍。[38]截至2004年，哈林区黑人失业率比在20世纪30年代大萧条时期还要高出50%。[39]至本世纪初，15岁的美国少年只有75%的可能性，即4人中有3人能活到65岁，是整个富裕世界的最低比率。这一比率不会更高，部分原因是在美国黑人少年仅有33%的可能性，即3人中有1人有机会过上65岁生日。[40]

在威斯敏斯特区伦敦中心，生活在教堂街已经活到65岁的女性有望平均再活大约12年。相反，生活在同一区富裕的小威尼斯领地的同龄女性有望再活26年[41]（多数这样的可活至至少91岁）。在她们无与伦比的奢华的、昂贵的家外面的街上，粗俗的流浪者和被正式归为患有严重精神疾病的人和寻找居所的人，比英国其他任何地方的都多。就在路的另一头，教堂街的女人们过着如此不同的生活，她们65岁以后的期望是活上小威尼斯领地的女人们一半的时间。[42]

界线

在威斯敏斯特和曼哈顿被标注为精神病人的群体是自20世纪70年代以来，成功关闭庇护所的无法预料的后果，在"社区"中医学化的失败，包括更广泛的"社区关怀"以及在那些被标识为"疯子"的群体中某种奇怪的对这些金融中心的吸引力（威斯敏斯特与伦敦临界）。[43]20世纪70年代，人们对精神病医师

不公正的世界

能够用药物治疗精神疾病过于乐观。这些药物多数是抑制了症状而不是治愈问题，因此精神病患者通常从未真正感觉好起来，而通常不愿意继续服用药物。同时，随着银行营业时间越来越长，城市商人们只能依赖人工兴奋剂的谣言逐渐变成现实。并不只是那些睡在交易所外面街上的人在服用药物。

地理划分伴随着不同程度的扭曲。正如那些被认为在靠服用药物使自己镇静下来（但并没这样做）的人，在那些被认为不会服用药物（但尽管如此还是服用）的金融家们如此接近的地方蹒跚，还有在这些中心里非常贫穷的四分之一与非常富有的四分之一如此近地纠缠在一起。很难能找到像在伦敦和纽约中心所呈现出的如此极端的社会统计数据和如此不同却又接近的环境。富人区和穷人区混杂在一起的情形在这两个城市中心，比富裕世界的其他任何地方都更加突出。在这些城市中心区分富人与穷人的界线极度扭曲，随着向城市外围延伸而扭曲得越来越少。划分伦敦内外的界线和划分新泽西州与长岛的界线则没那么扭曲。仍然是越向城市外围越直，或者呈现为更加光滑的曲线。外围富裕的郊区地带被略微不那么富裕的郊区所包围着，然后是被普通地区围绕，只有那时他们与更穷的地区接壤。在英国，在伦敦遥远的通勤边界地区现在发现了最为光滑的划分线，将英格兰南部与英国其他地区分割开来。

图表23显示我想要描述出贯通英格兰的南北分界线。因中部地区具有其独特性而认为这一分界线不存在，就意味着既无法认识到中部地区是如何划分的，也无法认识到其曾经存在的独特性是如何被十几二十年的制造业就业的重复性毁灭而逐渐磨灭的。图表23所绘的英格兰南北分界线，实际上就是伦敦的最外围边界线。界线可以通过看人们如何选举、如何死亡、他们的财富，甚至是世俗的事情，如酒吧里酒泵的配件是如何被改变的，致使在界线两边啤酒桶龙头的形状是不同的。只要你没跨过这条线你就没真正离开伦敦；不仅通过居住的费用还有酒水的味道，你会发现你还是在南部区。然而，随着在英国人文地理领域开始越来越重要的是你所在的准确位置与首都的关系，南部和北部地区正缓慢地失去他们的独特性。换句话说，你的位置（相当于）在首都什么样的位置？

不平等的起源

分界线无处不在，它们是地理学的东西。它们存在于林肯郡的国道沿线，在欧洲地区之间和全球各国家之间。分界线的存在不是因为缺少交流，而是因为跨过界线事情向独有的方向发展。

258

图表 23： 2010年英国地理分布图（北-南/西-东）

注解：这一特殊的分界线是英国社会、经济和政治的分界线。分界线下方的人，平均寿命延长一年；同类住房，分界线下方的房子更贵；与分界线以上的地区相比，人们更倾向于给保守党投票，以及等等。分界线具体描述，见： www. sasi. group.shef.ac.uk /maps/nsdivide

参考资料：作者在约翰·普里查德的帮助下并参考很多资料绘制。

不公正的世界

今天全球享有最佳健康状态的是日本、比利时和挪威，最差的是刚果。他们之间既存在间接也存在直接的联系。间接联系是贸易。比利时和挪威都需要来自刚果的东西——机床用的工业钻石，使手机运行的矿物质——两个国家为这些所支付的少得可怜。如果不是这样也不会有这么大的差异。我们并不确切地知道这些商品如何从一个地方运至另一个地方，但我们知道事实就是这样，关系到你能运营的多好的越来越重要的是你的起点在哪儿，你在全球贸易体系中的位置在哪儿。

解答为什么刚果贫穷而其他地方富有的直接关系就不那么为人所知了。自大约1885年起，欧洲人和后来的北美人和再后来的日本人开始"……活得更久部分原因是世界其他地方的人们正在遭受贫穷和早亡的折磨"。[44]直接关系是自比利时国王利奥波德二世1885年将刚果占为己有，并挑起有案可查的首次大规模种族灭绝行动之后不久，他的官员们确保了乳胶收成的快速提高，一部分乳胶被出口制成避孕套和子宫帽，导致更富有国家的家庭小型化。在一年内没能完成配额的村民可以用几篮子断手来冲抵剩余的配额，这些手是从抗议自己无辜的同村人身上砍下的，包括孩子。[45]首次得知成篮子的断手成为了殖民统治下的刚果"自由"政府的标志时让人震惊。但我们很快就麻木了。你可能知道现在全球每年大约200万儿童死于腹泻。相当于每1000人中有15人死亡，这一比例与约一个世纪前很多英国城镇中发现的数据相符，今天腹泻在国外正如在英格兰国内一样是可被预防的。[46]你可能不是每天觉得这些死亡令人震惊。那是因为这些死亡的发生离你很遥远，当被保持了一定距离时，我们很容易从震惊变成麻木。

国际界线常常使地区界线显得微不足道，然而不关心富裕国家内部的贫穷是不关心外界的前导。在2009年3月15日，星期日，下议院卫生委员会发布了其关于英国境内健康不平等的报告。制作该报告是由于政府无法实现设定于2003年的关于健康不平等的目标。该目标是，截至2010年，减少10%通过婴儿死亡率和出生时平均预期寿命所测量的健康结果的不平等。英国的成功仍然在计算存活的婴儿。报告将此描述为世界上"最艰难的"目标之一。然而，其他富裕国家并不需要这样艰难的目标因为，除了美国，他们倾向于避免如此巨大的对其国民整体健康有如此大影响的健康不平等。

所有有关这个"艰难的"讨论是有先例的。在1985年，当撒切尔夫人签署了世界卫生组织关于不平等问题目标时，她已经同意了一个更艰难的目标，即截至2000年减少25%的健康不平等。随着健康不平等不仅没减轻反而大幅加剧，英国的失败引人注目。在新工党领导下，继续加剧，甚至最新数据没显示出正在扩大的差距有多少缓和的迹象。美国2008年，远在出现一例猪流感之前，并且基于完全不同的原因；"自1918年西班牙流感以来首次，相当数量的美国女性的平均寿命在缩减……这一现象似乎并不仅是新的而且是美国特有的"。[47]所讨论的现象是最贫穷的美国城镇中贫穷的绝对上升。两年后，在2010年1月，慈善机构救助儿童会报告了英国最贫穷地区生活在极端贫穷状态下的儿童数量的绝对上升。

7.4 鸟脑思维：将利益置于情感之上

仅美国2008年救助银行的费用，甚至在2008年11月，实质上预计要比以下所有费用的合计更多，包括"马歇尔计划"（155亿美元），路易斯安那购买（217亿美元），月亮拍摄（237亿美元），储蓄和贷款危机（597亿美元），越南（698亿美元）以及美国国家航空航天局空前的预算（851亿美元）。所有这9项巨额费用合计为3.9万亿美元，与4.6万亿救助款的价钱比起来相形见绌。而那只是首次公布的价格。[48]

2008年发生了一些变化；这次与往常不同不是经济，甚至不是危机管理。这是人类历史上出现过的鸟脑思维最典型例子的结果。鸟脑思维是人类具有的典型特征，即不能够未雨绸缪、群体性带来灾难的方式行为。正是银行家、商人（少数女性商人）、政客和消费者的鸟脑思维导致了2008年的崩盘。图表24仅显示了绘制这次崩盘的成千上万张类似图表关于未来会怎样的预测中的一个。

甚至这次经济崩溃的早期都看上去非常不像一次经济衰退。截至2009年8月，全世界商业船运的十分之一被报告停运。[49]在像英国这样的国家电消耗在一年中少量下降，主要因为那么多的产业停止运营。[50]一次衰退，如20世纪80年代早期那次，倾向于表现为住房销售减少导致家庭借入的降低，但是随后借入又会上升，正如图表24显示的在美国1983年和1984年间出现的借入上升122%。20世纪90年代早期的衰退表现为家庭借入又一次减缓，变化率略微为负，但是随后在20世纪90年代晚期又缓和上升，然后是振荡，然后走高，在2005年达到高峰值超过一万亿美元，之后轰然下滑再下滑。净贷款的变化不仅是呈现负值，而是在2007—2008年间超出（负）100%，当借入缩减了698亿美元，净贷款比其在2007年的情况降低了107%。衰退不是由美国按揭贷款显现的垂直下降的数字所表现的。衰退是缓慢下行，不是急速崩溃。是协调一致的鸟脑思维造成上升如此之高以至于下降的唯一路径就是崩盘。

图表24：暴跌：1977—2009年美国的购房抵押债务 （兑换百分比，x10亿美元）

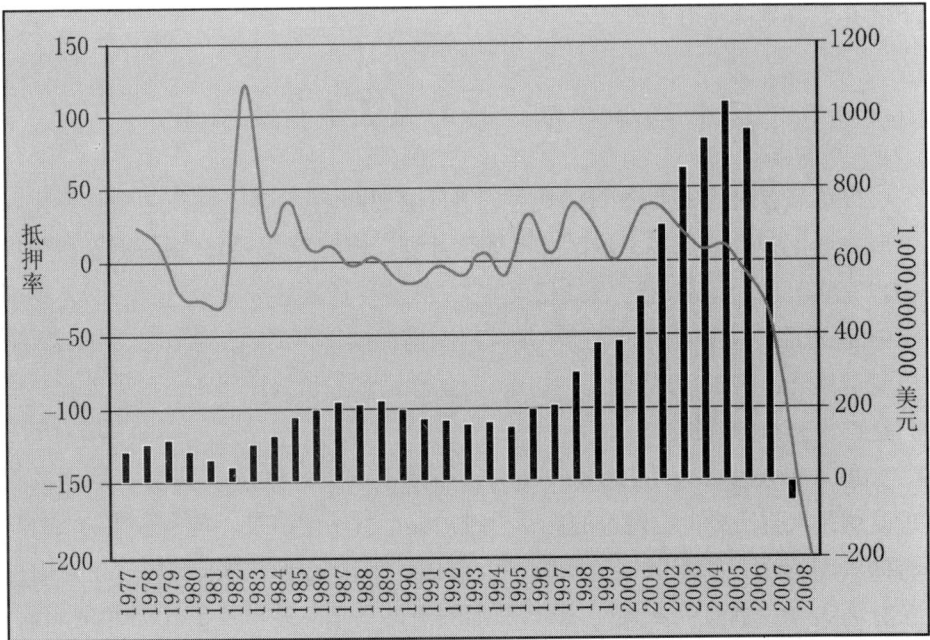

注解：右侧轴：图表里显示的每年外借的净额（美元，十亿记）。右侧轴：该净额的兑换百分比。最终的兑换比率不得而知，但可根据"刚刚"-46美元（十亿）的分母（唯一的一条负数线）。图表的趋势是直线下滑。2009年第三季度的购房抵押是 -370 美元（十亿）。

虽然2009年第四季度的数据在即将出版的时候没有公布，但预计比2008—2009年的数据下跌程度更大。2010年春季没有购房抵押回暖的迹象。

参考资料：本书表格6，第一栏的数据（住户房屋抵押债务变化），见表格6，2009年数据的脚注。

西服革履的蛇

在最为追求利润的国家中经营公司的小部分人最常以一种鸟脑的思维方式来行为，被称为双曲线贴现。那是因为从文化的角度看他们以一种类似鸟类生物进化的方式进化。公司老板并不是如字面上说的真的进化成鸟脑。而是说不平等的富裕国家的现代公司已经发展为，倾向于最常提升那些表现出鸟脑行为的个人。[51]当太相信市场而带来的问题在2008年被释放出来时，无论哪个上层组织都将会遭殃。哈佛经济学院毕业生在2009年开始承认："现在我们确定的认识到我们可能是问题的一部分"。[52]这个学院的毕业生曾经比其他人更可能是那些破产银行的经营者、没能发现大规模欺诈的证券交易（如伯纳德·麦道夫的"庞氏骗局"计划）的领导者或者甚至自己直接被卷入欺诈。

公司老板们近来热衷的（现在依然如此）鸟脑思维首次被发现是在用一种称为"双曲线贴现"的会计方法研究鸽子时变得清晰起来。从根本上说，鸽子展现出立刻消耗掉的强烈食欲而不是留存起来。将食物留存本将让它们能够以后更均匀地享用。然而，并不是鸽子尽可能地吃，而是可以观察到它们能够根据一种预见谷物价值随着时间会急剧（很快）下降的功能，将谷物潜在的未来价值打折扣。[53]显然这种行为方式在过去有助于鸽子的生存，或者至少有少部分进化为我们现在能在实验中研究的那些鸽子。这些实验是让鸽子点一个杠杆而立刻得到谷物，或者在一分钟后点另一个杠杆而获得两倍的谷物。你会如何点？

把经济学院的MBA毕业生关进笼子给他们杠杆，选一个杠杆让他们立刻得到奖励，选另一个则让他们等但是给更多的奖励，这种做法现在仍然是违法的。我们能做的是回顾过去看看他们的祖先在这种情况下是如何表现的。MBA课程教授人们的典型经济学是告诉他们当一种物品稀有时它的价格上涨，导致消费减少并使该商品的供应者数量增加，因此限制它的可获得性。具有讽刺性的是，这个理论首先在原先那些鸽子的同类身上测试，它们的行为告诉我们"双曲线贴现"是本性，至少是鸟类的本性。

抓住那鸽子

欧洲人抵达北美洲后很快发现惊人数量的旅鸽，据说鸟群有一英里宽，三百英里长。这些旅鸽被猎杀灭绝了，最后一只死于1914年。它们被作为食物

不公正的世界

猎杀，其价格并没有随着数量的下降和稀有而上升一点儿。[54]人们只是去吃别的食物了，在他们能吃到的时候吃鸽子，直到吃掉最后一只。只有在旅鸽猎人们以"双曲线贴现"方式来衡量旅鸽的价值的情况下，这些猎人猎杀它们的速度才能被解释。在1900年旅鸽猎人手中一只死鸽子的价值远比树丛中两只鸽子的价值大得多尽管两只鸽子本可以繁殖更多的鸽子以供其在未来猎杀。

旅鸽的命运这样的故事使得那些没有被MBA课程夺去想象力的人们开始担忧传统经济学中找不到理由保护石油供应。当最后几滴石油被从最后一个油井或沙地中挤出来时，油价并不需要涨得太高。如果找到石油的替代品，如电动轿车、有机肥料、纸代替塑料，那么只要有短期替代品，最后几滴石油能够以很便宜的价格卖掉。公司思维是短期思维。它自己当然不会承认，但是它说市场没有替代品，市场能像魔术般运作，使得全世界处于最佳状态。在2008年，正当大崩溃开始时，世界银行公布了其市场魔法的中心论点；它认为：发展不是以其自身为目的，而是它使得实现其他个人和社会的重要目标成为可能。它能使人类集体免受贫穷和苦工之苦。没有其他什么曾经做到过。它还为保健、教育等创造资源。我们不知道发展是否存在极限，或者那些极限有多高。答案将依赖于我们的创造力和技术，依赖于发现新的途径去创造人们在有限的自然资源基础上看重的物品和服务。这一点可能是未来世纪的终极挑战，未来发展和减少贫穷将依赖于我们的能力去实现。[55]

技术革新是这些讨论中的王牌。MBA毕业生可能会在面谈中建议，未来我们将能够从基因学角度设计出新的旅鸽。然而新科技造成的问题和它解决的一样多。它不是万能药。从基因学角度设计出过去的物种恢复其存在的能力给予你创造怪物的能力，创造新能源的能力允许你燃烧更多其他能源去开展你或许并不需要的活动。遍及全球，是增长的对立面使人们免受贫穷和苦工之苦。通过遏制增长和贪恋，大多数已经脱离了贫穷的人见证了他们的父母从贫穷中解脱出来。工会遏制了老板们的牟取暴利并争取工资上涨。政府使健康服务国家化，通过遏制私人医生的贪婪把他们的人民从恐惧中解放出来。在英国，他们告诉那些医生如果非常想从业，他们必须治疗所有那些生病的人，而不仅仅是有钱人。很久以前，法国人在一次革命中反抗一位国王的暴政，部分地启发了减少贫穷；北美人曾发起一场对抗英国人贪婪的革命；通过利用其他人，也部分地由于在1906至1974年间否决了贵族权力，英国人减少了英国的贫穷。

世界银行家们不幸地因他们的鸟脑特征被选中。他们似乎不大记得或者是不知道或者是不接受大部分真实的人类发展史，鸟脑式的经济思维几乎不需要记忆力。

大多数哺乳动物不会有双曲线贴现行为；甚至很多动物过度存储食物。大概曾经有几个尤为严酷的冬季，那些少数的谨慎的储藏者开始盛行。少数人类不那么谨慎但是对其他人采取掠夺性的爬虫类的行为，有时是由于一点大脑损伤。证据存在于前额叶皮层的异常中，以及对一些精神病患者的潜在的类似犯罪的忽视，他们受到良好教育并在商业领域找到满意的工作。[56]幸运的是，大多数人像哺乳动物一样行为而不是像爬虫的或鸟脑似的行为；他们积蓄并储存，包括为他们储存。我们并不是注定为贪婪或邪恶性的自私。然而，人类并不共同计划他们生存的世界系统：这些系统的形成正因为我们没有计划。正如集体飞过北美平原的旅鸽，我们多半跟随我们最近的邻居，和他们做一样的事。世界银行家们的最近的邻居是其他经济学家，尤其是MBA精英毕业生。

在问为什么所有的旅鸽被灭绝之前，先问问为什么有那么多旅鸽。旅鸽繁衍到如此巨大的数量部分，原因被认为是首批欧洲人到来时旅鸽的竞争者被大量猎杀，从而改变了北美洲的生态。正如我们不确定为什么会有那么多鸽子一样，我们也不确定为什么突然有那么多多余的人口来到美洲。我们不大清楚为什么人口增长得那么快，从欧洲扩散到全世界。我们所知道的是最近的人口增长恰逢一种思想的新秩序，一种对于牟取暴利变得可允许的情况的包容，这两者同时发生。某种因素确实促使人口增长，很可能正是人口增长使我们脱离了艰苦劳作，（与很多其他因素共同）导致了那些法国的和之后美国的革命。然而，牟取暴利不是神奇的解决办法，而是个怪物："帝国主义是一台被设定为做一件事——牟利的机器。那是它强大的力量。没有道德、没有感情，只有地区性的、全国性的以及最终全球性的永无止境的提高利润的要求……永远不够多。帝国主义总是以自寻死路为结局。就像鲨鱼将自己的肚子割开，短暂地以自己为食。"[57]

结束这喂养狂潮

在上一次富裕时代终结的1926年至我们现在的财富时代终结的开始，1990年，经历64年，美国国民生产总值（GNP）平均每年增长3%。在纽约证券交易所上市交易的所有公司股票回报率在同一时期每年平均上升约8.6%。可以说技术发展和教育可以部分地解释GNP的增长，但是同样的理论不能被用来解释高得多的股票价格的上升。强调这一差异的研究者们倾向于认为股票价格的快速上升是通过对人们和他们生活的一部分长期增加的剥削产生的，那部分生活并不属于1926年的市场体制的一部分，但到1990年已经被纳入进来，并不仅是在美国国内，还有国外。[58]

与GNP相关的股票价格的上升是剩余的人性和地球资源被榨干的一种量度。这种剥削在1926年后下降了一小段时间，现在又在下降，但是在两次经济崩溃之间非常盛行。很多人认为，在20世纪30年代和40年代之间，经济复苏的开始基于消费者商品和之后为贫穷国家的人们所提供服务的市场化，这最终将衰退转变为发展。今天没有新的贫穷世界去利用，正是因为没有多余的星球等着被抽取过剩价值，我们现在不得不开始为一个更加节俭的未来作计划。[59]需要节俭不是因为我们在富裕国家消耗的要比在贫穷国家消耗的多得多，而是因为我们甚至比我们的父辈消耗的多得多。我们消耗的更多是因为我们被提供这么多我们父辈不曾有过的物质，以及由不可持续的物质制作的物品，在更小的程度上是因为我们数量的增加。大多数的我们生活在富裕世界，全球社会富有的五分之一比我们的父辈消耗平均六倍多的石油、矿物质、水、食物和能量。[60]并不是我们实际意义上吃的是他们的六倍，而是我们浪费了如此多食物，吃如此多的肉。我们并不是喝水是他们的六倍多，而是更多的水被用于很多现在消耗而我们的父辈没有的多余物质的生产中。

大约有三分之一的碳是从富裕国家排放的，正是今天公司制作食物的方式和我们消耗的方式应为此负责。[61]比我们能健康地食用的（比我们实际食用的）多得多的食物被制作出来，比健康的食用需要多得多的肉被生产出来，并且生产的方式肯定是不健康的。我们扔掉大量的食物，但是据估测我们扔掉的食物包装的重量甚至是我们扔掉的食物重量的五倍。就我们吃掉的食物而言，由于为了更好卖而增加糖和脂肪含量，其营养价值一直在下降。过去的最后三分之一的世纪，伴随着食品生产的工业化，脂肪和油生产的全球性再分配令人震惊，较富裕国家的富人逐渐食用更健康的橄榄油，而较贫穷国家的大多数人食用更多的最不健康的脂肪。[62]特别是当我们更常在外面吃饭，在那些核心利益不必是提供优质食物而是赚取利润的餐馆吃饭时，食品毒害正在变得更普遍。我们的食物系统尤其不健康，无论是在全球还是地区。

经济发展必不可少的观点是基于人类无法逃脱其鸟脑思维倾向的观念，即我们将永远是贪婪的，只要有机会就尽情吃的观念。这是一个失望的忠告，没能认识到健康的饮食是多么简单。第一步是少吃，或者不吃肉，少吃鱼。肉只是对于我们不是很好，并且饲养成本非常高，更别说间接的危险性，从产生新的疾病病株到将对待动物的产业化方式变成一种很容易转移到人身上的规范。近期幸运地发现吃鱼对健康的好处被夸大了。医疗检查发现，因吃鱼导致心血管问题和死亡率减少的证据并没有近期所认为的那么明确。[63]幸运的是现在鱼的储量十分衰竭，因而我们无法用鱼来代替肉。

饮食更健康不仅对个人有益，对社会群体和环境都有益。吃少一些和更健康些，以及花更多的时间去锻炼而不是购物，同样具有更广泛的社会和环境意义。来自像中国一样更贫穷国家的污染加剧的大部分原因是运营工厂所需的供电，来制造供富裕国家人们购买的商品。生活在中国城市的人们血液含铅量目前记录是被认为是危险水平的两倍高，必定对大批中国儿童的大脑发育造成伤害。[64]有时候，中国制造的玩具涂漆被发现含铅量很高，但是我们很少怀疑首先为什么会存在于涂漆中。中国人不得不生活在生育孩子几乎比世界其他任何地方都少的政权体制下，部分原因是允许工厂被快速建造起来，并充斥着没有被养育孩子所占据的成年人。在中国儿童中铅中毒的广泛性尽是那些政策带来的残酷而且多半无法预见的后果之一。中国大量的工厂和发电所不会在未来提示中国健康水平。这将会是一种短视的反应，继续加剧污染，为国外生产商品仅为了换取本土发展。

7.5 19世纪90年代：大规模药物治疗的诞生

当你对自己的生活失去控制时，你生活在恐惧中。最极端的失去控制的情况是坐牢。在20世纪90年代初，英国监狱分发给犯人的镇静剂、麻醉剂和其他这种药物比在精神病院还多。最高服用纪录是在伦敦霍洛威女子监狱每年每位妇女平均服用941剂量。[65]全世界，在同一时间，单一公司仅通过销售安定一年赚取十亿美元。[66]在20世纪90年代末，仅在美国约1100万儿童被开利他林药以使他们镇静，8300万成年人被开百忧解或同类药物。[67]据越来越多的报道称为稳定人口数量，"群体治疗措施不久将实施"。[68]这些措施可能包括从过去处方药物的柜台销售，到从监狱强制性治疗开始的更激进的建议。

为了避免情况变成被看作必要的群体治疗，政府正转向涉及更多谈话而不是"服药"的行为疗法。2008年仅在英国多出3500名认知行为疗法治疗师从

不公正的世界

业，他们经过培训与人们谈话，提出可能使咨询者变得更加乐观的建议；至少病人们的确找到人倾听，一个政府提供的善于倾听并乐观的朋友的替代者。这些治疗师将被围绕"快乐中心"而组织起来，且没有白费"设立250家快乐中心来创造积极幻想的玫瑰色气泡的想法丝毫不激进"。[69]问题是很多情况下人们的精神压力的真正原因是真实的，是不能那么容易由谈话解决的。部分原因可能是精神不健康增加的潜在原因是，我们在富裕世界的生活方式很多是精神上不健康的。要看目前提倡的忧伤的治疗方式是什么及其原因，我们需要简单看看医药革命的历史。

症状的治疗

政府应对忧郁增加的方式是试图治疗症状。英国政府一直以来聘用健康教练治疗我们的身体，以及更多的治疗师治疗我们的精神。英国健康部在2008年就其1200名新的健康教练的工作发布报告。它的评估是通过详述泰蜜和简（虚拟名）的轶事案例来实现的。在报告中，健康部认为部门工作优秀因为其雇员发现一位"服务使用者"（一个人）对他们的帮助十分感激。例如"泰蜜"提及她的教练"简"说："简从我转诊开始一直支持我。没有简和她的指导，我可能会因为自卑感到无法去开始。在她的帮助下我感到能够达到提升健康的目标。"[70]

为什么泰蜜会自卑？人类如何能够在没有私人健康教练的情况下世代保持身体和精神的健康？在一个像泰蜜这样的人不会被如此压垮的社会中简能做些什么更有用的事？人们真的用像这样如此接近完美的英语在说话，还是这种谈话和这些名字一样是虚拟的？

至少"泰蜜"能够谈及她的自卑，"简"能谈及没有给泰蜜药物（因为简无权提供药物）。泰蜜和简的祖父母辈生活的世界里精神不健康没这么普遍但是同样的恐惧（见第273页的论述），而且没什么办法可以解决。从那时起，我们研发了很多药物，不是所有药物对我们都有害。一些药物是起作用的，尤其是针对严重精神性疾病（精神病）和严重抑郁。第一个抗精神病药物，氯普马乙，在欧洲市场流通是氯丙嗪，在美国是氯普马嗪。这种药物在1950年被合成并逐渐被广泛用于治疗精神分裂症直到1954年。氯普马乙隶属于一组称为酚噻嗪系的药物，它们的使用是英国传统的疯人院数量减半的主要原因，至1975年容纳约75000人[71]（到那时大多数人是入院的病人而不是囚犯）。酚噻嗪系抑制幻觉、妄想和暴力，因此被允许如此大批量地发行，但是很多人不愿意持续服用这些药物。

首个有效的抗抑郁药物是米帕明（丙咪嗪），在1956年首次获批。它隶属于称为三环类抗抑郁药的系列，最有效的可能是阿米替林（Tryptizol），在1961年获批。这些药物使情况发生了改变，之前严重抑郁的患者被送往精神病院常常要6—12个月恢复到足以应对的程度，之后许多人在一个月内就逐渐恢复。然而，部分源于过量服用这些20世纪50年代至60年代期间研发的三环类抗抑郁药的危险，像巴比妥酸盐这样的传统药物继续被使用，同时引入其他新药，结果其中很多有其他特别有害的副作用。

氯丙嗪、阿米替林和丙咪嗪是突破，有它们的问题，但是在特定情况十分有效。但是在其之前和之后还有其他药物，回顾起来，如果从未被用于那些被开入处方的情况可能会更好。在维多利亚时代鸦片酊，鸦片酒精溶液，被用于解决睡眠问题还有缓解疼痛。当然，它是一种十分容易上瘾的药物。首个催眠"药片"直到1903年才被批准，巴比妥佛罗（起初被用于麻醉狗）。十年后，在1913年，成为首批过量致死的药物之一，同时会造成抑郁。第一次世界大战时期这种及其他巴比妥酸盐药物的需求爆发。第二次世界大战对于另一组新上市的药物安非他命的需求发生类似的爆发，这种药于1937年被首次制成片剂。

至1970年巴比妥酸盐药物在英国很少被作为催眠药剂开处，由于它们有可怕的副作用，以及一组新药已经被研发出来，苯二氮卓类。苯甲二氮于1963年获批，是截至20世纪90年代给所有者带来每年10亿美元的安定的形态，硝基安定获批于1965年，然后是安眠药（后来为瘾君子所好）。这些药物结果具有十分有害的副作用包括抑郁。从20世纪60年代以来，锂被用于躁狂抑郁症患者，减少躁狂发作，但是同时夺走了生活情趣。世上没有神奇药片，但是鉴于通过声称发现了某种神奇药可能获得的利润，对于神奇药的寻找以及对从查找根本原因中可赚取的巨额利润的寻找从未减速，然而却不是在寻找潜在的疗法。[72]

感觉比自己还好？

在20世纪70年代，新系列的抗抑郁药被研发出来，选择性五羟色胺再摄取抑制剂（SSRIs）。这些药的基础理论是抑郁由大脑中缺乏五羟色胺造成的。

不公正的世界

现在仍然没有多少证据证明事实确是如此。最有名的是氟西汀（百忧解），于1988年获批。这种药既被广泛应用又广受批评："百忧解是象征性的抗抑郁药，它已经变得像家喻户晓的'阿司匹林'一样普遍，这说明了它使得抑郁者调理内在自我以便于'感觉好些'，或甚至'比他们自己还好'这种现象的程度……［但是］区分哪个是自我，哪个是人工修订过的自我变得越来越困难"。[73]百忧解一个巨大的好处是过量服用SSRIs几乎不会致命，并且可以持续数月，或者数年服用。与此相反，针对儿童，同样有苯丙胺衍生物哌醋甲酯，市面销售为利他林，到2008年，这种药原来是十分有害的，以至于在英国被健康警告反对继续使用。[74]

SSRIs在20世纪90年代成为大众用药类药物。这些药具有停止人们投诉的作用，这一点引起人们猜测正是这么多普通医生愿意经常开这种药的很大部分原因。尽管这是重复的故事了，如2008年2月26日在卫报首页刊登的那样："科学家们说4000万人使用的百忧解并不起作用。"在一年之前，2007年，英国广播公司（作为国家新闻）报道了在苏格兰，抗抑郁药的使用已经增加了四倍多，到2006年，在一般人群中每1000人被开给85日剂量的抗抑郁药，而在1992年每1000人'仅'被开给19日剂量。报道显示使用者多在25到44岁之间。整个大格拉斯哥，15岁少年中大约10%或者更多在每日服用，暗示着在格拉斯哥更贫穷的地区比例会高得多。群体用药已经诞生；目标（据上述的2007年的报道称）仅仅是试图停止这些高比例继续攀升。[75]之后发生了2008年经济萧条以及遍及英国的群体性失业，集中在格拉斯哥这样的地区。图表25显示整个苏格兰处方的上升有多快。它显示政策，可能还有市场饱和是如何使上升在2004年之后略微减缓的。但是要使这种减缓持续下去将需要在苏格兰发生巨大的变化，源于最近期的经济窘境的加剧，源于大众绝望的潜在原因没什么缓解；即当这么多人发现他们不得不过这样的生活时，绝望往往是正常的。[76]

图表25: 1992—2006年苏格兰NHS统计的抗抑郁药物的处方比率

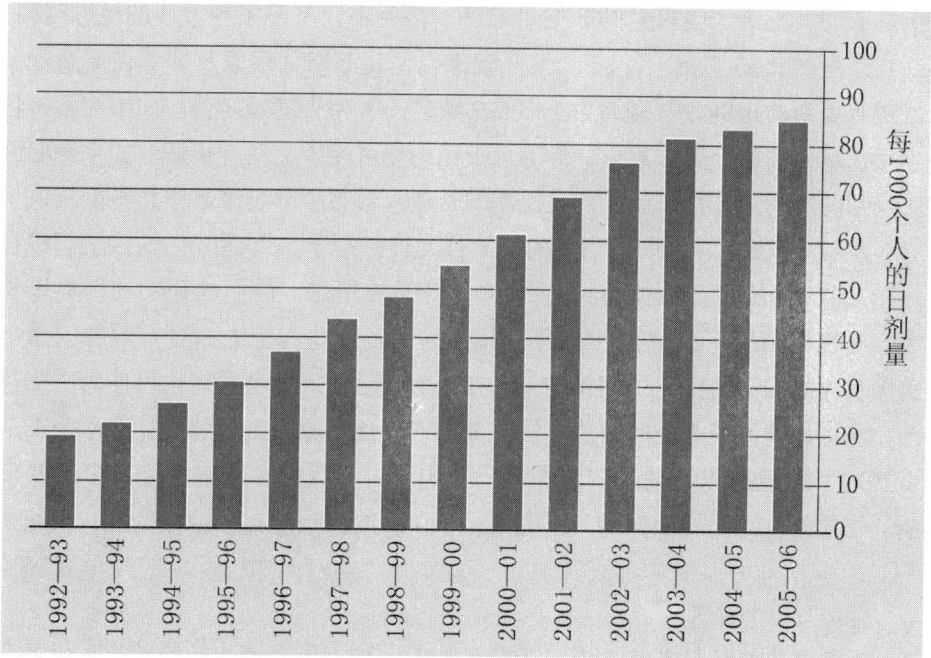

注解: NHS用财政年作处方比率报告, 因为成本主要用来计算金额而不是人的痛苦程度。这种方法就是所谓的每1000个15岁以上的人每天服用的标准剂量。

参考资料: NHS 苏格兰质量协会:《NHS苏格兰质量协会: 2007年临床指标》, 2007年版, 格拉斯哥。NHS苏格兰质量协会出版, 表格1.1, 第12页。

终极奖励

开给成人(即15、16和17岁少年)的抗抑郁药现在几乎总是SSRIs, 这些成人包括本章开始(在7.1节中描述不平等的国家儿童焦虑的增长时)提及的在格拉斯哥周围进行的研究记录的如此快速增多的抑郁女孩的父母。还包括一些女孩本身。有很多原因足以预见到绝望和症状治疗几年来持续增加。几乎所有我们用于治疗绝望的合法化的药物是20世纪的发明。我们现在仅仅开始完全发现许多处方药的长期有害副作用。这是因为它们是非常近期的发明, 因为不情愿接受不是每个问题都有药可治, 因为制造商压制任何可能对销售有不良影响的意图。还有那些你不需要处方就可获得的药物。我们会比其他任何药物更多的诉诸酒精来治疗绝望, 这对我们的身体和精神健康极为有害。

不公正的世界

绝望遍及社会各阶层。到2006年，格拉斯哥每日服用抗抑郁药的成人比例达10%，比最少受影响的苏格兰地区，格兰扁，皇室家族渡假的地方略高，现在那里的比例'仅'为7%。就儿童来说，在苏格兰焦虑及抑郁在更高社会阶层有更高的比例。财富无法使你或你所爱的人免受绝望之苦。如果你富有且生活在富裕的不平等国家里，你的孩子比你更可能患上精神疾病。如果他们逃脱最糟的影响，在他们周围巨大比例的其他人会被划分出来，举止平静，人为'增强'到不去抱怨。如果当前的趋势被允许持续下去的话，你的孩子们将在一个反复倾听别人谈论他们的治疗师、他们的焦虑、他们的药物的世界里长大。在极端情况下，就在2008年总统选举前，那些为把人们更有效的囚禁于美国最大的安全监狱出谋划策的人，在悄悄暗示使入狱者昏迷也可作为一个选项。群体用药不是真正的解决办法。如果需要任何原因来解释为什么不公正是有害的，那就是我们现在知道的不公平的产生对我们整体精神健康带来的影响。物质财富无法提供保护，终究"……所有的回报都在头脑中"。[77]

注解与参考资料

1 最有力的证据来自美国，其利用2002—2006年数据并将绝对收入计算在内，发现有关健康状况的报道不尽如人意，"……无论参考群体如何，都与'剂量反应'相关；相对剥夺五等分最高的个体很有可能比下一个五等分的群体还要差，以此类推"（苏布拉马尼亚姆·M、河内·I、伯克曼·L等人编著，"美国相对收入贫困与自测健康"，《社会科学与医学》，2009年版，第六十九卷，第327—334页，第329页）。该研究报告与各种不健康状况有关。富裕国家年轻人的健康欠佳状况主要是心理疾病。

2 乔纳森·伯恩斯：《疯狂的血统：精神病与社会头脑的起源》，2007年版，霍夫，劳特利奇出版社，第74页。此处参照艾里克·弗洛姆《逃避自由》，1942年版，结尾处提到随着工业化与个体化，我们现在"……正目睹人类由孤立与混乱导致的心理变化"。

3 出处同上，第197页。

4 CEPMHPG（经济表现中心精神卫生政策组）：（2006）《抑郁症报告：抑郁症与焦虑症的新评定》，2006年版，伦敦，伦敦政治经济学院出版。该数据是根据2000年调查结果得出的16.4%的两倍得来的。如果这只是个粗略的计算——因为有些家庭，不止一个人会患有心理疾病，还有些家庭只有一个成年人——那么根据奥利弗·詹姆斯按照世界卫生组织的统计计算，英国约有23%的个人有情绪困扰，这很清楚地得出至少会有1/3的家庭患有心理疾病（奥利弗·詹姆斯：《自私的资本主义者：富贵病的来由》，2008年版，伦敦，弗米利恩，第1页；奥利弗·詹姆斯：《不幸》，2009年版，丹尼·多林，牛津郡，个人通信）。

5 根据最具可比性的世界卫生组织公布的心理调查，出自理查德·威尔金森、凯特·皮克特：《不平等的痛苦：为什么越公平的社会往往发展得越好》，2009年版，伦敦，艾伦巷出版社，第67页。

6 本段落对英国的相关统计以及之前的统计数据来自（英国）国家统计局（ONS），ONS：《精神病的发病率》，2001年版，伦敦，ONS出版社；ONS：《更好或更糟：国家统计数据》，2003年版，伦敦，ONS出版社；ONS：《英国的儿童与青少年心理健康》，2005年版，伦敦，ONS；MIND：《统计1：精神疾病有多普遍？》，2009年版（www.mind.org.uk/help/research_and_policy/statistics_1_how_common_is_mental_distress）；英国国家在线统计局，《心理疾病在男孩中更为普遍》，2004年版，伦敦，国家在线统计局；MHF（精神健康基金会）：《终生影响：儿童与青少年心理健康对终生影响的理解》，2005年版，伦敦，MHF出版社。这些出自丹·韦尔："投影需要"，2008年版，工程研讨会演示，6月24日，多林·D，伦敦，个人通信）。

7 克里肖·S、莫恩·B、 古德曼·R等编著："青少年心理健康时间趋势"，《儿童心理学与精神病学杂志》，2004年版，第四十五卷，第八章，第1350—1362页。

8 韦斯特·P，斯威廷·H，"十五岁，女性，焦虑：心理困扰模式的变迁"，《儿童心理学与精神病学杂志》，2003年版，第四十四卷，第三章，第399—411页，第406、 409页。

9 科斯特洛·E.J、Erkanli，安戈尔德·A："儿童或青少年抑郁症是一种流行病吗？"，《儿童心理学与精神病学杂志》，2006年版，第四十七卷，第十二章，第1263—1271页。

10 可以用推断，也可以用过去记录的最低比率估算出二十五分之一，其结果与在此比率基础上推断的结果一样。

11 实际上，他们发现"父亲"受教育程度和家庭经济状况的影响仍很显著，（比值比：3.28—5.30父亲受教育程度为小学，2.62—2.78 经济状况较差），"（多伊·Y、罗伯特·R、竹内轮子·K等编著，'按DSM-IV标准对美国—日本进行的青少年抑郁症的多民族比较'，《美国儿童与青少年精神病学杂志》2001年版，第四十卷，第1308—1315页，位于第1308页）。

12 艾夫纳·奥弗尔：《富裕带来的挑战：1950年以来美国和英国的自制和福祉》，2006年版，牛津，牛津大学出版社，第348页。

13 特温茨·J.M："焦虑的时代？焦虑和神经质的出生对照组变化，1952—1993"《人格与社会心理学杂志》，2000年版，第七十九卷，第六章，第1007-1021，位于第1018页。

14 ONS（英国国家统计局）（2008）《2008可持续发展指标便携手册：英国政府可持续发展战略指标更新》，伦敦，环境、食品以农村事务部，第130页。一年前ONS出版的同一版本的手册是按照社会A，B，C，D，E的等级将这些统计数据进行划分的（第125页），但没有按年龄进行划分，一年后出版的手册记录了对各种提问的回答（第137页），因此这里不能按照时间做儿童方面的比较（在2008年的研究调查中，儿童认为"有点正确"的，就记为他们是幸福的，但这一选项从后来的调查中删除了，而表面幸福比例增长了10%！）。2007年报告的在英国地区按社会等级划分的成人幸福比率有明显差异。只有那些薪酬高、属于A，B等级的人是非常幸福并愿意从事他们的工作。那些薪酬低、等级是E的人通常觉得不幸福，无所事事、没有安全感、抑郁、孤独，做什么事都很艰难。主要原因在于他们本身以及事实本身。

15 南茜·谢尔（谢尔广告公司总监），如引述自提姆·凯瑟：《追求物欲的代价》，2002年版，剑桥，马萨诸塞，麻省理工学院出版社，第91页。

16 麦克切斯尼·R.W、J.B·福斯特："商业浪潮"，《每月评论》，2003年版发，第54卷，第10章。

17 儿童、学校与家庭部联合出版的评论《儿童计划：创造更美好的未来》，2007年版，伦敦，文书局出版社。埃德·鲍尔斯是当时负责该部门的政府官员。在随后的几年里，他在减少广告对儿童的影响方面无所作为。

18 朱利安·巴吉尼：《欢迎来到Everytown：英国思维之旅》（第2版），2008年版，伦敦，格兰塔出版社，第224页，同时根据2005全国消费委员会调查，参照第274页。两份报告都表明英国有78%的儿童说他们"喜欢购物"。

19 罗恩·威廉姆斯在2003年被选为坎特伯雷大主教。这些言论摘自媒体关于"儿童社区"的报道，署名是威廉姆斯·R（2008），标题为"儿童调查揭示了对童年商品化的极大关注"，（www.childrenssociety.org.uk/whats_happening/media_office/latest_news/6486_pr.html），依次参照：朱丽叶·斯格尔：《天生购物狂：儿童商业化与新消费文化》，2004年版，纽约，斯克瑞伯纳出版社；以及NCC（全国消费者委员会）《关注，希望，幸福》，2007年版，伦敦，NCC出版社。

20 或者，引用原文"沉浸在已知的最激进的广告和市场环境中"，根据安雅·卡梅涅茨，《负债的一代》的作者，最近关于广告弊端方面的畅销书之一，引自哈里斯·J（2007）"富人的焦虑：中产阶级的不安全感与社会民主"，《续刊：社会民主之旅》，第15卷，第4章，第72—79页，在第75页。

21 特罗特·C：《禁止左转：因贪婪、顽固与右翼政治而扭曲的新西兰历史》，2007年版，奥克兰，兰登书屋出版社，第124页，由约翰·杜威首次做注解。

22 齐格蒙特·鲍曼：《消费生活》，2007年版，剑桥，政体出版社，第46-47页；作为原始的重要性。

23 正如塞巴斯蒂安·克雷默的解释，以及作为目前经济衰退的有力证明。失业的会产生疾病、各种选择的作用以及克雷默的相关阐述摘要，见丹尼·多林："失业与健康（编者按）"，《英国医学杂志》2009年版，第338卷，第b829页。

24 纳瓦罗·V："不人道的美国卫生保健"，2003年版，《每月评论》，第55卷，第7期。

25 研究报告出自迈克尔·爱德华兹：《只是另一个皇帝？慈善资本主义的传说与现实》，2008年版，伦敦，德莫斯与青年基金会出版社，第51页。

26 私立医院的收据明细是为令人印象深刻，收录在爱德华·塔夫特的书《构想信息》（1990年由图形出版社出版）。不难理解，医疗系统的目的在于用最低的价格提供最好的服务，不允许有人在其中盈利，既要把损失降到最低，又要尽可能在人们最需要的时候提供迅捷的服务。英国没有私人诊室和急诊病房；它并不是为了私立医院的利益提供这种服务，其必要性显而易见，其牟利的地方很少。

27 大卫·古登堡：《种族的威胁：种族新自由主义的反思》，2009年版，牛津，布莱克威尔出版社，第88页。

28 DH（卫生署）：《解决卫生不平等：2007年行动计划报告》，2008年版，伦敦，卫生署，卫生不平等部出版，第46页，同时出自迈克尔·马默特，卫生不平等科学咨询小组教授的建议，"英国卫生不平等行动计划的实施完全符合循证政策"，第5页。

29 凯尔西·J：《新西兰的实验：结构调整的世界典范？》，1997年版，奥克兰，奥克兰大学出版社，第359页，相应部分引自普鲁·海曼。

30 怀特·D："'戈登·布朗'关于企业犯罪的一篇文章"，《司法问题》，2007年版，第七十卷，第31—32页。原文出处：英政府：《监管机构合规政策：2006立法和监管改革法案第23（4）节在提交给国会前供每个议院决议审批的执行准草案》，2007年版，伦敦，内阁商业部优化管理局。

31 罗伯特·汤森德·法夸尔，在19世纪的时候，呼吁以薪资制度取代加勒比海和印度洋的岛民的奴隶制度，引自迈克尔·哈德森，"缺少什么以及为谁而短缺？"，《每月评论》2004年版，第五十六卷，第七期。

32 特罗特·C：《禁止左转：因贪婪、顽固与右翼政治而扭曲的新西兰历史》，2007年版，奥克兰，兰登书屋出版社，第57页，引用1889年大罢工期间一位负责人在伦敦码头的讲话。

33 艾夫纳·奥弗尔：《富裕带来的挑战：1950年以来美国和英国的自制和福祉》，2006年版，牛津，牛津大学出版社，第295页，艾夫纳·奥弗尔此处例举的都是美国的例子，而非中国。

34 拉里·埃里奥特，丹·阿特金森：《幻想的岛国：认识布莱尔令人难以置信的经济、政治与社会假象政治遗产》，2007年版，伦敦，Constable and Robin-

son 出版，第229页。

35 弗朗茨·明特费林，（SPD 社会民主党）主席，引自《图片报》及罗伯特·派特森：《谁在管理英国？超级富豪如何改变我们的生活》，2008年版，伦敦，霍德&斯托顿出版公司，第210页。

36 丹尼·勒布，对冲基金管理公司"第三点"首席执行官，引自罗伯特·派特森：《谁在管理英国？超级富豪如何改变我们的生活》，2008年版，伦敦，霍德&斯托顿出版公司，第211页。

37 DeVerteuil, G："书评：不平等的分裂：收入分配的社会、空间与进化分析"，《美国地理学家协会期刊》，2007年版，第九十七卷，第一期，第219—220页，位于第219页，根据安德烈·贝弗里奇提供的最新一项研究调查，曾在《纽约时报》刊登并被罗伯茨·S引用："在曼哈顿，富人的1美元里有2分钱是穷人挣的"，《纽约时报》，2005年版，9月4日。随着对纳米比亚基础收入项目在奥奇韦罗地区取得成就的大肆报道，那里的状况变得愈发不可收拾。

38 杰克逊·T："本周网站：健康不平等"，《英国医学杂志》，2001年版，第322卷，第7286期，第622页。

39 科尔·M的"学习无止境：一位马克思主义者的评价"，《未来教育政策》，2007年版，第六卷，第四期，第453—463页。

40 艾夫纳·奥弗尔，《富裕带来的挑战：1950年以来美国和英国的自制和福祉》，2006年版，牛津，牛津大学出版社，第287页。

41 盖伊·M：《2005/06公众健康年度报告：关注老年人健康》，2007年版，伦敦，威斯敏斯特地区英国初级保健信托出版，数据由出版社提供。

42 出处同上，第22页。

43 NHS 对威斯敏斯特地区的报告确实表达了对这一问题的关注，更多观点见：帕尔·H：《心理健康与社会空间：面向包容性地理学？》，2008年版，牛津，布莱克威尔出版社，第9页。同时也是《镇定剂》的一部分，见本书第7.5章。

44 迈克尔·康奈利：《致命的误会：控制世界人口的斗争》，2008年版，剑桥，马萨诸塞，哈佛大学出版社，第29页；原版。

45 同上，第32页。一张刚果伤残儿童的照片，照片上的儿童双手被砍断，这张照片是在全世界转发的种族大屠杀幸存者首批照片里的其中一张，目前转发仍在继续：http://en.wikipedia.org/wiki/File: MutilatedChildrenFromCongo.jpg

46 霍尔·E、德雷克·M：2006 "腹泻：核心问题"（2006），出自E·加勒特、C.加利、N.谢尔顿、与R.伍兹（合著）：《婴儿死亡率：一个持续的社会问题》，奥尔德肖特，阿什盖特出版社，第149—168页，在第149页。

47 布朗·D："一些美国女性预期寿命下降"，《华盛顿邮报》，2008年版，4月22日。

48 http: //voltagecreative.com/blog/wp-content/uploads/2008/11/bailout- pie. png. 感谢莫莉斯科特·卡托的转发。

49 根据《经济学家》，"海洋的苦恼"，2009年8月1日，第51—52页，预言全世界海运服务将超过市场需求的50%—70%。

50 阿什莉·西格尔："工业化表明能源需求大幅下降"，《卫报》，2009年版，8月5日，第22页。

51 工商管理硕士课程现在如此成功，是因为他们传授的是速成笨蛋理论。"在短期内牟取利润是最重要的"就是这样的论点。这就是那些招聘商务专业毕业的人想要听到的论调，因此一些商务学校大肆教授这些观点，试图得到人们敬仰。

52 斯坦利的"哈佛作为变质的MBA搞研究是在自毁声誉"，《彭博新闻》，2009年版，4月2日。该报道引自路易斯·拉泰夫在1964届哈佛商学院毕业上的讲话。。

53 艾夫纳·奥弗尔：《富裕带来的挑战：1950年以来美国和英国的自制和福祉》，2006年版，牛津，牛津大学出版社，第47页。在第53页，艾夫纳·奥弗尔解释近年来，越来越多的人是如何也变得像那些开办企业的人一样："消费调查表明'糊口'消费水平，实际要比指数和曲线统计出来的数值还要高，但曲线统计更接近实际情况，实际情况没有曲线统计那么严谨。"

54 根据1910年1月16日一期的《纽约时报》。又见迈克尔·哈德森，"缺少什么以及为谁而短缺?"，《每月评论》，2004年版，第56卷，第7期。在本篇文章中，引用了迈克尔·佩罗曼关于候鸽的价格由于供应不足根本就不会增长的观点。

55 CGD（经济增长和发展委员会）：《增长报告：可持续增长与包容性发展战略》，2008年版，华盛顿特区，国际复兴开发银行，即世界银行，代表CGD，第1页，第12页。这里对他们的指责作出让步，实际上是承认资源终究是有限的，尽管少数人还在讨论到月球上开发!

56 前额叶皮层异常通常是指某些人为了取得一定成就而努力工作引起的其他状况，因为他们有精神异常的表现。见劳拉·斯平尼："西服革履的蛇"，《新科学家》，2004年版，8月21日。该文章还记录了凯西·Spatz Widom1977年的著作，其中研究发现日常生活中的精神病患者，通常在会议室里，"她认为她的调查对象与她当时作典型研究的犯人间的最大区别是他们都受过良好的教育"。

57 沙阿·H、麦斯弗·M：《新政治经济：复兴计划指南》，2006年版，伦敦，劳伦斯和威沙特出版公司，第143页。又见本书第6章，第353页，注解34，有人提出为什么欧洲的人口在这种情况下还得以增长。

58 戈登·M.J、罗森塔尔·J.S："帝国主义的发展势在必行"，《剑桥经济学杂志》，2003年版，第二十七卷，第25—48页，第33页，第43页；他们确实提到了这本来是罗莎·卢森堡在预测这件事不久前提出的建议。

59 拉里·埃里奥特、丹·阿特金森，《认识布莱尔令人难以置信的经济、政治与社会假象政治遗产》，2007 年版，伦敦，Constable & Robinson 出版公司，第 235 页。

60 乌尔里希·贝克：《风险社会》，2000 年版，（第 2 版），剑桥，政体出版社，第 6 页。

61 约翰·卢瑟福德、沙阿·H：《良好的社会：复兴计划指南》，2006 年版，伦敦，劳伦斯和威沙特出版公司，第 85 页。

62 皮茨·M、丹尼·多林、帕蒂·C 的"石油换食品：食用油脂的全球问题"，《世界体系研究杂志》，2007 年版，第 13 卷，第 1 期，第 12—32 页，在第 28 页。

63 布鲁纳·E："油性鱼类与-3 脂肪补充"，《英国医学杂志》，2006 年版，第 332 卷，第 739—740 页。

64 杰拉德·戴蒙德：《崩溃：社会如何选择生存或毁灭》，2006 年版（第 2 版），伦敦，企鹅出版社，第 368 页。

65 史蒂芬·彼得·罗素、理查德·路翁亭、卡明·LJ：《与我们的基因无关：生物学、思想与人性》，1990 年版，伦敦，企鹅出版社，第 174 页。

66 由制药业巨头-罗氏公司首次在市场上销售的安定药物的专卖形式；见奥利弗·詹姆斯：《富贵病：如何成功与保持理智》，2007 年版，伦敦，Vermilion 出版社，第 204 页。

67 马斯特斯·R.D："生物学和政治：连接先天与后天"，《政治科学年度评论》，2001 年版，第 4 卷，第 1 期，第 345—369，第 346 页。经常会给儿童开一些利他林这种治疗多动症的药物，因为如果他们不服用这种药物，学校不允许他们入学。

68 杜米特·J 的"精神疾病的反精神病学"，《公共心理健康》，2005 年版，第 4 卷，第 3 期，第 8-13 页，在第 11 页。

69 奥利弗·詹姆斯：《自私的资本主义者：富贵病的来由》，2008 年版，伦敦，Vermilion 出版社，第 205 页。。

70 DH（卫生署）：《解决卫生不平等：2007 年行动计划报告》，2008 年版，伦敦，卫生不平等部，卫生署，第 80 页。

71 2005 年非精神病患者监狱人口的数据。早期数据，见尼古拉·蒂明斯：《五巨头：福利国家的生卒年》（新），2001 年版（新版），伦敦，哈伯柯林斯出版社，第 210—211 页。

72 关于这方面的经历，我非常感谢我的父亲，他是近几年在英国开处方药的全科医生。他认为在药物使用方面之所以出现这么多错误，是因为医生通常以为，如果患者不断要求开某种药物是因为这种药物有效，而不是因为这种药物会产生依赖作用或令患者成瘾。在监狱、老人之家、医院、儿童服务机构以及某些学校的工作人员发现，与注过麻醉剂的"囚犯"很容易相处。在做研究调查时，经常会问一些错误的问题，甚至错误的提问对象。通常不去向亲戚和朋友了解药物是否有任何疗效，甚至没有问问患者自己是否觉得恢复了正常。有关其他背景资料，见丹尼·多林："客座编辑：真正的心理健康法案"，《公共心理健康》，2007年版，第六卷，第三期，第6—13页。

73 杜弗尔·D.R：《缩头的艺术：新奴役在资本主义时代的自由》（译本），2008年版，剑桥，政体出版社，第72页。

74 加拿大广播公司报道（CBC）（2008），标题为"对多动症儿童使用利他林只是迫不得已"，9月24日（www.cbc.ca/health/story/2008/09/24/adhd-guide.html）。

75 苏格兰质量协会：《苏格兰质量协会：2007临床指标》，2007年版，第6、10、12、24页。

76 见注解2，第360页。

77 艾夫纳·奥弗尔：《富裕带来的挑战：1950年以来美国和英国的自制和福祉》，2006年版，牛津，牛津大学出版社，第9页。

8

结论：阴谋，共识

第3—7章每章以不公平的数据开始：今天1/7的儿童被标识为问题少年，1/6的家庭被排除在社会规范之外，1/5的人发现难以或十分困难承受这些歧视；1/4的人在有足够物质满足所有人的时候缺乏必需品；1/3的人现在生活在某些患有精神不健康的家庭中。这一系列数据最后的一小部分是关于人们选择其他生活方式的能力和那些选择有多么有限：一半人被剥夺公民权。在美国，所有那些达到选举年龄的人中几乎一半人要么选择不去选举，要么被禁止选举（见第3页，第1章，表格1）。实际上，对不平等的富裕社会的最大控诉是其人民被剥夺公民权，认为他们无法改变什么，感觉无力。当我们都被努力生存转移注意力，被为保持现代生活而消费哄骗入虚假的舒适时，冷漠增长了。在大约100年的时间里，我们已经从为妇女选举权的抗争，走入到在最不平等的富裕国家中一般人口不行使其选举权的境地。

尽管存在协调行动和许多不平等的倡导者，但并没有富人精心策划的大阴谋，只有几类自由市场思想、几个鼓吹仇恨的智囊团，但是没有秘密的万能的委员会。假设确实存在富人的阴谋，一个巨大的协作性计划来保护不平等。阴谋论经常被看作有吸引力的解释，好像突然每件事都可以被纠正合适，这些理论通常在事件发生后很久被揭穿。然而，这些理论几乎全部是相对简单的阴谋，刺杀领导人、掩盖证据、一个通过表面合法但不正当手段确保某个朋友选举为政党领袖的计划。大阴谋需要的组织性和保密性程度是人类无法实现的。

巨大的阴谋是不存在的。这一点从"一战"的后果中首次被意识到，没有人"计划这样的屠场、这种持续4年之久的相互屠杀"。[1]掌权的"顽固分子"、军官们策划了一个短期、尖锐的战争。同样，也没有为延续不公平的联合阴谋。那会更容易被发现和击溃。相反，不平等思想已经渗透进每天赚取利润的实践中的想法。不平等思想逐渐出现。曾经仅有少数人争辩饥饿是否应该被用作对付穷人的武器。现在当有罢工带来不便时，就有很多谈及那些要求福利的乞讨者希望继承钱财或成名的抱怨。[2]

就像野兽的本性发生了变化一样，不平等的本质也从以前的五大邪恶衍化为新的现代五大邪恶，精英主义、排外主义、偏见、贪婪和绝望，不平等开始自我发展得更加强大。由于不把转型的不平等看作不平等，太多人倾向于那些事实上在鼓励富裕国家中的当代不平等的观点。但是人类远不仅仅是他们所播种的社会变化的种子的适应性接受者。很难预知财富的副作用会给他们带来什么，但是很多人现在团结一致试图逆转这些后果。很多人现在承认不平等的本质已经发生变化了；在英国和美国，"贝弗里奇"的五大恶果——疾病、懒惰、无知、污秽和欲望——现在是不同的……[3]

这个结尾有意地简短。通常针对这类在结尾提出该做什么的建议的书。一些人会说，批评容易解决难。这本书的中心论点正是观念，我们中足够多的人仍然具有的观念，在今天成为世界上大多数不平等的基础。去问你在驱散足够多的那些克服不平等观念之后做什么，更像是问你如何在废除奴隶制后如何经营种植业，或者在赋予女性选举权后如何治理社会，或者不雇用童工如何经营工厂。答案倾向于：在多数方面与以前非常不同，但在其他方面有关键性的变化。然而消除我们现在与之共存的作为不平等基础的伪事实不会突然间达到理想化。一个远不是纯粹反对精英主义的世界仍然会有很多精英主义，并且一定会有其他的来替代我们现在视为常规的事情。我们不可能知道那将是什么，就像没有人能被指望在20世纪10年代预见那整个世纪的世界。但是我们现在视为常规的事物将很快显得像粗陋的过时的势利行为，正如以前发生的一样。现在在一个富裕国家每人如此显眼地鞠躬和擦拭，或者相反在"比自己强的人"面前把额发掫好。你今天做什么会在2110年显得这么古怪而又悲剧？

人性的局限性

人类不是超人。精英主义、排外主义、偏见、贪婪和绝望不会仅靠被更清楚地认识到不平等而终结，正如奴隶制不是在被正式废除的时候终结的一样，女性没有通过被允许选举而被解放，危险工作对儿童的虐待没有随着工厂法而

不公正的世界

终止。然而正是我们的头脑中不平等在这些方面延续的最强烈，即我们认为是可容许的事物上，我们如何看待我们的存在，我们是否认为可以以不希望自己被利用的方式去利用别人。

当前产生不公平的所有社会不平等的五大面具清晰而紧密地相互关联。精英主义认为教育分化是自然的。教育分化反映在那些因被视为不够资格而排除在生活选择之外的儿童中，还有那些常常能够通过选择接受私立教育而自我排除的儿童。精英主义是培养偏见的孵化室。精英主义为贪婪提供辩护。当有没完没了的考试要参加，当人们被划分等级、被排序和分类时，它促进了焦虑和绝望。它使我们社会中的强制性并且无效率的阶层组织永存下去。

正如精英主义是所有其他不公平形式的一部分，排他性也是。与精英主义共同增长的排他性使得穷人看起来不同，激化种族集团之间的不平等，并且，真实地造成种族差异。没有这么多人被排除在外，增长的贪婪无法被满足，如果不是因为贪婪，现在也不会有这么多人被排除在外。但是后果的扩散甚至波及到那些看上去最成功的贪婪者。绝望的比例可能在那些最被排斥的人中最高，但是甚至是富裕国家的有钱人现在显现出更多绝望的迹象，还有他们的孩子。增长的绝望已经成为我们这些更加不平等的富余社会整体的症状。与排他性共同增长的偏见容许贪婪者去试图为他们的贪婪辩护，并使其他人认为他们应该比大多数人拥有得更多一点。这种偏见引发的排斥进一步在被强迫看上去不同的人中提高了抑郁和焦虑。当精英主义培育了排他性，排他性激化了偏见，偏见孕育了贪婪，贪婪——由于财富同时既不是终极奖励又使那些没有财富的人感到更加没有价值，因此造成绝望。结果，绝望阻碍着我们有效地消除不公平。

消除不平等疾病的某一症状不会治愈它，但是承认不平等是不公平背后的疾病，以及看到它造就并持续重复造就的不公平的所有形式是如何纠缠在一起，是通常被倡导的寻求解决办法的第一步。每条通往解决方法的道路仅有的差异在于这种交织如何被我们在试图描述的事物的不同版本所包裹。以这些方式考虑不公平，你能够开始区分将会加剧它的建议和那些更可能促进公平和平等的建议。现状没有"通过造成不平等使一个或更多人富起来而（显然的）没有人变得更糟的不平等"得到改善。赋予一个已经拥有很好头衔的少数人以更加精英的资格，奖励会降低大多数人的社会地位。容许那些拥有更多的人去获得还要多的行为，会提高社会标准并会通过排他性使在那些规范边缘的人们降至贫穷。当你造成不平等时去想象其他人显然没有变得更糟，需要一种对其他人的偏见，将他们看作"和你不同"。这种论点使贪婪合法化。

在2009年，美国政府引入政治去解决不公平，首次规划有效30年。随着在美国发生的一些巨大的变化，英国看上去更清楚像是社会进步的停滞；在社会安全方面这一点确实如此，人权被迅速剥夺，但是在其他方面有例外。例如，远离精英主义的工作正在开展。此外，英国政府的英格兰官方学校指导（在使改变变得如此明显迫切的经济崩溃之前被出版），即2007年儿童计划，建议学校应当以儿童理解他人、多样化价值观、应用并维护人权为目标。它建议学校应当帮助确保他的教员具有保障全体参与的技能，和应该为消除不平等而开展工作。"没有获得和参与学习及更广泛的活动的障碍，没有不同小组成果间的区分；（儿童应当）与不同背景的人建立真实的积极的人际关系，在地区、国家和国际层面感到归属于某个群体"。[5]

不那么受制于精英主义的威尔士政府早些时候规定："对于年幼儿童——当他们玩耍时，那就是他们的工作。"[6]威尔士政府对学校的建议是他们应当更多鼓励玩耍，因为学习就是关于玩耍和想象。在威尔士，现在儿童能够被拓展而不是被看作具有固定潜能的观点已经受到正式认可；威尔士政府说如果儿童在其能力范围内玩耍，他们会感到他们的能力被拓展。在苏格兰，教育课程类似的被重新设计，不再基于让儿童成为工厂雇员或者竞争野心家的学习，而是确保"智慧、公平、同情和正直"发展的学习。[7]这对于英国是崭新的，对于英格兰来说还有很多尚未到来，但是它可能是关于人们所愿意接受的孩子的未来的长期趋势的一个触发点。正如2008年一位北爱尔兰年轻父亲对于渡过困难时期的评论，"当你有了孩子，你不想让他们像你过去一样生活"。[8]时代可以变化得非常迅速，更好或更糟同样迅速。

我们正在发生变化的环境

甚至在奥巴马总统当选之前，美国公众意见就在左右摇摆。那正是他当选的原因。美国在历史上就是一个以顽固和不宽容而著称的国家，这是最初巴拉克·奥巴马当选为候选人如此让人震惊的部分原因。例如，在1987年美国大多数成年人认为如果有老师被发现是同性恋，学校应该开除他们，超过三分之二的人同意（或者不强烈反对）女性应当回归其传统角色的想法。截至2007年，只有四分之一的人仍然持有从前的观点，微弱多数人完全反对后者。[9]然

不公正的世界

而，公众调查还显示了美国公众意见还要走多远。对于再次认为政府应当确保所有人在2007年的温饱的看法有强烈反对，然而这些仅是最基本的人权。同时揭示了对妇女角色问题快速变化的态度的调查将在美国越来越多的人知道不平等在加剧的事实面前被视为一项巨大的成功。这是缓慢的进步，但是在这个国家是受欢迎的，这个国家的一个得克萨斯州政治家最近说："每个人应得免费的教育、免费的医疗、免费的无论什么的观点是从哪儿来的？是从莫斯科而来。从俄国。它直接来自地狱。"[10]

这不完全是这种听到平等就说起地狱的得州人的错，某些人仍然有这样的想法。早在得州之前就产生了的这种想法在欧洲移民中很普遍，那些移民带有新教伦理的盈利动机。大约400年前，这种思想在大西洋的另一侧，老阿姆斯特丹，获得第一个强大的立足点。1631年，一个叫笛卡儿的年轻人注意到他周围的人们除了赚钱不再想别的。他说："在这个我居住的伟大城市中，除了我自己没有人不在从商，每个人如此专注于他的利润，以至于我可以一辈子不被任何人看到。"[11]在笛卡儿去世的同一年，1650年，一个荷兰王子，奥兰治·威廉出生了，在1688年入侵了英格兰。尽管事实是他那是个国王（不是革命者），由于他最终是个历史的胜利者，这个事件被记载为一次"光荣的革命"而不是一种新的重商主义和军国主义悲剧的思维模式的开始。十几年内，他使英格兰国家债务从100万英镑提高到1500万英镑，并设定这样的观点，即为了战争和扩张贸易，国家政权应当永久性的举债。他下令在爱尔兰进行天主教徒大屠杀，在那里他被记为比利王。这次屠杀的成本：国家债务一再上升，到1750年达到7800万英镑，到1790年是2.44亿英镑。"按欧洲标准，这个趋势是惊人的并且的确特殊。政府将所有新资源、税收和贷款用做什么了？用于发动战争。"[12]这些战争是和西班牙、奥地利、法国以及最后和北美并输掉了的战争。结果，"自由世界的守卫者"的掩饰开始转移到大西洋彼岸。在1791年，托马斯·潘恩为英国政府写到，"税不是为进行战争而被抬高，相反战争是为了征税而进行"。[13]他还可以加上，"以及债务的增加"。他还可以写他自己的国家变成了什么样。

得克萨斯州政客如地狱般的友爱和合作的观点起初在截至1631年前横扫阿姆斯特丹的商业规则中酝酿，在18世纪蔓延英格兰的军国主义的狂妄自大中以及在美国镀了金的贪婪中进一步发酵，美国镀了金的贪婪对于马克·吐温来说显而易见，他在19世纪70年代创造了这个短语"镀金年代"。所有这些以某种或其他方式与被美化为财富的债务、为获得财富产生的债务相关。然而，正如语言的定义已经变成"带着陆军和海军的方言"一样，如果你的军事力量不足以使你将国家债务更名为"赤字"，那它就仅仅是"债务"。根据你如何数钱（这是个含糊的行业），美国的活期存款到 1977 年以前是盈余的，到 2002 年是赤字但是能被海外"投资"所抵销，从那之后，美国从任何会计角度看都真正地变为债务国。在 2004 年，作家理查德·杜·拉博夫，像那时的很多其他人一样指出这一点，警告说所有这些会导致美元崩溃，这"可能造成轻浮的投资者抛售美国证券和债券，将华尔街推入深渊"。[14] 在这个事件中发生的远甚于溃败。得克萨斯州立法者的政党，共和党人，被从办公室击退出去。替代他们的是略有不同的从前的民主党人，不仅在于总统的肤色，或是在于它所揭示的现在美国人民可以如何选举。

奥巴马总统的 2010 年联邦预算提案 2009 年 3 月被发布。提案看上去是为扭转美国正在上升的经济不平等的程度而设计。这被看作是显著的发展，鉴于不平等已经在美国快速上升了 30 年，主要是政府政策的有意结果。评论家们起初说很难准确预测上百个提议预算措施可能会带来什么效果，但是它们包括对于富人一年大约 100 亿美元税收增加和对于不那么富有的人一年 50 亿美元净减税收。《纽约时报》预测这些变化可能的结果是，中位数家庭实得薪金一年大致增长 800 美元，以及对于"顶端 1% 的人"一年税金增加 10 万美元。[15] 那些看上去直接目标是帮助穷人的预算政策提案包括：15 亿美元提高养老保险和针对接近 6000 万退休美国人和美国残疾人的福利，周失业补贴提高 25 美元，和废除儿童税收抵免计划。

关于 2009 年美国预算提案的介绍的标题为"继承错乱的优先级"，并作为据最近的历史标准来看著名的文书而广受欢迎。它说道："到 2004 年，最富有的 10% 的家庭持有全部财富的 70%，顶端 1% 的家庭的合并净值比底层 90% 家庭的净值还大。"[16] 报告中的数据还显示了顶端 1% 的赚钱者如何将他们那份总收入从 1980 年 10% 上升到截至 2006 年的 22%，以及健康保险的成本如何自 2000 年以来上升了 58%，而平均工资仅上升了 3%。到 2009 年春天，有权力的人们开始清楚像通常那样的生意不再足够。[17] 到 2010 年春天，更为清楚的是像往常那样缩减业务、缩减用庞大数目的闲余美元所支付的说客、对改革的异议和抗议将会非常困难。

将 2009 年美国预算提案与在 7 年前持不同意见的（尽管事实证明，十分正确的）学术著作所提出的批评相对比，这些著作关于全球问题是如何被面对的："所有这些或其他全球的或地区的问题是威胁着象征当代世界社会的泰坦尼克号的冰山。这些冰山是金融的（货币投机和高估的股票［被高估直到最近才适当］）、核的、生态的（全球变暖），和社会的（上亿人对于有报酬的就业或者体面的生活水平失去期望）。没有首领，官员们（世界政治家们）在否认权力和否认责任之间左右摇摆。"[18]责任，当然，仍旧被否认，但是一年不可能的事在第二年变得可能，就像2007年雄厚的经济肯定融化在2009年社会现实的空气中，然后在2010年当富人们的后果变得清晰时再次在心底政治战争中结晶。

所有坚固的东西都在融化

在英国2009年春的预算中的税金增加了，由此富人如果所得超过一定限度，需要再次将其多余收入的一半用于交税。上议院提议一项修正案，所有公司应当依据法律公开他们薪酬最高的主管或管理人员的工资与最低薪酬的职工的十分之一的工资之比。[19]某部长，哈里特·哈曼，像国会介绍最新平等法案，声明目前英国政府理解不平等伤害每个人（尽管不是很清楚它所指的是哪些种不平等[20]）。在2010年春，不平等、银行家们的奖金和贪婪都成为大选前的争论热点。

更大的平等很容易地成为可能；甚至在美国，我们在不久之前曾拥有过。1951年，那个痛恨共产党、即将进入消费者社会、核动力的美国对富人以其所得的51.6%征税。据估计仅针对百分之一的北美人中最富有的百分之一按原比率征税将会每年积累200亿美元，是美国政府2008年在教育和环境上所有花费总和的三倍，或超过是2008年（早期）联邦预算赤字的一半。[21]然而，现在那个赤字要大得多，在仅仅24个月中爆发式增长，超富有的人并不如他们以前那么富裕。他们的投资所得肯定是缩水了，尽管如此，奥巴马总统的税务提案是获得大约总数的一半。十分值得被记住的是巴拉克·奥巴马是很大程度上由于上百万的来自普通选举人的小型竞选赞助，才赢得了2008年民主党提名。仅在那之后，公司的资金也开始加入他的竞选资金库中。

几乎每次人性取得对贪婪的胜利都基于上百万的多数而非政府人士举行的小型活动。具体事例包括：女性被选举权、印度独立、美国民权或者更早期赢得的能够说地球绕着太阳转的自由。[22]人们能够选择要么随波逐流，成为市场的创造者也是受害者，要么他们可以反抗，回过头寻找其他途径、其他论据、不同的思维。过去他们曾经反抗过，反抗就一直是被那些教育为最无力的人们采用的最有效手段。但是我们很快就忘记了。我们需要被不断地提醒。人们常说："人们反抗权力的争斗就是记忆反抗遗忘的争斗。"[23]认为你不得不重新并独自进行所有的思考是个错误的开始。要记住你的时代之前的时代，在你出生之前的那个年代，你需要故事，那些告诉你并不需要像这样，因为情况并不总是这样的故事。

2008年，美国成年人记得他们有选举的权利，并一再被基层的政治运动所提醒。结果是自重要的1968年选举以来，更多的（那些被允许选举的人中）人行使他们的权利，在那次选举中，理查德·尼克松获选，一方面有乔治·华莱士的帮助，一方面赢在种族主义选票上。那是最近一次改变了趋势的选举，但是，像我一样，你可能不记得了。在美国，只有在看已经被灭绝了的极为糟糕的不平等时才有必要追溯到20世纪60年代早期，在许多民权得以实现之前。

在英国这样的国家，之前人们所过的生活和今天一样不平等，如1854年工资不平等所衡量的一样，查尔斯·狄更斯在那一年写了艰难时世。在那些艰难时代之后工资不平等降低了，但是之后在镀金年代又上升，在1906年达到高峰后下降了70年，然后在仅仅10年后的1986年再一次上升到严重的程度。到1996年，它们再次上升到空前的水平。[24]到2003年，英国的研究者们以其谨慎的文笔写到工资不平等"比自'二战'以来，可能自19世纪末有代表性的统计数据首次被收集以来的任何时候都严重……"。[25]英国人在2003年对此考虑的非常少；他们被告知这无关紧要，巨大的不平等已经被描述成自然而然的事。政府的关键成员说他们对这种情况"当真是放松的"；不平等对于他们来说不是个问题。[26]宗教领袖关注贫穷者的困境，而不是不平等差异的大小。英国已经忘记了在其大部分近代史中，他们并不像这样生活。

绝望增长、贪婪不断上升、偏见渗透出来、更多人被排斥、精英们鼓吹没有其他选择，他们鼓吹他们的专长是如此厉害，"小人物"在他们的手中是十分安全的，贪婪，对所有事物的贪婪真的是不错。甚至当经济衰退到来时，他们说恢复很快会来，事情将很快恢复正常。很多人仍然在像我在2009年秋天所写的那样说（在2010年春天可查）。从某些方面说，我们曾经经历过。

在1929年股票市场重新整合了几次。在20世纪30年代早期，美国失业

不公正的世界

率，在负责统计的统计员被开除之前，超出1400万。在英国，发生过真实的价格下跌，在2009年再次出现。政府在20世纪30年代削减10%的公共部门工资。尽管经过那些年我们开始在财富方面变得更加平等，但是在健康方面的不平等却达到高点，在同样的20世纪30年代，早逝的贫穷者的数量最多。[27]在许多其他新兴富裕国家，尤其是德国，情况更加糟糕。W.H.奥登的诗"1939年9月1日"是这样结尾的：

> 我和众人了解
> 学童所学的一切，
> 被施加邪恶的人
> 终将以邪恶相报。

最不平等的富裕国家正是那些愿意在1939年后的64年里在海外开战的国家。更加公正的国家常被发现更容易拒绝参加任何假定的"自愿联盟"，或者仅做些琐碎的贡献。正是当不公正在国内被提倡来维持国家内的不平等时，考虑在国外犯下罪行也变得更容易。在国内，他们通过建造更多的监狱、雇用更多警察和开更多药物，试图在由不平等造成的伤口上敷膏药。但是到2007年人们广泛地认识到富裕国家不仅试图靠花钱来减轻极度不平等的症状，还在他们认为有钱这样做的时候产生的认识。有很多文章反复地解释："极度的社会不平等是与更高水平的精神不健康、药物使用、犯罪和家庭破裂相关联的。甚至很高程度的公共服务投资，单独的，难以应对施加在我们社会结构上的压力。"[28]

战胜王权

最近的不平等增长的年代正走向终结。它是无法永久持续的，因此它未来也不会。但是没有那些为不再容忍促成不平等和绝望的贪婪、偏见、排他和精英主义所需要的数以百万计的微小行为，它是不会终结的。首先，这些行为需要传授和理解，需要不再忘记作为人类的根本："人类生存的基本条件是群居性——人性化功能和行为的每个方面源于社会生活。现代关于个性化的偏见——个人展示、个人成就和个人自由——实际上仅仅是幻想，一种自欺欺人……"[29]接受这一点，以不同的方式行为，甚至连最悲观的作家也会同意每一个反抗的行为，不论多小，都会产生不同，无论"……我们所做的或者停止做的都将产生不同……"[30]我们永远不可能知道具体是什么不同，也没有理由期望我们的影响会不成比例的大，也不应该把它预期得过小。同样关键的是认识到我们中没人是超人；我们不可能指望别人去做伟大的事迹来将我们带入许诺的境地（至少不具有可靠性）。我们缓慢地、共同认识到这一点，学会不要忘记这一点，尽管我们能够无限度地学习，我们的大脑不是为我们像现在这样生活而诞生的："世界的确是个奇怪又神秘的地方，但不是因为任何隐藏的因果顺序或更深层的目的。它的神秘很大程度上存在于人类大脑的运行，一个奇怪的器官，能够无视这个世界本来的样子而创造自己的现实愿景。"[31]

在我们的大脑中，我们可以对历史失望或颂扬。某些时候我们能看到绝对的困苦，如食物价格暴涨和发生在恐怖主义战争中的野蛮重复过去的迫害历史。在其他时候，某个人类历史上值得颂扬的故事会在不公正被逐渐击退的地方被讲述，战胜王者的权力、平等原则受到了法律的保护、奴隶制的废除、选举公民权的扩展、免费教育的实施、健康服务或健康保险国有化、最低收入保障（针对失业者、病患、老人或育儿）。立法得以实现为：……保护雇员和承租人的权利，以及……防止种族歧视。它包括阶级服从的形式减少。死刑和体罚的废除也是其中一部分。因此还有正在增长的对更大的机会平等的热烈讨论——无论种族、阶级、性别、性取向和宗教。我们还从游说团体、社会研究和政府统计机构对于过去50年贫穷和不平等持续增长的关注中看出这一点；最近我们从为彼此创造相互尊重的文化意图中看出这一点。[32]

从一年前还不可想象的美国再分配预算中可以看到这一点，从获得最多的那些人中的许多人现在受到鄙视，然而我们也能看到像平常一样回归生意和痛苦的危险。"所有已逝祖辈的传统就像噩梦一样压迫着生者的大脑。"[33]我们首先在我们善变的想象中看待我们的历史、我们的未来、我们的噩梦和我们的梦想。在那里我们首次创造我们的现实。我们如何来生活不是预先确定的。

从地理上说，要看到一系列运动将会使我们希望在这个世界看到的变化得以实现，仅需要一点想象力，一点"痴心妄想"；这些是获得信念的运动，仅需要存在于我们的想象中就能发挥作用。这些是去"……从下面创造我们自己的世界，（在那里我们）是我们一直在等待的人"。[34]这些运动与趋向世界政府的运动相反：太多那种运动得到推荐"……其中有最好的股市能够统治地球"。[35]相反，这些运动宣告"……未来将是惊人的，在那之后整个世界将变得更好。如果我们不能让它发生，那么没人能"。[36]关于这些运动，拥护者们一再告诉我们："它能够实现——只要每个人不是将它留给其他人去实现……"[37]

所有的结尾已经完成，所有的热情和颂歌已经写完，男人女人们的花束已经送上，未来的学生被劝导带着快乐、幽默或者至少讽刺以及开放性的爱去工作，保持诚实、谦虚、值得尊敬和"……站在谚语中天使的一边"。[38]所有作者以这样或那样类似的说法结尾，尽管很少像下文这样谦卑：

看到这本书的结尾，读者现在了解了我所了解的。之后，就取决于读者来决定这里所表述的是否正确以及实用，以及如果有提到的话，对于所讨论的发展和问题该做些什么。我希望看到读者选择某一种行为过程，但我不认为作出其他选择就意味着他们是武断者。[39]

慢慢地、整体的、每前进两步倒退一步地，我们这些"武断者"一点点朝进步前进；我们逐渐地修正过去的错误，认识那些从我们曾认为是解决办法的事情中所诞生出的不公平的新形式。我们一起收集花束，捆扎的略有不同，我们意识到，尽管我们中没有人是超人，我们中的任何人都是重要的。消除不公平所需要的一切都存在于头脑中。因此最关键的是我们如何思考。

注解与参考资料

1 齐格蒙特·鲍曼：《艺术生活》，剑桥，政体出版社，2008年版，第6页。

2 关于富人的阴谋，写了整整的两页，如想了解相关进展（如本书第六章，注解65所示），见伊曼纽尔·沃勒斯坦：《当代社会科学》，2005年版，第34卷，第1期，"行动者与世界体系分析：对彼得·布劳与阿奈特·维维奥卡的评论"，第9—10页。

3 史蒂芬斯·L、赖恩柯林斯·J、丹尼·博伊尔合著：《核心经济成长宣言》，伦敦，新经济基金会出版社，2008年版，第7—8页。

4 插入"显而易见"一词是因为有必要先打破最初由约翰·罗尔斯提出的著名论点。引用语摘自B.费尔瑟姆编著的《正义、公平与构成主义》— 论G.A。科恩的"拯救正义与公平"里安尼森·R.J。所说的"正义是不平等的"，奇切斯特，威利-布莱克威尔出版社，2009年版，第5—25页，在第25页。

5 DCSF（儿童、学校与家庭部）：《儿童计划：创造更美好的未来》，伦敦，文书局出版社，2007年版，第73—74页（此处加以强调）；希望他们记录成绩的时候不是靠机会！然而，DCSF跟我们一样会犯错。

6 卢瑟福·J、Shah·H：《良好的社会：复兴计划指南》，伦敦，劳伦斯和威沙特出版公司，2006年版，第51页，参照威尔士政府声明。

7 Shuayb·M、奥唐奈·S：《英国与其他国家小学教育的目标与价值观》，调研初审1/2，剑桥，剑桥大学出版社，2008年版，第22页。

8 引自海顿·D、Scraton，P："北爱尔兰的矛盾、法规与边缘化：儿童与青少年的经历"里的最后一句话，《犯罪学期刊》（2008年）第二十卷，第一期，第59—78页。

9 保罗·克鲁格曼：《一个自由主义者的良知》，2007年版，纽约，美国诺顿出版公司，第211页。

10 出处同上，第215页，一位不愿透露姓名的得克萨斯立法委员（网名是里德尔·戴比）；第202页的调查数据显示。2009年9月7日，戴比告诉她的朋友和邻居如何避免让孩子们听奥巴马总统的演讲（http://debbieriddle.org/2009/09/your-children-do-not-have-to-hear-obamas-speach/）。

11 杜弗尔·D.R：《新奴役在资本主义时代的自由》（译本），2008年版，剑桥，政体出版社，第168—169页。引文："笛卡儿的资本家阿姆斯特丹现在已征服了全世界。生活在这个星球上的每个人不仅是在从事贸易；从某种意义上说，贸易影响着每一个人。"

12 哈里斯·R："政府与经济，1688—1850"出自R.弗勒德与P.约翰逊（合编）：《剑桥现代英国经济史》，第1卷，《工业化，1700—1860》，2004年版，剑桥，剑桥大学出版社，第204—237页，第217页。

13 狄克森·T：《利他主义的问世：在维多利亚时期的道德意义》，2005年版，牛津，牛津大学出版社，第213页，引自托马斯·潘恩的《人权论》，第一部，第94页。

14 杜博夫·R.B的"美国的霸权主义：持续的衰退，永远的危险"，在《每月评论》（2004年）第55卷，第7期，www.monthlyreview.org/1203duboff.htm

15 菜恩哈特·D（2009）："横扫里根思想的大胆计划"，《纽约时报》2月27日。由于2009年实施的计划显得过于保守，此时奥巴马总统开始与银行家们加强联系，并深入了解他们的思想。2009年10月，他获得了诺贝尔和平奖，不仅是因为他的所作所为，还因为人们普遍认为他的行动鼓励了国内外的人们在未来积极进取。

16 OMB（美国行政管理局和预算局）（2009）《负责任的新时代，继承错位的特先权遗产，美国的新承诺》，华盛顿，白宫出版社（http://budget2010.org/inheriting-a-legacy-of-misplaced-priorities.html），第9页。

17 感谢戈登·戴夫发表本版摘要；见网站www.whitehouse.gov/omb/assets/fy2010_new_era/Inheriting_a_Legacy1.pdf的图表9和图表11。

18 格雷姆肖·A.D："关于《寻找政治》的评论"，《当代社会学》2002年第

31卷，第3期，第257—261页，第259页。引文中缺少的文章是"（此处鲍曼运用了雅克·阿塔利的比喻）"。

19 英国国会上议院于2009年7月13日第三次审议企业薪资法案，并提交给下议院审阅。2009年的政治世界颇为奇怪，很多议员更倾向于反对愈发严重的不平等，而那不像之前对劳动百姓的贫困感兴趣。下议院接受这一法案的可能性不大，但这就是让人感到的奇怪的时代，这种奇怪现象正在发生本质上的改变。英国在1945年几近破产的时候，能为所有人，包括很多富人，提供担保和医疗卫生服务的、唯一安全又便宜的方法是推进实行全民福利和国民医疗制度。降低价格可以创造更多机会。

20 提出修正案的关键人物是洛德·塔弗恩，以及提交预算案的财政大臣阿里斯泰尔·达林。见修正案www.equalitytrust.org.uk/node/121及薪资法案 www.mirror.co.uk/news/columnists/maguire/2009/04/29/harriet- harman- s- equality- bill- points-to-the-route-for-a-better-britain-115875-21316506/

21 欧文·G：《超级富翁：英国与美国不平等的增长》，2008年版，剑桥，政体出版社，第209页。

22 摘自马克·斯蒂尔：《这是怎么一回事？》，2008年版，伦敦，西蒙舒斯特出版公司，第247页；凯尔西·J。：《新西兰的实验：结构调整的世界典范？》，1997年版，奥克兰，奥克兰大学出版社，第370—371页。

23 "我们的大脑还没进化到记住如此多的东西"本身就是人类健忘的另一个证明。被记起并反复提到的说法，见菲尔德·P."反道路运动：抵抗失忆的斗争"，出自T·乔丹和A·伦特合编的《大震荡：政治新变化》，1999年版，伦敦，劳伦斯威沙特出版公司，第68—79页，第74页。菲尔德·P引用米兰·昆德拉的话，后又被尼尔古德温记录在《快节奏的生活》关于反道路运动里。又见齐格蒙特·鲍曼：《消费生活》，2007年版，剑桥，政体出版社，第84页，以及米兰·昆德拉的小说《慢》。

24 十大手工行业工人的工资是十大最差工人的2.55倍；见4.5章，第140页，比率。截止到1996年，处于高级管理层男性的工资与底层做护理工作女性的工资方面，整体工资不平等比率大幅增长。

25 梅钦·S："1975年以来的工资不平等"，出自狄更斯·R、格雷格·P、沃兹沃斯·J（编著）的《新工党领导下的劳动力市场：2003年英国工作状况》，2003年版，贝辛斯托克·帕尔格雷夫–麦克米兰出版社，第12章，第191页。

26 彼得·曼德尔森由于这句话而被世人所熟知，他喜欢发表这种言论惹恼自己政党的成员。2009年，他提出"左翼政党某些人提出的教育政策的反精英主义通常是没有出路的"，想必是希望引起成员更大的反感，因为每个人都是反精英主义者；见BBC 2009年7月27日"费用增长必需援助贫困学生"（http：//news.bbc.

co.uk/2/hi/uk_news/education/8169838.stm）。同一天，一位重要的政府顾问，从事于完全不同的政策领域的乔纳森·波利特爵士离职，引用曼尔德森来形容问题的所在："曼德尔德森一直不赞成可持续发展"（BBC［2009］7月27日"波利特离职时对部长们的攻击"（http：// news.bbc.co.uk/1/hi/uk/8169627.stm）一周后，有报道说曼尔德森想为一个朋友（特里沃·菲普斯）找份工作，这位朋友如能在2009年轻易改变立场本可以成为保守党的顾问（根据 www.dailymail.co.uk/news/ article-1203653/Mandelson-tried-persuade-Trevor-Phillips-quit-promising-Ministerial-post.html）。无论是曼德尔森、乔纳森·波利特，还是菲普斯，他们没在竞选中获取到任何职位，但他们都想方设法在政府中获得了职位，这一系列的口角争端昭示着新工党末日的来临。

27 见数字12，第5章，第170页，在不平等减少时期经济崩溃的影响。我非常感谢我的祖父，查尔斯沃思·艾瑞克，在2009年告诉我这些事。他出生于1916年。

28 奥格雷迪·F的"经济公民与新资本主义"，《续刊：社会民主期刊》，2007年版，第十五卷，nos 2/3，第58—66页，第62—63页。

29 乔纳森·伯恩斯：《疯狂的血统：精神病与社会头脑的起源》，2007年版，霍夫，劳特利奇出版社，第182页。

30 齐格蒙特·鲍曼：《流动的生活》，2008年版，剑桥，政体出版社，第39页；起源的重要性。

31 朱利安·巴吉尼：《欢迎来到Everytown：英国思维之旅》，2008年版，第2版，伦敦，格兰塔出版社，第181页。

32 理查德·威尔金森、凯特·皮克特：《不平等的痛苦：为什么越平等的社会往往发展得越好》，2009年版，伦敦，艾伦巷出版社，第260—261页。

33 马克思：《路易·波拿巴的雾月十八日》（1907［1852］），芝加哥，伊利诺斯，Charles H. Kerr：见本书第2章，注解27，第325页。

34 沙阿·H、戈斯·S：《民主与公共王国：复兴计划指南》，2007年版，伦敦，劳伦斯和威沙特，第17页；本句之前使用的莫汉达斯·甘地的话引述在第11页。

35 迈克尔·康奈利：《致命的误会：控制世界人口的斗争》，2008年版，剑桥，马萨诸塞，哈佛大学出版社，第380页。

36 安德里·马格纳森：《梦想国：一个有恐惧感的国家的自救手册》，2008年版，伦敦，公民出版社有限公司，第279页。

37 凯尔西·J：《新西兰的实验：结构调整的世界典范？》，1997年版，奥克兰，奥克兰大学出版社，第393页；见第394—398页，寻找一套思想理论的正确方法。

不公正的世界

38 克里格·N: "激情认识论、辩证拥护与公共健康: 为我们的职业引以为豪", 《至关重要的公共卫生》, 2000年版, 第十卷, 第三章, 第287—294页, 第292页, 谁能为美德指点迷津。

39 乔治·里茨尔: 《虚无的全球化》, 2004年版, 伦敦, 塞奇出版公司, 第216页。